난생처음

컴퓨팅 사고 with 파이썬

김명호 지음

JN444173

한빛아카데미
Hanbit Academy, Inc.

지은이 **김명호** blogstudy@naver.com

어릴 때는 주로 모바일 프로그램 개발을 하였으며 대부분의 프로젝트는 C 언어와 C++, Java를 사용했다. 이후 DLNA(Digital Living Network Alliance) 홈네트워크 구축, ERP(Enterprise Resource Planning, 전사적 자원 관리) 개발 등을 했다. 최근에는 웹서비스 개발(프론트엔드, 백엔드)을 주로 하고 있으며, AIoT 디바이스와 플랫폼 개발에도 집중하고 있다. 시간이 허락될 때 웹서비스 관련 강의 활동도 활발히 하고 있다.

난생처음 컴퓨팅 사고 with 파이썬

초판발행 2021년 1월 5일
6쇄발행 2025년 1월 31일

지은이 김명호 / **펴낸이** 전태호
펴낸곳 한빛아카데미(주) / **주소** 서울시 서대문구 연희로2길 62 한빛아카데미(주) 2층
전화 02-336-7112 / **팩스** 02-336-7199
등록 2013년 1월 14일 제2017-000063호 / **ISBN** 979-11-5664-521-4 93000

총괄 박현진 / **책임편집** 김성무 / **진행** 안비단
디자인 이아란 / **전산편집** 이소연 / **삽화** 임의영 / **제작** 박성우, 김정우
영업 김태진, 김성삼, 이정훈, 임현기, 이성훈, 김주성 / **마케팅** 김호철, 심지연

이 책에 대한 의견이나 오탈자 및 잘못된 내용은 출판사 홈페이지나 아래 이메일로 알려주십시오.
파본은 구매처에서 교환하실 수 있습니다. 책값은 뒤표지에 표시되어 있습니다.

홈페이지 www.hanbit.co.kr / 이메일 question@hanbit.co.kr

Published by HANBIT Academy, Inc. Printed in Korea
Copyright © 2021 김명호 & HANBIT Academy, Inc.
이 책의 저작권은 김명호와 한빛아카데미(주)에 있습니다.
저작권법에 의해 보호를 받는 저작물이므로 무단 복제 및 무단 전재를 금합니다.

지금 하지 않으면 할 수 없는 일이 있습니다.
책으로 펴내고 싶은 아이디어나 원고를 메일(writer@hanbit.co.kr)로 보내주세요.
한빛아카데미(주)는 여러분의 소중한 경험과 지식을 기다리고 있습니다.

지은이 머리말

4차 산업혁명 시대와 컴퓨팅 사고

컴퓨팅 사고란 창의적인 생각을 바탕으로 문제를 해결하는 능력을 의미합니다. 과거에는 대부분의 산업현장에서 창의력만 중요시되곤 했는데, 이제는 창의력과 컴퓨팅 사고력이 결합되어야 하는 시대가 되었습니다. 따라서 컴퓨팅 사고력은 일부 과학자 또는 개발자뿐만 아니라 어린 아이부터 성인까지 모두가 갖춰야 하는 역량입니다.

'컴퓨팅 사고력(computational thinking, CT)'이란 단어가 조금은 낯설고 어렵게 느껴질 수 있습니다. 그러나 사실 컴퓨팅 사고력은 우리의 생활 속에서 생각하는 과정 곳곳에 있습니다. 샤워할 때 수도꼭지를 냉수와 온수의 중간에 맞춰야 피부 손상 없이 적절한 온도로 씻을 수 있다고 판단하는 것 자체가 컴퓨팅 사고력입니다. 컴퓨팅 사고력을 키우려면 문제를 정확히 파악하고 분석하는 훈련뿐만 아니라, 분석한 문제를 해결하기 위해 알고리즘을 만드는 훈련도 필요합니다. 따라서 이 책에서는 문제를 분해하고 규칙을 찾는 방법 그리고 문제 해결을 위한 알고리즘을 만드는 방법 등을 소개하고, 알고리즘을 통해서 문제 해결을 할 때 필요한 프로그래밍 언어 '파이썬'에 대해서도 학습합니다.

이미 우리의 모든 생활은 컴퓨터를 통하며, 점차 시간과 공간의 벽이 허물어지고 있습니다. 즉 컴퓨터만 있다면 굳이 밖에 나가지 않아도 집에서 모든 학습과 업무를 처리할 수 있는 시대가 온 것입니다. 따라서 우리는 앞으로 문제 해결을 위한 창의적인 소프트웨어를 개발하고 사용할 수 있어야 하며, 이를 위해 컴퓨팅 사고력을 향상시켜야 합니다. 문제를 해결하는 방법에는 정답이 없습니다. 공부할 때, 운동할 때, 일할 때, 게임할 때 등 일상생활에서 항상 문제를 찾고, 창의적인 아이디어를 도출하여 문제를 해결하는 과정이 결국 컴퓨팅 사고일 것입니다. 본 도서가 4차 산업혁명 시대를 준비하는 여러분에게 조금이나마 도움이 되었으면 합니다.

반년 넘게 집필하는 동안 프로젝트, 강의 등을 핑계로 어려움도 있었지만 끝까지 도와주신 한빛아카데미(주) 관계자 분들께 감사의 말을 전합니다. 마지막으로 가족에게도 사랑하는 마음을 전합니다. 자주 찾아뵙지 못하지만 언제나 응원을 아끼지 않는 부모님, 개발자의 불규칙한 생활 패턴으로 많은 도움을 주지 못하지만 언제나 가정을 잘 돌보기 위해서 노력하는 사랑스러운 아내 김순식, 그리고 중학생이 되어서도 착하고 성실한 학교생활을 하고 있는 보석 같은 딸 김하은 양에게 사랑한다는 말을 글로 대신합니다. 또한 항상 우리를 사랑으로 지켜주시는 하나님께 감사드립니다.

저자 김명호

이 책의 구성

『난생처음 컴퓨팅 사고 with 파이썬』 8단계 길잡이

1 PREVIEW

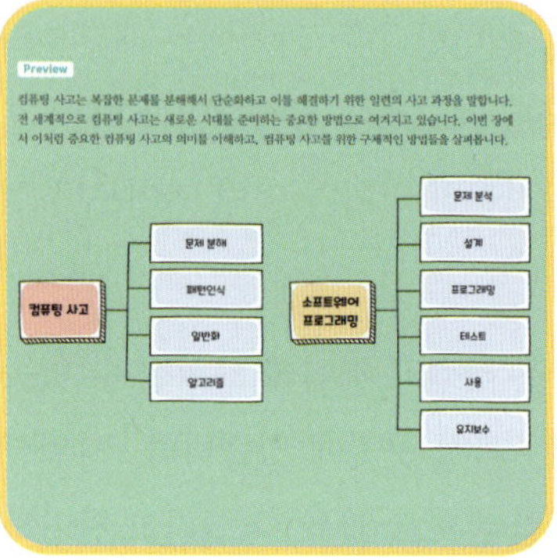

해당 장에서 배울 내용을 간략하게 정리하며, 로드맵을 함께 제시하여 주제 및 주요 개념을 큰 맥락에서 볼 수 있도록 도와줍니다.

2 코드

파이썬을 직접 실습하면서 기본 개념을 이해하고 문제 해결력을 기를 수 있습니다. 파이썬 셸과 코드 편집기라는 두 가지 아이들(IDLE)을 사용합니다.

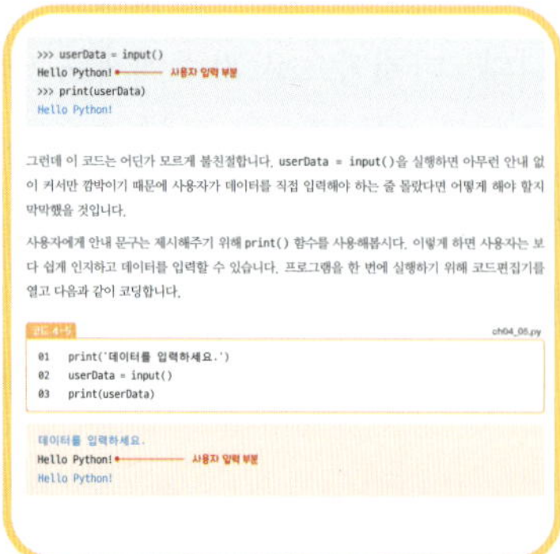

3 하나 더 알기

본문과 관련된 도움말 또는 참고로 알아두면 좋은 내용을 담고 있습니다.

4 말풍선

지나치기 쉬운 내용이나 꼭 기억해 두어야 할 내용을 짚어 줍니다.

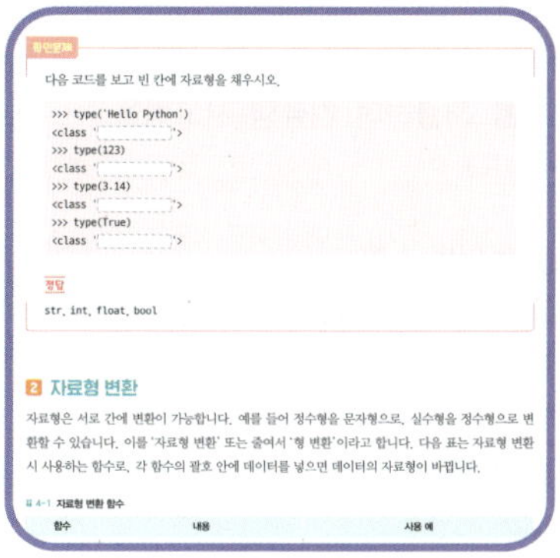

5

확인문제

하나의 주제가 끝날 때마다 간단한 문제를 통해 확인학습이 가능합니다.

6

문제 해결

실생활에서 접할 수 있는 문제를 해결하며 본문의 내용을 자신의 것으로 만들 수 있습니다.

7

실전 예제

하나의 장이 끝날 때마다 실제로 접할 수 있는 다양한 예제를 제공합니다.

8

연습문제

해당 장에서 배운 핵심 개념과 문법을 묻고, 코드를 분석하는 문제를 통해 자신의 실력을 테스트할 수 있습니다.

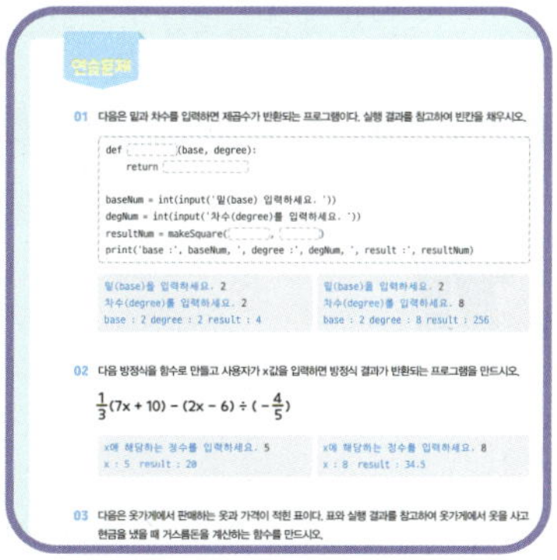

학습 로드맵

Go!

컴퓨팅 사고의 개요

컴퓨팅 사고의 의미를 이해하고 알고리즘으로 표현하는 방법을 알아봅니다.

01 컴퓨팅 사고의 이해
02 알고리즘 작성과 표현

파이썬 기초

파이썬 기초 문법을 학습한 후 작은 문제를 해결하며 컴퓨팅 사고력을 기릅니다.

03 파이썬 소개
04 데이터와 변수
05 연산자
06 조건문
07 반복문

파이썬 고급

파이썬 고급 문법을 학습한 후 일상생활과 좀 더 밀접한 문제를 해결합니다.

08 리스트
09 튜플과 딕셔너리
10 함수 기초
11 함수 활용
12 모듈 활용
13 객체와 텍스트 파일

컴퓨팅 사고 프로젝트

4개의 미니 프로젝트로 컴퓨팅 사고를 이용한 종합적인 문제 해결력을 키웁니다.

14 컴퓨팅 사고 프로젝트

실생활 예제와 쉬운 설명으로 문제 해결 능력을 키워보아요!

Goal!

이 책의 사용 설명서

• 실습 자료

실습에 필요한 자료는 아래 주소에서 내려받을 수 있습니다.

http://www.hanbit.co.kr/src/4521

• 실습 환경

이 책의 실습 환경은 다음과 같습니다. 학습을 시작하기 전에 실습 도구인 파이썬을 꼭 설치하세요.

- **운영체제** Windows 10(Windows 7 이후라면 모두 사용 가능)
- **실습도구** Python 3.8

• 동영상 강의 안내

저자가 직접 강의한 내용을 한빛아카데미 유튜브에서 볼 수 있습니다. 아래 링크로 들어가거나, 검색창에 "한빛아카데미"를 입력해주세요.

http://youtube.com/한빛아카데미TV

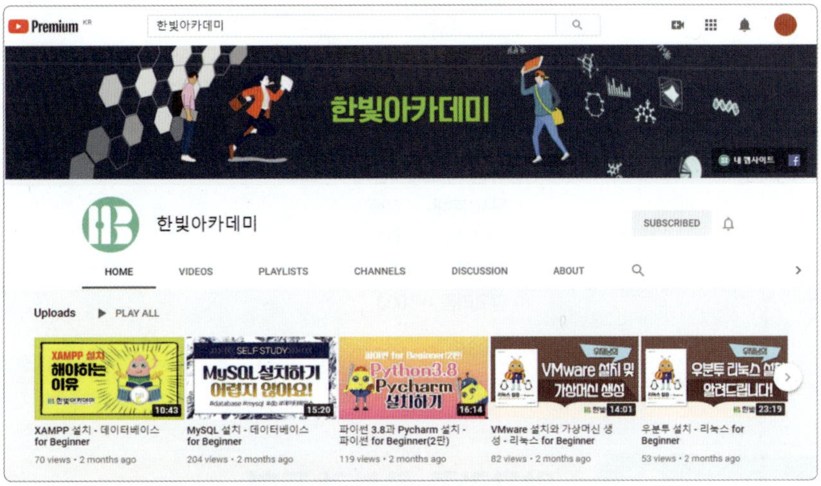

• 강의 보조 자료

한빛아카데미 홈페이지에서 '교수회원'으로 가입하신 분은 인증 후 교수용 강의 보조 자료를 제공받을 수 있습니다. 한빛아카데미 홈페이지 상단의 〈교수전용공간〉 메뉴를 클릭하세요.

http://www.hanbit.co.kr/academy

• 연습문제 해답 안내

이 책은 대학 강의용 교재로 개발되었으므로 연습문제 해답을 제공하지 않습니다.

목차

CHAPTER 01 컴퓨팅 사고와 문제 해결

CHAPTER 02 알고리즘 작성과 표현

목차

CHAPTER 06 조건문

목차

CHAPTER 08 리스트

CHAPTER 09 튜플과 딕셔너리

목차

목차

CHAPTER 13 객체와 텍스트 파일 다루기

CHAPTER 14 컴퓨팅 사고 프로젝트

CHAPTER 01

컴퓨팅 사고와 문제 해결

학습목표

- 컴퓨팅 사고의 의미를 알아봅니다.
- 소프트웨어의 역할과 프로그래밍 언어의 개념을 알아봅니다.
- 소프트웨어 개발 과정 6단계를 알아봅니다.
- 컴퓨팅 사고의 4단계를 알아보고 간단한 예제로 연습해봅니다.

Preview

컴퓨팅 사고는 복잡한 문제를 분해해서 단순화하고 이를 해결하기 위한 일련의 사고 과정을 말합니다. 전 세계적으로 컴퓨팅 사고는 새로운 시대를 준비하는 중요한 방법으로 여겨지고 있습니다. 이번 장에서 이처럼 중요한 컴퓨팅 사고의 의미를 이해하고, 컴퓨팅 사고를 위한 구체적인 방법들을 살펴봅니다.

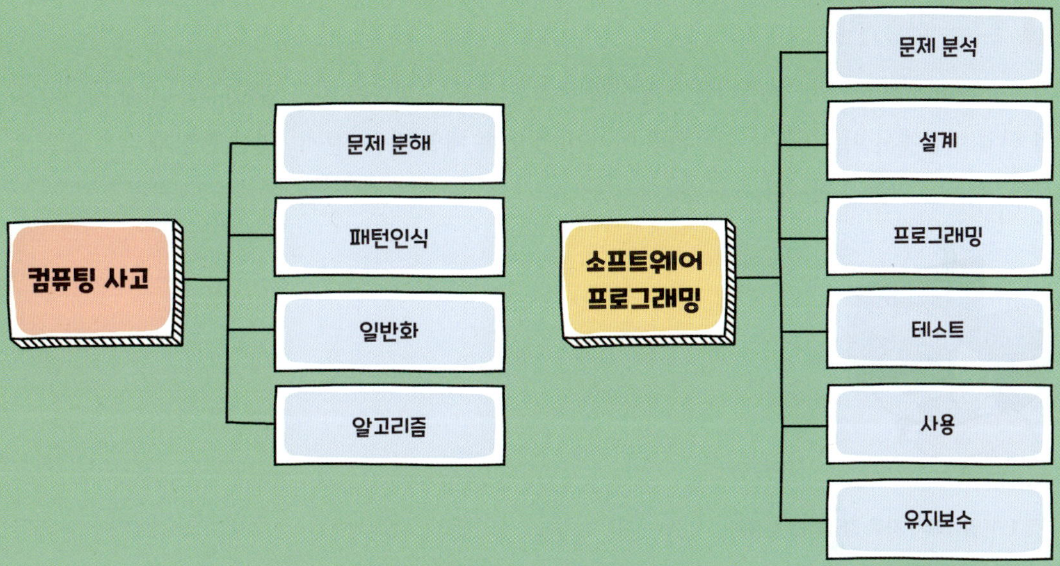

Section 01
컴퓨팅 사고의 개요

1 컴퓨팅이란?

컴퓨팅(computing)이란 컴퓨터를 이용하여 특정 업무를 수행하는 것을 말합니다. 기계 제어와 같이 산업 현장에서 이루어지는 업무뿐만 아니라 일상 속 메일 발송, 문서 · 영상 편집과 같은 모든 업무를 '컴퓨팅'이라고 합니다.

그림 1-1 일상에서 자주 경험하는 컴퓨팅

현대 사회에서 처리하는 대부분의 업무는 컴퓨팅과 관련이 있습니다. 지금과 같은 정보화 사회에서는 개인 또는 집단이 원하는 형태로 수많은 정보를 재생산하는데, 컴퓨팅 시스템을 이용하면 기존 정보를 재가공하여 유용하게 활용할 수 있습니다. 다음 그림은 컴퓨팅 시스템을 교통 통제에 활용하는 모습입니다. 여러 대의 CCTV에서 보내는 정보를 분석하여 교통 혼잡을 조절하는 데 사용합니다.

그림 1-2 교통 관제 시스템

2 컴퓨팅 사고란

컴퓨팅 사고(computational thinking, CT)란 컴퓨터(또는 사람)가 효과적으로 문제를 해결할 수 있도록 문제를 정의하고 그에 대한 답을 기술하는 일체의 사고 과정을 말합니다. 즉 복잡한 문제를 단순한 문제로 분해한 후 이를 해결하기 위한 구조(알고리즘)를 만드는 과정이라 할 수 있습니다.

컴퓨팅 사고는 특히 정답이 하나가 아니라 여러 개일 수 있는 문제를 해결할 때 빛을 발합니다. 다양한 변수에 기반하여 포괄적이고 유의미한 해답을 도출할 수 있도록 도와주기 때문입니다. 컴퓨팅 사고 과정을 통해 복잡한 대규모 문제를 알고리즘으로 해결할 수 있고, 효율성을 상당히 개선할 수 있습니다.

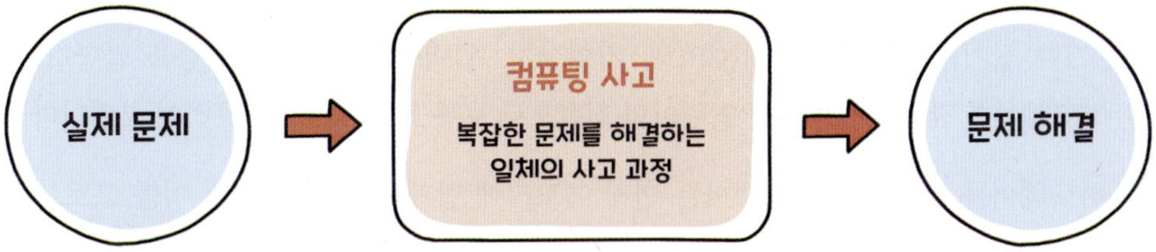

그림 1-3 컴퓨팅 사고의 개념

3 컴퓨팅 사고와 프로그래밍

전 세계적으로 컴퓨팅 사고는 새로운 시대를 준비하는 중요한 방법으로 여겨지고 있습니다. 이를 위하여 많은 나라에서 전 국민을 대상으로 프로그래밍 교육을 실시합니다. 프로그래밍 교육은 단지 프로그램을 만들기 위한 것이 아니라 새로운 시대에 문제를 고민하는 자세와 이를 해결하는 방법을 창의적으로 생각할 수 있도록 유도하기 위함입니다.

이 책에서는 프로그래밍을 통해 컴퓨팅 사고를 키울 수 있도록 연습합니다. 1~2장에서는 컴퓨팅 사고의 의미를 이해하고 알고리즘으로 표현하는 방법을 알아보고, 3~13장에서는 파이썬 기초 코딩을 학습한 후 작은 문제를 프로그램으로 만들어 해결해봅니다. 마지막 14장에서는 4개의 프로젝트를 통해 컴퓨팅 사고를 이용한 종합적인 문제 해결력을 키웁니다.

그림 1-4 이 책의 학습 순서

Section 02

소프트웨어와 프로그래밍 언어

1 소프트웨어의 역할

컴퓨터는 하드웨어(hardware)와 소프트웨어(software)로 이루어져 있습니다. 하드웨어는 컴퓨터를 구성하는 기계 장치로 중앙처리장치(CPU), 기억장치, 입력장치, 출력장치 등을 말합니다. 소프트웨어는 하드웨어를 작동시키기 위한 명령어의 집합으로 보통 프로그램과 혼용하여 불립니다.

소프트웨어가 하드웨어를 작동시키기 위해서는 먼저 메모리에 탑재되어야 하는데, 이를 프로그램 로딩이라 합니다. 프로그램이 메모리에 탑재되고 나면 실행(execute) 단계를 거칩니다. 이 단계에서 프로그램은 기계어로 변환되어 각종 하드웨어를 작동시킵니다. 다음은 소프트웨어가 실행되어 다양한 작업을 하는 모습을 나타냅니다.

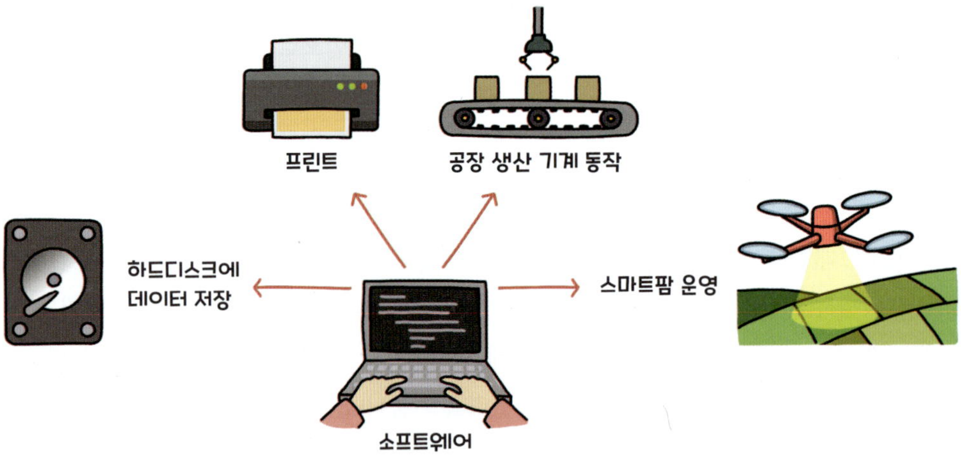

그림 1-5 소프트웨어를 이용한 다양한 업무 처리

2 프로그래밍 언어

프로그래밍(programming)이란 프로그램을 만드는 행위 자체를 말하는 것으로, 일반적으로 프로그램을 개발할 때는 프로그래밍 언어를 이용합니다. 사람이 대화를 할 때 언어를 사용하듯이 컴퓨터에게 명령을 내리려면 컴퓨터가 이해할 수 있는 언어를 사용해야 합니다. 즉 프로그래밍 언어는 인간이 컴퓨터와 대화할 수 있도록 만든 언어입니다.

프로그래밍 언어는 저급언어와 고급언어로 구분할 수 있습니다.

- **저급언어 :** 컴퓨터가 쉽게 이해할 수 있는 언어로 실행 속도가 빠르고 성능이 뛰어나다는 장점이 있지만, 배우기 어렵고 유지보수가 힘들다는 단점이 있습니다. 특수한 경우가 아니라면 거의 사용하지 않을 정도로 사용 분야가 극히 제한적입니다.
- **고급언어 :** 인간이 사용하는 언어와 유사하게 만들어진 언어로 현재 사용하는 프로그래밍 언어가 대체로 고급언어에 속합니다. 인간이 사용하는 언어와 유사하기 때문에 배우기 쉽고, 코드 판독이 쉬워 유지보수가 용이합니다. 대표적인 고급언어로는 C, C++, C#, 자바, 자바스크립트, 파이썬 등이 있고 이러한 언어들은 컴파일러 또는 인터프리터를 통해 저급언어로 변환되어 실행됩니다.

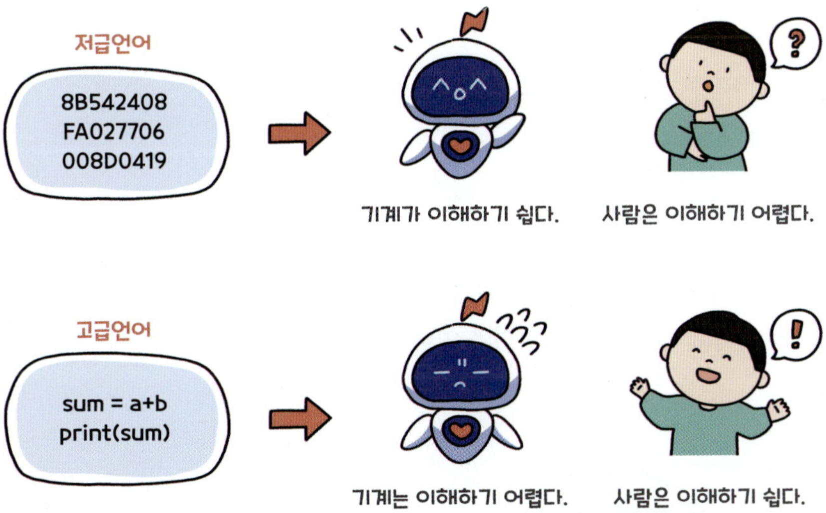

그림 1-6 저급언어와 고급언어

하나 더 알기 **어셈블리어란?**

어셈블리어(assembly language)는 각각의 명령어를 상징적 기호(mnemonic symbol)로 작성하여 프로그래밍 하는 언어로, 기호와 기계어가 일대일로 대응되는 저급언어입니다. C, 자바, 파이썬 같은 고급언어와 기계가 이해하는 기계어의 중간 형태입니다. 현재 어셈블리어를 사용하는 곳은 드뭅니다. 어셈블리어를 사용하기 위해서는 전자계산기에 대한 전문 지식이 있어야 하며 기계 장치마다 어셈블리어가 다르고 호환성이 없기 때문입니다.

3 소스코드와 목적코드

소프트웨어를 개발하기 위해서는 프로그래밍 언어를 이용하여 프로그램 코드를 작성해야 합니다. 소스코드(source code)란 C, 자바, 파이썬 같은 프로그래밍 언어로 작성한 프로그램 코드를 의미합니다. 소스코드는 사람이 판독할 수 있는 고급언어로 작성되어 텍스트 형태의 파일로 저장됩니다. 하나의 소프트웨어는 보통 하나 또는 그 이상의 소스코드 파일로 구성됩니다.

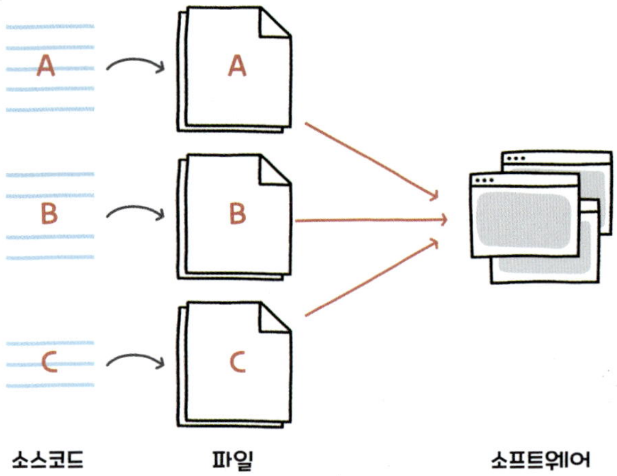

그림 1-7 **여러 소스코드 파일로 구성된 소프트웨어**

고급언어로 작성된 소스코드를 실행하면 코드는 이진수로 이루어진 목적코드(object code)로 변환됩니다. 이때 소스코드를 목적코드로 변환하는 장치(별도의 소프트웨어)를 컴파일러(compiler) 또는 인터프리터(interpreter)라고 합니다. 컴파일러와 인터프리터에 대한 자세한 내용은 3장에서 살펴보겠습니다.

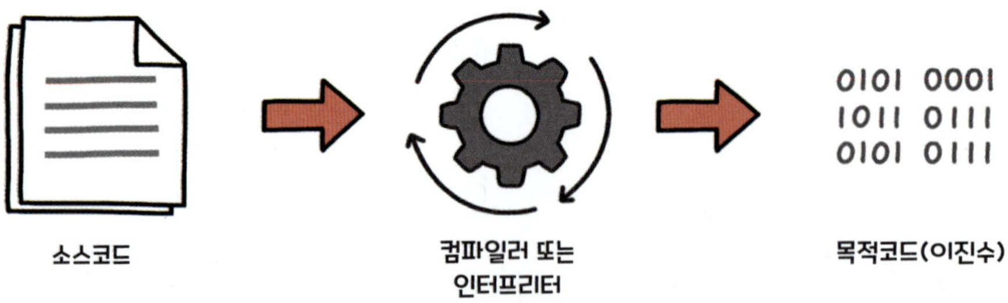

그림 1-8 **소스코드가 목적코드로 변환되는 과정**

Section 03 소프트웨어 개발 과정

우리는 일상 속에서 무수히 많은 소프트웨어를 사용합니다. 학교 과제를 작성하기 위해서 문서 작성 프로그램을 사용하고 회사 업무를 위해서 ERP 소프트웨어를 사용합니다. 심지어 휴식을 취할 때도 영화 및 음원 재생 프로그램을 사용합니다.

이러한 소프트웨어는 단순한 기능의 일기장 프로그램처럼 규모가 작은 경우도 있지만, 회사의 ERP처럼 규모가 큰 경우도 있습니다. 특히 규모가 클수록 혼자 개발하기 버거우므로 다수의 인원이 투입되는 경우가 많습니다. 이 절에서 살펴볼 '소프트웨어 개발 과정'은 이럴 때 사용하는 프로세스로, 적절한 프로세스와 그에 따른 인력을 투입하여 소프트웨어를 성공적으로 개발할 수 있도록 도와줍니다. 다음은 소프트웨어 개발 과정 6단계를 나타낸 그림입니다.

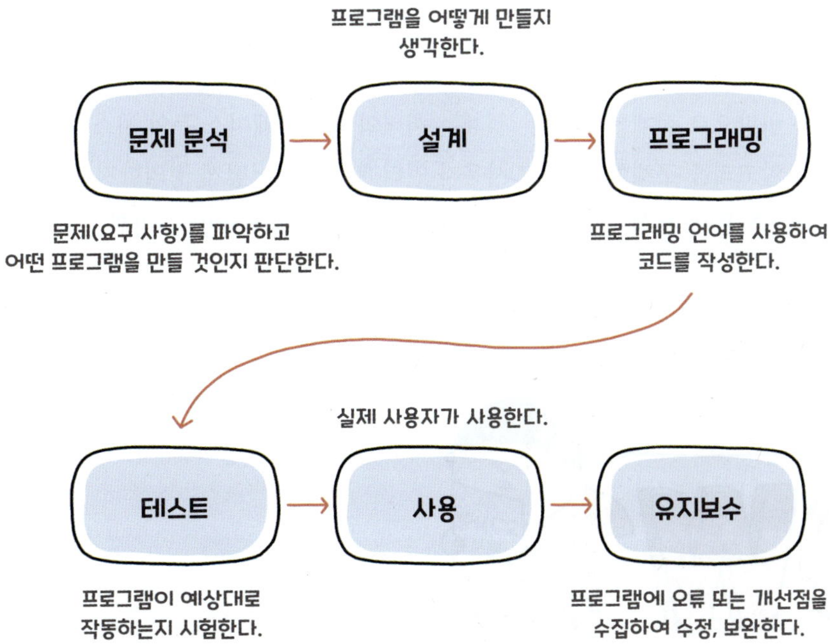

그림 1-9 소프트웨어 개발 과정

하나 더 알기 **ERP란?**

ERP(Enterprise Resource Planning)란 기업의 '전사적 자원 관리'를 위한 소프트웨어로 기업의 재무, 구매, 생산, 물류, 영업, 재고 등을 통합적으로 관리하는 시스템을 말합니다. 회사 경영에 필요한 모든 것을 통합 관리함으로써 기업 운영이 원활하도록 도와줍니다.

1 문제 분석

문제 분석은 소프트웨어를 필요로 하는 사람 또는 단체의 요구 사항을 분석하는 것으로, 이 단계에서 요구자가 제시하는 문제점을 분석하거나 시스템의 개선점을 찾습니다. 그리고 최종적으로 문제 분석을 통해서 무엇(what)이 개발되어야 할지에 대한 명세서를 산출물로 도출합니다.

문제 분석 단계에서는 요구자(고객, client)의 요구 조건을 꼼꼼히 체크해야 하고 개발 과정을 잘 모르는 요구자에게 유사한 프로그램의 사례를 충분히 제시하여 요구자가 요구 사항을 잘 설명할 수 있도록 주의합니다. 소프트웨어 개발에 일부 요구 사항이 반영되지 않거나 요구 사항에 대한 잘못된 분석은 결국 잘못된 소프트웨어 개발로 이어질 수 있습니다. 따라서 충분한 미팅과 유사 사례를 통하여 요구 사항이 제대로 반영된 소프트웨어가 개발될 수 있도록 해야 합니다.

2 설계

문제 분석이 끝나면 이를 바탕으로 설계를 합니다. 설계는 서버와 데이터베이스 등의 시스템 구성, 다양한 기능 구현에 대한 알고리즘 구체화, 그리고 사용자 인터페이스를 어떻게 정의할지 등을 문서로 만드는 단계입니다. 즉 문제 분석 단계의 '무엇(what)'이 '어떻게(how)'로 바뀌는 과정입니다.

그림 1-10 시스템 전반의 구성을 고민하는 설계 단계

설계를 할 때는 문제 분석 단계에서 정의된 요구 사항에 가장 적합한 설계를 하되 실현 가능한 시스템 구성 및 기능을 정의하도록 주의해야 합니다. 실현이 어려울 것으로 예상되는 시스템 구성 또는 무리한 기능 정의는 추후 프로그래밍 단계에서 프로그램을 실현하지 못 하는 결과를 낼 수 있기 때문입니다.

3 프로그래밍

설계가 끝나면 개발자가 설계에 따라서 프로그래밍을 하게 됩니다. 프로그래밍은 대부분 파이썬을 비롯하여 C, C++, C#, 자바, 자바스크립트 등의 고급언어를 사용합니다.

하나 더 알기 **코딩 컨벤션**

코딩 컨벤션(coding conventions)이란 여러 개발자가 팀을 이뤄 협업하는 프로젝트에서 코드의 가독성을 높이려는 목적으로 팀원들 간의 코딩 스타일을 정의한 규약(약속)을 말합니다. 예를 들어 변수, 함수, 클래스의 이름에 대한 규칙, 주석에 대한 규칙 그리고 코드 전체의 들여쓰기 규칙 등을 말합니다.

- **파일명은 소문자로 한다.**
- **함수명은 가급적 '동사 + 목적어' 어순으로 한다.**
- **변수명은 명사를 사용한다.**
- **변수명은 낙타표기법을 적용한다.**
- **가독성이 떨어지는 대문자 'O', 'I', 소문자 'l'은 가급적 사용하지 않는다.**

그림 1-11 코딩 컨벤션의 예

코딩 컨벤션은 주로 프로젝트 초기에 문서로 작성되며, 팀원들은 약속한 코딩 스타일에 따라 코딩해야 합니다. 만약 약속을 어기고 코딩하게 되면 다른 팀원들이 나의 코드를 볼 때 어려움을 겪을 수 있고, 이러한 문제는 프로젝트 전체에 좋지 못한 결과로 나타나게 됩니다.

4 테스트

프로그램 개발이 끝나면 일정 기간 동안 품질 검증을 위한 테스트 단계를 거치게 됩니다. 테스트 단계는 설계 단계에서 정의된 모든 기능이 구현되고 정상적으로 동작하는지를 확인하는 것과 미처 예상하지 못한 오류를 찾는 과정을 모두 포함합니다. 우리가 글을 쓸 때 정작 글을 쓴 사람은 오탈자를 못 찾듯이 프로그램도 개발자가 혼자 오류를 찾기 힘든 경우가 많습니다.

따라서 테스트는 개발자가 아닌 다른 사람이 진행하며 최대한 다양한 환경에서 하는 것이 좋습니다. 여기서 다양한 환경이란 프로그램 사용자의 다양한 사용 환경을 뜻하는 것으로 다양한 브라우저, 다른 프로그램 실행과 연관 관계, 사용자 PC 사양 등을 의미합니다.

5 사용

테스트 단계를 통과한 소프트웨어가 사용자에게 실제 사용되는 단계로, 이를 위하여 개발자는 사용자 매뉴얼을 제공하고 사용 교육을 실시합니다. 개발자는 사용자가 소프트웨어를 사용하면서 느낀 불편한 점 또는 미처 테스트 단계에서 발견하지 못한 오류 등에 관심을 가져야 합니다. 또한 이러한 것들을 최대한 개선하기 위해 노력해야 합니다.

6 유지보수

사용자가 소프트웨어를 사용하다 보면 문제점 또는 개선점이 발생할 수 있습니다. 유지보수란 소프트웨어의 문제점 및 개선점을 찾아 소프트웨어를 업그레이드하는 것을 말합니다. 유지보수 또한 소프트웨어 개발 때와 마찬가지로 문제 분석, 설계, 프로그래밍, 테스트 단계를 거칩니다. 긴급한 유지보수가 필요할 경우 임시로 문제점이 있는 해당 기능의 서비스를 중단하기도 합니다.

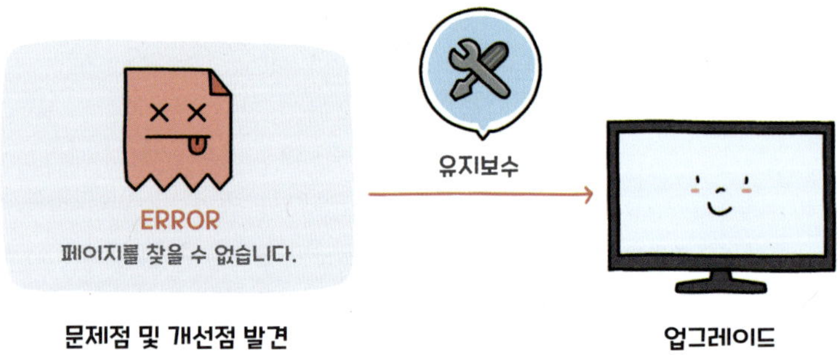

그림 1-12 유지보수

시간이 흐르면 소프트웨어의 사용 기간이 오래되어 낙후되거나 시장의 변화에 따라 사용자의 요구사항이 변경되어 더 이상 유지보수를 하기 힘들어질 수 있습니다. 이런 경우에는 충분한 검토를 통해서 소프트웨어를 새롭게 만들게 됩니다.

Section

04 컴퓨팅 사고의 4단계

컴퓨팅 사고란 복잡한 문제를 해결하기 위한 사고 과정으로, 해결해야 할 문제가 발생했을 때 문제를 정의하고 그에 대한 답을 기술하는 모든 과정을 의미합니다. 컴퓨팅 사고 과정은 학자마다 정의하는 단계가 조금씩 차이가 있습니다. 이 책에서는 다음과 같이 4단계로 구분합니다.

❶ **문제 분해 :** 복잡한 문제를 작은 문제로 구분하기

❷ **패턴인식 :** 문제들 사이에 일정한 패턴 찾기

❸ **일반화 :** 다양한 문제의 공통된 해결 방법을 모델링하기

❹ **알고리즘 :** 문제를 해결하기 위한 구체적인 순서와 방법을 개발하기

모든 문제를 해결하기 위해서 위의 4단계를 반드시 거쳐야하는 것은 아닙니다. 필요에 따라 선택하여 사용하면 됩니다. 또한 문제를 해결하다 보면 잦은 시행착오를 경험하게 되는데, 이런 경우 위의 컴퓨팅 사고 과정을 반복적으로 수행하기도 합니다.

1 문제 분해

문제 분해(decomposition)는 큰 문제를 작은 문제로 나누는 것을 의미합니다. 큰 문제를 그대로 두면 해결 방안을 쉽게 찾을 수 없지만, 작은 문제로 나누어 생각하면 해결 방안이 눈에 띌 수 있습니다.

문제를 나누기 위해서는 먼저 문제를 분석해야 합니다. 문제를 분석하다보면 큰 문제는 자연스럽게 작은 문제로 나누어지고, 작은 문제의 해답을 찾는 과정에서 큰 문제가 해결됩니다. 쪼개진 작은 문제는 순차적 또는 병렬적으로 해결됩니다. 길동이의 저녁 식사 준비 문제를 예로 들어 문제 분해하기 연습을 해봅시다.

길동이는 저녁 식사를 준비하기 위해서 마트에 왔다. 오늘 저녁 메뉴는 아빠가 좋아하는 고등어 구이와 동생이 좋아하는 카레, 그리고 내가 좋아하는 김밥을 준비하기로 했다. 어떤 재료를 구매할 것이고 총 구매 가격은 얼마일지 구해보자.

그림 1-13 **문제 예시**

문제 분해를 이용하여 길동이의 문제를 해결하는 과정은 다음과 같습니다.

분석 1. 고등어 구이 만들기

- **문제 분석 :** 아빠가 좋아하는 고등어 구이를 준비해야 한다.
- **문제 분해 :** 고등어 구이 요리를 하려면 어디서, 무엇을, 얼마에 구매해야 할까?
- **문제 해결 :** 아빠가 좋아하는 고등어 구이를 요리하기 위해서는 생선 가게에서 고등어를 구매한다. 이때 요리 시간을 절약하기 위해서 손질된 고등어를 구입한다. 손질된 고등어는 1마리에 3,000원이고, 2마리를 구매하기로 결정한다.

분석 2. 카레 만들기

- **문제 분석 :** 동생이 좋아하는 카레를 준비해야 한다.
- **문제 분해 :** 카레 요리를 하려면 어디서, 무엇을, 얼마에 구매해야 할까?
- **문제 해결 :** 동생이 좋아하는 카레를 만들기 위해서 야채 및 고기 등을 구매한다. 카레를 만들기 위한 식재료의 가격표와 내가 구매하려는 양은 다음과 같다.

▶ 식재료 가격표

양파	계란	대파	돼지고기	카레
1,000원/개	150원/개	500원/개	950원/100g	1,500원/1봉지

▶ 식재료별 구매 양

양파	계란	대파	돼지고기	카레
2개	2개	1개	300g	2봉지

분석 3. 김밥 만들기

- **문제 분석 :** 내가 좋아하는 김밥을 준비해야 한다.
- **문제 분해 :** 직접 김밥을 만들 시간이 있을까? 만약 시간이 부족하다면 분식집에서 완제품을 구매하자.
- **문제 해결 :** 고민 끝에 고등어 구이와 카레를 만들면서 김밥까지 만들기에는 시간이 부족할 것으로 예상하여 김밥은 분식집에서 완제품으로 구매하기로 결정한다. 김밥은 1줄에 3,000원이고 나는 2줄을 구매했다.

그림 1-14 **문제 분석 및 분해 과정**

위의 예는 우리 생활에서 쉽게 발생할 수 있는 문제입니다. 이런 경우 주저 없이 머릿속으로 문제를 해결하곤 하지만, 이를 하나씩 따져보면 문제를 해결하기 위해서 문제를 분석하고 분해해서 순차적 또는 병렬적으로 해결하는 것을 알 수 있습니다. 다음은 길동이의 전체 문제 해결 과정을 나타냅니다. 큰 문제가 3개로 나누어져 순차적으로 해결되는 가운데, 두 번째 문제가 병렬적으로 해결된 후 합쳐지는 모습을 보입니다.

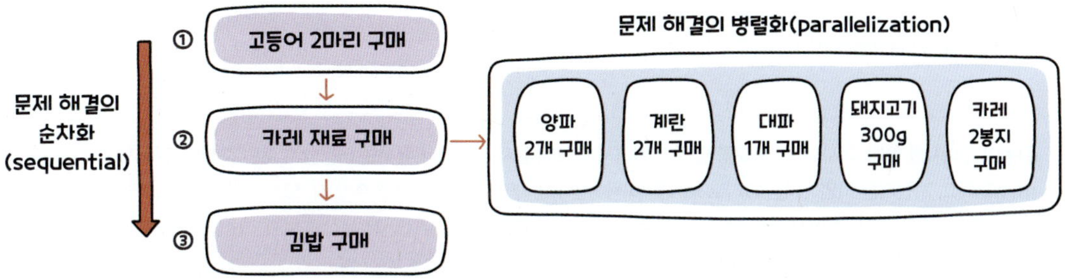

그림 1-15 **길동이의 문제 해결 과정**

위의 문제 해결에 따라 총 구매 금액을 계산하기 위한 연산식을 만들면 다음과 같습니다.

$$\underbrace{(3{,}000\times2)}_{\text{고등어 구이 재료 구매}} + \underbrace{\{(1{,}000\times2)+(150\times2)+(500\times1)+(950\times3)+(1{,}500\times2)\}}_{\text{카레 재료 구매}} + \underbrace{(3{,}000\times2)}_{\text{김밥 구매}} = \underbrace{20{,}650\text{원}}_{\text{문제 해결}}$$

그림 1-16 **길동이의 저녁 식사 준비를 위한 총 구매 가격**

이와 같이 큰 문제를 작은 문제로 나누어서 계산한 다음 각각의 계산 결과를 합치면 큰 문제 해결의 답을 찾을 수 있습니다.

확인문제

길동이는 여행 예약 사이트를 만들려고 한다. 이때 고려해야 할 사항들을 나열하시오(풀이 과정은 개인별로 다를 수 있음).

정답

- 해외여행 수요가 없는 시점에서 해외여행 예약은 배제한다.
- 신혼 여행은 많은 수익이 예상되어 포함한다.
- 모바일 시대인 만큼 모바일 예약기능도 포함한다.
- 사이트 오픈 이벤트로 카드사와 연계하여 12개월 무이자 할부를 제공한다.
- 사이트 개발 기간은 3개월로 한다.
- 사이트 디자인은 국내 계절을 반영한다.
- 홍보는 인기 유튜버를 통해 온라인으로 시행한다.
- 회원 정보 보안을 위해 보안 솔루션을 구매한다.

2 패턴인식

패턴인식(pattern recognition)은 분해된 문제들 사이에서 공통된 부분을 찾는 단계로, 공통된 부분의 공식을 만들어 낼 수 있어 문제를 쉽게 해결할 수 있습니다. 길동이의 등교 문제를 예로 들어 패턴인식을 연습해봅시다.

길동이가 이사를 했다. 이사 후 첫 등교를 앞두고 걸어서 학교에 갈지 자전거나 택시를 이용할지 고민 중이다. 걸어서 가면 30분이 소요되고, 자전거를 타면 15분, 그리고 택시를 이용하면 5분이면 학교에 도착할 수 있다. 오전 9시까지 등교해야 하는 길동이가 지각하지 않으면서 집에서 출발하는 시간별로 가장 최적의 교통수단은 무엇인지 생각해 보자. 그리고 효율적인 교통수단을 선택하기 위한 공통된 공식도 만들어 보자.

▶ 출발 시간별 교통수단

출발 시간	최적의 교통수단
08시 40분	?
08시 20분	?
08시 50분	?
08시 30분	?

그림 1-17 **문제 예시**

패턴인식을 이용하여 길동이의 문제를 해결하는 과정은 다음과 같습니다.

1. 출발 시간별 최적의 교통수단 쓰기

출발 시간	최적의 교통수단
08시 40분	자전거
08시 20분	도보 또는 자전거
08시 50분	택시
08시 30분	도보 또는 자전거

2. 공통된 공식 만들기

- (등교시간 – 기상시간) 〉= 30분 → 도보 또는 자전거 이용
- (등교시간 – 기상시간) 〉= 15분 and (등교시간 – 기상시간) 〈 30분 → 자전거 이용
- (등교시간 – 기상시간) 〈 15분 → 택시 이용

그림 1-18 **패턴인식 과정**

확인문제

'23633942819*'은 비밀번호 4자리의 숫자를 특정 방법으로 암호화한 문자열입니다. 암호를 해독해서 4자리의 비밀번호를 찾아봅시다.

정답

1. 전체 숫자를 세 개씩 나눈다.
   236, 339, 428, 19*
2. 첫 번째 숫자와 두 번째 숫자를 곱하면 세 번째 숫자가 나오는 패턴을 인식한다.
   2×3=6, 3×3=9, 4×2=8, 1×9=*
3. 따라서 마지막 숫자는 9이고, 비밀번호는 '6989'일 가능성이 매우 높다.

3 일반화

일반화(generalization)는 패턴인식을 통하여 얻은 문제 해결 방법을 일반적인 모델로 만드는 단계입니다. [그림 1-16]에서 식재료의 총 구매 금액을 구하기 위해 만든 패턴을 일반화하면 마트에서 식재료를 구매할 때 총 구매 가격은 '단가 × 수량'의 합이라는 일반화된 공식을 구할 수 있습니다.

단가 × 수량

그림 1-19 식재료 구매 가격의 일반화

이와 같이 일반화된 모델은 1차로 유사한 상황에 공통적으로 적용된 후, 2차로 상황별로 구체화되어 최종적으로 문제를 해결하게 됩니다. 예를 들어 '우편물을 발송하기 위해서는 우체국에 방문하여 업무를 처리한다.'는 일반화이고, '우체국에 방문해서 등기는 등기 전용 창구에 접수하고, 택배는 택배 전용 창구에 접수한다.'는 일반화 모델을 구체화한 것이라고 볼 수 있습니다.

4 알고리즘

지금까지 앞에서 살펴본 문제 분해, 패턴인식, 일반화는 문제를 해결하기 위한 모델링 단계라고 합니다. 앞에서 살펴본 길동이의 저녁 식사 준비 예를 살펴보면 다음의 과정을 거치는데, 알고리즘이란 이러한 모델링 단계를 순차적으로 정리하는 것을 의미합니다.

❶ 집에서 가까우면서도 신선하고 저렴하게 판매하는 마트로 가야 한다.

❷ 마트에 도착해서는 가장 빨리 구매를 완료할 수 있는 동선에 따라 이동해야 한다.

❸ 구매한 제품은 일반 계산대와 셀프 계산대 중에서 빠른 계산대를 이용해야 한다.

❹ 집에 와서 요리를 하던 중 깜박하고 구매하지 못한 재료가 있거나 잘못 구매한 재료가 있을 경우 다시 마트에 가서 구매하거나 교환해야 한다.

결론적으로 알고리즘은 특정 업무를 수행하기 위한 절차 또는 명령어의 집합이라고 할 수 있습니다. 이러한 절차는 단독으로 수행되기도 하지만 서로 연관되어 진행되기도 합니다. 길동이의 대청소 문제를 예로 들어 알고리즘을 짜봅시다.

길동이는 집안 대청소를 하려고 한다. 구체적인 계획을 세우고 알고리즘으로 만들어보자.

그림 1-20 **문제 예시**

대청소 과정을 알고리즘으로 작성하면 다음과 같습니다.

1. 청소를 할 구역을 정한다.
   1-1. 거실, 화장실, 서재를 청소하기로 한다.

2. 청소를 위해서 각 구역의 상태를 점검하고, 청소 방법을 정한다.
   2-1. 거실은 과자 부스러기가 많아 진공청소기와 스팀청소기를 둘 다 이용 한다.
   2-2. 화장실은 물청소를 한다.
   2-3. 서재는 비교적 깨끗해서 방향제만 뿌린다.

3. 각 구역 청소를 실시한다.
   3-1. 거실의 과자 부스러기가 눈에 안보일 때 까지 진공청소기를 돌린다.
   3-2. 진공청소기 사용이 끝나면 청소기의 먼지를 제거한다.
   3-3. 스팀청소기에 물을 주입하고 스팀 청소를 시작한다.
   3-4. 스팀 청소가 완료되면 스팀 걸레를 세탁하고 건조시킨다.
   3-5. 화장실은 샤워기를 이용해서 물청소를 한다. 이때 옷이 물에 젖지 않게 조심한다.
   3-6. 서재에 뿌릴 방향제는 인체에 해가 없는 제품을 사용한다.

그림 1-21 **알고리즘 작성**

요약

01 컴퓨팅 사고(computational thinking, CT)란 복잡한 문제를 단순한 문제로 분해한 후 이를 해결하기 위한 구조(알고리즘)를 만드는 과정입니다.

02 소프트웨어는 하드웨어를 작동시키기 위한 명령어의 집합으로 보통 프로그램과 혼용하여 불립니다.

03 프로그래밍 언어란 프로그램을 개발할 때 사용하는 언어입니다. 크게 컴퓨터가 쉽게 이해할 수 있고 실행 속도가 빠른 저급언어와 인간이 사용하는 언어와 유사하게 만들어진 고급언어로 구분됩니다.

04 소스코드는 사람이 판독할 수 있는 고급언어로 작성되어 텍스트 형태의 파일로 저장된 코드입니다. 하나의 소프트웨어는 보통 하나 또는 그 이상의 소스코드로 구성됩니다.

05 목적코드는 고급언어로 작성된 소스코드를 컴퓨터가 실행할 수 있도록 이진수로 변환한 코드입니다. 소스코드를 목적코드로 변환하려면 컴파일러나 인터프리터 같은 별도의 변환 소프트웨어가 필요합니다.

06 소프트웨어 개발 과정의 6단계는 문제 분석 – 설계 – 프로그래밍 – 테스트 – 사용 – 유지보수입니다.

07 컴퓨팅 사고 과정은 학자마다 정의하는 단계가 조금씩 차이가 있지만 이 책에서는 아래와 같이 4단계로 구분합니다.

❶ 문제 분해 : 복잡한 문제를 작은 문제로 구분하기
❷ 패턴인식 : 문제들 사이에 일정한 패턴 찾기
❸ 일반화 : 다양한 문제의 공통된 해결 방법을 모델링하기
❹ 알고리즘 : 문제를 해결하기 위한 구체적인 순서와 방법을 개발하기

연습문제

01 **컴퓨팅 사고에 대한 설명으로 옳지 않은 것은 무엇인가?**

① 컴퓨터(또는 사람)가 효과적으로 수행할 수 있도록 문제를 정의하고 그에 대한 답을 기술하는 일체의 사고 과정이다.

② 복잡한 문제를 단순한 문제로 분해한 후 이를 해결하기 위한 알고리즘을 만드는 과정이다.

③ 정답이 하나가 아니라 여러 개일 수 있는 문제를 해결할 때 유용하다.

④ 대규모 문제를 알고리즘으로 해결할 수 있지만 효율성은 고려하지 않는다.

02 **저급언어와 고급언어에 대한 설명은 옳은 것은 무엇인가?**

① 저급언어는 인간이 사용하는 언어와 유사하게 만들어진 언어이다.

② 저급언어는 C, C++, C#, 자바, 자바스크립트, 파이썬 등이 있다.

③ 저급언어는 컴파일러 또는 인터프리터를 통해서 고급 언어로 변환되어 실행된다.

④ 고급언어는 배우기 쉽고, 코드 판독이 쉬워 유지 보수가 용이하다.

03 **다음 ㉠, ㉡에 들어갈 알맞은 용어를 쓰시오.**

고급언어로 작성된 [㉠](을)를 실행하면 코드는 이진수로 이루어진 [㉡](으)로 변환된다. 이때 [㉠](을)를 [㉡](으)로 변환하는 장치(별도의 소프트웨어)를 컴파일러(compiler) 또는 인터프리터(interpreter)라고 한다.

㉠ ____________ ㉡ ____________

04 **다음 중 소프트웨어 개발 6단계로 옳은 것은 무엇인가?**

① 설계 – 문제 분석 – 프로그래밍 – 테스트 – 사용 – 유지보수

② 문제 분석 – 설계 – 프로그래밍 – 테스트 – 사용 – 유지보수

③ 문제 분석 – 설계 – 프로그래밍 – 사용 – 테스트 – 유지보수

④ 문제 분석 – 설계 – 프로그래밍 – 테스트 – 유지보수 – 사용

05 여러 개발자가 팀을 이뤄 협업하는 프로젝트에서 코드의 가독성을 높이려는 목적으로 팀원들 간의 코딩 스타일을 정의한 규약(약속)을 무엇이라고 하는가?

06 다음 설명을 읽고 해당하는 컴퓨팅 사고 단계를 쓰시오.

(1) 복잡한 문제를 작은 문제로 구분하기 → [ ]

(2) 문제들 사이에 일정한 패턴 찾기 → [ ]

(3) 다양한 문제의 공통된 해결 방법을 모델링하기 → [ ]

(4) 문제를 해결하기 위한 구체적인 순서와 방법을 개발하기 → [ ]

07 [라면 끓이는 방법]을 참고하여 [짜장라면 끓이는 방법]을 작성하였다. 이는 컴퓨팅 사고의 4단계 중 어느 단계에 해당하는가?

[라면 끓이는 방법]

1. 냄비에 물을 500ml를 담아 끓인다.
2. 물이 끓으면 면과 스프를 넣고 3분간 기다린다.
3. 그릇에 담아 맛있게 먹는다.

↓

[짜장라면 끓이는 방법]

1. 냄비에 물을 500ml를 담아 끓인다.
2. 물이 끓으면 면을 넣고 3분간 기다린다.
3. 면이 익으면 불을 끄고 물을 제거한다.
4. 스프를 넣고 비비면 짜장면이 완성되고, 그릇에 담아 맛있게 먹는다.

① 문제 분해 ② 패턴인식 ③ 일반화 ④ 알고리즘

CHAPTER 02

알고리즘 작성과 표현

학습목표

- 알고리즘의 의미와 3가지 제어 구조를 알아봅니다.
- 일상생활 속 문제 해결 과정을 알고리즘으로 작성해봅니다.
- 수학 문제를 알고리즘으로 작성해봅니다.
- 순서도와 의사코드 작성 방법을 알아봅니다.

Preview

이번 장에서는 1장에서 살펴본 컴퓨팅 사고의 4단계인 알고리즘에 대해 자세히 살펴봅니다. 사실 '알고리즘'은 그 용어만 거창할 뿐, 우리 일상생활에서 알게 모르게 많은 알고리즘을 경험하고 있습니다. 따라서 이번 장에서는 알고리즘의 필요성을 이해하고 알고리즘을 작성하는 방법 및 순서도와 의사코드로 표현하는 방법을 알아봅니다.

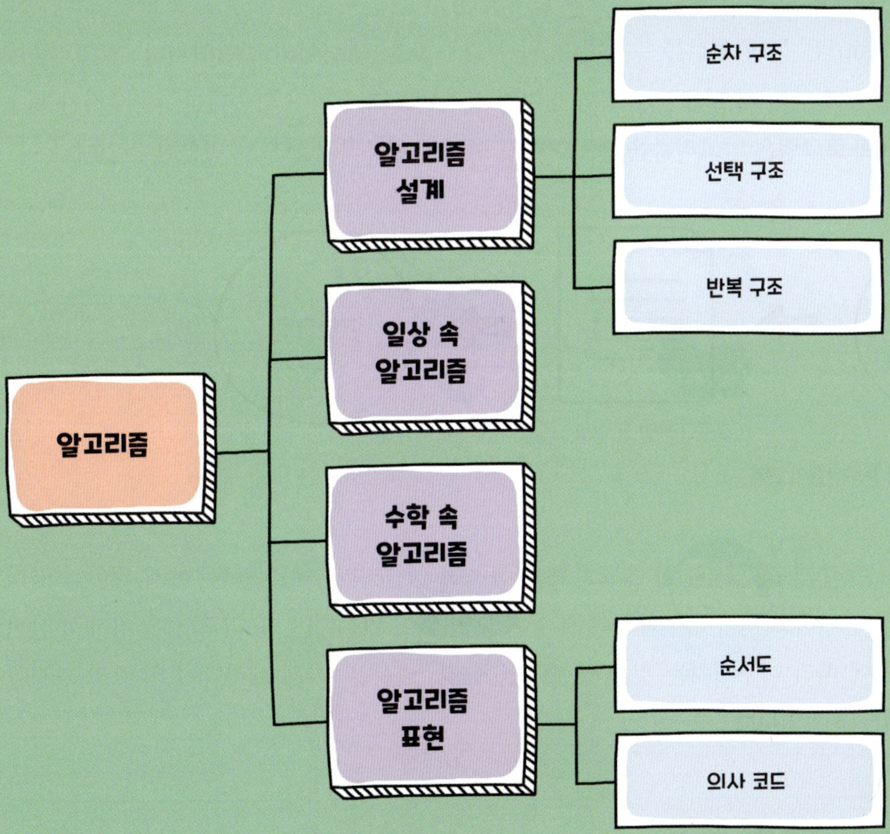

Section 01 알고리즘의 개요

1 알고리즘이란?

알고리즘(algorithm)은 특정 업무를 수행하기 위한 절차 또는 명령어의 집합입니다. 알고리즘에는 주어진 문제를 해결하는 데 필요한 방법과 절차가 순서대로 기술되어 있습니다. 즉 우리가 평소 사용하는 컴퓨터 프로그램은 알고리즘을 프로그래밍 언어를 이용하여 코드로 변환한 것입니다.

그림 2-1 **알고리즘과 프로그램의 관계**

알고리즘은 이미 우리 생활 속에서 알게 모르게 작동하고 있습니다. 예를 들어 '야채 계란말이'의 경우 요리 과정이 간단하고 익숙하기 때문에 별다른 고민 없이 만들지만, 요리 과정을 자세히 살펴보면 일련의 순서에 따라 이루어지는 것을 알 수 있습니다. 다음은 '야채 계란말이'의 요리 과정을 알고리즘으로 나타낸 것입니다.

① 냉장고에서 '야채'와 '계란'을 꺼낸다.
② 야채를 깨끗이 씻고 잘게 다진다.
③ 계란과 야채를 그릇에 넣고 섞는다.
④ 가스 불을 켠다.
⑤ 후라이팬에 기름을 두른다.
⑥ 계란 물은 부은 후 어느 정도 익으면 돌돌 만다.
⑦ 계란말이가 완성되면 먹기 좋게 자른 후 그릇에 담는다.

그림 2-2 **야채 계란말이 알고리즘**

만약 ①단계에서 냉장고에 재료가 없다면 어떻게 해야 할까요? 마트에 가서 구입을 해야 할 것입니다. 또한 마지막 단계에서 기호에 따라 케찹을 뿌릴지 말지 추가한다면 더 완벽한 '야채 계란말이' 알고리즘이 될 것입니다.

① 냉장고에 '야채'와 '계란'이 있으면 꺼낸다.

② 만약 재료가 없다면 마트에 가서 구입한다.
  ②-1 시간적 여유가 있다면 저렴하게 구입할 수 있는 대형 마트에서 구입한다.
  ②-2 시간적 여유가 없다면 집에서 가까운 슈퍼에서 구입한다.

③ 야채를 깨끗이 씻고 잘게 다진다.

④ 계란과 야채를 그릇에 넣고 섞는다.

⑤ 가스 불을 켠다.

⑥ 후라이팬에 기름을 두른다.

⑦ 계란 물은 부은 후 어느 정도 익으면 돌돌 만다.

⑧ 계란말이가 완성되면 먹기 좋게 자른 후 그릇에 담는다.

⑨ 케찹을 좋아하면 뿌리고 싫어하면 생략한다.

그림 2-3 **수정한 야채 계란말이 알고리즘**

이와 같이 알고리즘의 모든 과정은 최대한 명확하고 실현 가능하게 구체적으로 작성해야 합니다. 모든 경우의 수를 고려하고 알고리즘대로 실행하면서 겪은 시행착오를 반영하여 작성합니다. 때에 따라서 본인이 만든 것을 주변 동료들과 공유하면 더욱 견고한 알고리즘을 만들 수 있습니다.

2 알고리즘 설계

알고리즘 설계(algorithm design)란 문제를 해결하기 위해 가장 효율적인 방법을 찾아내는 과정입니다. 단순한 문제는 일련의 절차대로 실행하면 되지만 복잡한 문제의 경우 여러 선택지 가운데 하나를 선택하거나, 특정 조건을 만족할 때까지 반복 수행해야 하므로 알고리즘 설계가 필요합니다.

알고리즘을 설계할 때는 제어 구조를 이용합니다. 제어 구조는 알고리즘에서 명령의 실행 순서를 결정하는 구조로 순차 구조, 선택 구조, 반복 구조가 있습니다.

- **순차 구조 :** 문제 해결 과정을 시간의 순서에 따라 순차적으로 실행한다.
- **선택 구조 :** 특정 조건을 만족하는지 여부에 따라 다음 명령을 선택하여 실행한다.
- **반복 구조 :** 어떤 문제를 해결하기 위한 같은 동작을 반복하여 실행한다.

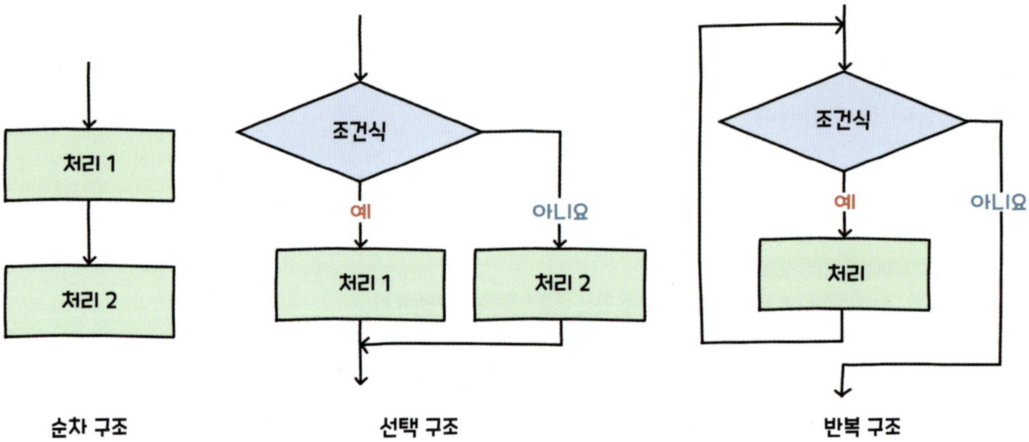

그림 2-4 제어 구조

예를 들어 기차 탑승 과정을 제어 구조로 작성하면 다음과 같습니다.

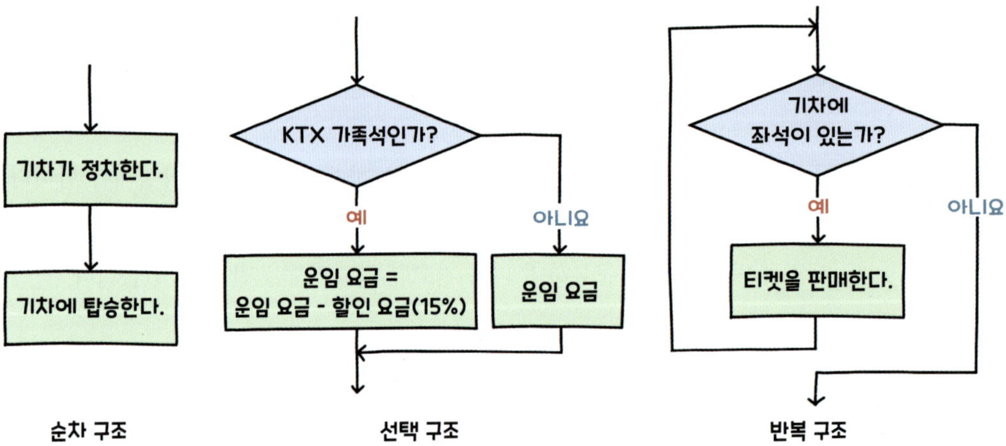

그림 2-5 제어 구조의 예(© 중학교 정보 교과서, 2018, 한빛아카데미)

Section

02 일상생활 속 알고리즘

일상생활 속에서 반복되는 일들 역시 우리에게 너무나 익숙하지만 자세히 보면 일련의 정해진 절차에 따라 실행됩니다. 즉 알고리즘대로 처리됩니다. 일상생활 속에서 겪는 문제 상황을 해결하는 알고리즘을 작성해봅시다.

1 등교 알고리즘

아침에 발생할 수 있는 여러 상황을 고려하여 등교 알고리즘으로 작성하면 다음과 같습니다.

① 알람 소리에 기상한다.
② 아침 식사는 간단한 빵 종류로 해결한다.
③ 양치질과 세수를 한다.
④ 날씨 정보를 참고해서 옷을 고른다.
⑤ 신발을 신고 자전거를 꺼낸다.
⑥ 안전모를 착용하고 자전거 전용 도로를 이용해서 학교로 향한다.
⑦ 학교에 도착하면 자전거를 자전거 거치대에 세운 후 학급으로 향한다.

그림 2-6 **등교 알고리즘**

확인문제

위의 등교 알고리즘에서 지각을 하지 않기 위한 과정을 좀 더 명확한 알고리즘으로 수정하시오.

정답

① 알람 소리에 기상한다.
② 시간이 있으면 식사를 하고 없으면 간식을 챙긴다.
③ 양치질과 세수를 한다.
④ 날씨 정보를 참고해서 옷을 고른다.

⑤ 신발을 신고 자전거를 꺼낸다.
⑥ 안전모를 착용하고 자전거 전용 도로를 이용해서 학교로 향한다.
⑦ 시계를 보고 시간이 충분하면 천천히 타고, 충분하지 않으면 페달을 밟아 빨리 간다.
⑧ 학교에 도착하면 자전거를 자전거 거치대에 세운 후 학급으로 향한다.

2 키오스크 주문 알고리즘

최근 패스트푸드 매장에서 메뉴를 주문할 때 키오스크를 사용하는 곳이 늘었습니다. 키오스크를 이용한 메뉴 주문 알고리즘을 작성하면 다음과 같습니다.

① 키오스크에서 메뉴를 검색한다.
② 단품과 세트 메뉴 중 원하는 메뉴를 선택한다.
③ 배가 많이 고프면 사이드 메뉴를 선택하고, 그렇지 않으면 생략한다.
④ 결제할 금액을 확인하고 카드 투입구에 카드를 넣는다.
⑤ 결제가 완료되면 주문 번호와 영수증을 챙긴다.
⑥ 주문 번호가 호출되면 음식을 수령한다.

그림 2-7 **키오스크 주문 알고리즘**

3 후면 주차 알고리즘

초보 운전자에게 가장 어려운 것은 아마도 주차일 것입니다. 주차 공간이 제한되고 주차 환경이 다양하기 때문입니다. 아파트 주차장에서 후면 주차하는 방법을 알고리즘으로 작성하면 다음과 같습니다.

① 빈자리를 찾는다. 이때 가능하면 집에서 가까운 자리로 찾는다.

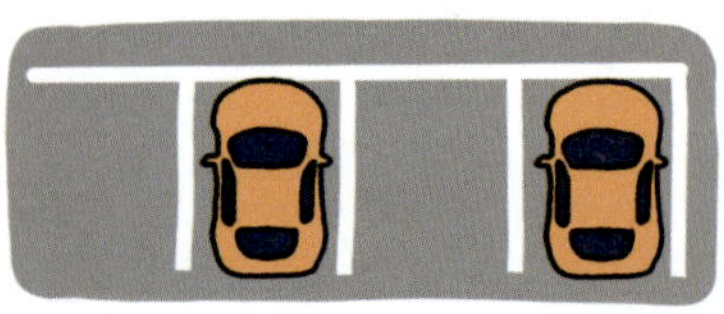

② 주차 자리를 찾았다면, 사이드미러와 우측 라인을 맞춘다.

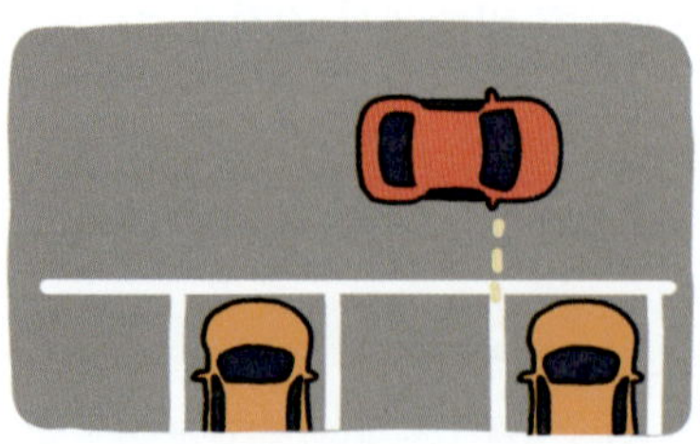

③ 핸들을 왼쪽으로 돌려 11시 방향으로 전진한다.

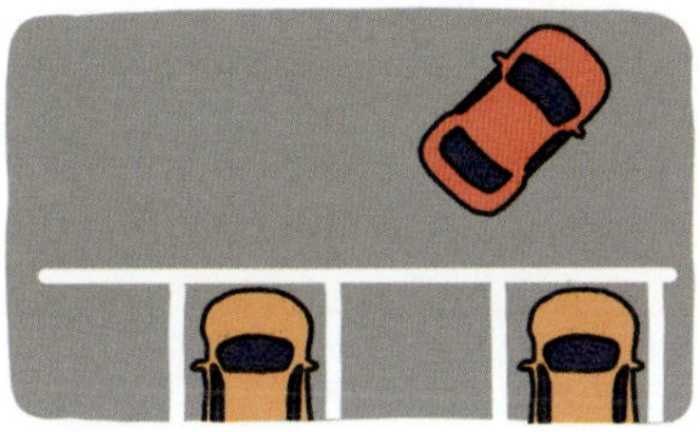

④ 후진 기어를 넣고, 핸들을 오른쪽으로 끝까지 돌려 후진한다.

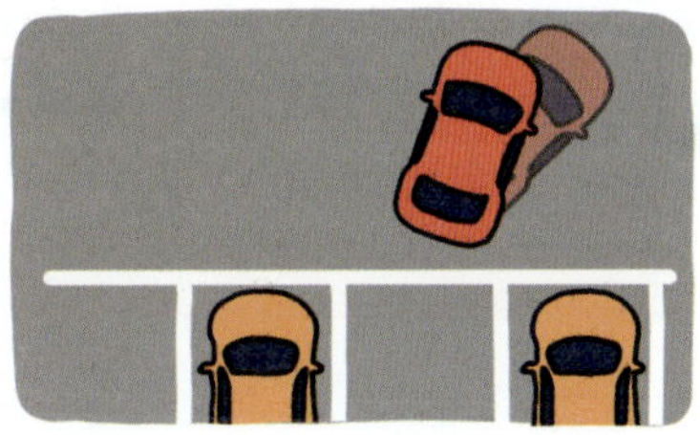

⑤ 사이드미러를 통해서 주차 선에 자동차를 반듯하게 정렬한다.

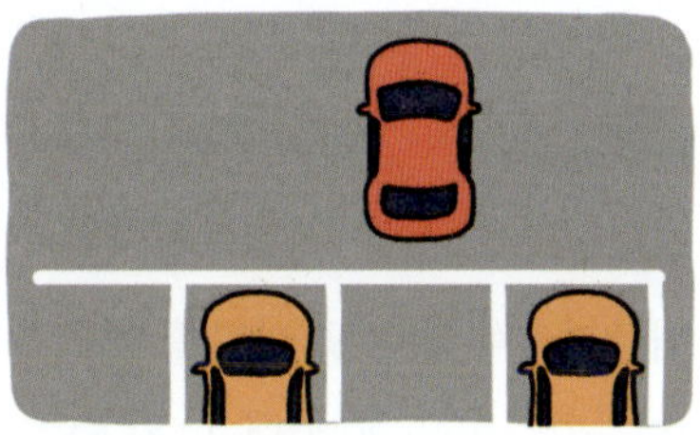

⑥ 파킹 기어를 넣고 차에서 내린다. 이때 옆 차에 피해를 주지 않도록 조심한다.

그림 2-8 **후면 주차 알고리즘**

확인문제

상품을 구매할 때 접속하는 온라인 쇼핑몰은 대부분 이용 방법이 비슷하다. 상품 검색, 상품 선택 및 옵션 선택, 배송지 정보 입력, 결제 정보 입력 등 익숙한 과정도 쇼핑을 하기 위한 알고리즘이라고 할 수 있다. 온라인 쇼핑몰에서 셔츠를 구매하는 과정을 알고리즘으로 작성하시오.

정답

① 온라인 쇼핑몰에 접속한다.
② 셔츠 카테고리를 선택하고 상품을 검색한다.
③ 원하는 상품을 장바구니에 담는다.
④ 배송지 정보를 입력한다.
⑤ 결제 정보를 입력하고 결제한다.

Section

03 수학 알고리즘

수학의 문제 풀이 방법은 알고리즘화하기 좋은 예입니다. 각종 수학 문제를 알고리즘으로 만드는 연습을 해봅시다.

1 만 나이 계산하기

생년월일에 따른 만 나이를 계산해봅시다. 만 나이의 경우 기준년도에서 출생 연도를 빼면 되는데, 이때 월일이 오늘을 기준으로 이후이면 1을 더 빼줘야 합니다. 기준일을 2020년 11월 5일로 했을 때 만 나이를 계산하면 다음과 같습니다.

표 2-1 만 나이 계산 알고리즘

출생일	알고리즘	결과
1974년 1월 20일	① 기준년도에서 출생 연도 빼기 (2020 − 1974 = 46) ② 1월 20일은 11월 5일 이전이므로 추가 뺄셈 없음	만 나이 46세
1974년 12월 10일	① 기준년도에서 출생 연도 빼기 (2020 − 1974 = 46) ② 12월 10일은 11월 5일 이후이므로 추가로 1 빼기 (46 − 1= 45)	만 나이 45세
1976년 2월 22일	① 기준년도에서 출생 연도 빼기 (2020 − 1976 = 44) ② 2월 22일은 11월 5일 이전이므로 추가 뺄셈 없음	만 나이 44세
1976년 11월 6일	① 기준년도에서 출생 연도 빼기 (2020 − 1976 = 44) ② 11월 6일은 11월 5일 이후이므로 추가로 1 빼기 (44 − 1 = 43)	만 나이 43세
1984년 6월 20일	① 기준년도에서 출생 연도 빼기 (2020 − 1984 = 36) ② 6월 20일은 11월 5일 이전이므로 추가 뺄셈 없음	만 나이 36세

2 1부터 100까지 정수의 합 구하기

1부터 100까지 정수의 합을 구하기 위해서는 순서대로 1+2+3+4+ … +99+100으로 계산할 수 있습니다. 하지만 이러한 방법은 시간도 많이 소요되고 중간에 계산을 잘못할 수 있어 바람직하지 않습니다.

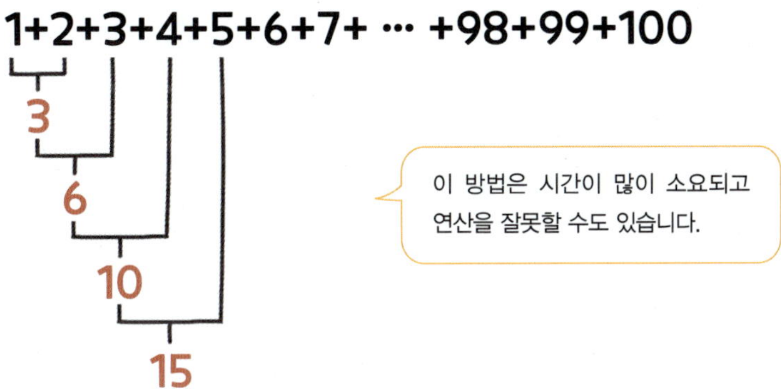

그림 2-9 1부터 100까지 정수의 합을 구하는 방법

어떻게 해야 빠른 시간 안에 오류 없이 문제를 해결할 수 있을까요? 1부터 100까지의 정수를 보면 일정한 규칙이 보입니다. 바로 1과 100, 2와 99, 3과 98, 4와 97을 더하면 각각 101이 나온다는 규칙입니다.

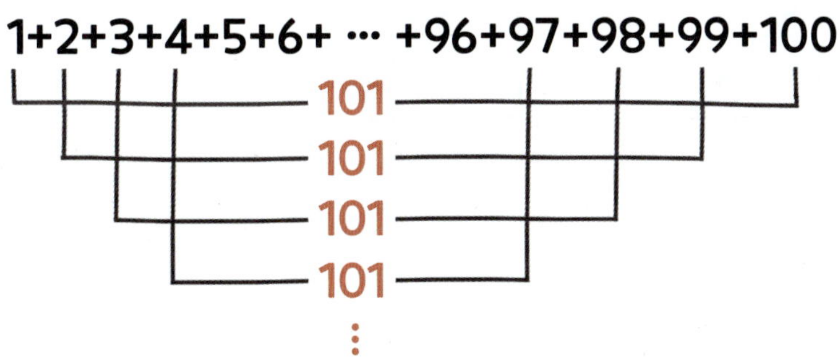

그림 2-10 규칙 발견

이러한 규칙을 공식으로 만들면 다음과 같습니다.

(1 + 마지막 정수) × (마지막 정수 / 2)

그림 2-11 공식 만들기

위 공식을 적용해서 1부터 100까지 정수의 합을 구하면 다음과 같습니다.

$$(1 + 100) \times (100 / 2) = 101 \times 50 = 5050$$

그림 2-12 **공식 적용**

3 색칠한 부분의 넓이 구하기

다음 도형에서 색칠한 부분의 넓이를 구하는 알고리즘을 작성해봅시다.

그림 2-13 **문제**

위 도형에서 색칠한 부분의 넓이는 전체 넓이를 구한 다음 삼각형의 넓이를 빼면 구할 수 있습니다.

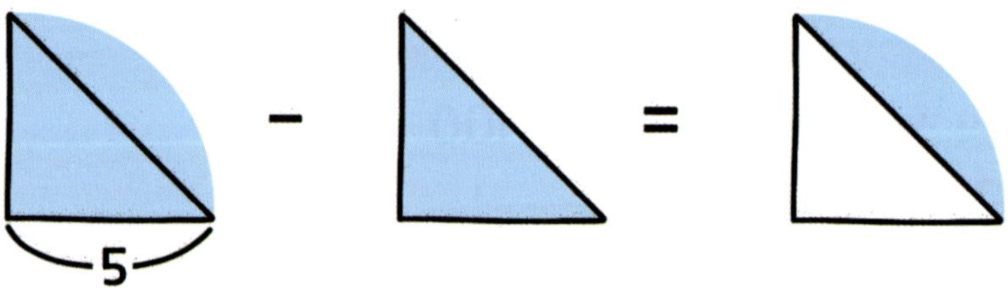

그림 2-14 **문제 해결 방법**

따라서 색칠한 부분의 넓이는 다음과 같습니다.

$$((\pi \times 5 \times 5) \div 4) - ((5 \times 5) \div 2) = \frac{(25\pi - 50)}{4}$$

그림 2-15 **색칠한 부분의 넓이**

4 거스름돈 계산하기

상점에서 점원은 손님이 구매한 물건의 금액을 정확히 계산한 후 거스름돈을 내줘야 합니다. 다음에 나오는 상황에 맞춰 동전의 개수를 가장 적게 거슬러주는 알고리즘을 생각해봅시다. 단 동전은 100원, 10원, 1원을 이용합니다.

- **총 구매 금액 :** 1,532원
- **받은 돈 :** 2,000원
- **거스름돈 :** 2,000원 - 1,532원 = 468원

거스름돈이 468원이므로 100원짜리 4개, 10원짜리 6개, 1원짜리 8개를 내주면 됩니다.

그림 2-16 **동전의 개수를 최소화한 거스름 돈**

위 예시는 거스름돈의 액수가 적고 너무 익숙한 상황이라서 누구나 쉽게 암산으로 해결할 수 있습니다. 하지만 거스름돈을 계산하는 프로그램을 만든다고 가정하면, 이 과정을 컴퓨터가 단계별로 수행할 수 있도록 명료한 명령의 알고리즘으로 작성해야 합니다. 다음은 거스름돈을 계산하기 위한 알고리즘입니다.

100원짜리 개수 구하기
468원에서 100원 미만이 될 때까지 100을 반복해서 뺀다.
이때 반복 횟수가 100원짜리 동전의 개수이다.

↓

10원짜리 개수 구하기
68원에서 10원 미만이 될 때까지 10을 반복해서 뺀다.
이때 반복 횟수가 10원짜리 동전의 개수이다.

↓

1원짜리 개수 구하기
8원에서 0원까지 1을 반복해서 뺀다.
이때 반복 횟수가 1원짜리 동전의 개수이다.

↓

100원 반복 횟수, 10원 반복 횟수, 1원 반복 횟수가 각각 거스름돈의 동전 개수이다.

그림 2-17 **거스름돈 알고리즘**

확인문제

크리스마스 선물로 아이들에게 야구 글러브와 공을 선물하려고 한다. 글러브와 공의 개수가 각각 48개와 60개라고 할 때, 최대한 많은 아이들에게 나눠주기 위해 필요한 상자의 개수를 구하시오. 단 각 상자에 들어가는 글러브와 공의 개수는 모두 같아야 하고, 글러브와 공을 남기면 안 된다.

글러브 48개, 야구공 60개

- 최대한 많은 학생들에게
- 남김없이 나누어 줄 것
- 똑같이 나누어 줄 것

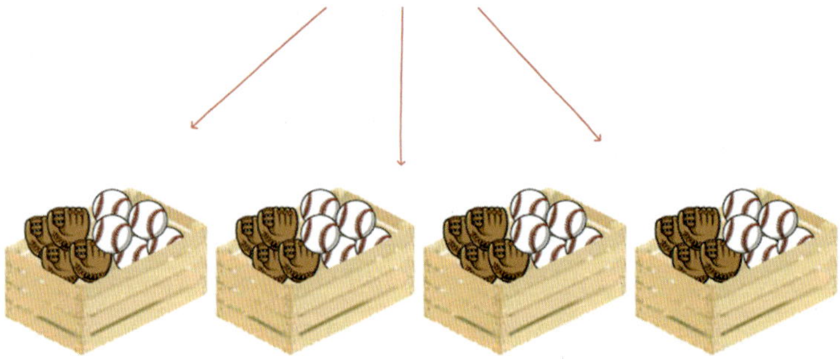

정답

가능한 한 많은 아이들에게 글러브와 공을 남김없이 나누어 주어야하므로 48과 60의 최대공약수를 구한다. 연산 결과 48과 60의 최대공약수는 12이므로 12개의 상자에 글러브와 공을 각각 4개와 5개씩 담으면 글러브와 공을 하나도 남기지 않고 최대한 많은 학생들한테 나눠줄 수 있다.

2	48	60
2	24	30
3	12	15
	4	5

➡ **최대공약수 :**
$2 \times 2 \times 3 = 12$

Section 04 순서도와 의사코드

1 순서도란?

순서도(flowchart)란 다양한 기호를 사용하여 알고리즘을 표현한 것입니다. 알고리즘은 최대한 명확하고 실현 가능한 명령 또는 규칙으로 작성해야 한다고 했습니다. 따라서 알고리즘을 기술하는 순서도 역시 명확하고 실현 가능한 흐름으로 작성해야 합니다. 대부분의 경우 순서도는 프로그램을 만들기 위한 초석이 되므로 실제 구현하기가 애매하거나 잘못된 기호를 쓰면 프로그램 개발에 혼동을 줄 수 있습니다.

그림 2-18 **순서도의 역할**

순서도를 작성하는 데 다양한 기호가 사용됩니다. 다음은 기본적이면서도 꼭 알아두어야 할 순서도 기호입니다.

표 2-2 **순서도 기호**

기호	이름	설명
	흐름선	작업의 흐름을 나타낸다.
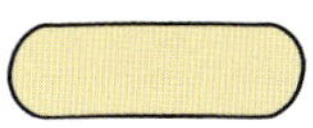	단말	순서도의 시작과 끝을 나타낸다.
	준비	작업 단계 시작 전 준비를 나타낸다.
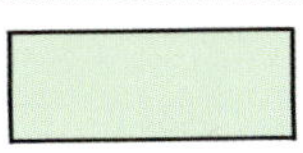	처리	처리해야 할 작업을 명시한다.

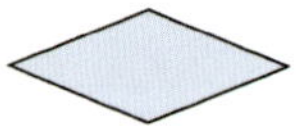	판단	조건 연산을 나타낸다. 연산 결과(True, False)에 따라 흐름선이 선택된다.
	입출력	데이터의 입력과 출력을 나타낸다.
	서브루틴	다른 곳에 정의된 서브프로그램을 호출한다.

2 순서도 작성

각종 알고리즘을 순서도로 표현해봅시다.

아르바이트비 지급 순서도

출근 유무에 따라 아르바이트 비용을 지급할지 말지 판단하는 순서도입니다. 출근을 했다면 아르바이트비를 지급하고, 출근하지 않았다면 지급하지 않습니다.

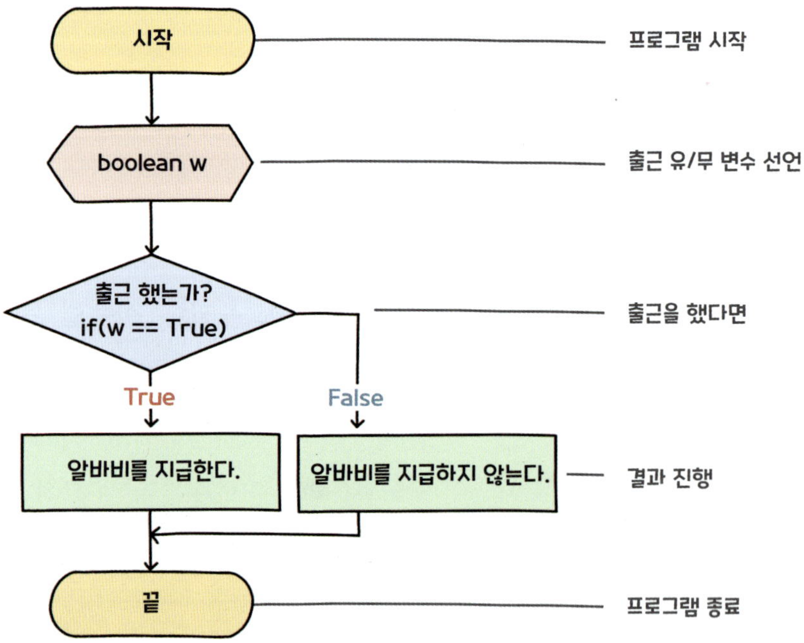

그림 2-19 아르바이트비 지급 순서도

홀짝 구분하기

입력한 숫자가 홀수인지 짝수인지 구분하는 순서도입니다. 사용자가 입력한 정수를 2로 나눈 나머지가 0이면 '짝수', 0이 아니면 '홀수'를 출력합니다.

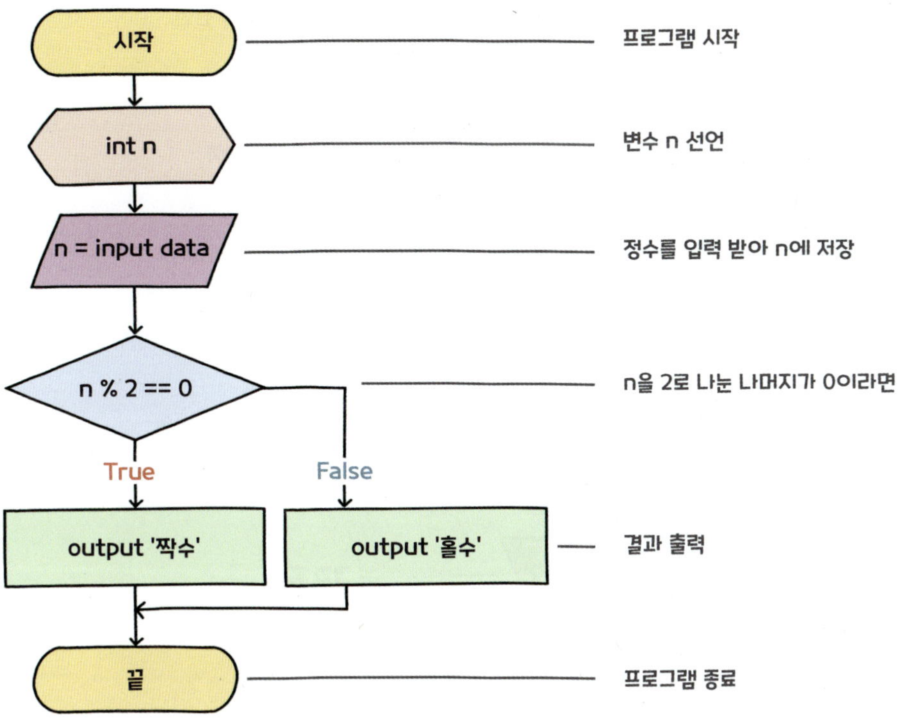

그림 2-20 홀짝 구분하기 순서도

n % 2 == 0의 '=='은 프로그래밍 언어에서 사용하는 연산자로, 양쪽이 같다는 의미입니다. 즉 수학의 '='과 같은 의미인데, 자세한 내용은 5장에서 살펴보겠습니다.

확인문제

사용자가 과목별 점수를 입력하면 평균을 계산한 후 80점 이상이면 '잘했어요'를, 그렇지 않으면 '노력하세요.'를 출력하는 순서도를 작성하시오.

정답

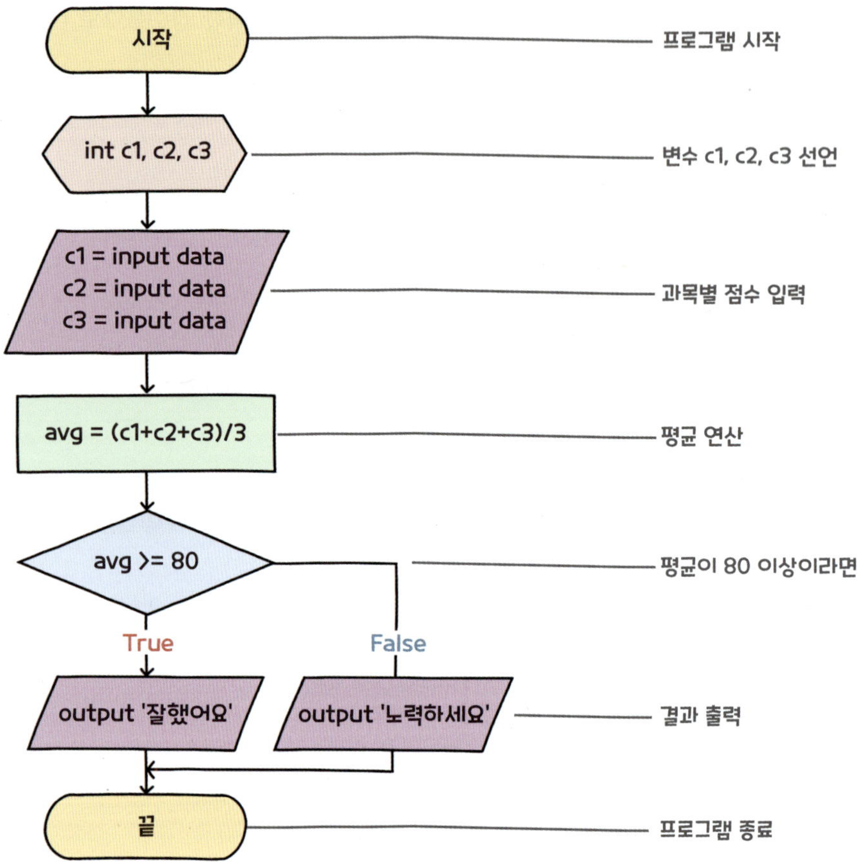

3 의사코드란?

의사코드(슈도코드, pseudocode)도 순서도와 마찬가지로 알고리즘을 기술하기 위한 방법 중 하나로, 우리가 사용하는 자연어를 이용하여 프로그래밍 언어와 비슷하게 만든 코드입니다. 그러나 실제 컴퓨터에서 실행되지는 않습니다.

4 의사코드 작성

각종 알고리즘을 의사코드로 표현해봅시다.

두 수 교환하기

다음은 x가 3, y가 5일 때 두 수를 교환하는 알고리즘을 의사코드로 작성한 것입니다.

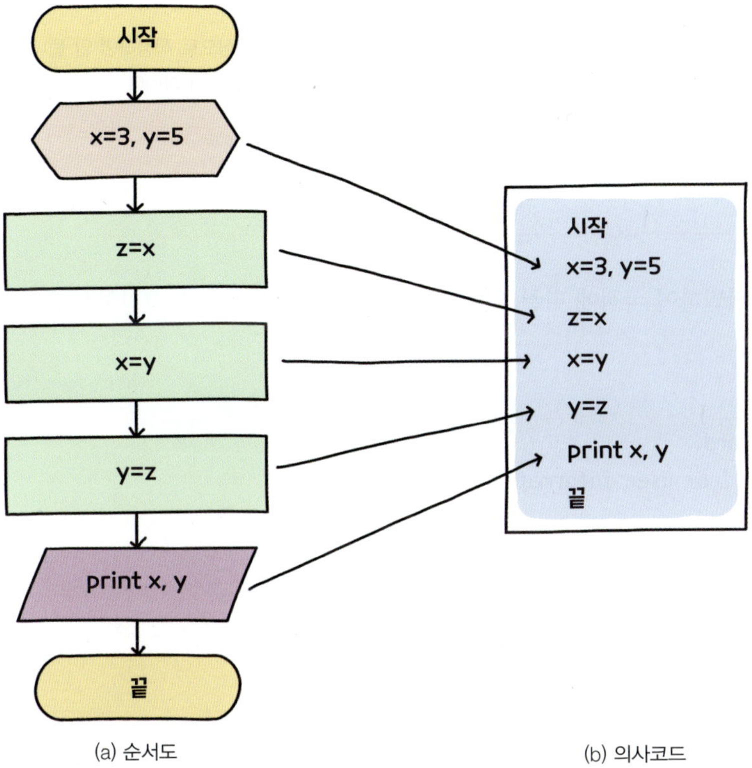

그림 2-21 **교환 알고리즘**

온도 자동 조절하기

에어컨은 실내 온도에 따라 ON, OFF를 설정합니다. 다음은 에어컨의 온도가 사용자가 설정한 온도를 초과하면 'ON', 그렇지 않으면 'OFF'로 자동 전환하는 의사코드입니다.

```
사용자 설정 온도 = input()
에어컨 온도 = current temperature in machine
if(에어컨 온도 > 사용자 설정 온도)
    에어컨 작동 'ON'
else
    에어컨 작동 'OFF'
```

그림 2-22 **온도 자동 조절 프로그램**

일반적으로 간단한 알고리즘의 경우 순서도를 사용해도 되지만 알고리즘이 복잡해지면 순서도로 기술하기가 어렵기 때문에 의사코드를 이용합니다. 의사코드는 특정 프로그래밍 언어를 잘 모르더라도 누구나 쉽게 작성하고 이해할 수 있어 편리합니다.

의사코드를 자연어와 유사하게 쓴다고 했지만 그렇다고 너무 자세하고 긴 문장으로 작성하면 안 됩니다. 읽는 사람이 최대한 쉽고 빨리 이해할 수 있도록 간단명료한 구문으로 작성해야 합니다.

확인문제

스캔 받은 아이디 카드를 판별하여 국적에 따른 인사말을 출력하는 의사코드를 작성하시오.

정답

```
사용자 정보 = scan ID card
국적 = get nationality from user information

if(국적 == 'Korea')
    print '안녕하세요.'

if(국적 == 'USA')
    print 'Hello'

if(국적 == 'Japan')
    print 'こんにちは'

if(국적 == 'China')
    print '你好'
```

요약

01 알고리즘(algorithm)은 특정 업무를 수행하기 위한 절차 또는 명령어의 집합입니다. 알고리즘에는 주어진 문제를 해결하는 데 필요한 방법과 절차가 순서대로 기술되어 있습니다.

02 알고리즘의 모든 과정은 최대한 명확하고 실현 가능하게 구체적으로 작성해야 합니다. 모든 경우의 수를 고려하고, 알고리즘대로 실행하면서 겪은 시행착오를 반영하여 작성해야 합니다.

03 순서도(flowchart)는 다양한 기호를 사용하여 알고리즘을 표현한 것입니다. 순서도는 프로그램을 만들기 위한 초석이므로 정확하고 논리적으로 작성해야 합니다.

04 순서도 기호에는 흐름선 ──→, 단말 , 준비 , 처리 , 판단 , 입출력 , 서브루틴  등이 있습니다.

05 의사코드(pseudocode)는 우리가 사용하는 자연어를 이용해서 프로그래밍 언어와 비슷하게 만든 코드입니다. 그러나 실제 컴퓨터에서 실행되지는 않습니다.

연습문제

01 알고리즘에 대한 설명으로 옳지 않은 것은 무엇인가?

① 특정 업무를 수행하기 위한 절차 또는 명령어의 집합이다.
② 컴퓨터 프로그램은 알고리즘을 프로그래밍 언어를 이용하여 코드로 변환한 것이다.
③ 알고리즘의 모든 과정은 최대한 명확하고 실현 가능하게 구체적으로 작성한다.
④ 한번 작성한 알고리즘은 가급적 수정하지 않는다.

02 순서도 기호와 설명으로 틀린 것을 모두 고르시오.

① 흐름선 ——→ : 작업의 흐름을 나타낸다.
② 단말 ⬭ : 작업 단계 시작 전 준비를 나타낸다.
③ 준비 ⬡ : 순서도의 시작과 끝을 나타낸다.
④ 처리 ▭ : 처리해야 할 작업을 명시한다.
⑤ 판단 ◇ : 조건 연산을 나타낸다.
⑥ 입출력 ▱ : 데이터의 입력과 출력을 나타낸다.
⑦ 서브루틴 ▭ : 다른 곳에 정의된 부프로그램을 호출한다.

03 다음은 기본적인 라면 조리 알고리즘이다. 이를 참고하여 더욱 맛있는 라면을 조리하기 위한 알고리즘으로 개선하시오.

> ① 냄비에 물 550ml를 넣고 끓인다.
> ② 물이 끓으면 면과 분말 스프를 넣고 4분간 더 끓인다.
> ③ 면이 익으면 그릇에 담아 맛있게 먹는다.

04 국내 쇼핑몰이 아닌 해외 쇼핑몰에서 상품을 구매하는 과정을 자연어 알고리즘으로 작성하시오.

05 스마트폰 앱의 음식 주문 및 배달 서비스 과정을 자연어 알고리즘으로 작성하시오.

06 본문 48쪽 [그림 2-14]의 색칠한 부분의 넓이 구하기 알고리즘을 참고하여 다음 도형의 색칠한 부분의 넓이를 구하시오.

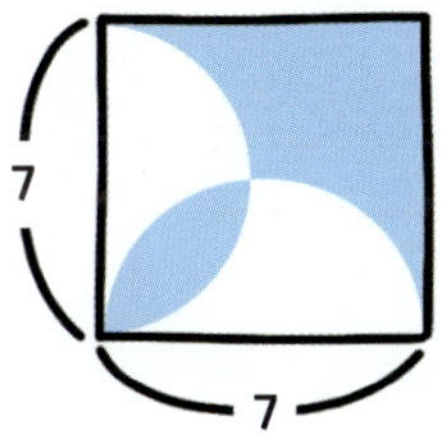

07 사용자가 입력한 정수가 3의 배수인지 아닌지 구분하는 알고리즘을 순서도로 만드시오.

08 제한속도 50km/h인 도로에서 자동차의 현재 속도를 입력하면 '속도위반' 또는 '정상주행'을 출력하는 프로그램을 의사코드로 만드시오.

CHAPTER 03

파이썬 첫걸음

학습목표

- 파이썬 언어의 역사와 특징에 대해 살펴봅니다.
- 파이썬을 설치하고 아이들(IDLE)의 사용법을 알아봅니다.
- 간단한 파이썬 프로그램을 만들고 실행해봅니다.
- 파이썬 프로그램의 실행 구조를 이해합니다.

Preview

파이썬은 대체 무엇이고 왜 배워야 할까요? 이번 장에서는 파이썬의 이름과 역사를 살펴보고 특징도 알아봅니다. 본격적으로 파이썬과 친해지기 위해 먼저 파이썬을 설치하고 코딩도 해봅시다.

Section 01

파이썬이란?

1 파이썬 소개

파이썬은 네덜란드 개발자인 귀도 반 로섬(Guido van Rossum)이 1991년에 만든 프로그래밍 언어입니다. 귀도 반 로섬은 1980년대에 새로운 언어를 개발하기 위해 진행한 소규모 프로젝트에서 파이썬을 만들었고 이후 언어의 완성도가 높아지면서 점차 많은 기업의 개발 언어로 채택되었습니다. 대표적인 예로 구글은 자바와 함께 파이썬을 메인 언어로 채택하여 많은 서비스를 만들고 있습니다.

그림 3-1 귀도 반 로섬과 파이썬의 공식 로고

파이썬(Python)이란 이름은 사전적인 의미로 '비단뱀'을 뜻합니다. 조금은 징그러운 이름이지만 실제 귀도 반 로섬은 그가 좋아하는 코미디 쇼(Monty Python's Flying Circus)의 이름을 참고하여 '파이썬'이라고 지었다고 합니다.

2 파이썬의 특징

문법 구조가 쉽다.

파이썬은 다른 언어에 비해서 문법 구조가 쉽습니다. 따라서 프로그램 개발, 수정, 실행 단계가 빠르고 프로그래밍 언어를 처음 배우는 사람도 쉽게 익힐 수 있습니다.

무한 정수를 처리할 수 있다.

파이썬은 컴퓨터의 메모리 용량만 넉넉하다면 무한 정수를 처리할 수 있습니다. 따라서 다양한 산업과 과학 분야에서 복잡하고 어려운 계산도 척척 해낼 수 있습니다.

다양한 라이브러리(모듈)가 존재한다.

라이브러리란 특정 기능을 위해 미리 만들어놓은 프로그램을 말합니다. 이미 개발자들이 만들어 놓은 많은 라이브러리 덕분에 우리는 좀 더 쉽고 빠르게 프로그래밍할 수 있습니다. 라이브러리는 대체로 무료이며, 누구든지 특정 기능의 라이브러리를 만들어 배포할 수 있습니다.

이미지 처리에 능숙하다.

인공지능의 한 분야로 알려진 얼굴 인식 등의 프로그램은 C 언어나 C++ 같은 프로그램 언어를 사용해서 만들거나, 인텔(Intel)에서 실시간 이미지 프로세싱을 구현하기 위해 만든 OpenCV 라이브러리를 이용하여 만듭니다. 이러한 기술은 연산속도는 빠르지만 습득하기가 어려워 고급 개발자만이 사용할 수 있습니다. 반면 파이썬은 다른 언어에 비해서 상대적으로 이미지 처리를 쉽게 할 수 있습니다. 따라서 이미지 처리를 해야 하는 많은 산업 분야에서 파이썬을 이용하고 있습니다.

Section 02 파이썬 설치

01 원활한 실습을 위하여 먼저 실습 폴더를 만들겠습니다. C 드라이브 아래에 [python] 폴더를 만듭니다. [python] 폴더 아래에 2개의 폴더를 추가로 만들고 폴더 이름을 각각 [download], [project]로 변경합니다.

- download : 앞으로 다운로드하는 모든 파일을 저장하기 위한 폴더입니다. 예를 들어 파이썬 설치 파일, 예제 파일 등이 저장됩니다.
- project : 앞으로 직접 코딩하는 프로그램을 저장할 폴더로, 가급적 앞으로 배울 모든 내용은 직접 코딩해보기 바랍니다.

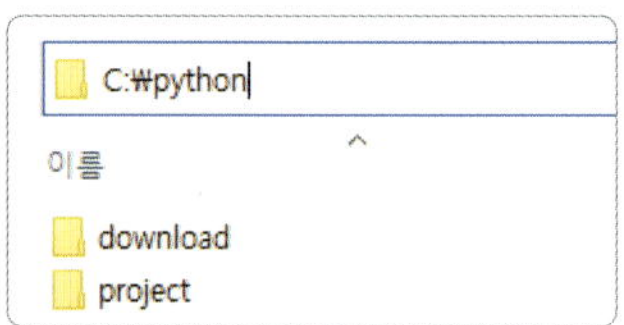

책과 같은 경로에 폴더를 만들지 않아도 되지만, 처음 프로그래밍에 입문하는 경우라면 경로를 동일하게 맞추는 것을 추천합니다.

그림 3-2 **폴더 생성**

02 파이썬 설치 파일을 다운로드하기 위해 파이썬 공식 홈페이지(https://www.python.org/)에 접속하여 [Downloads] 메뉴를 클릭합니다.

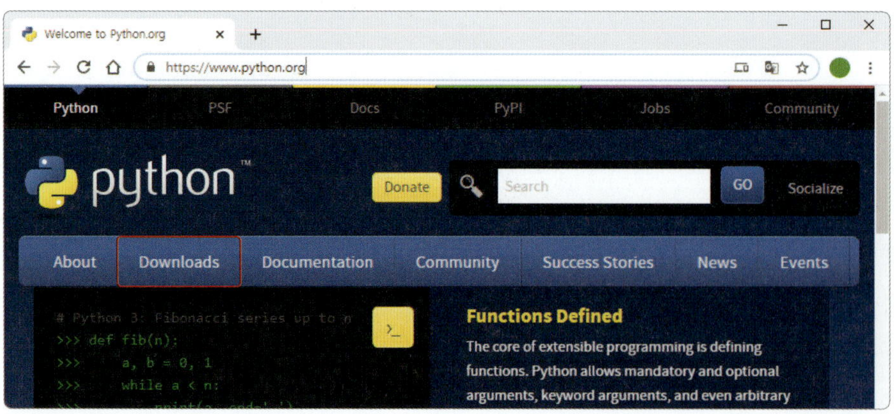

그림 3-3 **파이썬 공식 홈페이지 접속**

03 파이썬 홈페이지에는 윈도우, 맥OS, 리눅스 등의 운영체제에 설치할 수 있는 파이썬 설치 파일을 제공합니다. 이 책에서는 윈도우를 기준으로 설명합니다. 노란색의 [Download Python 3.8.3]을 클릭하여 파이썬 설치 파일을 다운로드합니다.

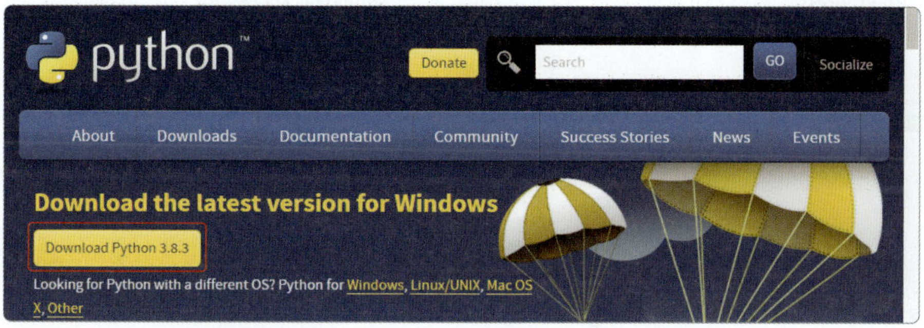

그림 3-4 **파이썬 설치 파일 다운로드**

04 [다운로드] 폴더 'python-3.8.3.exe' 파일을 [C]-[download] 폴더에 옮기고 더블클릭하여 설치를 시작합니다.

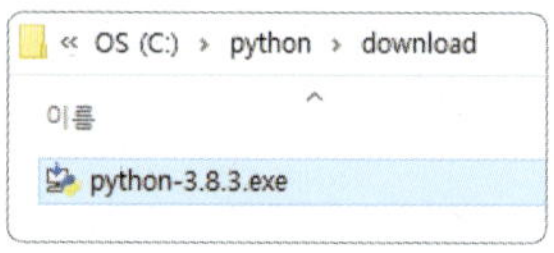

그림 3-5 **파이썬 설치 시작**

여러분이 이 책을 보는 시점에 파이썬 버전이 3.8.3보다 높을 수 있습니다. 버전이 다르더라도 실습하는 데는 문제가 없으니 안심하고 가장 최신버전을 다운로드하길 바랍니다.

05 설치 화면의 'Install launcher for all users (recommended)'에 체크합니다. 이 컴퓨터를 사용하고 있는 모든 계정에서 파이썬을 사용할 수 있도록 설정하는 기능입니다. 또한 'Add Python 3.8 to PATH'에도 체크합니다. 파이썬 프로그램을 어느 경로에서나 실행할 수 있게 설정하는 기능으로, 체크하지 않으면 프로그래밍할 때 불편할 수 있습니다. 모두 체크를 했다면 상단의 'Install Now'를 클릭합니다.

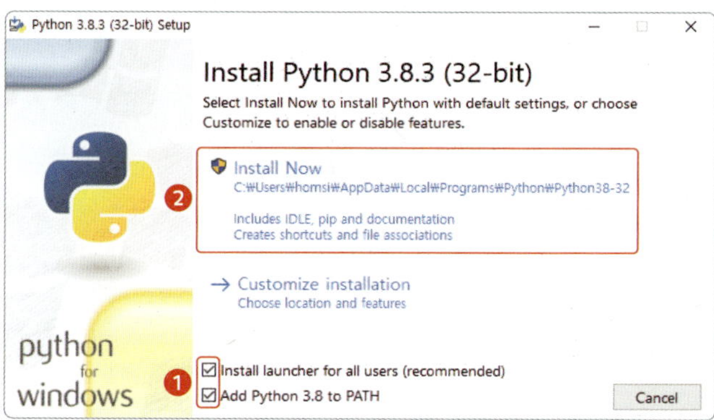

그림 3-6 **파이썬 설치 1**

06 잠시 설치를 진행합니다. 설치가 끝나면 'Setup was successful' 메시지가 나옵니다. [Close]를 클릭합니다.

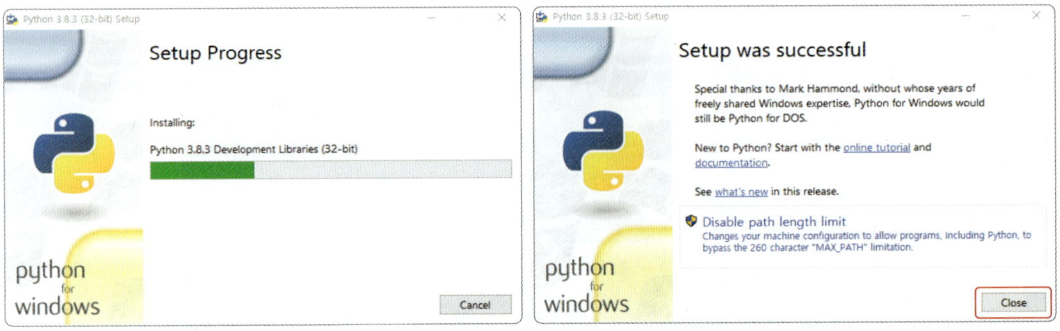

그림 3-7 **파이썬 설치 2**

07 파이썬이 정상적으로 설치됐는지 확인해보겠습니다. 명령 프롬프트를 실행하기 위해 [윈도우]+[R] 키를 누르고 'cmd'를 입력한 후 [확인]을 클릭합니다.

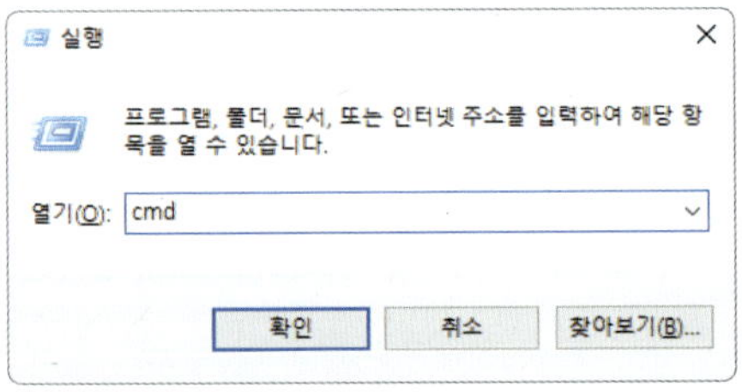

명령 프롬프트인 cmd는 윈도우에 기본으로 제공되는 프로그램으로, 명령어를 직접 입력하여 결과를 확인할 수 있습니다.

그림 3-8 **파이썬 설치 확인 1**

08 명령 프롬프트 창이 열리면 'python'을 입력하고 [Enter]를 누릅니다. 이는 컴퓨터에 '파이썬 프로그램을 실행하라'고 명령한 것으로 다음과 같이 파이썬 정보와 함께 '>>>'가 출력되면 파이썬이 정상적으로 설치된 것입니다.

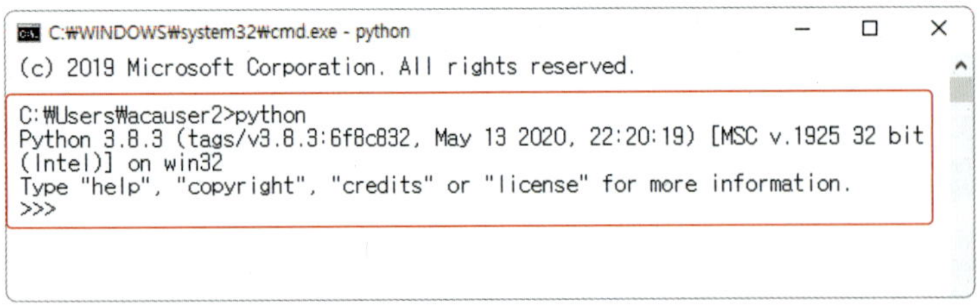

그림 3-9 **파이썬 설치 확인 2**

Section 03

파이썬 첫 코딩

파이썬으로 프로그래밍을 하기 위해서는 코딩 툴을 이용해야 합니다. 코딩 툴은 일반적으로 아이들(IDLE)이라고 부릅니다. IDLE은 Integrated Development and Learning Environment의 약자로 '통합 개발 환경' 즉, 프로그램 개발에 필요한 모든 기능을 하나로 모아놓은 소프트웨어를 의미합니다. 파이썬에는 '파이썬 셸'과 '코드 편집기'라는 두 가지 아이들이 있습니다.

1 파이썬 셸

파이썬 셸(shell)은 파이썬 아이들을 실행했을 때 나타나는 기본 툴입니다. 윈도우의 [시작]-[Python 3.8]-[IDLE (Python 3.8 32-bit)]을 클릭하여 파이썬을 실행하면 볼 수 있습니다.

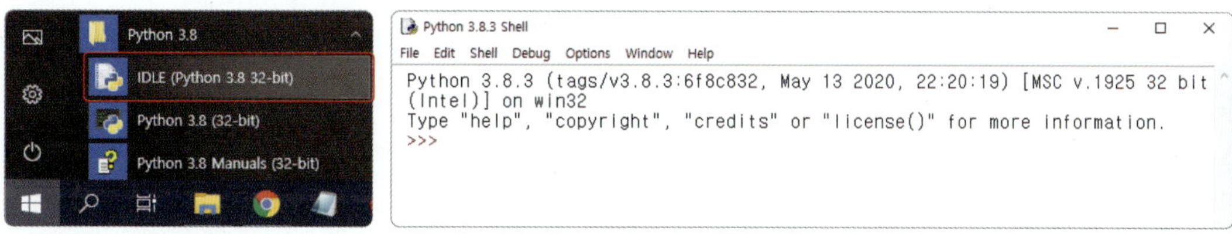

그림 3-10 **파이썬 셸 모드**

셸 모드는 컴퓨터와 내가 채팅하듯이 코딩하는 방식입니다. 예를 들어 'Hello' 문자열을 화면에 출력하고 싶다면 아래와 같이 print('Hello')를 입력하고 Enter를 누릅니다. 화면에 'Hello'가 출력되고 다음 명령 입력 대기 상태(>>>)로 전환됩니다. 셸 모드는 화면에 코딩하고 결과를 바로 볼 수 있어 편리합니다.

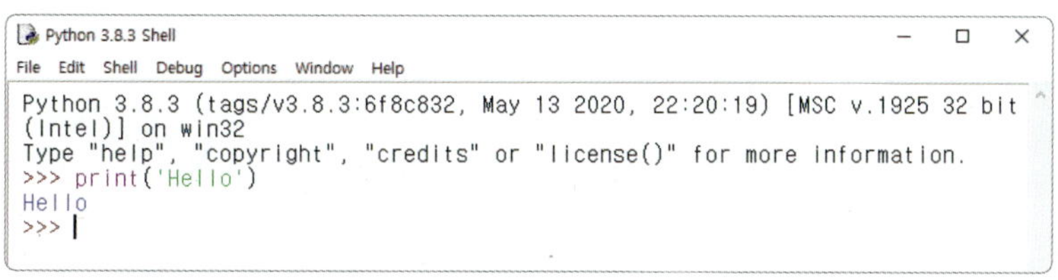

그림 3-11 **파이썬 셸 모드에서 코딩**

셸 모드를 종료하려면 [File]-[Exit] 메뉴 또는 오른쪽 상단의 ☒ 버튼을 클릭합니다.

함수는 어떤 특정 기능을 수행하는 명령어의 모음입니다. `print()` 함수는 괄호 안에 있는 내용을 화면에 출력하는 기능을 가지고 있습니다. 함수에 관한 자세한 내용은 5장에서 다룹니다.

2 코드 편집기

셸 모드에서 [File]-[New File]을 클릭하면 흰색의 또 다른 편집기가 나오는데, 바로 파이썬 코드 편집기입니다. 코드 편집기는 셸 모드와 달리 코드를 파일 단위로 저장한 후 실행합니다. 코드 편집기에서 `print('Hello')`를 코딩해보겠습니다.

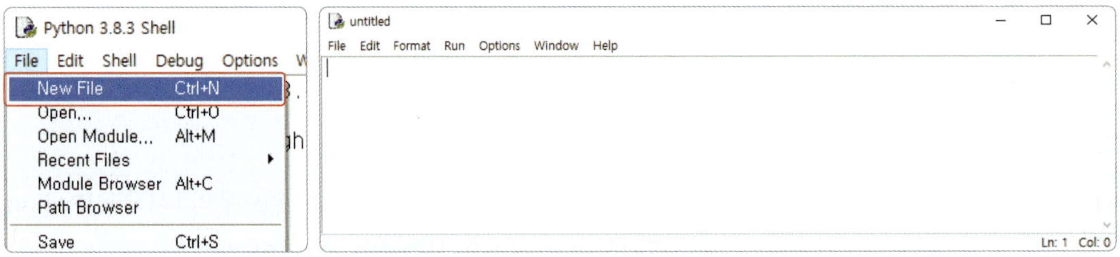

그림 3-12 파이썬 셸과 코드 편집기

다음과 같이 `print('Hello')`를 입력한 후 F5를 누릅니다. 코드를 실행하기 전에 저장해야 한다는 창이 뜨면 [확인]을 클릭합니다.

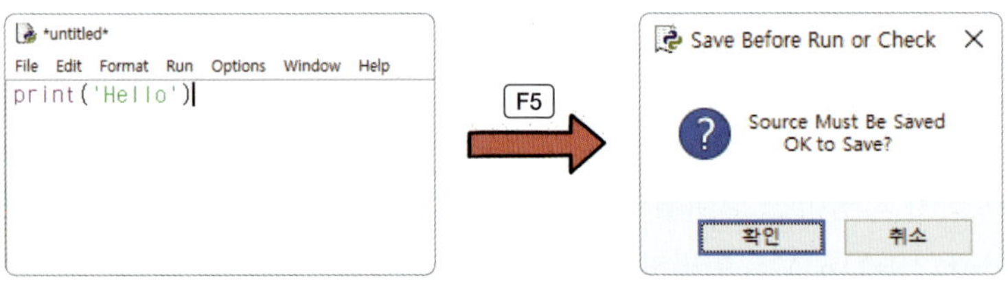

그림 3-13 코드 편집기에서 코딩

하나 더 알기 **프로그램을 실행하는 방법**

프로그램을 실행하기 위해서 [Run]-[Run Module] 메뉴를 클릭해도 됩니다. 하지만 매번 메뉴를 찾아 실행하는 것이 불편하다면 F5 단축키를 이용합니다.

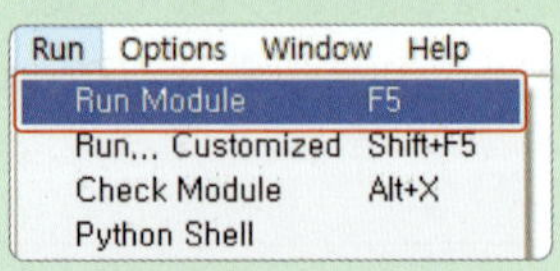

[C]–[python]–[project] 폴더에 [chapter03] 폴더를 만든 후 파일 이름을 'ch03_01.py'로 입력하고 [저장]을 클릭합니다.

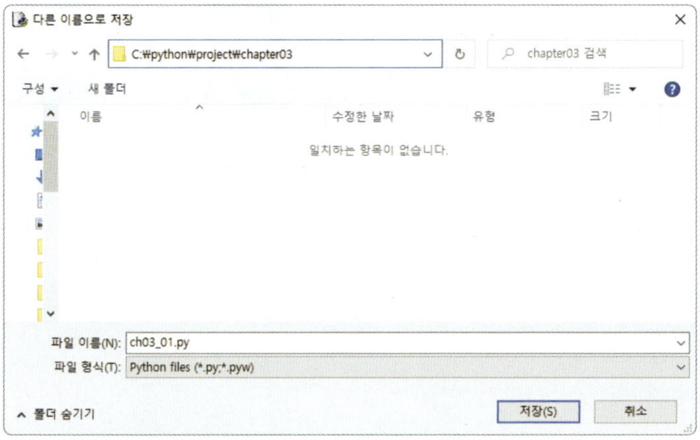

이후의 예제 파일은 이와 같이 해당 챕터 폴더(ChapterXX)를 만든 후 저장합니다.

그림 3-14 **코드 편집기에서 실행**

파이썬 파일이 실행되고 아래와 같이 셸 모드에서 결과를 확인할 수 있습니다. 코드 편집기를 종료하려면 [File]–[Exit] 메뉴 또는 오른쪽 상단의 ☒ 버튼을 클릭합니다.

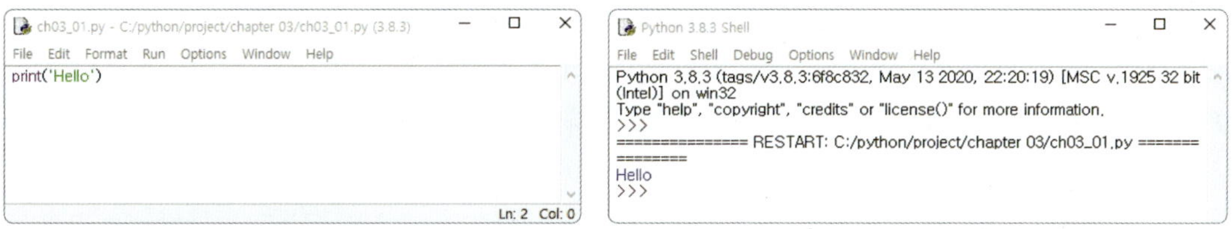

그림 3-15 **셸 모드에서 실행 결과 확인**

셸 모드와 코드 편집기의 차이점을 느꼈나요? 결과가 똑같다고요? 맞습니다. 결과는 같습니다. 다만 셸 모드는 코딩한 후 바로바로 결과를 확인하는 반면 코드 편집기는 파일을 저장하고 F5를 눌러 결과를 확인한다는 점에서 차이가 있습니다.

그렇다면 셸 모드와 코드 편집기를 각각 어떤 경우에 이용할까요? 셸 모드는 주로 간단한 코드를 실행할 때, 코드 편집기는 긴 코드를 실행할 때 사용합니다. 이 책에서는 간단한 조각 코드로 설명이 충분한 예문에는 셸 모드를 이용하고, 구문 또는 알고리즘 등의 다소 많은 양의 코드를 작성해야 하는 예제에는 코드 편집기를 이용합니다.

문제 해결 3-1 인사말 출력하기

ch03_sol_01.py

길에서 친구, 선배, 교수님을 만났을 때 인사말을 출력하는 프로그램을 만들어봅시다. 문자열을 출력할 때는 print() 함수 안에 출력하고자 하는 문자열을 작성하고, 작은따옴표로 감싸줍니다. 코드 편집기로 코딩해봅니다.

```
print('친구야~ 안녕~~.')
print('선배님 안녕하세요.')
print('교수님 안녕하세요.')
```

```
친구야~ 안녕~~.
선배님 안녕하세요.
교수님 안녕하세요.
```

문제 해결 3-2 연산 결과 출력하기

ch03_sol_02.py

3가지 연산식(3+5, 17*234, 30*4/5)의 결과를 출력하는 프로그램을 만들어봅시다. 연산 결과를 얻으려면 print() 함수 안에 연산식을 작성하면 됩니다. 덧셈은 +, 뺄셈은 -, 곱셈은 *, 나눗셈은 / 기호를 이용합니다. 역시 코드 편집기를 이용합니다.

```
print(3 + 5)
print(17 * 234)
print(30 * 4 / 5)
```

```
8
3978
24.0
```

'*'는 프로그래밍 언어에서 사용하는 곱셈 연산자로 수학의 '×'와 같은 의미입니다. 자세한 내용은 5장에서 살펴보겠습니다.

Section 04

파이썬 프로그램의 실행 과정

1 컴파일러와 인터프리터

우리가 작성한 프로그램의 소스 파일은 대부분 영어로 이루어져 있습니다. 그런데 컴퓨터는 0과 1로 된 기계어만 사용합니다. 따라서 프로그램을 실행하려면 인간의 언어(영어)를 컴퓨터가 이해할 수 있는 기계어로 변환해주어야 합니다. 이러한 변환 프로그램을 언어 번역 프로그램이라고 합니다. 언어 번역 프로그램에는 컴파일러와 인터프리터 두 가지가 있습니다.

그림 3-16 기계어의 예

컴파일러

컴파일러(compiler)는 사용자가 작성한 소스 파일을 컴퓨터가 이해할 수 있는 기계어로 변환하여 실행 파일을 만듭니다. 최종 결과는 실행 파일을 실행하여 출력됩니다. 이러한 동작을 컴파일(compile)이라고 합니다.

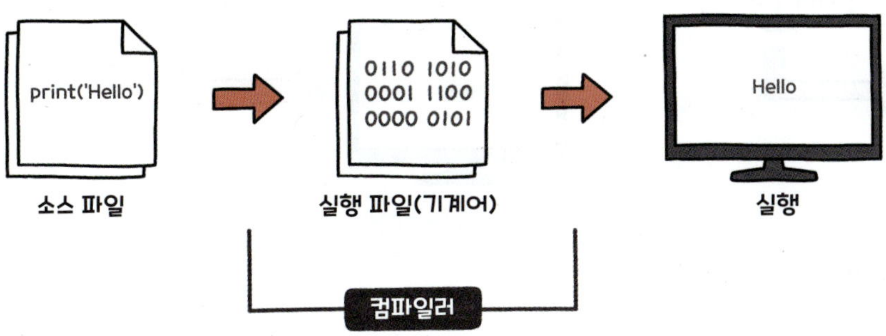

그림 3-17 컴파일러의 동작 과정

인터프리터

인터프리터(interpreter)는 우리말로 '통역사' 또는 '해석기'라는 의미입니다. 즉 소스 파일을 컴퓨터가 이해할 수 있도록 기계어로 변환하는데, 컴파일러와 달리 실행 파일을 만들지 않고 소스 파일을 기계어로 바로 번역하여 실행합니다.

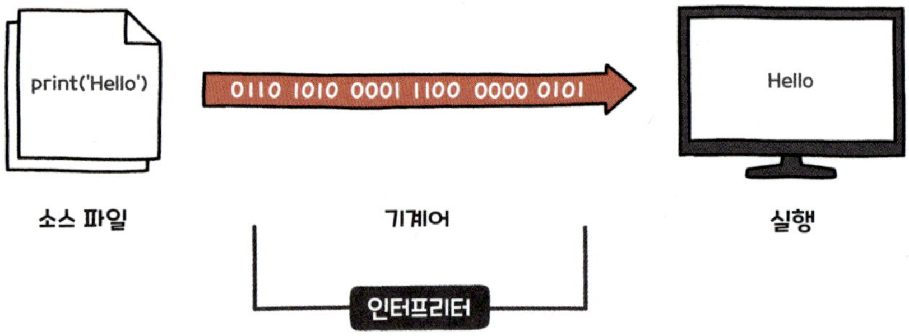

그림 3-18 **인터프리터의 동작 과정**

컴파일러와 인터프리터의 차이점

컴파일러와 인터프리터를 이용하는 방식에는 차이점이 있습니다. 컴파일러를 이용한 방식은 소스 파일의 코드 전체를 기계어로 번역하여 실행 파일을 생성한 후, 실행 파일을 최종적으로 실행하여 결과를 얻습니다. 마치 영어 원서를 우리말로 번역한 번역서를 읽는 것과 같습니다. 반면 인터프리

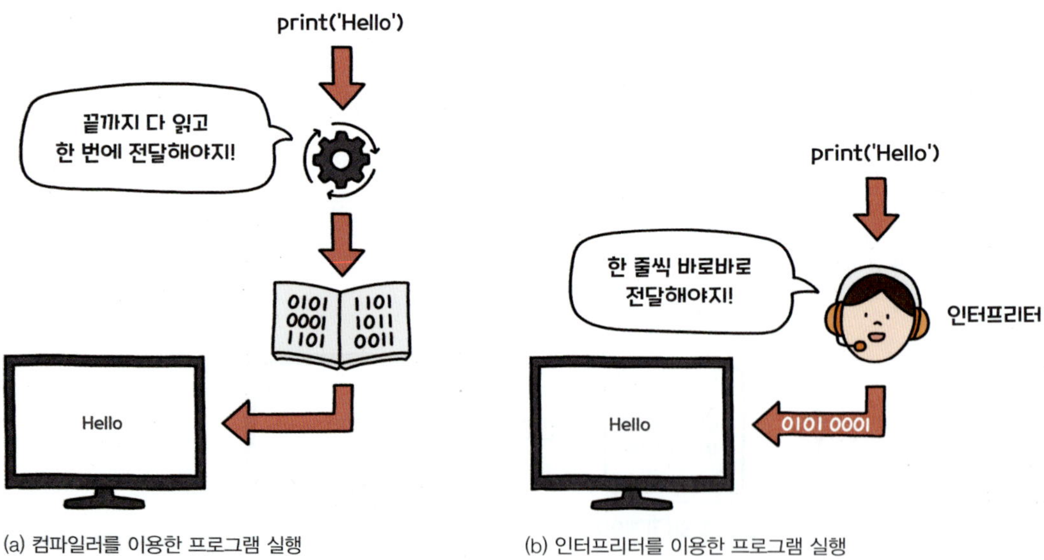

그림 3-19 **컴파일러(번역서)와 인터프리터(동시통역)의 차이**

터를 이용한 방식은 실시간으로 소스 파일의 코드 한 줄 한 줄을 읽어 내려가면서 프로그램을 실행합니다. 마치 동시통역을 하는 것과 같습니다. 컴파일 방식과 인터프리터 방식의 장단점은 다음과 같습니다.

- **컴파일 방식 :** 사전에 컴파일 해놓은 파일을 이용하여 한번에 프로그램을 실행하므로 실행 속도가 빠릅니다. 그러나 소스 파일을 수정할 때마다 컴파일하여 실행 파일을 만들어야 하는 단점이 있습니다.
- **인터프리터 방식 :** 소스 파일의 코드를 한 줄씩 읽어가며 기계어로 변환하기 때문에 프로그램의 실행 속도가 컴파일 방식보다 상대적으로 느립니다. 그러나 소스 파일을 수정해도 별도의 실행 파일을 생성하지 않고 바로바로 실행할 수 있다는 장점이 있습니다.

컴파일러를 사용하는 프로그램 언어는 C, C++, 자바 등이 있고 인터프리터를 사용하는 프로그램 언어는 파이썬, 펄(Perl), 루비(Ruby) 등이 있습니다.

2 파이썬 프로그램의 실행 과정

파이썬 프로그램의 실행 과정을 좀 더 자세히 살펴보겠습니다.

[그림 3-17]과 [그림 3-18]에서는 생략했지만 일반적으로 사용자가 작성한 소스 파일은 컴파일러 또는 인터프리터에 의해서 '바이트 코드 파일'로 변환된 후 다시 '기계어'로 변환되어 실행됩니다. 바이트 코드(bytecode)란 소스 코드와 기계어의 중간 코드로, 기계가 아닌 소프트웨어로 만들어진 가상머신에서 동작하는 코드입니다. 가상머신은 바이트 코드를 하드웨어(기계)가 이해할 수 있는 기계어로 변환합니다.

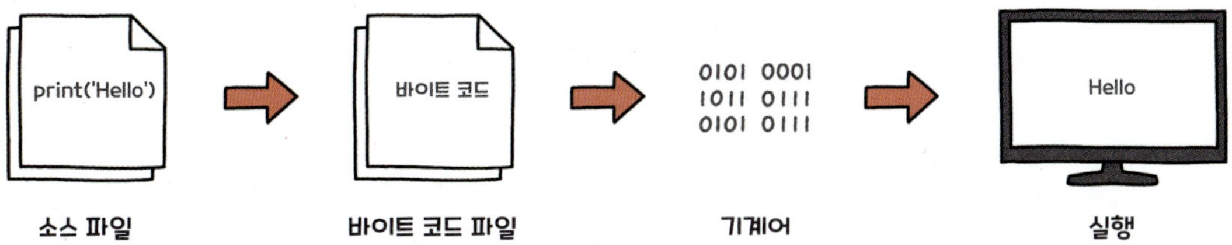

그림 3-20 일반적인 프로그램의 실행 과정

파이썬을 설치하면 CPython이라는 구현체가 같이 설치됩니다. 구현체란 '특정 기능이 동작할 수 있도록 만들어 놓은 것'을 의미합니다. 즉 CPython은 사용자가 작성한 소스 코드를 컴파일러를 이용하여 바이트 코드로 변환하고, 바이트 코드 파일을 다시 한 줄씩 읽어 내려가며 인터프리터 방식으로 실행합니다.

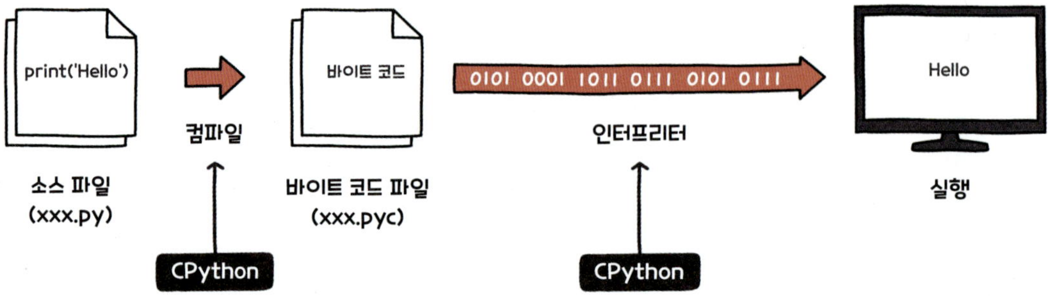

그림 3-21 CPython의 동작 과정

지금까지 컴파일러, 인터프리터, 바이트 코드, 구현체와 같은 낯선 용어와 함께 파이썬 프로그램의 실행 과정을 살펴보았습니다. 다소 어렵게 느껴졌다면 걱정하거나 미리 겁먹지 않기 바랍니다. 프로그램 실행 과정은 단순 이론에 불과합니다. 우리는 파이썬 아이들에서 코딩하고 실행만 하면 됩니다. 우리가 프로그램 언어를 배우는 이유는 문제를 해결하는 과정에서 컴퓨팅 사고력 키우고 실제 문제를 해결하는 프로그램을 만드는 것이지, 언어 자체를 연구하는 것은 아니기 때문입니다.

Section

05 터틀 프로그래밍

파이썬에는 터틀(turtle)이라는 그래픽 모듈이 포함되어 있습니다. 이름이 '터틀'인 이유는 화면 위에 거북이가 지나간 자리를 따라 그림을 그리기 때문입니다. 아직 잘 몰라도 괜찮습니다. 터틀로 사각형, 삼각형, 원 등의 도형을 그려보면서 이번 장에서 배운 파이썬을 느껴봅시다.

우선 파이썬 아이들을 실행합니다.

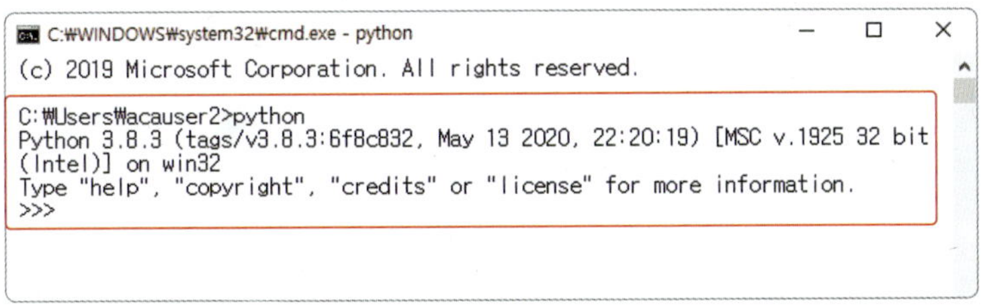

```
C:₩WINDOWS₩system32₩cmd.exe - python
(c) 2019 Microsoft Corporation. All rights reserved.

C:₩Users₩acauser2>python
Python 3.8.3 (tags/v3.8.3:6f8c832, May 13 2020, 22:20:19) [MSC v.1925 32 bit
(Intel)] on win32
Type "help", "copyright", "credits" or "license" for more information.
>>>
```

그림 3-22 **아이들 실행**

그림을 그리기 위한 도화지를 만들고 가운데 기호를 거북이로 변경합니다.

```
>>> import turtle
>>> t = turtle.Turtle()  ● 도화지 만들기
>>> t.shape('turtle')  ● 기호를 거북이로 변경하기
```

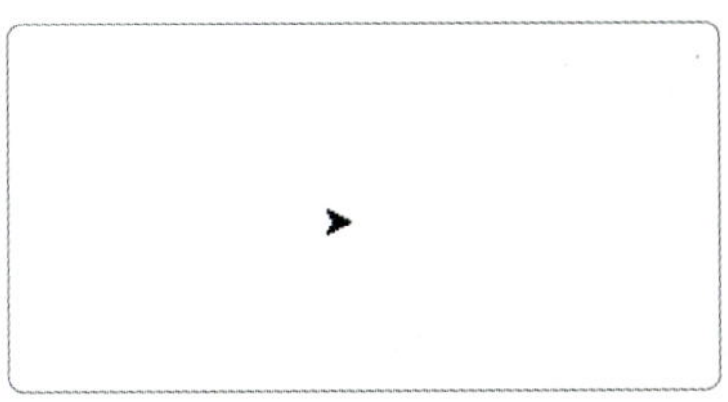

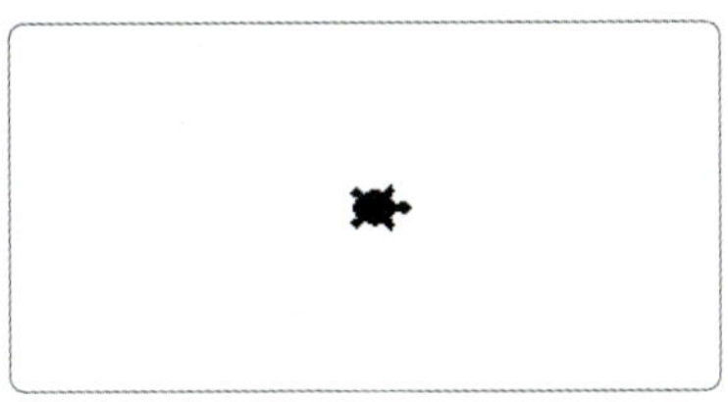

거북이에게 전진, 회전 명령을 내려서 사각형을 그립니다.

```
>>> import turtle
>>> t = turtle.Turtle()
>>> t.shape('turtle')
>>> t.forward(100)
>>> t.right(90)
>>> t.forward(100)
>>> t.right(90)
>>> t.forward(100)
>>> t.right(90)
>>> t.forward(100)
```

100px 전진

오른쪽으로 90° 회전

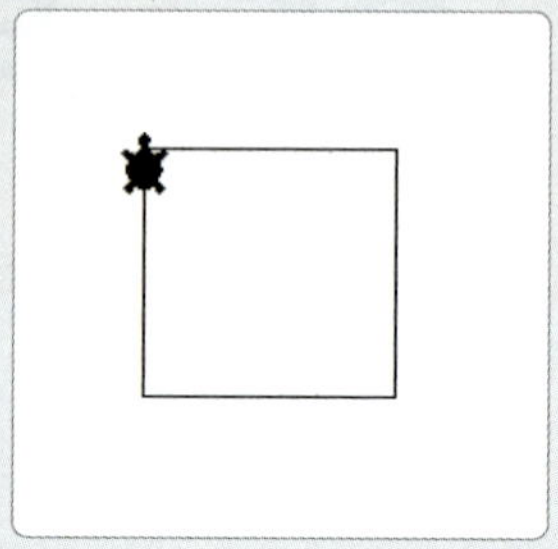

삼각형을 그려보겠습니다. 삼각형의 경우 거북이를 120° 회전시켜 전진하면 됩니다.

```
>>> import turtle
>>> t = turtle.Turtle()
>>> t.shape('turtle')
>>> t.right(120)
>>> t.forward(100)
>>> t.left(120)
>>> t.forward(100)
>>> t.left(120)
>>> t.forward(100)
```

오른쪽으로 120° 회전

100px 전진

왼쪽으로 120° 회전

100px 전진

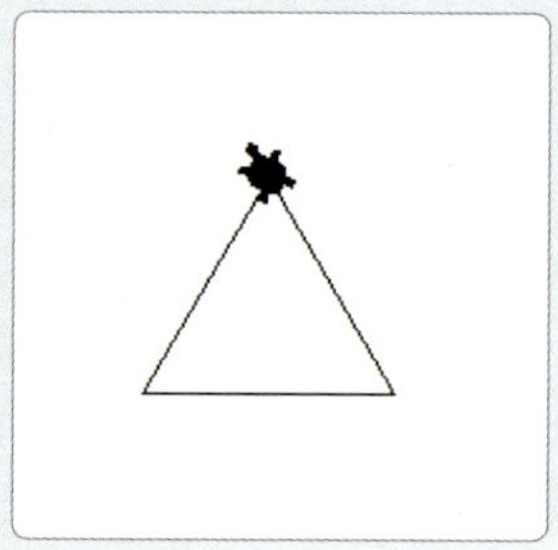

원은 circle() 함수를 이용하여 그립니다. 반지름을 괄호 안에 써줍니다.

```
>>> import turtle
>>> t = turtle.Turtle()
>>> t.shape('turtle')
>>> t.circle(50)
```

반지름이 50인 원 그리기

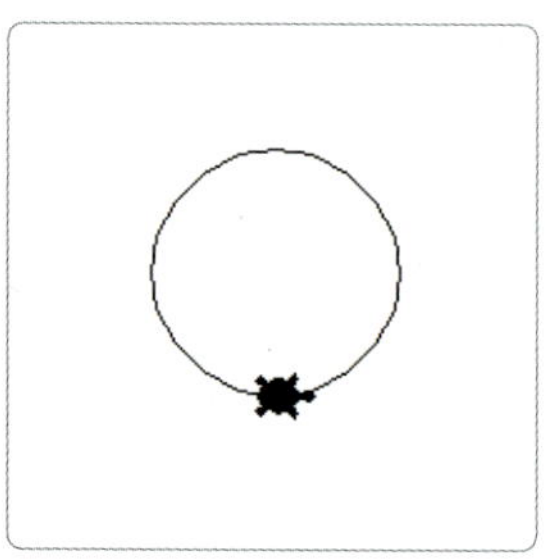

터틀의 기본 사용 방법을 살펴보았습니다. 4장부터는 터틀을 이용한 그래픽 프로그램을 만들어 보겠습니다.

요약

01 파이썬은 네덜란드 개발자인 귀도 반 로섬(Guido van Rossum)이 1991년에 만든 프로그래밍 언어입니다. 문법이 간단하고, 다양한 라이브러리(모듈)를 가지고 있어 쉽고 빠르게 프로그램을 개발할 수 있습니다.

02 파이썬은 공식 홈페이지(https://www.python.org/)에서 무료로 내려 받을 수 있으며, 몇 번의 클릭만으로 쉽게 설치할 수 있습니다.

03 파이썬을 설치하면 기본적으로 파이썬 IDLE(아이들)이 설치됩니다. 파이썬 아이들은 셸 모드와 코드 편집기로 구분됩니다. 셸 모드는 주로 간단한 코드를 실행할 때 사용하고, 코드 편집기는 긴 코드를 실행할 때 사용합니다.

04 파이썬 셸 모드에서는 코드를 입력하고 Enter를 누르면 바로 실행 결과를 볼 수 있습니다. 반면 코드 편집기에서는 코드를 입력하고 반드시 저장한 후 F5를 눌러 결과를 확인합니다.

05 컴파일 방식은 소스 파일을 기계어로 변경한 후 실행 파일을 만들어 프로그램이 실행되는 방식이고, 인터프리터 방식은 프로그램이 실행될 때 실행 파일을 만들지 않고 실시간으로 기계어로 변경하여 실행하는 방식입니다.

06 파이썬을 설치하면 CPython이라는 구현체가 같이 설치됩니다. CPython은 사용자가 작성한 소스 코드를 컴파일러를 이용하여 바이트 코드로 변환하고, 바이트 코드 파일을 다시 한 줄씩 읽어 내려가며 인터프리터 방식으로 실행합니다.

연습문제

01 파이썬에 대한 설명으로 틀린 것은 무엇인가?

① 네덜란드 개발자 귀도 반 로섬(Guido van Rossum)에 의해서 탄생했다.

② 문법 구조가 쉽다.

③ 무한 정수를 처리할 수 있다.

④ 라이브러리는 인증된 개발자만이 등록할 수 있다.

02 파이썬 아이들(IDLE)에 대한 설명으로 틀린 것은 무엇인가?

① 파이썬 공식 홈페이지에서 무료로 내려 받을 수 있다.

② IDLE은 'Integrated Development Environment'의 약자로 통합 개발 환경을 뜻한다.

③ 파이썬 아이들은 셸 모드와 코드 편집기로 구분된다.

④ 코드 편집기에서 코드를 입력하고 Enter 를 누르면 바로 실행 결과를 볼 수 있다.

03 컴파일 방식과 인터프리터 방식에 대한 설명으로 틀린 것은 무엇인가?

① 컴파일 방식은 인터프리터 방식에 비해서 프로그램 실행 속도가 빠르다.

② 인터프리터 방식은 컴파일 방식에 비해서 프로그램 실행 속도가 빠르다.

③ 컴파일러는 소스 코드를 기계어로 변환하는 역할을 한다.

④ 인터프리터는 소스 코드를 기계어로 변환하는 역할을 한다.

04 다음 ㉠, ㉡에 들어갈 알맞은 용어를 쓰시오.

> 파이썬을 설치하면 [㉠](이)라는 구현체가 같이 설치된다. [㉠](은)는 사용자가 작성한 소스 코드를 컴파일러를 이용하여 [㉡](으)로 변환하고, [㉡](을)를 다시 한 줄씩 읽어 내려가며 인터프리터 방식으로 실행한다.

㉠ ______________　　㉡ ______________

05 다음 중 잘못 작성된 코드는 무엇인가?

① >>> 'Hello world'

② >>> print('Hello world')

③ >>> 10 + 20 - 2 * 3 / 2

④ >>> 7 × 2 ÷ 2

06 다음은 셸 모드에서 'Hello Python' 문자열을 출력하는 코드이다. 틀린 부분을 찾아 수정하시오.

```
>>> print(Hello Python)
```

07 셸 모드에서 다음 연산 결과를 출력하시오.

(1) 5 * 5 * 3.14

(2) (1 + 3) * (5 - 2) * (2 - 1.32)

08 다음 예시를 참고하여 각자 오늘 할 일을 print()문을 이용하여 출력하시오.

```
To do list : 2020-10-15
1. 도서관에 가서 책 빌리기
2. 점심시간에 친구를 만나 식사하기
3. 파이썬 공부하기
4. 아빠 가게에 가서 일 돕기
5. 저녁에 남자친구와 데이트하기
```

CHAPTER 04

데이터와 변수

학습목표

- 데이터에 대하여 이해합니다.
- 변수를 선언하고 초기화하는 방법을 알아봅니다.
- 변수명을 지을 때 따라야 할 규칙을 알아봅니다.
- 자료형의 종류와 자료형 변환 방법을 알아봅니다.
- 입력한 데이터를 변수에 저장하여 활용하는 방법을 알아봅니다.

Preview

이번 장에서는 데이터와 데이터를 담는 변수에 관하여 알아봅니다. 변수를 선언하고 초기화한 후 변수를 활용하는 방법도 배워봅니다. 데이터와 변수는 파이썬뿐만 아니라 모든 프로그래밍 언어에서 기본이 되는 개념이므로 차근차근 이해하고 넘어가야 합니다.

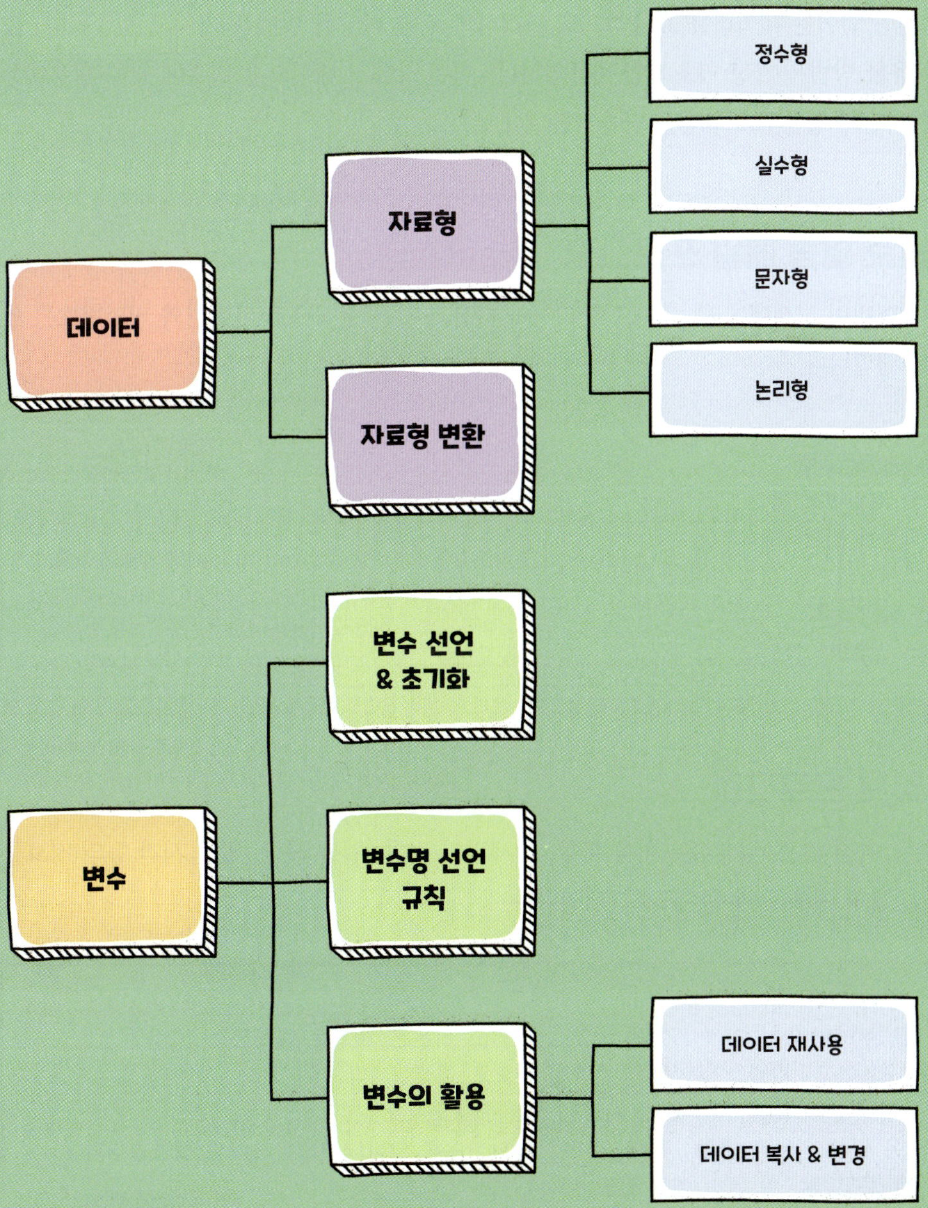

Section 01

이 장에서 만들 프로그램

모든 프로그래밍 언어는 데이터를 효율적으로 관리하기 위한 다양한 방법을 가지고 있습니다. 그 중 변수를 이용한 방법은 가장 기초적인 내용입니다. 이번 장에서 데이터를 변수에 담아 활용하는 법을 배운 후 다음과 같은 프로그램을 만들어봅니다.

1 비밀번호 발송 메일 프로그램

비밀번호를 잊어버린 고객에게 웹 사이트 관리자가 다음과 같은 형식으로 아이디와 비밀번호를 알려주는 프로그램입니다.

```
To. gildong@abc.com
▶ 아이디 및 비밀번호 확인
  홍길동 고객님 안녕하세요.
  홍길동 고객님의 아이디는 비밀번호는 아래와 같습니다.
  아이디 : gildong
  비밀번호 : 1234
```

2 날씨 예보 프로그램

사용자가 날짜, 아침 기온, 낮 기온, 비올 확률, 미세먼지 수치, 일출 시간, 일몰 시간 등의 정보를 입력하면 내일 날씨 예보를 해주는 프로그램입니다.

```
내일 날씨 예보입니다.
월요일인 3월 30일의 아침 최저 기온은 -1도, 낮 최고 기온은 10도로 예보됐습니다.
비올 확률은 45%이고, 미세먼지는 좋음 수준일 것으로 예상됩니다.
일출 시간은 오전 6시 30분이고, 일몰 시간은 오후 7시 20분입니다.
바다의 물결은 남해 앞바다 0.5m, 동해 앞바다 1.5m, 서해 앞바다 0.5m 높이로 일겠습니다.
지금까지 3월 30일 월요일 날씨 예보였습니다.
```

Section
02 데이터란?

1 데이터와 정보

홍길동 학생의 오전 일과를 따라가 봅시다. 길동이는 아침에 알람 시계 소리를 듣고 일어나 스마트폰으로 날씨를 확인하고 유튜브를 봅니다. 집을 나서기 전 스마트폰으로 지하철 도착 시간을 확인하고, 지하철을 타기 전에 교통 카드를 카드리더기에 터치하여 요금을 결제합니다.

이러한 일들은 모두 데이터와 관련이 있습니다. 알람 시계는 '시간'이라는 데이터를 이용하고, 스마트폰의 날씨 앱은 기상청의 '날씨' 데이터를 이용합니다. 유튜브 앱은 '영상'과 '소리' 데이터를, 지하철 앱은 실시간 지하철의 '위치' 데이터를 이용합니다. 또 지하철 게이트의 카드 리더기는 '잔액' 데이터를 이용합니다.

그림 4-1 **일상생활에서 사용하는 다양한 데이터**

이와 같이 우리는 늘 무수히 많은 데이터를 접합니다. 데이터는 어떤 물체나 현상을 측정하거나 관찰하여 얻어진 값으로, 특정 데이터를 모아서 의미 있고 관리하기 쉽게 정리해 놓은 것을 정보라고 합니다. 즉 데이터란 정보를 이루고 있는 구성 요소를 의미합니다.

2 데이터는 어디에 저장될까?

일상에서 사용하는 데이터는 컴퓨터 프로그램에도 똑같이 존재합니다. 숫자, 문자 같은 단순 데이터부터 사진, 음원 등의 복합 데이터까지 아주 다양합니다. 컴퓨터는 계산을 위해 만들어진 기계이고 이를 위해 데이터를 필요로 합니다. 따라서 데이터는 정확해야 하고 필요할 때 언제든지 수정할 수 있어야 합니다. 또 사용 목적에 따라 다른 형태로 가공할 수도 있어야 합니다.

그림 4-2 컴퓨터를 이용한 데이터 처리 과정

그렇다면 컴퓨터에서 다루는 모든 데이터는 어디에 저장될까요? 바로 메모리입니다. 사용자가 입력한 데이터, 인터넷을 통해 전송 받은 데이터 등이 메모리에 저장됩니다. 다음은 메모리 구조를 나타낸 그림으로 아파트에 같은 평수의 호수들이 모여있는 것처럼 컴퓨터 메모리에도 같은 크기의 방들이 모여있습니다.

그림 4-3 메모리의 구조

수많은 방들로 이루어진 메모리는 각 방마다 하나의 데이터를 저장합니다. 이때 데이터는 앞에서 살펴본 숫자, 문자, 사진, 소리 등으로 사용자는 언제든지 데이터를 생성, 수정, 복사, 삭제할 수 있습니다.

확인문제

다음 빈 칸에 공통적으로 들어갈 단어를 쓰시오.

- 정보를 이루고 있는 요소로 어떤 물체나 현상을 측정하거나 관찰하여 얻어진 값을 [ ](이)라고 한다.
- 컴퓨터에서 연산 처리를 위해서는 기본적으로 [ ]이/가 있어야 한다.

정답

데이터

Section 03 변수란?

아파트에 동, 호수가 있듯이 메모리에도 각 방마다 주소가 있는데 이를 '메모리 주소'라고 합니다. 다음은 주소가 '0x01'과 '0x02'인 방에 데이터 'A'와 '3.14'를 저장하는 모습입니다.

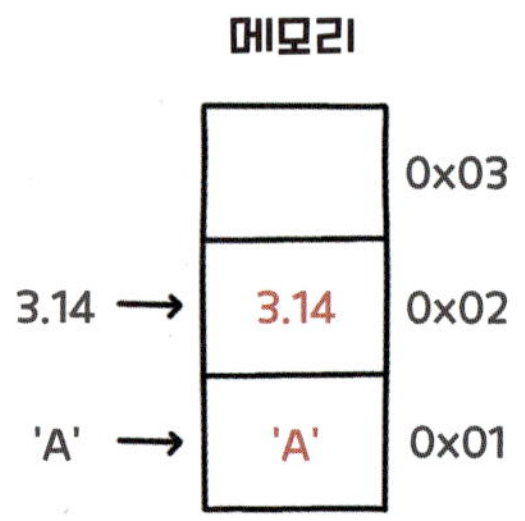

그림 4-4 **메모리 내 데이터 저장 방법**

실제로 프로그래밍할 때는 메모리 주소 대신 이름을 붙여 사용합니다. 예를 들어 `0x01` 방에는 '`myAlphabet`'을, `0x02` 방에는 '`myNumber`'와 같은 이름을 붙입니다. 이렇게 메모리 방마다 부여한 이름을 변수라고 합니다. 변수는 메모리 방의 이름입니다.

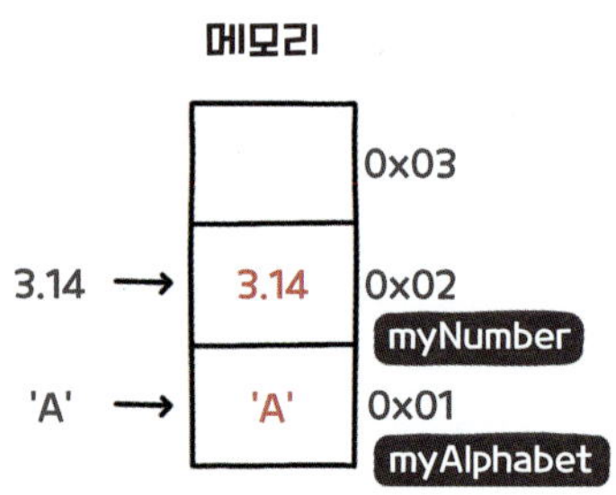

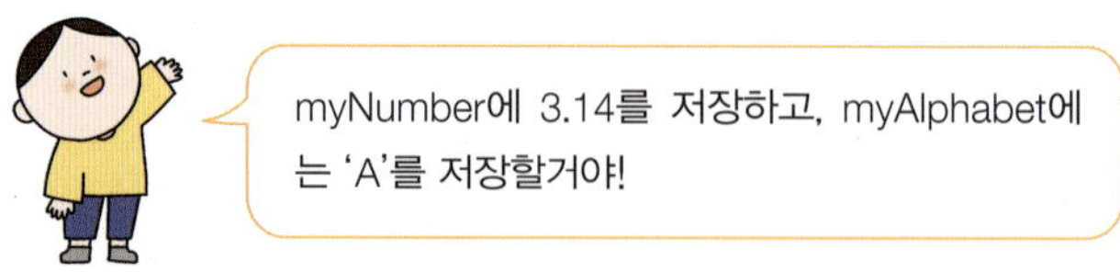

그림 4-5 **변수의 개념**

데이터를 변수에 저장하고 사용해봅시다. 파이썬 셸을 실행하고 다음과 같이 입력합니다. '메모리의 비어있는 방의 이름을 '`myAlphabet`'이라 하고 데이터 '`A`'를 저장하겠다.'는 의미입니다.

```
>>> myAlphabet = 'A'
```

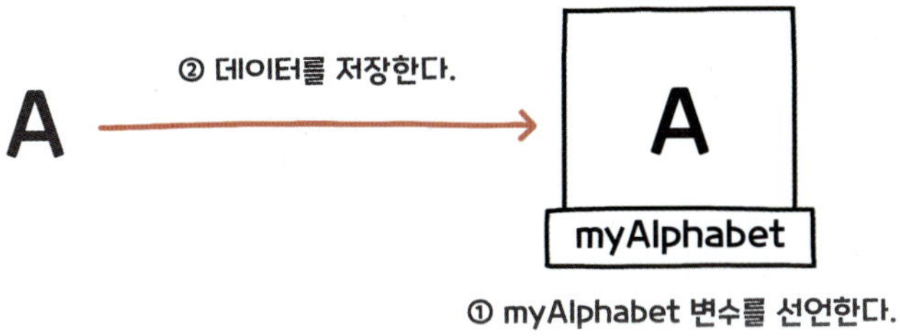

그림 4-6 **변수에 데이터를 저장하는 방식**

Enter 를 눌러봅시다. 분명히 코딩했지만 아무 내용도 출력되지 않습니다. 저장된 데이터를 화면에 출력하는 코드를 입력하지 않았기 때문입니다.

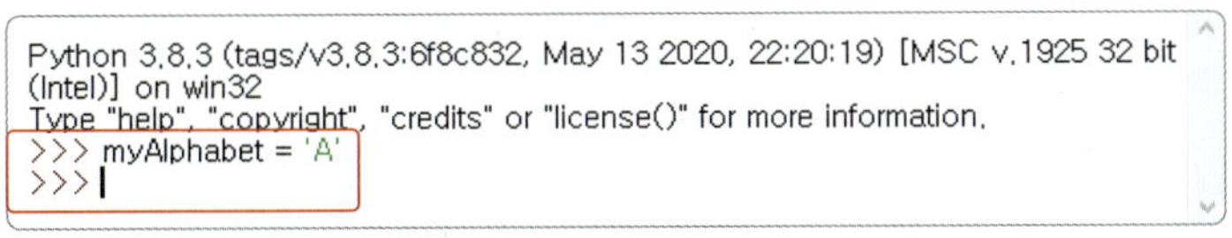

```
Python 3.8.3 (tags/v3.8.3:6f8c832, May 13 2020, 22:20:19) [MSC v.1925 32 bit
(Intel)] on win32
Type "help", "copyright", "credits" or "license()" for more information.
>>> myAlphabet = 'A'
>>> 
```

그림 4-7 **변수에 데이터를 저장한 후 출력 결과**

메모리에 저장된 데이터 'A'를 출력하기 위해서는 다음과 같이 'print(변수명)'을 사용하면 됩니다. print()는 괄호 안의 내용을 화면에 출력하는 명령입니다. 따라서 myAlphabet 방에 저장된 'A'가 출력됩니다.

```
>>> print(myAlphabet)
A
```

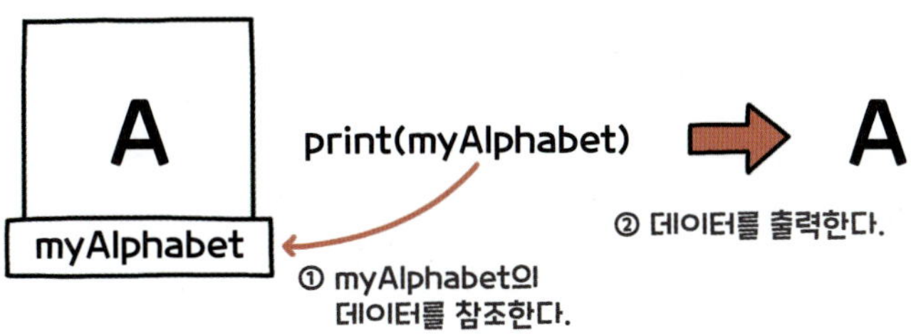

그림 4-8 **print(myAlphabet) 명령 실행 과정**

문제 해결 4-1 자신의 이름과 전공 출력하기 ch04_sol_01.py

변수 myName과 myMajor에 자신의 이름과 전공을 저장하고 출력해봅시다.

```
myName = 'Hong gil dong'
myMajor = 'Computer'
print(myName)
print(myMajor)
```

```
Hong gil dong
Computer
```

Section 04 변수 사용법

1 변수 선언과 초기화

변수는 주소 대신 사용하는 메모리 방의 이름이라는 것을 배웠습니다. 그렇다면 변수는 어떻게 사용해야 할까요? 먼저 사용할 변수를 선언하고 그다음 값을 넣어 초기화를 해야 합니다.

■ 변수 선언

메모리에 비어 있는 방을 깨끗하게 청소하고 이름표를 붙여 데이터를 저장할 준비를 하는 단계입니다. [그림 4-9]에서 myAlphabet은 메모리 방의 이름 즉, 변수명입니다.

■ 변수 초기화

만들어진 변수(메모리 방)에 데이터를 저장하는 단계입니다. 이때 데이터를 저장하기 위해서 할당 연산자(=)를 사용합니다. 할당 연산자 '='는 우측의 데이터를 좌측의 변수에 대입하라는 뜻입니다.

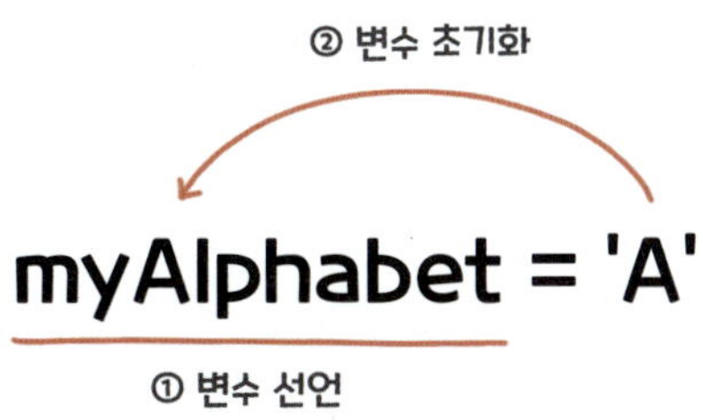

그림 4-9 **변수 선언과 초기화**

> 수학에서 '='는 좌측의 값과 우측의 값이 같다는 것을 나타내지만, 프로그래밍 언어에서는 우측의 데이터를 좌측에 대입하라는 의미로 사용합니다.

변수를 사용하지 않고 'Hello Python' 문자열을 출력해봅시다.

```
>>> print('Hello Python')
Hello Python
```

이번에는 변수 intro를 선언하고 'Hello Python'으로 초기화한 후 출력해봅시다.

```
>>> intro = 'Hello Python'
>>> print(intro)
Hello Python
```

변수에 저장된 데이터는 언제든지 바뀔 수 있습니다. 다음은 변수 myAlphabet에 저장된 'A'를 'ABC'로 변경한 후 출력하는 코드입니다. 변수를 초기화할 때와 마찬가지로 할당 연산자 '='를 이용해서 새로운 데이터를 저장합니다.

```
>>> myAlphabet = 'A'
>>> print(myAlphabet)
A
>>> myAlphabet = 'ABC'
>>> print(myAlphabet)
ABC
```

변수에 새로운 데이터가 저장되면 과거의 데이터는 사라집니다. 덮어 쓰여 삭제된 데이터는 복구할 수 없으므로 데이터를 변경할 때는 신중하게 바꾸길 바랍니다. 이처럼 같은 메모리 방 이름에 데이터는 계속 변할 수 있기 때문에 변수라고 합니다.

문제 해결 4-2 **변수 값 변경하기** ch04_sol_02.py

다음 순서에 맞추어 코드를 작성해봅시다. 아래 코드를 가리고 작성한 후 자신이 작성한 코드와 비교해봅니다.

① intro 변수를 선언하고 'Hello'로 초기화한다.

② intro 변수에 저장된 값을 화면에 출력한다.

③ intro 변수의 데이터를 '안녕하세요.'로 변경한다.

④ 변경된 값을 화면에 출력한다.

```
intro = 'Hello'
print(intro)
intro = '안녕하세요.'
print(intro)
```

```
Hello
안녕하세요.
```

2 변수를 초기화하지 않아도 될까?

변수를 선언만 하고 초기화하지 않으면 어떻게 될까요? 결론부터 얘기하면 변수는 선언했지만 데이터를 저장하지 않았기 때문에 온전하게 변수를 정의했다고 볼 수 없다고 판단하여 예외를 발생시킵니다. 파이썬 셸에 nickname 변수만 입력하고 Enter를 눌러 봅시다. nickname 변수의 선언은 되지만 초기화가 이루어지지 않아 에러가 발생합니다.

```
>>> nickname
Traceback (most recent call last):
  File "<pyshell#18>", line 1, in <module>
    nickname
NameError: name 'nickname' is not defined
```

변수를 정의할 때는 다음과 같이 변수 선언과 초기화를 한 세트로 해주어야 합니다.

```
>>> nickname = 'Mr. Hong'
>>> print(nickname)
Mr. Hong
```

위 상태에서 초기화한 변수 nickname에 다시 아무런 데이터도 할당하지 않으면 어떻게 될까요? 이 경우는 예외가 발생하지 않고 정상적으로 실행됩니다. 앞에서 이미 'Mr. Hong'으로 초기화했기 때문에 예외가 발생하지 않습니다.

```
>>> nickname
'Mr. Hong'
```

파이썬 셸에서는 초기화된 변수를 print() 함수 없이 변수명만 입력해도 결과가 출력되지만, 코드 편집기에서는 print() 함수를 사용하지 않으면 아무런 데이터도 출력되지 않으니 주의해야 합니다.

Section

05 변수명 규칙

변수의 이름은 사용자가 자유롭게 지을 수 있지만 권장하는 규칙이 있습니다. 하나씩 살펴봅시다.

영문자를 사용한다.

파이썬에서는 변수명을 한글로 지어도 되지만 코드 가독성이 떨어져 권장하지 않습니다.

```
>>> hongAge = 20
>>> print(hongAge)
20
```

권장

```
>>> 홍길동나이 = 20
>>> print(홍길동나이)
20
```

권장하지 않음

소문자로 시작한다.

일반적으로 변수명은 소문자로 시작합니다. 대문자로 시작한다고 해서 프로그램에 문제가 발생하지는 않습니다. 하지만 뒤에서 배울 클래스의 이름을 대문자로 시작하기 때문에 클래스명과 구분 짓기 위해서 소문자로 시작하는 것이 좋습니다.

```
>>> money = 100
>>> print(money)
100
```

권장

```
>>> Money = 100
>>> print(Money)
100
```

권장하지 않음

데이터의 의미를 쉽게 파악할 수 있게 짓는다.

변수명은 해당 변수에 어떤 데이터가 저장되는지 쉽게 알 수 있도록 짓는 것이 좋습니다. 예를 들어 게임 프로그램에서 점수는 score, 플레이어는 player 등으로 지으면 데이터의 의미를 유추하기에 좋습니다. 물론 점수를 s1, 플레이어를 p 등으로 지을 수도 있지만 이후에 코드를 이해하기 어려워지고 최악의 경우 변수명 중복으로 프로그램이 실행되지 않을 수도 있습니다.

두 개 이상의 단어가 조합될 경우 낙타표기법을 따른다.

프로그램을 작성하다보면 변수명이 두 개 이상의 단어로 조합되어 길어지는 경우가 있습니다. 이 경우 변수명의 가독성을 높이기 위해 낙타표기법을 사용합니다. 낙타표기법이란 첫 번째 단어는 소문자로 시작하고, 두 번째 단어부터는 첫 글자만 대문자로 표기하는 방법입니다. 변수명의 전체적인 형태가 낙타의 등과 같다고 하여 붙여진 이름입니다.

그림 4-10 낙타표기법에 따른 변수 이름 짓기

예약어는 변수명으로 사용할 수 없다.

파이썬에 이미 예약된 단어들은 변수명으로 사용할 수 없습니다. 다음은 파이썬에 예약되어 있는 키워드로, 변수명으로 사용하지 않도록 조심합니다.

True	False	None	if	elif
continue	def	finally	else	for
pass	while	with	try	except
break	class	return	import	as

그림 4-11 파이썬의 예약어

다음 코드를 입력하면 더 많은 파이썬의 예약어를 확인할 수 있습니다.

```
>>> import keyword
>>> print(keyword.kwlist)
['False', 'None', 'True', 'and', 'as', 'assert', 'async', 'await', 'break', 'class',
'continue', 'def', 'del', 'elif', 'else', 'except', 'finally', 'for', 'from',
'global', 'if', 'import', 'in', 'is', 'lambda', 'nonlocal', 'not', 'or', 'pass',
'raise', 'return', 'try', 'while', 'with', 'yield']
```

언더바(_)를 제외한 특수문자는 사용할 수 없다.

변수명에 언더바(_)를 제외한 특수문자는 사용할 수 없습니다. 아래와 같이 특수문자를 사용하면 에러가 발생합니다.

```
>>> !score = 10
>>> sc!ore = 10
>>> $score = 10
>>> sc$ore = 10
```

특수문자를 사용한 변수명

Enter →

```
SyntaxError: invalid syntax
```

구문 에러 발생

반면 특수문자 언더바(_)는 변수명의 위치에 상관없이 자유롭게 사용할 수 있습니다.

```
>>> _var = 10
>>> print(_var)
10
```

변수명 앞에 사용한 경우

```
>>> v_a_r = 10
>>> print(v_a_r)
10
```

변수명 중간에 사용한 경우

```
>>> var_ = 10
>>> print(var_)
10
```

변수명 뒤에 사용한 경우

공백문자는 사용할 수 없다.

변수명에 공백문자(' ')는 사용할 수 없습니다. 공백문자를 사용하면 구문 에러(SyntaxError)가 발생합니다.

```
>>> v ar = 10        # 공백
SyntaxError: invalid syntax
```

공백문자는 변수명의 앞이나 뒤에 와서도 안 됩니다. 공백문자를 변수명 앞에 입력하면 구문 에러가 발생하지만 변수명 뒤에 입력하면 에러는 발생하지 않습니다. 프로그램이 정상적으로 실행되더라도 불필요한 공백문자로 인해 코드 판독을 어렵게 하므로 사용하지 않는 것이 좋습니다.

```
>>>  var = 10        # 공백
SyntaxError: unexpected indent
```

공백문자가 변수명 앞에 온 경우

```
>>> var  = 10        # 공백
>>> print(var)
10
```

공백문자가 변수명 뒤에 온 경우

숫자는 첫 글자를 제외한 나머지 자리에서만 사용한다.

변수명을 짓다보면 숫자를 써야하는 경우가 종종 있습니다. 게임 프로그램에서 플레이어를 나타내는 player1, player2, player3과 같은 경우입니다. 숫자는 변수명에 자유롭게 사용할 수 있지만 변수명의 첫 글자만큼은 숫자로 시작하면 안 됩니다.

```
>>> 1player = 'Mr. Hong'
SyntaxError: invalid syntax
```

처음에 사용한 경우

```
>>> p1layer = 'Mr. Hong'
>>> print(p1layer)
Mr. Hong
```

중간에 사용한 경우

```
>>> player1 = 'Mr. Hong'
>>> print(player1)
Mr. Hong
```

뒤에 사용한 경우

지금까지 변수명 규칙을 살펴보았습니다. 간단히 요약한 다음 3가지를 꼭 기억해두길 바랍니다.

- 첫 글자는 소문자로 시작하고 낙타표기법을 따른다.
- 언더바(_)를 제외한 특수문자, 예약어, 공백문자는 사용하지 않는다.
- 숫자를 사용할 경우 변수의 중간 또는 뒤에 사용한다.

확인문제

1. 현재 시간을 저장하기 위한 변수명로 가장 적합한 것은 무엇인가?

① CurrentTime ② CT
③ currentTime ④ CTime

2. 다음 중 가독성이 가장 좋은 변수명은 무엇인가?

① rentalbook ② rentalBicycle
③ Rental Car ④ RentalService

3. 다음 중 사용 가능한 변수명은 무엇인가?

① $myScore ② *score!
③ _score_ ④ ↑highScore

정답

1. ③ 2. ② 3. ③

Section 06

자료형이란?

1 데이터 크기와 메모리

2리터 물병에 3리터의 물을 담으면 당연히 물이 넘칩니다. 이와 같이 작은 방에 큰 데이터를 저장하면 데이터가 넘쳐 일부가 손실될 수 있습니다. 이를 오버플로우(Overflow)라고 합니다.

반대의 경우는 어떨까요? 크기가 작은 데이터를 큰 방에 저장하면 오버플로우는 일어나지 않고 프로그램도 정상적으로 실행됩니다. 하지만 이런 경우에도 문제가 있습니다. 작은 데이터를 필요 이상의 큰 방에 저장하여 메모리가 낭비되다 보면 최악의 경우 전체 메모리가 부족해서 시스템이 멈출 수 있습니다.

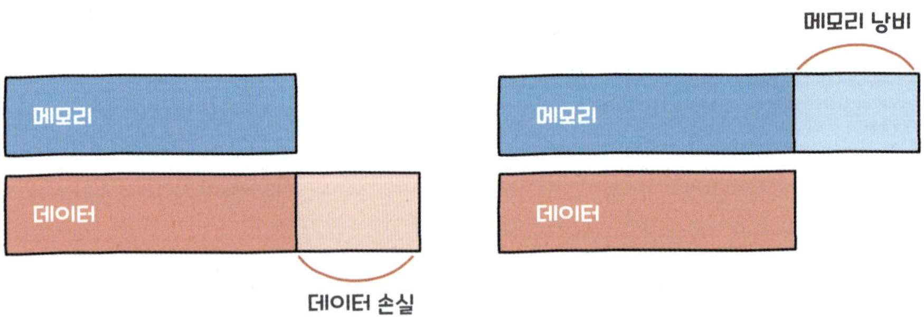

(a) 데이터가 메모리보다 큰 경우–데이터 손실　　(b) 데이터가 메모리보다 작은 경우–메모리 낭비

그림 4-12 **데이터 손실과 메모리 낭비**

그렇다면 어떻게 해야 메모리를 효율적으로 관리할 수 있을까요? 바로 데이터의 크기에 따라서 메모리의 크기를 적절하게 부여하는 것입니다. 큰 데이터는 큰 방에, 작은 데이터는 작은 방에 저장하면 데이터 손실 또는 메모리 낭비 문제를 막을 수 있습니다.

그렇다면 문제는 사용자가 어떻게 데이터의 크기를 알고 적절한 메모리 크기를 정하느냐일 것입니다. 다행히도 대부분의 프로그래밍 언어에서는 데이터를 정수, 실수, 문자 등과 같은 자료형으로 분류하고 그에 따른 적절한 메모리 크기를 자동으로 할당합니다.

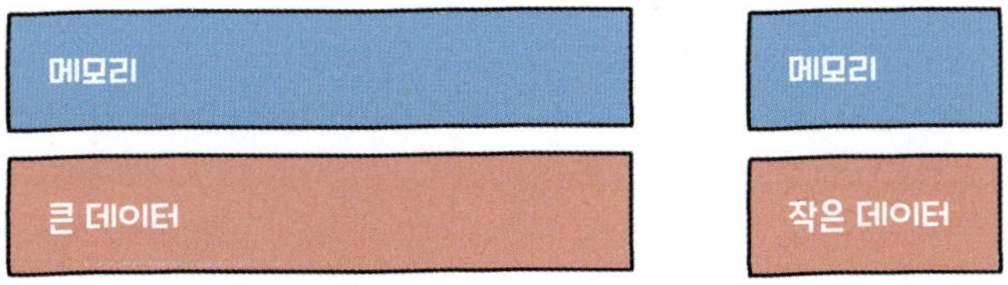

그림 4-13 적절한 메모리 할당

2 자료형

자료형(data type)은 데이터를 정수형(integer), 실수형(float), 문자형(string), 논리형(bool) 등으로 분류하는 것을 말합니다. 파이썬은 데이터의 자료형과 상관없이 데이터를 저장만 하면 데이터 크기에 따른 메모리 크기가 자동으로 설정됩니다. 따라서 사용자가 데이터 크기에 대한 고민을 하지 않아도 됩니다.

3 자료형에 따른 변수 초기화 방법

문자형

파이썬에서는 한 글자만 나타내는 문자형과 여러 글자가 모인 문자열형을 동일한 자료형으로 간주합니다. 문자형을 변수에 저장할 때는 작은따옴표(‘ ’)를 이용합니다. 문자열의 시작과 끝에 작은따옴표가 하나라도 없으면 에러가 발생합니다.

```
>>> myUniversity = 'Hanguk University'
>>> print(myUniversity)
Hanguk University
```

하나 더 알기 **큰따옴표(" ")와 작은따옴표(' ')의 차이**

문자열을 저장할 때 큰따옴표(“ ”)를 사용해도 됩니다. 다른 프로그램 언어(C, C++, Java 등)에서는 작은따옴표와 큰따옴표를 엄격하게 구분해서 사용하지만 파이썬에서는 어떤 것을 사용해도 문제없습니다. 하지만 작은따옴표와 큰따옴표를 혼용하면 안 됩니다. 예를 들어 열 때는 작은따옴표, 닫을 때는 큰따옴표(‘ ”)를 사용하면 에러가 발생합니다.

숫자(정수, 실수)형

변수에 숫자를 저장할 때는 단순하게 숫자만 입력합니다.

```
>>> myNumber = 10
>>> print(myNumber)
10
>>> myNumber = 3.14
>>> print(myNumber)
3.14
```

변수에 정수와 실수를 저장할 때 주의할 점이 있습니다. 정수는 메모리 크기의 제약을 받지 않지만 실수는 메모리 크기에 제약을 받습니다.

■ 정수형

정수형은 소수점이 없는 숫자 데이터를 의미합니다.

```
>>> myNum1 = 123
>>> print(myNum1)
123
```

파이썬에서 정수는 시스템의 메모리 크기가 허용된다면 무한대로 수를 저장할 수 있습니다. 다음과 같이 변수에 아주 큰 정수를 저장하고 `print()` 함수를 이용해서 출력해보면 아무 문제없이 데이터가 출력되는 것을 확인할 수 있습니다.

```
>>> myNum2 = 12345678901234567890123456789012345678901234567890
>>> print(myNum2)
12345678901234567890123456789012345678901234567890
```

■ 실수형

실수형은 소수점이 있는 숫자 데이터를 의미합니다. 따라서 정수형을 의도했더라도 `3.0`을 입력하면 실수형으로 인식합니다.

```
>>> myNum1 = 3.12
>>> print(myNum1)
3.12
```

또한 실수형은 메모리의 크기에 제약을 받습니다. 실수를 이용하여 동일한 테스트를 해봅시다. 결과를 보면 myNum1의 3.12는 정상적으로 출력되지만, myNum2는 소수점 17번째에서 반올림하여 소수점 16번째 자리까지만 출력됩니다. 실수의 경우 소수점 16번째 자리까지만 메모리에 저장하고 나머지는 손실되기 때문입니다. 따라서 실수를 사용할 때는 소수점 16번째 자리까지만 사용하는 것이 좋습니다.

```
>>> myNum2 = 3.12345678901234567890123456789012345678901234567890
>>> print(myNum2)
3.1234567890123457
```

사실 우리 생활 속이나 다양한 산업 현장에서 소수점 16번째 자리까지 사용하는 경우는 드뭅니다. 따라서 실수 범위에 상관없이 실수를 사용하되, 소수점 이하 자리가 길어질 경우 한번쯤 생각해 보면 됩니다.

■ **숫자와 문자의 구분**

프로그래밍이 처음이라면 종종 숫자와 문자열의 구분이 어려울 수 있습니다. 다음 코드의 var1과 var2에 저장된 자료형을 맞혀봅시다.

```
>>> var1 = 777
>>> var2 = '777'
```

var1과 var2에 동일한 777이 저장된 것처럼 보이지만 var1에는 정수 777이 var2에는 문자열 '777'이 저장된 것입니다. 다음과 같이 var1과 var2에 정수 1을 더해 보면 알 수 있습니다.

```
>>> var1 = var1 + 1        정수 + 1
>>> print(var1)
778
>>> var2 = var2 + 1        문자열 + 1
Traceback (most recent call last):
  File "<pyshell#24>", line 1, in <module>
    var2 = var2 + 1
TypeError: can only concatenate str (not "int") to str
```

var1의 경우 정수 1을 더하면 정상적으로 778이 출력되는데, var2의 경우 에러(Type Error)가 발생합니다. var2의 자료형은 문자열이므로 정수 1을 더할 수 없기 때문입니다. 이와 같이 숫자도 작은따옴표(' ') 묶이면 문자열로 처리됩니다.

논리형

'참'과 '거짓'을 나타내는 논리 데이터인 True와 False가 있습니다. True와 False도 데이터이므로 변수에 저장할 수 있습니다. 변수에 True와 False를 저장하고 출력해봅시다.

```
>>> flag = True
>>> print(flag)
True
>>> flag = False
>>> print(flag)
False
```

확인문제

1. 다음 중 올바르게 코딩된 코드는 무엇인가?

   ① varStr = 'Hello Python"
   ② varInt = "123'
   ③ varFlt = 3.14
   ④ varBool = 'False"

2. 다음은 'I am a boy.' 문자열을 wordVar 변수에 저장하고 출력하는 프로그램이다. 잘못된 부분을 찾아 고치시오.

```
>>> wordVar = I am a boy.
>>> print(wordVar)
I am a boy.
```

정답

1. ③　　2. >>> wordVar = 'I am a boy.'

Section 07

자료형 조회와 변환

1 자료형 조회

앞에서 변수는 모든 자료형을 저장할 수 있다고 했습니다. 그렇다면 변수에 저장된 데이터가 어떤 자료형인지 모를 때는 어떻게 해야 할까요? type() 함수를 이용하면 자료형을 알 수 있습니다. 다음 코드는 type() 함수에 숫자 123을 넣고 실행한 결과로 자료형이 int라는 것을 알 수 있습니다. 이때 int는 integer의 약자로 정수형을 뜻합니다.

```
>>> type(123)
<class 'int'>  ← 정수형
```

만약 정수 123이 아니라 문자열 '123'을 괄호 안에 입력하면 어떻게 될까요? 결과는 'str'로 문자열(string)이 출력됩니다.

```
>>> type('123')
<class 'str'>  ← 문자형
```

다음은 실수형, 논리형 자료형을 출력하는 코드입니다.

```
>>> myVar = 3.14
>>> type(myVar)
<class 'float'>  ← 실수형
>>> myVar = True
>>> type(myVar)
<class 'bool'>  ← 논리형
```

확인문제

다음 코드를 보고 빈 칸에 자료형을 채우시오.

```
>>> type('Hello Python')
<class '          '>
>>> type(123)
<class '          '>
>>> type(3.14)
<class '          '>
>>> type(True)
<class '          '>
```

정답

str, int, float, bool

2 자료형 변환

자료형은 서로 간에 변환이 가능합니다. 예를 들어 정수형을 문자형으로, 실수형을 정수형으로 변환할 수 있습니다. 이를 '자료형 변환' 또는 줄여서 '형 변환'이라고 합니다. 다음 표는 자료형 변환 시 사용하는 함수로, 각 함수의 괄호 안에 데이터를 넣으면 데이터의 자료형이 바뀝니다.

표 4-1 **자료형 변환 함수**

함수	내용	사용 예
str()	괄호 안의 데이터를 문자로 변환	str(10), str(3.14), str(True)
int()	괄호 안의 데이터를 정수로 변환	int('10'), int(True)
float()	괄호 안의 데이터를 실수로 변환	float('3.14')
bool()	괄호 안의 데이터를 논리형으로 변환	bool('True'), bool(0)

다음은 정수 10을 문자로 변환하는 예입니다.

```
>>> myVar = 10
>>> type(myVar)
<class 'int'>
>>> myVar = str(myVar)
```

```
>>> type(myVar)
<class 'str'>
```

다음은 문자 '123'을 정수와 실수로 변환하는 예입니다.

```
>>> myVar = '123'
>>> type(myVar)
<class 'str'>
>>> myVar = int(myVar)    정수형으로 변환
>>> type(myVar)
<class 'int'>
```

```
>>> myVar = '123'
>>> type(myVar)
<class 'str'>
>>> myVar = float(myVar)    실수형으로 변환
>>> type(myVar)
<class 'float'>
```

다음은 문자형을 논리형으로 변환한 예입니다. 빈 문자('')를 논리형으로 바꾸면 False로 변환되고, 그 외 나머지 문자는 모두 True로 변환됩니다. 공백문자(' ')도 True로 변환됩니다.

```
>>> myVar = ''
>>> type(myVar)
<class 'str'>
>>> myVar = bool(myVar)
>>> type(myVar)
<class 'bool'>
>>> print(myVar)
False
```

```
>>> myVar = 'Hello'
>>> type(myVar)
<class 'str'>
>>> myVar = bool(myVar)
>>> type(myVar)
<class 'bool'>
>>> print(myVar)
True
```

빈 문자('')와 공백 문자(' ')는 엄연히 다르니 구분해서 사용해야 합니다.

Section 08 변수의 활용

1 데이터 재활용

컴퓨터 프로그램에서 변수를 사용하는 가장 큰 이유는 데이터를 재사용하기 위해서입니다. 예를 들어 'Hello Python!'을 5번 출력하는 프로그램을 개발해봅시다. 원활한 실습을 위해 이 절에서는 코드 편집기를 이용해 코딩해 보겠습니다.

01 파이썬 셸에서 [File]-[New File] 메뉴를 선택합니다.

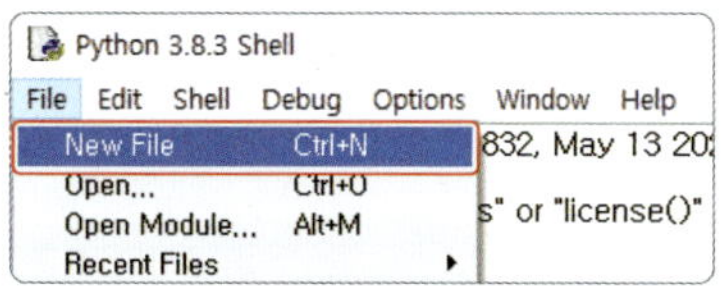

02 빈 화면이 뜨면 새로 만든 파일을 저장하기 위해서 [File]-[Save]를 클릭합니다.

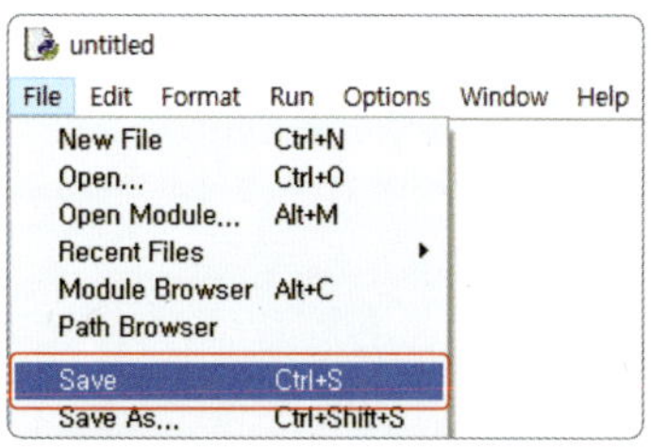

03 실습 파일을 저장할 폴더를 지정하고 파일 이름에 'ch04_01'을 입력한 후 [저장]을 클릭합니다.

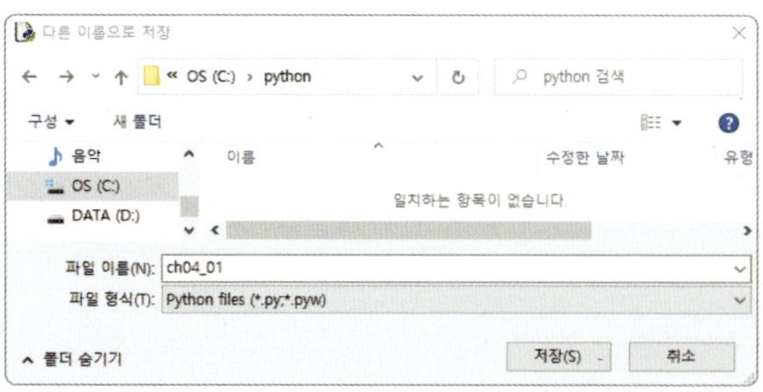

04 변수를 사용하지 않고 `print()` 함수를 5번 써서 코딩해보겠습니다. 빈 화면에 코드를 입력한 후 F5를 눌러 파일을 실행합니다. 다시 저장하겠는지 묻는 창이 뜨면 [확인]을 클릭합니다. 파이썬 셸 창을 보면 결과가 출력된 것을 확인할 수 있습니다.

코드 4-1 ch04_01.py

```
print('Hello Python!')
print('Hello Python!')
print('Hello Python!')
print('Hello Python!')
print('Hello Python!')
```

```
Hello Python!
Hello Python!
Hello Python!
Hello Python!
Hello Python!
```

[코드 4-1]은 실행하는 데 문제가 없습니다. 하지만 'Hello Python!' 문자열을 'Hello C/C++!'로 수정해야 한다면 어떨까요? 'Hello Python!' 문자열을 한 줄씩 직접 변경해야 할 것입니다. 이 방식은 매번 코드 전체를 수정해야 하고 실수가 나올 수 있습니다. 변수를 사용하면 이런 문제점을 해결할 수 있습니다. 변수를 이용하여 'Hello Python!'을 5번 출력하는 프로그램을 다시 만들어 봅시다.

05 **01~03** 과정에서 파일 이름을 'ch04_02'로 설정합니다. 다음과 같이 코드를 입력하고 F5를 눌러 파일을 실행하면 [코드 4-1]의 결과와 같은 것을 볼 수 있습니다.

코드 4-2 ch04_02.py

```
introStr = 'Hello Python!'
print(introStr)
print(introStr)
print(introStr)
print(introStr)
print(introStr)
```

```
Hello Python!
Hello Python!
Hello Python!
```

```
Hello Python!
Hello Python!
```

06 [코드 4-2]에서 1행의 'Hello Python!'을 'Hello C/C++!'으로 수정한 후 F5를 눌러 실행해 봅니다. 아주 간단하고 빠르게 프로그램을 수정할 수 있습니다.

코드 4-3 ch04_03.py

```python
introStr = 'Hello C/C++!'
print(introStr)
print(introStr)
print(introStr)
print(introStr)
print(introStr)
```

```
Hello C/C++!
Hello C/C++!
Hello C/C++!
Hello C/C++!
Hello C/C++!
```

확인문제

다음은 온도 설정 프로그램이다. 빈칸을 채우시오.

```python
currentTemp = 25    # 현재 온도
targetTemp = 30     # 설정 온도
print('현재 온도')
print(______)
print('설정 온도')
print(______)
print('설정 온도와 현재 온도의 차이')
print(targetTemp - ______)
```

정답

currentTemp, targetTemp, currentTemp

2 데이터 복사 & 변경

변수에 저장된 데이터는 할당 연산자를 이용하면 다른 변수에 쉽게 복사할 수 있습니다. 다음은 var1의 데이터를 var2에 복사하는 코드입니다.

```
>>> var1 = 123
>>> var2 = var1
>>> print(var1)
123
>>> print(var2)
123
```

할당 연산자를 이용하여 데이터를 복사하면 메모리에는 두 개의 변수와 데이터가 별도의 방으로 만들어집니다.

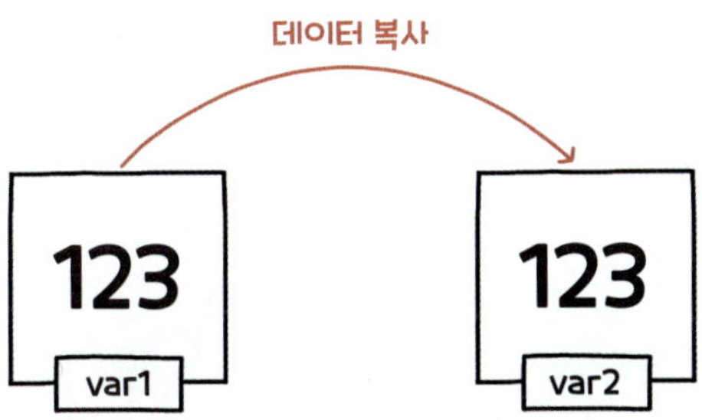

그림 4-14 var1 방에 있는 123을 var2 방으로 복사

var2에 var1의 데이터를 복사한 후 var1의 데이터를 변경하면 var2는 어떻게 될까요? var1의 데이터를 321로 변경하고 각각의 변수를 출력하면 var1은 변경되지만 var2는 변경되지 않습니다. 즉 var1과 var2는 전혀 다른 방이며 서로 영향을 끼치지 않는다는 것을 알 수 있습니다.

```
>>> var1 = 321
>>> print(var1)
321
>>> print(var2)
123
```

변수에는 다양한 자료형을 저장할 수 있기 때문에 이전에 저장한 자료형과 다른 자료형의 데이터로 변경할 수 있습니다. 코드 편집기를 열어 var1 변수에 문자, 문자열, 정수, 실수를 차례로 변경하고 출력하는 코드를 작성해봅니다.

코드 4-4 ch04_04.py

```python
var1 = 'H'                  # 문자
print(var1)
var1 = 'Hello Python!'      # 문자열
print(var1)
var1 = 10                   # 정수
print(var1)
var1 = 3.14                 # 실수
print(var1)
var1 = True                 # 논리형
print(var1)
```

```
H
Hello Python!
10
3.14
True
```

하나 더 알기 **주석(comment)이란?**

[코드 4-4]에서 코드 옆의 '#' 이후 내용을 주석이라고 합니다. 주석은 실행에 영향을 끼치지 않는 메모로 코드를 설명할 때 사용합니다. 주로 다른 개발자가 코드를 해석할 때 도움을 주기 때문에 다른 사람이 이해할 수 있도록 중요한 내용만 간결하게 적습니다.

Section

09 입력 받은 데이터 저장하기

이번에는 사용자로부터 데이터를 입력 받아 변수에 저장하는 방법을 알아봅니다. 사용자에게 데이터를 입력 받을 때는 input() 함수를 사용합니다. 다음은 input() 함수로 사용자에게 입력 받은 데이터를 userData 변수에 저장하는 코드입니다.

```
>>> userData = input()
Hello Python!        사용자 입력 부분
>>> print(userData)
Hello Python!
```

그런데 이 코드는 어딘가 모르게 불친절합니다. userData = input()을 실행하면 아무런 안내 없이 커서만 깜박이기 때문에 사용자가 데이터를 직접 입력해야 하는 줄 몰랐다면 어떻게 해야 할지 막막했을 것입니다.

사용자에게 안내 문구는 제시해주기 위해 print() 함수를 사용해봅시다. 이렇게 하면 사용자는 보다 쉽게 인지하고 데이터를 입력할 수 있습니다. 프로그램을 한 번에 실행하기 위해 코드편집기를 열고 다음과 같이 코딩합니다.

코드 4-5 ch04_05.py

```
print('데이터를 입력하세요.')
userData = input()
print(userData)
```

```
데이터를 입력하세요.
Hello Python!        사용자 입력 부분
Hello Python!
```

[코드 4-5]의 1행에서 print() 함수를 이용하여 데이터 입력을 유도했습니다. print() 함수 대신 input() 함수의 매개변수(parameter)를 이용하는 방법도 있습니다. 매개변수는 함수의 괄호 안의 데이터를 말하는데, 자세한 것은 11장 함수에서 살펴보고 지금은 input() 함수의 괄호 안에 안내 문구를 넣을 수 있다는 정도만 알아둡시다. 다음은 [코드 4-5]를 수정한 것입니다.

코드 4-6 ch04_06.py

```
userData = input('데이터를 입력하세요.')
print(userData)
```

```
데이터를 입력하세요. Hello Python!
Hello Python!
```

파이썬에서는 input() 함수로 입력 받은 데이터는 무조건 문자열로 처리됩니다. 사용자에게 정수나 실수로 유도해도 문자열로 처리됩니다.

```
>>> userData = input('정수를 입력하세요.')
정수를 입력하세요. 10
>>> print(userData)
10
>>> type(userData)
<class 'str'>  ← 문자(열)형
```

사용자에게 입력 받은 데이터를 정수형, 실수형, 논리형으로 다루기 원한다면 입력 받은 자료형을 변환해야 합니다. 다음은 안내 문구에 따라 사용자가 입력한 데이터를 정수형으로 변환한 코드입니다.

```
>>> userData = input('정수를 입력하세요.')
정수를 입력하세요. 10
>>> userData = int(userData)
>>> type(userData)
<class 'int'>  ← 자료형 변환을 통해서 정수형이 됐다.
```

확인문제

1. 다음은 사용자가 입력한 데이터를 화면에 출력하는 프로그램이다. 실행 결과를 보고 빈 칸을 채우시오.

```
userName = ''
userAge = ''
userName = input(            )
print('사용자 이름')
print(          )
userAge = input(            )
print('사용자 나이')
print(          )
```

```
이름을 입력하세요. 홍길동
사용자 이름
홍길동
나이를 입력하세요. 25
사용자 나이
25
```

2. 다음은 코드의 실행 결과 userData의 자료형으로 옳은 것은 무엇인가?

```
>>> userData = input('원하는 숫자를 입력하세요.')
원하는 숫자를 입력하세요. 20
```

① int　　② str
③ float　　④ bool

정답

1. '이름을 입력하세요.', userName, '나이를 입력하세요.', userAge　　2. ②

Section 10 터틀 프로그래밍

정삼각형의 내각은 삼각형의 크기와 상관없이 항상 120°로 일정합니다. 이번 장에서 배운 변수를 활용하여 항상 동일한 120을 변수에 저장하고 터틀을 이용하여 삼각형을 그려봅시다.

```
>>> import turtle
>>> t = turtle.Turtle()
>>> t.shape('turtle')
>>> angle = 120          120을 angle 변수에 저장한다.
>>> t.right(angle)       오른쪽으로 angle만큼 회전한다.
>>> t.forward(100)
>>> t.left(angle)        왼쪽으로 angle만큼 회전한다.
>>> t.forward(100)
>>> t.left(angle)        왼쪽으로 angle만큼 회전한다.
>>> t.forward(100)
```

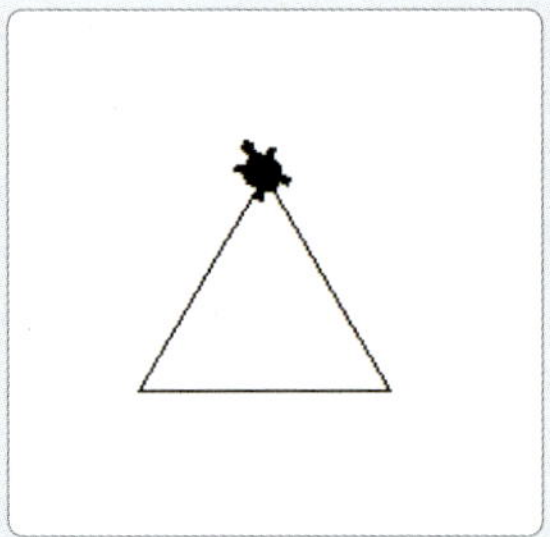

회전하는 각도(angle)와 전진하는 길이(length)를 입력 받아 정오각형을 그려 봅시다. 정오각형의 내각은 72°입니다.

```
>>> import turtle
>>> t = turtle.Turtle()
>>> t.shape('turtle')
>>> angle = int(input('회전 각도를 입력하세요. '))
회전 각도를 입력하세요. 72
>>> length = int(input('전진 길이를 입력하세요. '))
전진 길이를 입력하세요. 100
>>> t.forward(length)    length만큼 전진
>>> t.left(angle)        왼쪽으로 angle만큼 회전
>>> t.forward(length)
>>> t.left(angle)
>>> t.forward(length)
```

```
>>> t.left(angle)
>>> t.forward(length)
>>> t.left(angle)
>>> t.forward(length)
```

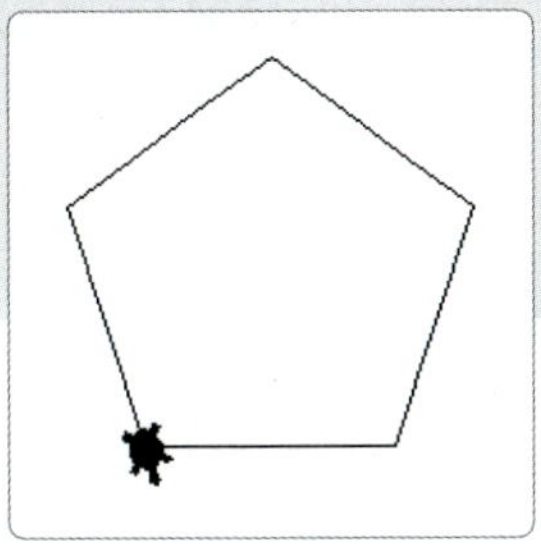

확인문제

터틀을 이용해서 사용자가 회전 각도와 전진 길이를 입력하면 정육각형이 그려지는 프로그램을 만드시오.

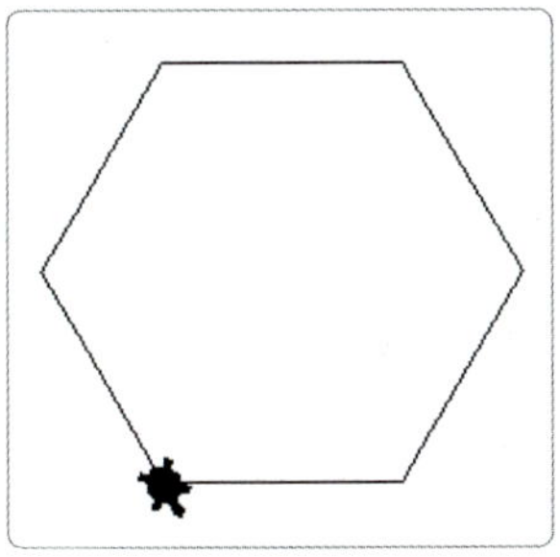

정답

```
>>> import turtle
>>> t = turtle.Turtle()
>>> t.shape('turtle')
>>> angle = int(input('회전 각도를 입력하세요. '))
회전 각도를 입력하세요. 60
>>> length = int(input('전진 길이를 입력하세요. '))
전진 길이를 입력하세요. 100
>>> t.forward(length)   ← 100px 전진
>>> t.left(angle)       ← 왼쪽으로 60도 회전
>>> t.forward(length)
>>> t.left(angle)
>>> t.forward(length)
>>> t.left(angle)
>>> t.forward(length)
>>> t.left(angle)
>>> t.forward(length)
>>> t.left(angle)
>>> t.forward(length)
```

실전 예제

비밀번호 발송 메일 프로그램

문제

다음은 비밀번호를 잊은 고객에게 비밀번호를 알려주는 메일 본문입니다. 아래 포맷에 따라 비밀번호를 비롯한 회원 개인정보를 발송하는 메일 프로그램을 만들어봅시다.

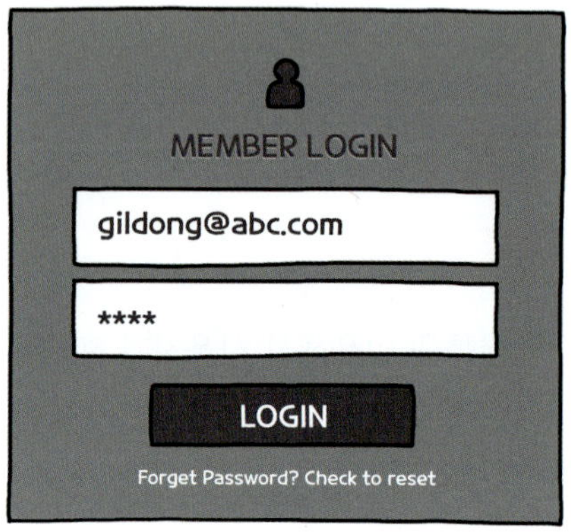


```
To. gildong@abc.com
▶ 아이디 및 비밀번호 확인
  홍길동 고객님 안녕하세요.
  홍길동 고객님의 아이디와 비밀번호는 아래와 같습니다.
  아이디 : gildong
  비밀번호 : 1234
```

해결

ch04_appEx_01.py

```
print('회원 정보를 입력하세요.')
userName = input('이름 :')
userMail = input('메일 :')
userId = input('아이디 :')
userPw = input('비밀번호 :')
print('------------------------------------------------------')
print('To. ' + userMail)
print('▶ 아이디 및 비밀번호 확인')
print(userName + ' 고객님 안녕하세요.')
print(userName + ' 고객님의 아이디와 비밀번호는 아래와 같습니다.')
print('아이디 : ' + userId)
print('비밀번호 : ' + userPw)
print('------------------------------------------------------')
```

실전 예제 날씨 예보 프로그램

문제

날짜, 아침 기온, 낮 기온, 비올 확률, 미세먼지 수치, 일출 시간, 일몰 시간 등의 날씨 정보를 입력하면 실행 결과와 같이 내일 날씨 예보가 화면에 출력될 수 있도록 프로그램을 만들어봅시다.

```
내일 날씨 예보입니다.
월요일인 3월 30일의 아침 최저 기온은 -1도, 낮 최고 기온은 10도로 예보됐습니다.
비올 확률은 45%이고, 미세먼지는 좋음 수준일 것으로 예상됩니다.
일출 시간은 오전 6시 30분이고, 일몰 시간은 오후 7시 20분입니다.
바다의 물결은 남해 앞바다 0.5m, 동해 앞바다 1.5m, 서해 앞바다 0.5m 높이로 일겠습니다.
지금까지 3월 30일 월요일 날씨 예보였습니다.
```

해결

ch04_appEx_02.py

```
print('내일 날씨 정보를 입력하세요.')
dayData = input('요일 : ')
dateData = input('날짜 : ')
lowestTemp = input('아침 최저기온 : ')
highestTemp = input('낮 최고기온 : ')
rainingPercent = input('비올 확률 : ')
fineDustStatus = input('미세먼지 : ')
sunriseTime = input('일출 시간 : ')
sunsetTime = input('일몰 시간 : ')
southOceanWave = input('남해 물결 높이 : ')
eastOceanWave = input('동해 물결 높이 : ')
westOceanWave = input('서해 물결 높이 : ')
print('내일 날씨 예보입니다.')
print(dayData + '요일인 ' + dateData + '의 ' + '아침 최저 기온은 ' + lowestTemp
    + '도, 낮 최고 기온은 ' + highestTemp + '도로 예보됐습니다.')
print('비올 확률은 ' +  rainingPercent + '%이고, 미세먼지는 ' + fineDustStatus
    + ' 수준일 것으로 예상됩니다.')
print('일출 시간은 ' + sunriseTime + '이고, 일몰 시간은 ' + sunsetTime + '입니다.')
print('바다의 물결은 남해 앞바다 ' + southOceanWave + 'm, 동해 앞바다 '
    + eastOceanWave + 'm, 서해 앞바다 ' + westOceanWave + 'm 높이로 일겠습니다.')
print('지금까지 ' + dateData + ' ' + dayData + '요일 날씨 예보였습니다.')
```

요약

01 데이터는 어떤 물체나 현상을 측정하거나 관찰하여 얻어진 값으로, 특정 데이터를 모아서 의미 있고 관리하기 쉽게 정리해 놓은 것을 정보라고 합니다.

02 변수란 데이터가 저장되어 있는 메모리 방의 이름을 말하며 프로그램 작성 시 메모리 주소를 대신하여 사용합니다. 변수를 사용하기 위해서는 변수 선언과 초기화를 해야 합니다.

03 변수에 저장된 데이터는 언제든지 변경할 수 있습니다. 데이터를 변경할 때는 변수 초기화할 때처럼 할당 연산자(=)를 이용합니다.

04 변수명을 지을 때 주의사항

① 첫 글자는 소문자로 시작하고 길어질 경우 낙타표기법을 따릅니다.
② 특수문자, 예약어 그리고 공백문자는 사용하지 않습니다(단 '_'는 사용 가능).
③ 숫자를 사용해야 할 경우 변수의 중간 또는 뒤에 사용합니다.

05 자료형(data type)은 데이터를 정수형(integer), 실수형(float), 문자형(string), 논리형(bool) 등으로 분류하는 것을 말합니다.

06 변수에 데이터를 저장할 때 문자는 작은따옴표('')를 사용하고 정수나 실수 같은 숫자는 그대로 입력합니다. 논리형 데이터는 `True`와 `False`를 입력하되 첫 글자를 반드시 대문자로 씁니다.

07 `type()` 함수는 자료형을 알아낼 때 사용합니다. 함수의 괄호 안에 변수를 넣으면 변수의 자료형이 출력됩니다.

08 자료형은 서로 간에 변환이 가능하며 이를 '자료형 변환(형 변환)'이라고 합니다. 자료형 변환 함수에는 `str()`, `int()`, `float()`, `bool()` 등이 있습니다.

09 변수를 사용하면 데이터를 재사용하고 데이터를 복사할 수 있습니다. 사용자에게 데이터를 입력 받을 때는 `input()` 함수를 사용합니다.

연습문제

01 다음은 데이터와 변수에 관한 내용이다. 〈보기〉 중 빈칸에 알맞은 말을 찾아 넣으시오.

〈보기〉

① 변수	② 데이터	③ 초기화
④ 자료형	⑤ 자료형 변환	⑥ bool
⑦ 실수	⑧ 문자열	⑨ 정수

[㉠](이)란 데이터가 저장된 메모리를 뜻하고, 선언과 [㉡]을/를 통해서 저장된다. [㉠]에 저장된 데이터는 언제든지 변경할 수 있고 데이터에 따라서 정수, 실수, 문자열과 같은 [㉢]이/가 존재한다.

㉠ ____________________ ㉡ ____________________ ㉢ ____________________

02 문자열 'Good morning.'을 변수에 저장하고 화면에 3번 출력하는 프로그램을 만드시오.

```
Good morning.
Good morning.
Good morning.
```

03 var 변수를 변경하여 아래와 같은 실행 결과가 나올 수 있도록 프로그램을 완성하시오.

```
var = 10
print(var)
[            ]
[            ]
```

```
10
Hello Python
```

04 날씨 예보 프로그램을 만들려고 할 때 오늘 날씨에 해당하는 변수명으로 가장 적합한 것은 무엇인가?

① Today
② weather
③ today Weather
④ todayWeather

05 다음은 사용자가 예약시간을 입력하면 시간에 맞춰 기계가 동작하는 코드이다. 빈칸을 채우시오.

```
reservationTime = [          ]('예약시간을 입력하세요.')
machineTimer(reservationTime)
... 생략 ...
```

06 다음 중 함수의 기능을 잘못 설명한 것을 모두 고르시오.

① str() : 괄호 안의 데이터를 문자열로 변환한다.
② int() : 괄호 안의 데이터를 불형으로 변환한다.
③ float() : 괄호 안의 데이터를 실수로 변환한다.
④ bool() : 괄호 안의 데이터를 정수로 변환한다.
⑤ integer() : 괄호 안의 데이터를 정수로 변환한다.

07 사용자가 국어, 영어, 수학 점수를 입력하고, 각각의 점수를 화면에 출력하는 프로그램을 만드시오.

08 사용자가 2개의 정수를 입력하면, 입력한 숫자의 합과 평균을 구하는 프로그램을 만드시오.

Hint 컴퓨터 프로그램에서 덧셈은 '+', 연산자를 나눗셈은 '/' 연산자를 사용합니다.

09 다음은 어떤 프로그램의 실행 결과로 [ ]는 프로그램 실행 후 사용자가 직접 입력한 데이터이다. 아래와 같은 결과가 나오도록 프로그램을 만드시오.

```
사용자 정보를 입력하세요.
이름 : 홍길동
연락처 : 010-1234-5678
메일 : gildong@abc.com
직업 : computer program developer
홍길동
010-1234-5678
gildong@abc.com
computer program developer
```

10 var1, var2 변수에는 정수 10과 20이 각각 저장되어 있다. var1과 var2의 데이터를 서로 바꾸는 프로그램을 만들고 화면에 var1과 var2의 데이터를 출력하시오.

11 터틀을 이용하여 사용자가 회전 각도와 전진 길이를 입력하면 정팔각형이 그려지는 프로그램을 만드시오.

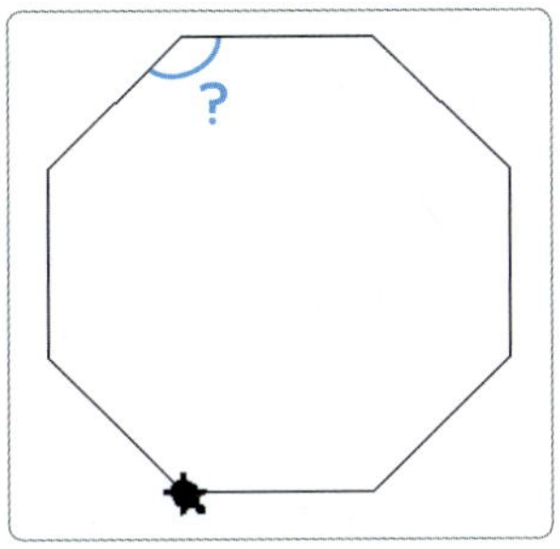

Hint 정팔각형의 내각은 135°입니다.

CHAPTER 05

연산자

학습목표

- 연산자와 피연산자의 의미를 이해하고 연산자의 종류를 알아봅니다.
- 산술 연산자, 할당 연산자, 비교 연산자, 논리 연산자의 사용 방법을 익힙니다.
- 피연산자가 3개인 삼항 연산자의 사용 방법을 익힙니다.
- 연산자를 대신하여 쓸 수 있는 operator 모듈에 대해 살펴봅니다.

Preview

알파고, 딥러닝, 데이터 과학, 알고리즘 등 한번쯤 들어봤을 법한 이 어려운 개념들은 모두 더하고 빼는 것에서부터 시작했습니다. 컴퓨터 역시 주판부터 시작해 자동 계산기로 발전해왔습니다. 우리 역시 큰 프로그램을 만들기 전에 컴퓨터의 기본 기능인 연산자에 대해서 배워봅시다.

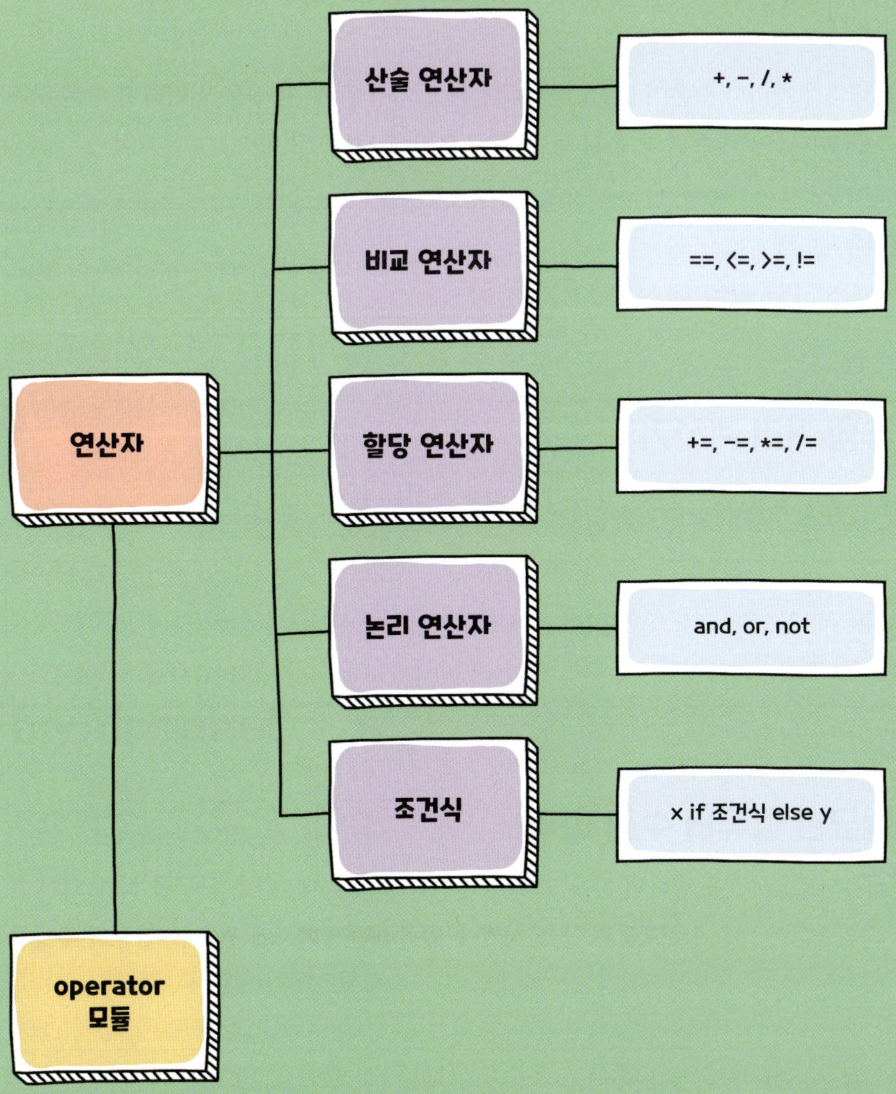

Section

01 이 장에서 만들 프로그램

1 수온 계산기

해수면에서 10m 내려갈 때마다 수온이 0.7도씩 내려간다고 가정할 때, 수심을 입력하면 수온을 계산해주는 프로그램입니다(단 해수면의 온도는 20도로 가정합니다).

```
수심을 입력하세요. : 35
수온 : 17.9
```

2 자동차 주행 거리 계산기

사용자가 속도와 시간을 입력하면 자동차의 주행 거리를 구하는 프로그램입니다.

```
주행 속도 : 50
주행 시간 : 2
주행 이동 거리 : 100
```

3 업무에 필요한 컴퓨터 수량 파악

A회사는 3대의 컴퓨터로 8시간을 일하면 하루 업무를 처리할 수 있는데, 단축 근무를 하게 되어 근무 시간이 줄게 되었습니다. 이 프로그램은 근무 시간을 입력하면 A회사에 필요한 컴퓨터 수량을 알려줍니다.

```
근무시간을 입력하세요. 7
필요한 컴퓨터 : 4
```

Section 02 연산자란?

컴퓨터는 사람보다 복잡하고 어려운 계산을 빠르고 정확하게 해냅니다. 컴퓨터에게 복잡한 계산을 시키려면 연산자를 이용해 명령을 내려야 합니다. [표 5-1]은 파이썬에서 사용하는 연산자의 종류입니다.

표 5-1 연산자의 종류

구분	연산자	설명
산술 연산자	+, -, *, /, %, //, **	덧셈, 뺄셈 등 산술 연산을 한다.
할당 연산자	=, +=, -=, *=, /=, %=, //=, **=	오른쪽의 값을 연산하여 왼쪽에 대입한다.
비교 연산자	==, !=, >, >=, <, <=	크고 작음을 비교한다.
논리 연산자	and, or, not	참(True)과 거짓(False)을 판별한다.

피연산자는 연산의 대상으로, 연산에 필요한 데이터를 말합니다. 다음 식에서 피연산자는 number1과 number2입니다.

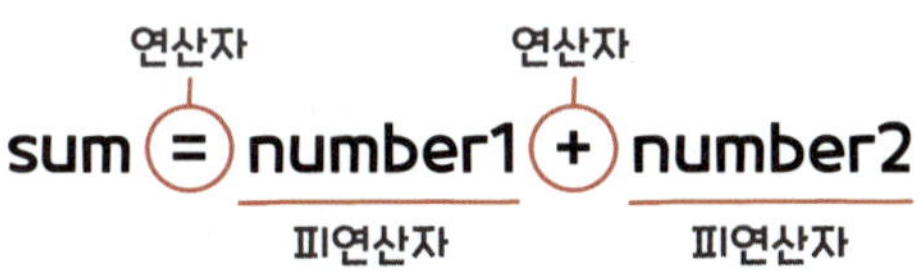

그림 5-1 연산자와 피연산자

피연산자가 세 개 이상일 때 괄호를 이용하면 연산의 우선순위를 결정할 수 있습니다. [그림 5-2]의 왼쪽 식은 순서대로 계산해서 -6이 나오고, 오른쪽 식은 괄호를 먼저 계산해서 8이 나옵니다. 수학에서 괄호 안의 연산을 먼저 하는 것과 같습니다.

그림 5-2 연산의 우선순위 설정

Section

03 덧셈과 뺄셈

파이썬의 산술 연산자는 우리가 자주 사용하는 사칙 연산자(+, −, ×, ÷)와 컴퓨터 프로그램에서만 사용하는 나머지 연산자(%), 몫 연산자(//), 지수 연산자(**)가 있습니다. 가장 기본인 덧셈 연산부터 살펴봅시다.

1 덧셈

다음 예제를 코딩해봅시다. 정수 10과 20을 더해서 30이 나오고, 실수 3.14와 0.5를 더하니 3.64가 나옵니다.

```
>>> 10 + 20
30
>>> 3.14 + 0.5
3.64
```

너무 쉬워서 부연 설명이 필요 없지만 한 가지 확인할 사항이 있습니다. 바로 자료형입니다. 정수와 정수를 더하면 결과값은 정수형(int)이고, 실수와 실수를 더하면 결과값은 실수형(float)입니다. 다음 코드로 확인해봅시다.

```
>>> num1 = 10
>>> num2 = 20
>>> result = num1 + num2
>>> result
30
>>> type(result)
<class 'int'>  ← 연산 결과: 정수형
```

```
>>> num1 = 3.14
>>> num2 = 0.5
>>> result = num1 + num2
>>> result
3.64
>>> type(result)
<class 'float'>  ← 연산 결과: 실수형
```

만약 정수와 실수를 더하면 어떻게 될까요? 다음 코드를 실행해보면 결과값으로 실수형이 나옵니다. 결과값의 자료형이 정수형이라면 소수점 이하의 데이터가 손실되기 때문에 이를 온전히 보존하기 위해 실수형으로 처리하기 때문입니다. 소수점 이하의 데이터가 필요 없는 경우라도 정수와 실수를 더하면 실수형이 됩니다.

```
>>> num1 = 10
>>> num2 = 3.14
>>> result = num1 + num2
>>> result
13.14
>>> type(result)
<class 'float'>
```

```
>>> num1 = 10
>>> num2 = 5.0
>>> result = num1 + num2
>>> result
>>> 15.0
>>> type(result)
<class 'float'>
```

문제 해결 5-1 **1분기 매출액 구하기** ch05_sol_01.py

한빛 전자 회사에서 1분기 매출의 총합을 구하고자 합니다. 프로그램을 작성해봅시다.

```
sales1 = int(input('1월 매출 : '))
sales2 = int(input('2월 매출 : '))
sales3 = int(input('3월 매출 : '))
total = sales1 + sales2 + sales3
print('1분기 전체 매출 :', total, '원')
```

```
1월 매출 : 30000000
2월 매출 : 28000000
3월 매출 : 29000000
1분기 전체 매출 : 87000000 원
```

2 문자열의 덧셈

덧셈 연산자를 이용하면 문자열도 더할 수 있습니다. 문자열의 덧셈은 피연산자에 해당하는 문자열을 연결하는 것을 의미합니다.

```
>>> 'a' + 'b'
'ab'
>>> 'H' + 'E' + 'L' + 'L' + 'O' + ' PYTHON'
'HELLO PYTHON'
```

```
>>> 'Hello' + ' ' + 'Python'
'Hello Python'
>>> str1 = 'Hello'
>>> str2 = ' '
>>> str3 = 'Python'
>>> str1 + str2 + str3
'Hello Python'
```

숫자와 문자열을 혼용해서 덧셈하면 덧셈을 할 수 없다는 에러가 나옵니다. 덧셈 연산자 '+'는 정수와 문자열을 더하는 기능이 없기 때문입니다.

```
>>> 10 + 'abc'
Traceback (most recent call last):
  File "<pyshell#0>", line 1, in <module>
    10 + 'abc'
TypeError: unsupported operand type(s) for +: 'int' and 'str'
```

확인문제

다음 코드의 실행 결과로 옳은 것은 무엇인가?

```
>>> num1 = 3.14
>>> num2 = 0.25
>>> result = num1 + num2
>>> result
[          ]
>>> float(result)
[          ]
>>> int(result)
[          ]
```

① 3.39, 3.39, 3　　② 3.39, 3.00, 3
③ 3, 3, 3　　④ 3, 3.00, 3

정답

①

3 뺄셈

뺄셈은 덧셈과 함께 일상에서 많이 사용하는 연산자로 왼쪽 값에서 오른쪽 값을 뺍니다.

```
>>> 10 - 5
5
>>> 3.14 - 0.1
3.04
```

뺄셈은 덧셈과 달리 숫자를 이용한 연산은 가능하지만 문자열을 이용한 연산은 불가능합니다. 문자열을 이용해서 뺄셈을 시도하면 에러 메시지가 나옵니다.

```
>>> 'Hello' - 'H'
Traceback (most recent call last):
  File "<pyshell#0>", line 1, in <module>
    'Hello' - 'H'
TypeError: unsupported operand type(s) for -: 'str' and 'str'
```

문제 해결 5-2 **1분기 수익 계산하기** ch05_sol_02.py

한빛 전자에서 1분기 수익을 계산하려고 합니다. 사용자가 1분기 매출액과 매입액을 입력하면 수익을 계산해주는 프로그램을 만들어봅시다.

```
sales = int(input('1분기 매출 : '))          # 매출 입력
purchase = int(input('1분기 매입 : '))       # 매입 입력
profit = sales - purchase                    # 수익 계산
print('수익 :', profit, '원')
```

```
1분기 매출 : 50000000
1분기 매입 : 34000000
수익 : 16000000 원
```

Section 04

곱셈과 나눗셈

1 곱셈

두 개의 피연산자를 곱하는 곱셈 연산은 수학에서는 '×' 기호를 사용하지만 컴퓨터 프로그램에서는 '*'를 사용합니다.

```
>>> 10 * 20
200
>>> 3.14 * 3
9.42
>>> num1 = 10
>>> num2 = 3
>>> result = num1 * num2
>>> result
30
```

문제 해결 5-3 **방의 넓이 구하기** ch05_sol_03.py

가로, 세로 길이를 입력하면 방의 넓이를 계산해주는 프로그램을 만들어봅시다.

```
width = int(input('가로 길이 : '))          # 가로 길이 입력
length = int(input('세로 길이 : '))         # 세로 길이 입력
area = width * length                       # 방의 넓이
print('넓이 :', area, '㎠')
```

```
가로 길이 : 30
세로 길이 : 5
넓이 : 150 ㎠
```

2 문자열의 곱셈

파이썬에서는 문자열과 양의 정수를 곱하는 것이 가능합니다. 문자열과 양의 정수를 곱하면 문자열이 곱한 숫자만큼 반복합니다. 다음 코드에서 'a'*3 행은 문자 a를 3번 반복하여 출력하고, 'Hello python '*5는 문자열 Hello python을 5번 출력합니다.

```
>>> 'a' * 3
'aaa'
                  ┌ 공백
>>> 'Hello python ' * 5
'Hello python Hello python Hello python Hello python Hello python '
```

하지만 문자열에 양의 정수가 아닌 다른 정수(0 또는 음의 정수)를 곱하면 결과는 ''이 됩니다. ''는 어떠한 값도 없다는 것으로 공백 문자(' ')와는 구분됩니다.

```
>>> 'a' * 0
''
>>> 'Hello' * -3
''
```

다음은 input() 함수와 곱셈 연산자를 이용해서 'Good morning' 문자열을 사용자가 입력한 숫자만큼 출력하는 프로그램입니다.

```
>>> inputData = int(input('원하는 출력 횟수를 입력하세요. : '))
원하는 출력 횟수를 입력하세요. : 5
>>> 'Good morning ' * inputData
'Good morning Good morning Good morning Good morning Good morning'
```

확인문제

1. 다음 프로그램의 빈칸을 채우시오.

```
>>> str = 'Hello '
>>> result = str * [    ]
>>> result
'Hello Hello Hello Hello Hello '
```

```
>>> str = [        ]
>>> result = str * 3
>>> result
'python python python '
```

2. 다음 중 연산 결과 에러가 발생하는 코드를 모두 고르시오.

① 2 * 'Hello python' * 3
② 'Hello python' * 0.1
③ 'Hello python' * 5
④ 5 * 'Hello python'
⑤ 'Hello python' * -2

정답

1. 5, 'python ' 2. ②

3 나눗셈

수학에서는 나눗셈 연산자 기호로 '÷'를 사용하지만, 컴퓨터 프로그램에서는 '/'를 사용합니다.

```
>>> 10 / 2                    # 10 나누기 2
5.0
>>> 3.14 / 0.5                # 3.14 나누기 0.5
6.28
>>> num1 = 100
>>> num2 = 10
>>> result = num1 / num2      # num1 나누기 num2
>>> result
10.0
```

나눗셈 연산은 문자열에 적용할 수 없습니다. 다음과 같은 에러가 발생합니다.

```
>>> 10 / 'a'
Traceback (most recent call last):
  File "<pyshell#16>", line 1, in <module>
    10 / 'a'
TypeError: unsupported operand type(s) for /: 'int' and 'str'

>>> 'a' / 'b'
Traceback (most recent call last):
  File "<pyshell#17>", line 1, in <module>
    'a' / 'b'
TypeError: unsupported operand type(s) for /: 'str' and 'str'
```

문제 해결 5-4 신체질량지수(BMI) 구하기

ch05_sol_04.py

몸무게와 신장을 입력하면 신체질량지수(BMI)를 계산해주는 프로그램을 만들어봅시다(BMI = 몸무게(kg) / 신장의 제곱(m^2)).

```
weight = float(input('몸무게(kg) : '))      # 몸무게 입력
height = float(input('신장(m) : '))         # 신장 입력
bmi = int(weight / (height * height))
print('BMI :', bmi)
```

```
몸무게(kg) : 87
신장(m) : 1.88
BMI : 24
```

나눗셈 연산을 할 때 종종 실수하는 부분을 짚어봅시다.

숫자 0을 어떤 수로 나누어도 결과는 항상 0이다.

수학과 마찬가지로 숫자 0을 어떠한 수로 나누어도 결과는 0입니다.

```
>>> 0 / 123
0.0
>>> 0 / 3.14
0.0
```

숫자를 0으로 나눌 수 없다.

반대로 어떤 수를 0으로 나누면 에러가 발생합니다.

```
>>> 10 / 0
Traceback (most recent call last):
  File "<pyshell#20>", line 1, in <module>
    10 / 0
ZeroDivisionError: division by zero
```

나눗셈 결괏값의 자료형은 항상 실수형이다.

파이썬에서 나눗셈 결괏값의 자료형은 항상 실수형입니다. 이는 나눗셈 결과 나머지가 없는 경우에도 항상 실수형입니다.

```
>>> type(10 / 2)  ● 나머지가 없는 경우
<class 'float'>
>>> type(10 / 3)  ● 나머지가 있는 경우
<class 'float'>
```

만약 결괏값의 자료형이 정수형으로 나오기 원한다면 4장에서 배운 자료형 변환 함수 int()를 이용해서 직접 자료형 변환을 해야 합니다.

```
>>> type(int(10 / 2))
<class 'int'>
>>> type(int(10 / 3))
<class 'int'>
```

이때 10/3과 같이 나머지가 있는 경우 정수로 자료형 변환을 하면 소수점 이하의 데이터는 손실됩니다.

```
>>> num1 = 10
>>> num2 = 3
>>> result = num1 / num2
>>> result
3.3333333333333335
>>> type(result)
<class 'float'>
```

자료형 변환을 하지 않은 경우

```
>>> num1 = 10
>>> num2 = 3
>>> result = int(num1 / num2)  ● 자료형 변환
>>> result
3  ● 소수점 이하 데이터 손실
>>> type(result)
<class 'int'>
```

정수형으로 변환을 한 경우

확인문제

1. 다음 중 연산 결과로 에러가 발생하는 코드를 모두 고르시오.

① `10 / 2`
② `10 / 3.14`
③ `1.0 / 0.2`
④ `'Hello python' / 2.0`
⑤ `'Hello python' / 2`

2. 다음의 연산 결과로 옳은 것은 무엇인가?

```
>>> 0 / 100000
```

① `0.0` ② `0` ③ `1.0` ④ `1`

3. 다음의 연산 결과로 옳은 것은 무엇인가?

```
>>> 100000 / 0
```

① `0.0` ② `0` ③ `100000` ④ 에러 발생

정답

1. ④, ⑤ 2. ① 3. ④

Section 05

나머지와 몫, 거듭제곱 구하기

1 나머지 구하기

'%'는 나눗셈 연산을 했을 때 나머지를 구하는 연산자로, 일상에서 사용하지 않아 조금은 낯설 수 있지만 아주 간단합니다. 나머지 연산자는 프로그램에서 데이터의 홀, 짝을 구분하거나 숫자의 배수를 확인할 때 사용합니다.

```
>>> 10 % 2        나머지 : 0
0
>>> 10 % 3        나머지 : 1
1
>>> num1 = 10
>>> num2 = 4
>>> result = num1 % num2        나머지 : 2
>>> result
2
```

문제 해결 5-5 홀짝 게임하기 ch05_sol_05.py

주먹 쥔 손을 상대방에게 내밀며 손 안에 동전 개수가 홀수인지 짝수인지 맞히는 게임입니다. 손 안에 동전 개수를 입력하면 짝수는 0, 홀수는 1을 출력하는 프로그램을 만들어봅시다.

```
inputData = int(input('손 안에 동전 수를 입력하세요. '))
result = inputData % 2
print(result)
```

```
손 안에 동전 수를 입력하세요. 10
0
```

2 몫 구하기

'//'는 나눗셈 연산을 했을 때 몫을 구하는 연산자입니다.

```
>>> 10 // 3    몫 : 3
3
>>> 6 // 3     몫 : 2
2
```

문제 해결 5-6 **빵을 나누어 줄 수 있는 학생 수 구하기** ch05_sol_06.py

길동이는 97개의 빵을 3개씩 같은 반의 친구들에게 나누어 주려고 합니다. 최대 몇 명에게 나누어 줄 수 있는지 구하고, 남는 빵의 개수도 구해봅시다.

```
bread = 97
count = 3
maxCount = bread // count
print('빵을 나누어 줄 수 있는 학생 수 : ', maxCount)
rest = bread % count
print('남는 빵 개수 : ', rest)
```

```
빵을 나누어 줄 수 있는 학생 수 : 32
남는 빵 개수 :  1
```

3 거듭제곱 구하기

'**'는 거듭제곱을 나타내는 연산자로 왼쪽 피연산자에 대한 오른쪽 피연산자의 거듭제곱을 계산합니다. 예를 들어 2**3은 2^3을 나타냅니다.

```
>>> 2**3        2*2*2=8
8
```

문제 해결 5-7 전염병 예상 감염자 수 구하기 ch05_sol_07.py

보건 당국은 전염병의 감염 확산 추세를 파악한 결과, 하루에 한 사람이 한 명씩 감염시키는 것으로 나타났습니다. 확진자 한 사람이 나올 경우 30일 이후에 몇 명의 감염자가 나오는지 계산해봅시다.

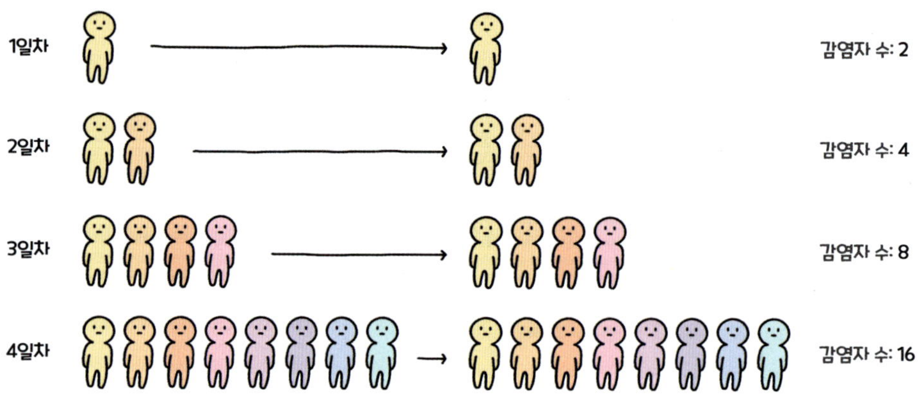


```
man = 2              # 1일차 감염자 수
date = 30
total = man ** date
print('30일 이후 예상 감염자 수 : ', total)
```

```
30일 이후 예상 감염자 수 :  1073741824
```

확인문제

1. 다음 프로그램의 실행 결과에 대한 설명으로 틀린 것은 무엇인가?

```
>>> num1 = 10
>>> num2 = 3
>>> num1 // num2
```

프로그램 1

```
>>> num1 = 20
>>> num2 = 6
>>> num1 // num2
```

프로그램 2

① 프로그램 1과 프로그램 2의 실행 결과는 같다.

② 프로그램 1과 프로그램 2의 실행 결과는 3이다.

③ 프로그램 1의 실행 결과는 1이고, 프로그램 2의 실행 결과는 2이다.

④ 프로그램 1과 프로그램 2의 실행 결과 값에 해당하는 자료형은 정수형이다.

2. 다음 중 지수 연산자에 대한 설명으로 틀린 것을 모두 고르시오.

① 2 ** 2의 연산 결과는 2 * 2와 같다.

② 2 ** 2의 연산 결과는 (2 * 2) + (2 * 2)와 같다.

③ 3 ** 5는 3의 5거듭제곱 연산이다.

④ 1 ** 1000000의 연산 결과는 1000000이다.

⑤ 1000000 ** 0의 연산 결과는 1이다.

정답

1. ③ 2. ②, ④

Section 06

계산과 동시에 변수에 값 넣기

할당 연산자는 변수에 값을 대입하는 데 사용하는 연산자로 대입 연산자라고도 합니다. 할당 연산자를 사용하면 계산과 동시에 결과값을 변수에 넣을 수 있습니다. [표 5-2]는 할당 연산자의 종류로 다소 많지만 연산자 기호가 직관적이기 때문에 쉽게 이해할 수 있습니다.

표 5-2 **할당 연산자의 종류(num = 10)**

연산자	사용 예	설명

=	>>> num = 10
	>>> num
	10
		우측의 10을 좌측의 num에 대입한다.

+=	>>> num += 5
	>>> num
	15
		num에 5를 더한 값을 다시 num에 대입한다.
		num = num + 5와 같다.

-=	>>> num -= 5
	>>> num
	5
		num에 5를 뺀 값을 다시 num에 대입한다.
		num = num - 5와 같다.

*=	>>> num *= 5
	>>> num
	50
		num에 5를 곱한 값을 다시 num에 대입한다.
		num = num * 5와 같다.

/=	>>> num /= 2
	>>> num
	5.0
		num을 2로 나눈 값을 다시 num에 대입한다.
		num = num / 2와 같다.

%=	>>> num %= 3
	>>> num
	1
		num을 3으로 나눈 나머지 값을 다시 num에 대입한다.
		num = num % 3과 같다.

//=	>>> num //= 3
	>>> num
	3
		num을 3으로 나눈 몫을 다시 num에 대입한다.
		num = num // 3과 같다.

**=	>>> num **= 3
	>>> num
	1000
		num을 3번 거듭제곱한 값을 다시 num에 대입한다.
		num = num * num * num과 같다.

문제 해결 5-8 **복리 계산기 만들기** ch05_sol_08.py

회사원인 길동이는 예금 계획을 세우고 있습니다. 은행에서 상담을 받아 보니 5년 정기 예금을 복리로 했을 때 가장 큰 목돈을 마련할 수 있다고 알게 되었습니다. 길동이가 500만원씩 5년 만기인 정기 예금 상품에 가입했을 때 5년 후 받을 총 수령액을 계산해봅시다(이자율: 연 5%).

```
myMoney = 5000000
rate = 0.05

myMoney += myMoney * rate     #1년 후 총 금액
myMoney += myMoney * rate     #2년 후 총 금액
myMoney += myMoney * rate     #3년 후 총 금액
myMoney += myMoney * rate     #4년 후 총 금액
myMoney += myMoney * rate     #5년 후 총 금액

print('5년 후 총 수령액 : ', int(myMoney), '원')
```

```
5년 후 총 수령액 :  6381407 원
```

확인문제

다음 프로그램의 실행 결과로 옳은 것은 무엇인가?

```
>>> num = 3
>>> num = 30
>>> num
```

① 3 ② 30 ③ num is 3 ④ num is 30

정답

②

Section 07

자료 비교

비교 연산자는 중간고사 성적이 90점 이상인지, 나이가 20살 이상인지 등과 같이 두 개의 피연산자 값을 비교할 때 사용합니다. 연산의 결과값은 True 또는 False로 나타냅니다. 비교 연산자는 숫자를 비교하는 경우와 문자열을 비교하는 경우로 구분할 수 있습니다.

1 숫자 vs 숫자 비교

다음 표는 '숫자 비교 연산자'를 정리한 것입니다. 사용 예를 하나씩 코딩하고 결과를 확인해봅시다.

표 5-3 숫자 비교 예(num1 = 10, num2 = 20)

연산자	사용 예	설명
==	`>>> num1 == num2` False	num1과 num2가 같다면 True, num1과 num2가 다르다면 False이다.
!=	`>>> num1 != num2` True	num1과 num2가 같다면 False, num1과 num2가 다르다면 True이다.
>	`>>> num1 > num2` False	num1이 num2보다 크다면 True, num1이 num2보다 작거나 같다면 False이다.
>=	`>>> num1 >= num2` False	num1이 num2보다 크거나 같다면 True, num1이 num2보다 작다면 False이다.
<	`>>> num1 < num2` True	num1이 num2보다 작다면 True, num1이 num2보다 크거나 같다면 False이다.
<=	`>>> num1 <= num2` True	num1이 num2보다 작거나 같다면 True, num1이 num2보다 크다면 False이다.

비교 연산자를 사용할 때는 이상, 이하, 초과, 미만의 의미를 잘 숙지하고 사용해야 합니다.

- **이상(>=)**: 자신을 포함하고, 자신보다 큰 수
- **이하(<=)**: 자신을 포함하고, 자신보다 작은 수

- **초과(>)**: 자신을 포함하지 않고, 자신보다 큰 수
- **미만(<)**: 자신을 포함하지 않고, 자신보다 작은 수

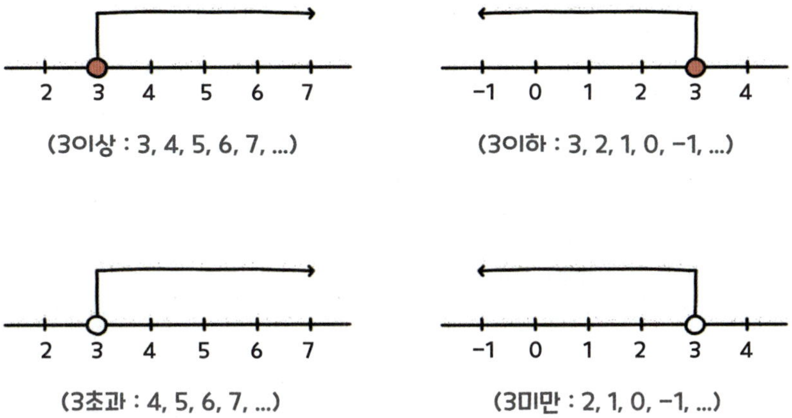

그림 5-3 이상, 이하, 초과, 미만의 의미

문제 해결 5-9 **범퍼카 탑승 가능 판별하기** ch05_sol_09.py

한빛 놀이동산에서 범퍼카는 신장이 120cm 이상인 어린이만 탑승할 수 있습니다. 신장을 입력하면 범퍼카를 탑승할 수 있는지 여부를 알려주는 프로그램을 만들어봅시다(탑승 가능은 True로, 탑승 불가능은 False로 출력한다).

```
height = int(input('어린이의 신장을 입력하세요. '))
print(height >= 120)
```

```
어린이의 신장을 입력하세요. 120
True
```

확인문제

다음 6개 프로그램의 결과를 쓰시오.

1.
```
>>> num1 = 5
>>> num2 = 8
>>> num1 != num2
```

2.
```
>>> num1 = 10
>>> num2 = 5
>>> num1 < num2
```

3.
```
>>> num1 = -5
>>> num2 = 5
>>> num1 >= num2
```

4.
```
>>> num1 = 5
>>> num2 = -1
>>> num1 <= num2
```

5.
```
>>> num1 = 9
>>> num2 = 0
>>> num1 > num2
```

6.
```
>>> num1 = -1
>>> num2 = -5
>>> num1 == num2
```

정답

1. True 2. False 3. False 4. False 5. True 6. False

2 문자 vs 문자 비교

비교 연산자를 이용하면 문자(한 개의 문자) 또는 문자열(두 개 이상의 문자)을 비교할 수 있습니다.

한 개의 문자를 비교할 때는 아스키코드(ASCII code)를 이용합니다. 아스키코드란 컴퓨터에서 문자를 사용할 수 있도록 각각의 문자에 고유한 숫자를 부여한 것입니다. 예를 들어 문자 'a'는 97이고, 'b'는 98인데, 이를 이용하여 문자 'a'와 'b'를 비교하면 'a'는 'b'보다 작습니다. 마찬가지로 문자 'a'와 'B'를 비교하면 각각 97과 66이므로 'a'는 'B'보다 큽니다.

표 5-4 아스키코드

10진수	16진수	문자	10진수	16진수	문자	10진수	16진수	문자	10진수	16진수	문자
032	20	SP	056	38	8	080	50	P	104	68	h
033	21	!	057	39	9	081	51	Q	105	69	i
034	22	"	058	3A	:	082	52	R	106	6A	j
035	23	#	059	3B	;	083	53	S	107	6B	k
036	24	$	060	3C	<	084	54	T	108	6C	l
037	25	%	061	3D	=	085	55	U	109	6D	m
038	26	&	062	3E	>	086	56	V	110	6E	n
039	27	'	063	3F	?	087	57	W	111	6F	o

040	28	(	064	40	@	088	58	X	112	70	p
041	29	)	065	41	A	089	59	Y	113	71	q
042	2A	*	066	42	B	090	5A	Z	114	72	r
043	2B	+	067	43	C	091	5B	[	115	73	s
044	2C	,	086	44	D	092	5C	\	116	74	t
045	2D	-	069	45	E	093	5D	]	117	75	u
046	2E	.	070	46	F	094	5E	^	118	76	v
047	2F	/	071	47	G	095	5F	_	119	77	w
048	30	0	072	48	H	096	60	`	120	78	x
049	31	1	073	49	I	097	61	a	121	79	y
050	32	2	074	4A	J	098	62	b	122	7A	z
051	33	3	075	4B	K	099	63	c	123	7B	{
052	34	4	076	4C	L	100	64	d	124	7C	|
053	35	5	077	4D	M	101	65	e	125	7D	}
054	36	6	078	4E	N	102	66	f	126	7E	~
055	37	7	079	4F	O	103	67	g	127	F	DEL

문자를 비교하기 위해 아스키코드를 모두 외우고 있어야 할까요? 그럴 필요는 없습니다. 아스키코드는 필요할 때 인터넷에 검색하여 참고하면 됩니다. 다음은 '문자 비교 연산자'로 연산한 결과입니다.

표 5-5 문자 비교 예

연산자	사용 예	설명
==	>>> 'a' == 'b' False	아스키코드에서 문자 'a'와 'b'가 같다면 True, 다르다면 False이다.
!=	>>> 'a' != 'b' True	아스키코드에서 문자 'a'와 'b'가 같다면 False, 다르다면 True이다.
>	>>> 'a' > 'b' False	아스키코드에서 문자 'a'의 값이 'b'보다 크다면 True, 작거나 같다면 False이다.
>=	>>> 'a' >= 'b' False	아스키코드에서 문자 'a'의 값이 'b'보다 크거나 같다면 True, 작다면 False이다.
<	>>> 'a' < 'b' True	아스키코드에서 문자 'a'의 값이 'b'보다 작다면 True, 크거나 같다면 False이다.
<=	>>> 'a' <= 'b' True	아스키코드에서 문자 'a'의 값이 'b'보다 작거나 같다면 True, 크다면 False이다.

비교 연산자를 이용한 문자열을 비교할 때는 문자열 자체를 비교합니다.

표 5-6 문자열 비교 예(str1 = 'python', str2 = 'java')

연산자	사용 예	설명
==	>>> str1 == str2 False	문자열 str1과 str2가 같다면 True, 다르다면 False이다.
!=	>>> str1 != str2 True	문자열 str1과 str2가 같다면 False, 다르다면 True이다.

문자열을 비교 연산할 때 공백 문자도 엄연한 비교 대상입니다. 따라서 공백 문자까지 정확히 일치해야 True가 출력됩니다.

```
>>> str1 = 'python'
>>> str2 = 'python '
>>> str1 == str2
False
```

공백

확인문제

1. 다음 프로그램의 빈칸을 채우시오.

```
>>> str1 = 'A'
>>> str2 = 'a'
>>> str1 > str2
```

```
>>> str1 = 'z'
>>> str2 = 'X'
>>> str1 >= str2
```

```
>>> str1 = '^'
>>> str2 = '{'
>>> str1 < str2
```

2. 다음 프로그램의 실행 결과를 보고 빈칸에 올수 있는 것을 모두 고르시오.

```
>>> 'p'       'y'
False
```

① ==　　② !=　　③ >　　④ <=

3. 다음 프로그램의 실행 결과를 옳은 것은 무엇인가?

```
>>> str1 = 'Hello'
>>> str2 = 'python'
>>> str1 != str2
```

① True　　② False　　③ 에러 발생　　④ 0

4. 다음 프로그램의 실행 결과를 보고 코드에서 틀린 곳을 찾아 바르게 고치시오.

```
>>> ' ' == '      '
True
```

정답

1. False, True, True 2. ①, ③ 3. ① 4. ' ' == ' ' 또는 '   ' == '   '

Section 08 참/거짓 판별하기

논리 연산자는 피연산자의 논리 자료형(True/False)을 이용하는 연산자로 and, or, not이 있습니다.

1 and 연산

and는 '그리고'라는 뜻으로, 피연산자가 모두 True인 경우에만 결과가 True입니다. 피연산자가 하나라도 False이면 결과는 False입니다.

```
>>> var1 = True
>>> var2 = True
>>> var1 and var2
True
```

```
>>> var1 = True
>>> var2 = False
>>> var1 and var2
False
```

```
>>> var1 = False
>>> var2 = False
>>> var1 and var2
False
```

그림 5-4 and 연산에서 True가 나오는 경우

비교 연산의 결과를 다시 and 연산할 수도 있습니다.

```
>>> num1 = 10
>>> num2 = 20
```

```
>>> num3 = 30
>>> (num1 < num3) and (num2 < num3)  ← True and True
True
>>> (num1 > num3) and (num2 < num3)  ← False and True
False
>>> (num1 > num3) and (num2 > num3)  ← False and False
False
```

피연산자가 3개 이상인 경우에도 모든 피연산자가 True일 때만 결과는 True가 됩니다.

```
>>> (num1 < num2) and (num2 < num3) and (num3 > num1)  ← True and True and True
True
>>> (num1 < num2) and (num2 < num3) and (num3 < num1)  ← True and True and False
False
>>> (num1 > num2) and (num2 > num3) and (num3 < num1)  ← False and False and False
False
```

and 연산자는 간단하게 & 기호로 대체할 수 있습니다. 다음은 and 연산자와 &를 사용한 코드로 동일한 결과 값을 출력합니다.

```
>>> True and False
False
```

```
>>> True & False
False
```

문제 해결 5-10 **어린이용 범퍼카 탑승 가능 판별하기** ch05_sol_10.py

한빛 놀이동산은 어린이용 범퍼카의 사용 기준을 '신장이 120cm 이상이고 170cm 미만인 어린이'라고 규정하였습니다. 어린이용 범퍼카를 탑승할 수 있는지 여부를 알려주는 프로그램을 만들어봅시다(탑승 가능은 True, 탑승 불가능은 False를 출력합니다).

```
height = int(input('어린이의 신장을 입력하세요. '))
print(height >= 120 and height < 170)
```

```
어린이의 신장을 입력하세요. 150
True
```

2 or 연산

or은 '또는'이라는 뜻으로, 피연산자 중 하나라도 True라면 결과값은 True가 됩니다.

```
>>> var1 = True
>>> var2 = True
>>> var1 or var2
True
```

```
>>> var1 = True
>>> var2 = False
>>> var1 or var2
True
```

```
>>> var1 = False
>>> var2 = False
>>> var1 or var2
False
```

그림 5-5 or 연산에서 False가 나오는 경우

and 연산자와 마찬가지로 비교 연산의 결과를 다시 or 연산할 수 있습니다.

```
>>> num1 = 10
>>> num2 = 20
>>> num3 = 30
>>> (num1 < num3) or (num2 < num3)  ← True or True
True
>>> (num1 > num3) or (num2 < num3)  ← False or True
True
>>> (num1 > num3) or (num2 > num3)  ← False or False
False
```

피연산자가 3개 이상일 경우 피연산자 중 하나라도 True이면 결과는 True가 됩니다.

```
>>> (num1 < num2) or (num2 < num3) or (num3 > num1)  ← True or True or True
True
```

```
>>> (num1 < num2) or (num2 > num3) or (num3 < num1) ● True or False or False
True
>>> (num1 > num2) or (num2 > num3) or (num3 < num1) ● False or False or False
False
```

or 연산자는 간단하게 | 기호로 대체할 수 있습니다.

```
>>> True or False
True
```

```
>>> True | False
True
```

| 기호는 키보드에서 Shift + ₩ 키를 누르면 입력할 수 있습니다.

3 not 연산

not은 '부정'이라는 뜻으로, 피연산자의 현재 상태를 부정하는 연산자입니다. 피연산자가 True이면 결과로 False를 출력하고 False이면 True를 출력합니다.

```
>>> var = True
>>> not var
False
```

```
>>> var = False
>>> not var
True
```

not 연산자는 and, or 연산자와 마찬가지로 비교 연산의 결과를 다시 not 연산할 수 있습니다.

```
>>> var = 10
>>> var > 15 ● var는 15보다 크다.
False
>>> not(var > 15) ● 'var는 15보다 크다.'를 부정한다.
True
>>> var < 15 ● var는 15보다 작다.
True
>>> not(var < 15) ● 'var는 15보다 작다.'를 부정한다.
False
```

확인문제

1. 다음 프로그램의 실행 결과로 옳은 것은 무엇인가?

```
>>> (10 > -10) and (3.14 > 0) or (-1 == 0)
```

① True ② False ③ 에러 발생 ④ 0

2. 다음 지문을 읽고 밑줄 친 부분에 맞는 코드를 완성하시오.

```
사무실 냉/난방기는 실내 온도가 16도 이하 또는 28도 초과 시 작동한다.
```

```
>>> temperature <= [    ] [        ] temperature > [    ]
```

정답

1. ① 2. 16, or, 28

Section 09 and, or 연산시 주의사항

and 연산자는 모든 피연산자가 True인 경우에만 결과를 True로 출력하기 때문에 첫 번째 연산의 결과가 False이면 더 이상 연산을 실행하지 않습니다. 다음 코드를 봅시다.

```
>>> num1 = 10
>>> num2 = 20
>>> (num1 < 15) and (num2 > 15)   ● True and True
True
```

'num1 < 15'는 True이고, 'num2 > 15'도 True이므로 최종 and 연산 결과 True가 출력되었습니다. 이 경우 'num1 < 15'와 'num2 > 15'를 모두 실행합니다. 만약 'num1 < 15' 결과가 False이면 어떻게 될까요? 다음 코드를 봅시다.

```
>>> num1 = 17
>>> num2 = 20
>>> (num1 < 15) and (num2 > 15)   ● False and True
False
```

가장 먼저 나오는 'num1 < 15'는 False입니다. 그다음 나오는 and 연산자는 모든 피연산자가 True인 경우에만 결과가 True이므로 더 이상 연산을 할 필요가 없어집니다. 즉 and 이후에 나오는 연산의 결과를 확인하지 않아도 결과는 False이고, 'num2 > 15' 구문은 전체 프로그램에 영향을 미치지 않습니다. 이를 좀 더 확실하게 증명하기 위해서 다음 코드를 봅시다.

```
>>> num = 10
>>> abc
Traceback (most recent call last):
  File "<pyshell#55>", line 1, in <module>
    abc
```

```
NameError: name 'abc' is not defined
>>> (num < 5) and abc
False
```

abc는 초기화하지 않았기 때문에 abc를 출력하고자 하면 에러가 발생합니다. 그런데 이렇게 문제가 있는 변수 abc를 '(num < 5) and abc' 구문에서 사용했을 때 실행될 뿐만 아니라, False라는 결과값이 정상적으로 출력됩니다. 어떻게 된 일일까요?

파이썬 입장에서는 'num < 5'를 실행하여 결과로 False를 얻었습니다. 그리고 이후 연산자가 and이기 때문에 더 이상 실행할 의미가 없다고 판단하고 and 이후의 abc는 없는 셈 치고 무시해 버립니다.

```
>>> (num < 5) and abc
False
```

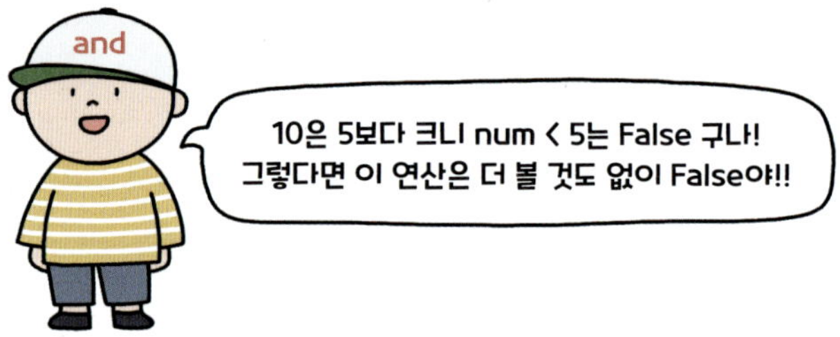

그림 5-6 and 연산의 판단

이는 or 연산자도 마찬가지입니다. or 연산자는 피연산자 중 하나라도 True가 있다면 결과값은 True이기 때문에 True 피연산자를 만나게 되면 이후 피연산자의 연산은 무시하고 무조건 True를 출력합니다. 다음 코드로 확인해봅시다.

```
>>> num = 10
>>> abc
Traceback (most recent call last):
  File "<pyshell#62>", line 1, in <module>
    abc
NameError: name 'abc' is not defined
>>> (num > 5) or abc
True
```

'num > 5'는 결과값이 True이고 or 연산자를 사용하기 때문에 abc는 중요하지 않습니다. 즉 abc와 관계없이 프로그램은 정상적으로 실행되고 연산 결과로 True를 반환합니다.

확인문제

다음 프로그램의 실행 결과가 True가 나올 수 있도록 빈칸에 알맞은 것을 고르시오.

```
>>> num1 = 8
>>> num2 = 3
>>> (num1 >= num2) [        ] str1
True
```

① and ② or ③ not ④ !=

정답

②

Section 10

조건식

지금까지 살펴본 연산자를 피연산자의 개수로 구분하면 not 연산자만 피연산자 한 개를 사용하고 대부분은 피연산자 두 개를 사용하였습니다. 프로그래밍 언어에서 피연산자를 한 개만 사용하면 단항 연산자라 하고 두 개를 이용하면 이항 연산자라고 합니다. 또 피연산자를 세 개 사용하는 연산자가 있는데 이를 삼항 연산자 또는 조건식(conditional expressions)이라고 합니다.

표 5-7 피연산자 개수에 따른 연산자 구분

구분	해당 연산자
단항 연산자	not 연산자
이항 연산자	산술 연산자, 할당 연산자, 비교 연산자, 논리 연산자(not 제외)
삼항 연산자	조건식

조건식이란 특정 조건의 결과에 따라 값이 결정되는 것을 말합니다. 조건식은 다음과 같은 형식으로 조건식의 결과가 참이면 x를 출력하고, 그렇지 않으면 y를 출력한다는 뜻입니다.

x if 조건식 else y

그림 5-7 조건식의 형식

조건식에는 비교 연산식, 논리 연산식 등이 올 수 있습니다. 다음 코드를 차근차근 살펴봅시다.

```
>>> targetScore = 90
>>> myScore = int(input('점수를 입력하세요.'))
점수를 입력하세요. 95
>>> result = '합격' if myScore >= targetScore else '불합격'
>>> '시험 결과 : ' + result
'시험 결과 : 합격'
```

myScore가 90점 이상인 경우 'myScore >= targetScore'의 결과가 True이므로 result에는 '**합격**'가 할당됩니다. 하지만 myScore가 90점 미만이라면 결과는 False이고 result에는 '**불합격**'이 할당됩니다. 다음은 사용자가 입력한 myScore가 90점 미만인 경우를 나타냅니다.

```
>>> targetScore = 90
>>> myScore = int(input('점수를 입력하세요.'))
점수를 입력하세요. 80
>>> result = '합격' if myScore >= targetScore else '불합격'
>>> '시험 결과 : ' + result
'시험 결과 : 불합격'
```

조건식이 처음에는 다소 낯설게 느껴질 수 있지만 자주 사용하다보면 굉장히 편리합니다. 만약 조건식이 없다면 6장에서 배울 if문을 이용해야 하는데 간단한 연산에 if문을 이용하면 코드가 길어질 수 있기 때문에 조건식을 사용하는 것이 좋습니다. [문제 해결 5-10]의 범퍼카 탑승 가능 판별 프로그램을 조건식을 이용하여 작성해봅시다.

```
>>> height = int(input('신장을 입력하세요. '))
신장을 입력하세요. 130
>>> str = '탑승 가능' if height >= 120 else '탑승 불가능'
>>> str
탑승 가능
```

문제 해결 5-11 **적자/흑자 판단하기** ch05_sol_11.py

한빛 마트는 수입과 지출을 입력하면 흑자인지 적자인지 판별하는 프로그램을 도입하려고 합니다. 마트 수익 결과를 알려주는 프로그램을 만들어봅시다.

```
incoming = int(input('수입 : '))
outgoing = int(input('지출 : '))
result = '흑자' if incoming > outgoing else '적자'
print(result)
```

```
수입 : 4000000
지출 : 3000000
흑자
```

확인문제

다음은 실내 밝기를 이용해서 조명 장치의 on/off를 설정하는 프로그램이다. 빈칸에 가장 적합한 조건식은?

```
>>> currentLight = 50 ——— 현재 밝기
>>> targetLight = 60 ——— on/off 기준
>>> result = 'Turn on' if [          ] else 'Turn off'
>>> result
'Turn on'
```

① currentLight > targetLight
② currentLight < targetLight
③ currentLight != targetLight
④ currentLight == targetLight

정답

②

Section 11

operator 모듈

1 모듈이란?

모듈이란 특정 기능을 모아놓은 파일로 모듈을 이용하면 우리가 직접 코딩해야 하는 수고를 덜 수 있습니다. 예를 들어 random 모듈은 난수를 발생시키는 기능을 가지고 있는데, 만약 random 모듈을 사용하지 않고 직접 난수를 발생시키려면 직접 프로그램을 작성해야 하는 수고가 따릅니다.

모듈을 사용하려면 우선 import를 이용해서 모듈을 가지고 와야 합니다. 다음은 random 모듈을 이용해서 주사위 게임에 필요한 난수를 발생시키는 코드입니다.

```
>>> import random                  # random 모듈을 import 한다.
>>> random.randrange(1, 7)         # random 모듈의 randrange() 함수를 이용해서
                                   # 1 이상 7 미만의 난수를 발생시킨다.
3
>>> random.randrange(1, 7)
6
>>> random.randrange(1, 7)
5
>>> random.randrange(1, 7)
1
```

모듈에 대해서는 12장에서 자세히 살펴볼 것입니다. 지금은 모듈의 의미와 모듈을 사용하기 위해서는 import를 사용해야 한다는 것만 알아둡시다.

2 operator 모듈

operator는 연산자 관련 모듈로 앞에서 학습한 산술, 비교, 논리 연산자를 대신하는 기능(함수)을 가지고 있습니다. 예를 들어 덧셈 연산자 '+'는 operator 모듈에 add() 함수로 정의되어 있어 다음과 같이 사용하면 '+' 연산자를 사용한 것과 같은 결과를 출력합니다.

```
>>> 10 + 20
30
```

```
>>> import operator
>>> operator.add(10, 20)
30
```

operator 모듈의 함수는 대부분 이름이 직관적이고 사용 방법이 쉬워 특별한 설명 없이도 사용할 수 있습니다. 다음은 산술 연산자와 그에 대응하는 operator 함수를 나타냅니다.

표 5-8 산술 연산자에 대응하는 operator의 함수

구분	연산자	함수	사용 방법
산술 연산자	+	add()	add(10, 3)
	-	sub()	sub(10, 3)
	*	mul()	mul(10, 3)
	/	truediv()	truediv(10, 3)
	%	mod()	mod(10, 3)
	//	floordiv()	floordiv(10, 3)
	**	pow()	pow(10, 3)

operator의 함수를 이용해 산술 연산을 해봅시다.

```
>>> import operator
>>> num1 = 10
>>> num2 = 3
>>> operator.add(num1, num2)  ← num1 + num2
13
>>> operator.sub(num1, num2)  ← num1 - num2
7
>>> operator.mul(num1, num2)  ← num1 * num2
30
>>> operator.truediv(num1, num2)  ← num1 / num2
3.3333333333333335
>>> operator.mod(num1, num2)  ← num1 % num2
1
>>> operator.floordiv(num1, num2)  ← num1 // num2
3
>>> operator.pow(num1, num2)  ← num1 ** num2
1000
```

비교 연산자와 관련된 operator의 함수는 함수의 이름을 두 글자로 줄여서 한 번에 이해하기 어렵습니다. 아래 표에 함수 의미를 적어두었으니 참고하기 바랍니다.

표 5-9 **비교 연산자에 대응하는 operator의 함수**

구분	연산자	함수	함수 의미	사용 방법
비교 연산자	==	eq()	equal	eq(10, 3)
	!=	ne()	not equal	ne(10, 3)
	>	gt()	greater	gt(10, 3)
	>=	ge()	greater or equal	ge(10, 3)
	<	lt()	little	lt(10, 3)
	<=	le()	little or equal	le(10, 3)

operator의 함수를 이용해 비교 연산을 해봅시다.

```
>>> import operator
>>> num1 = 10
>>> num2 = 3
>>> operator.eq(num1, num2)  ← num1 == num2
False
>>> operator.ne(num1, num2)  ← num1 != num2
True
>>> operator.gt(num1, num2)  ← num1 > num2
True
>>> operator.ge(num1, num2)  ← num1 >= num2
True
>>> operator.lt(num1, num2)  ← num1 < num2
False
>>> operator.le(num1, num2)  ← num1 <= num2
False
```

논리 연산자와 대응하는 operator의 함수도 사용법이 간단하여 쉽게 이해할 수 있습니다.

표 5-10 **논리 연산자에 대응하는 operator 함수**

구분	연산자	함수	사용 방법
논리 연산자	and	and_()	and_(True, False)
	or	or_()	or_(True, False)
	not	not_()	not_(True)

operator의 함수를 이용해 논리 연산을 해봅시다.

```
>>> import operator
>>> flag1 = True
>>> flag2 = False
>>> operator.and_(flag1, flag2)          flag1 and flag2
False
>>> operator.or_(flag1, flag2)           flag1 or flag2
True
>>> operator.not_(flag1)                 not flag1
False
```

문제 해결 5-12 긴급재난지원금 대상자 판별하기

ch05_sol_12.py

정부는 긴급재난지원금을 받을 대상자를 판별하기 위한 조건을 아래와 같이 수립하였습니다. 월 소득을 입력하면 수급대상자인지 아닌지 출력해주는 프로그램을 작성해봅시다.

- 소득 기준 4,000,000원 이하
- 다른 지원금을 받지 않는 세대

```
import operator
targetIncome = 4000000
targetOther = 2
income = int(input('월 소득을 입력하세요. '))
other = int(input('다른 지원금을 받고 있습니까? 1: 받고 있다. 2: 받고 있지 않다. '))
result = '수급 대상자' if operator.and_(operator.le(income, targetIncome),
            operator.eq(other , targetOther)) else '수급 비대상자'
print(result)
```

```
월 소득을 입력하세요. 3500000
다른 지원금을 받고 있습니까? 1번 받고 있다. 2번 받고 있지 않다. 2
수급 대상자
```

확인문제

다음 프로그램의 실행 결과를 보고 틀린 부분을 고치시오.

```
>>> num1 = 3
>>> num2 = 5
>>> operator.add(num1, num2)
Traceback (most recent call last):
  File "<pyshell#2>", line 1, in <module>
    operator.add(num1, num2)
NameError: name 'operator' is not defined
```

정답

operator 모듈을 사용하려면 import를 이용해 모듈을 가지고 와야 한다. 따라서 코드의 맨 첫 줄에 '>>> import operator'를 추가하면 정상적으로 실행된다.

3 operator 모듈을 사용하는 이유

operator 모듈의 함수를 사용하려면 모듈을 임포트(import)해야 하고 매번 모듈과 함수를 조합해서 사용해야 하는데 왜 굳이 연산자 기호가 아닌 모듈을 사용하는 걸까요? 이유는 연산자 기호를 사용하는 것 보다 연산 속도가 빨라지기 때문입니다. 연산 기호를 사용하면 파이썬 내부에서는 기호를 함수로 변환해서 연산을 실행하는데 함수를 사용하면 기호를 함수로 변화하는 과정이 생략되므로 실행 속도가 빨라집니다.

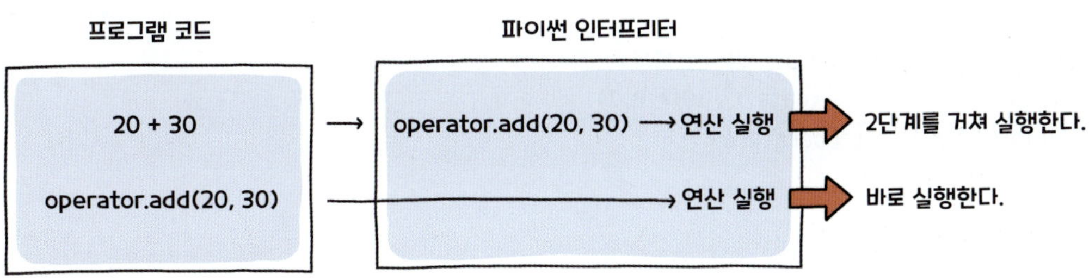

그림 5-8 operator 모듈을 사용하는 이유

함수를 사용하면 연산 속도가 빨라진다고 했는데 과연 얼마나 빨라질까요? 우리가 지금 만드는 작은 프로그램에서는 속도의 차이를 전혀 느낄 수 없습니다. 속도의 차이를 느끼려면 규모가 큰 프로그램에 비교해야 합니다. 또한 요즘은 하드웨어 성능이 좋아져 속도 처리가 중요한 경우에 연산자 관련 함수를 사용하는 정도입니다.

실전 예제 수온 계산기

문제

해수면에서 10m 내려갈 때마다 수온이 0.7도씩 내려간다고 가정할 때, 수심을 입력하면 수온을 계산하는 프로그램을 만들어봅시다(단 해수면의 온도는 20도이다).

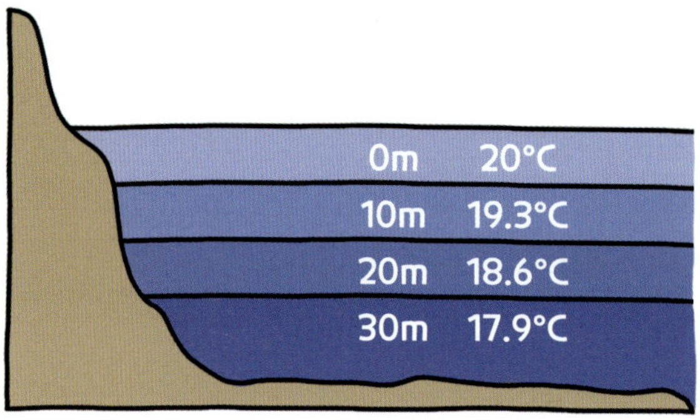


```
수심을 입력하세요. 35
수온 : 17.9
```

```
수심을 입력하세요. 100
수온 : 13.0
```

해결

ch05_appEx_01.py

```python
data = int(input('수심을 입력하세요. '))
temperature = 20 - (data // 10 * 0.7)
print('수온 :', temperature)
```

실전 예제

자동차 주행 거리 계산기

문제

속도와 시간을 입력하면 자동차의 주행 거리를 구하는 프로그램을 만들어봅시다.

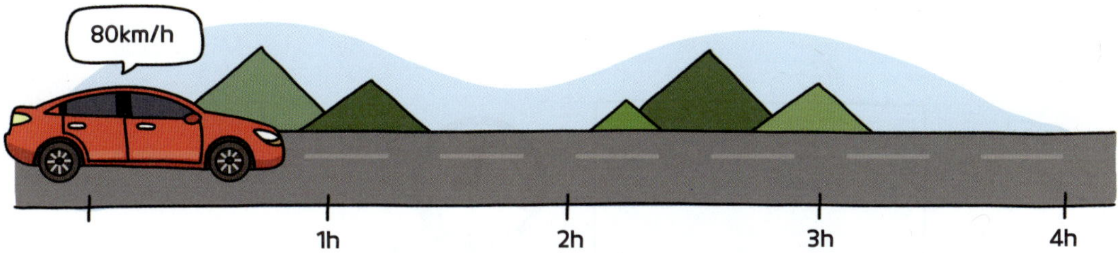


```
주행 속도 : 50
주행 시간 : 2
주행 이동 거리 : 100
```

```
주행 속도 : 110
주행 시간 : 2
주행 이동 거리 : 220
```

해결

ch05_appEx_02.py

```python
speed = int(input('주행 속도 : '))
time = int(input('주행 시간 : '))
distance = speed * time
print('주행 이동 거리 :', distance)
```

실전 예제

업무 컴퓨터 수량 파악

문제

A회사는 3대의 컴퓨터로 8시간을 일하면 하루 업무를 처리할 수 있습니다. 그런데 단축 근무를 하게 되어 근무 시간이 줄게 되었습니다. 근무 시간을 입력하면 필요한 컴퓨터 수량을 파악하는 프로그램을 만들어봅시다.

```
근무시간을 입력하세요. 5
필요한 컴퓨터 :  5
```

```
근무시간을 입력하세요. 4
필요한 컴퓨터 :  6
```

해결

ch05_appEx_03.py

```python
# 3 * 8 = computer * time
# computer = 3 * 8 / time

time = int(input('근무시간을 입력하세요.'))

computer = 3 * 8 // time
addComputer = 1 if (3 * 8 % time) > 0 else 0

print('필요한 컴퓨터 : ', computer + addComputer)
```

요약

01 파이썬의 연산자는 기능에 따라 산술, 할당, 비교, 논리 연사자로 구분할 수 있습니다.

02 피연산자란 연산의 대상을 말하며 그 개수에 따라 단항, 이항, 삼항 연산자로 구분할 수 있습니다.

03 연산의 우선순위는 괄호를 이용하여 결정할 수 있습니다. 괄호안의 연산을 우선적으로 실행합니다.

04 산술 연산자에는 덧셈, 뺄셈, 곱셈, 나눗셈, 나머지 구하기, 몫 구하기, 거듭제곱 등이 있으며 덧셈의 경우 문자열의 결합도 가능합니다.

05 할당 연산자는 대입 연산자라고도 하며 변수에 값을 대입하는 데 사용합니다.

06 비교 연산자는 두 개의 피연산자를 비교하는 연산자로, 비교 결과값은 참(`True`) 또는 거짓(`False`)입니다.

07 논리 연산자는 피연산자의 논리 자료형을 이용하는 연산자로 `and`, `or`, `not`이 있습니다.

08 조건식이란 피연산자가 세 개인 삼항 연산자로, 조건의 결과에 따라 값이 결정되는 것을 말합니다. 조건식의 결과가 `True`이면 결과값으로 x를 출력하고, 그렇지 않으면 y를 출력합니다.

x if 조건식 else y

09 모듈이란 특정 기능을 모아놓은 파일로 모듈을 이용하면 사용자가 직접 코딩해야 하는 수고를 덜 수 있습니다. `operator` 모듈은 연산자 관련 모듈로 앞에서 학습한 산술, 비교, 논리 연산자를 대신하는 기능(함수)을 가지고 있습니다.

연습문제

01 다음 분수를 나눗셈(/) 연산자를 이용한 식으로 변환하시오.

$\frac{1}{num}$ → [ ]

$\frac{10-4}{num}$ → [ ]

$\frac{num1}{num2+num3}$ → [ ]

02 다음 ①을 참고하여 나머지 ②~③을 프로그램 코드로 나타내시오.

① 한 개에 x원 하는 빵 7개의 가격 → `total = price * 7`

② 달걀 1판의 가격이 4800원 일 때
달걀 1개의 금액(달걀 1판은 30구) → [ ]

③ 7%의 소금물 x 그램(g)에 녹아 있는 소금의 양 → [ ]

03 다음은 삼각형의 넓이를 구하는 프로그램의 일부이다. 빈칸을 채워 완성하시오.

```
[      ] = int(input('가로 길이 : '))
height = int(input('세로 길이 : '))
area = [            ]
print('면적 : ', [      ])
```

```
가로 길이 : 50
세로 길이 : 2
면적 : 50.0
```

04 '60보다 크고 95보다 작거나 같다'를 옳게 프로그래밍한 것은 무엇인가?

① `x > 60 and x > 95`

② `x >= 60 and x < 95`

③ `x > 60 and x >= 95`

④ `x > 60 and x <= 95`

05 '60보다 작거나 95보다 크다'를 옳게 프로그래밍한 것은 무엇인가?

① `x > 60 and x > 95`

② `x >= 60 and x < 95`

③ `x < 60 or x > 95`

④ `x > 60 and x <= 95`

06 다음 요구 조건에 맞는 프로그램을 만드시오.

> 한 개에 340원 하는 마스크 x개를 구매하고, y원을 지불했을 때 거스름돈 result를 화면에 출력한다.

07 13시 30분 25초를 초로 나타내는 프로그램을 만드시오.

08 학생의 국어, 영어, 수학 점수를 입력하면 총점과 평균을 출력하는 프로그램을 만드시오.

09 밤 최저 기온과 낮 최고 기온을 입력하면 일교차를 출력하는 프로그램을 만드시오.

10 사용자가 길이(cm)를 입력하면 inch로 환산하는 프로그램을 만드시오(단, 1cm는 0.39inch로 한다).

CHAPTER 06

조건문

학습목표

- 컴퓨터 프로그램에서 조건문의 필요성을 알아봅니다.
- if 조건문의 기본 사용법을 알아봅니다.
- 코드 블록을 나타내는 방법을 알아봅니다.
- 양자택일을 할 때 사용하는 if~else 조건문을 학습합니다.
- 다중 비교를 할 때 사용하는 if~elif 조건문을 학습합니다.
- 조건문 안에 또 다른 조건문이 존재하는 중첩 조건문에 대해서 알아봅니다.

Preview

매일매일 점심 메뉴를 정하는 일은 날씨에 영향을 받기도 하고 시간적인 여유에 영향을 받기도 합니다. 만약 비가 온다면 편의점에서 라면을 먹고, 비가 오지 않는다면 나가서 먹을 수도 있습니다. 또는 비가 오더라도 시간에 여유가 없다면 간단하게 도시락을 시켜 먹고, 여유가 있다면 나가서 김치찌개를 먹을 수도 있습니다.

이처럼 여러 후보 중에 어떤 선택을 해야 하는 상황은 언제나 존재합니다. 이번 장에서는 여러 상황과 조건 속에서 선택을 하는 방법에 관하여 배워보겠습니다.

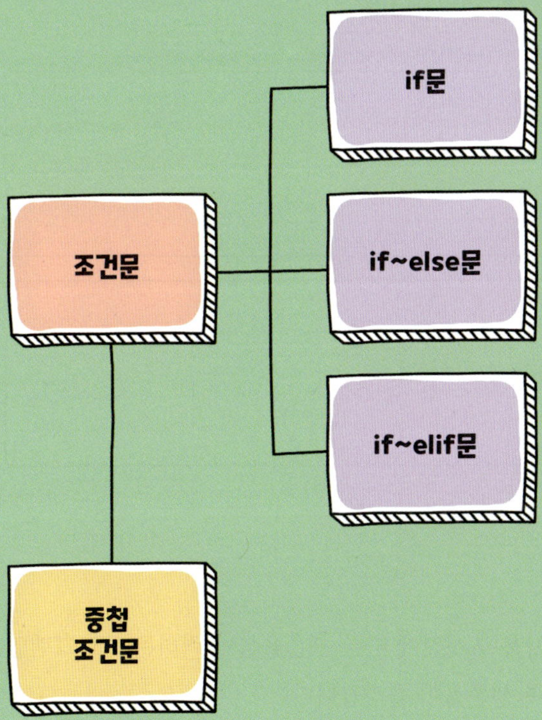

Section

01 이 장에서 만들 프로그램

1 차량 2부제 프로그램

미세먼지를 줄이기 위해 많은 기관에서 차량 2부제를 실시하고 있습니다. 이 프로그램은 차량 번호를 입력하면 오늘 날짜와 비교한 후 입차 가능 여부를 출력합니다.

```
차량 번호 4자리를 입력하세요. 2335
오늘 날짜 : 30 일
오늘 입차 : 번호가 짝수인 차량
귀하의 차량은 입차 불가합니다.
```

```
차량 번호 4자리를 입력하세요. 9674
오늘 날짜 : 30 일
오늘 입차 : 번호가 짝수인 차량
귀하의 차량은 입차 가능합니다.
```

2 생존율 출력 프로그램

심장 정지 환자에게 최초로 자동 심장 충격기를 사용한 시간에 따른 생존율을 출력하는 프로그램입니다. 환자가 쓰러진 후 충격기를 빨리 사용할수록 생존율이 올라갑니다.

```
최초 장비를 사용하기까지 걸린 시간(초)을 입력하세요. 70
생존율 : 76%
```

```
최초 장비를 사용하기까지 걸린 시간(초)을 입력하세요. 400
생존율 : 25% 미만
```

3 전기 요금 계산기

누진제가 적용된 전기 단가표를 기준으로 전기 요금을 출력하는 프로그램입니다. 전기 사용량에 따른 전기 단가표를 보고 결과를 출력합니다.

```
전기 사용량을 입력하세요. 190
사용량 : 190.0 kwh
기본요금 : 910 원
단가 : 99.3 원
전기 요금 : 19777.0 원
```

```
전기 사용량을 입력하세요. 550
사용량 : 550.0 kwh
기본요금 : 7300 원
단가 : 280.6 원
전기 요금 : 161630.0 원
```

Section 02

조건문이란?

우리가 일상생활에서 사용하는 프로그램은 항상 일정하게 동작하지 않습니다. 예를 들어 회사원인 길동이의 스마트폰 알람은 매일 아침 6시에 울리지만 주말이면 울리지 않습니다. 이렇게 특정 조건에 따라서 실행의 흐름을 달리해야 하는 경우 조건문을 사용합니다. 조건문은 주어진 조건에 따라 서로 다른 실행을 할 수 있도록 하는 프로그램 구문입니다.

그림 6-1 **주말이면 울리지 않는 스마트폰의 알람**

만약 실수로 조건문을 잘못 사용한다면 프로그램은 예상하지 못한 결과를 출력할 수 있습니다. 이는 프로그램을 이용하는 사람에게 심각한 불편함을 줄 수 있기 때문에 파이썬뿐만 아니라 모든 프로그램에서 조건문은 매우 중요합니다.

그림 6-2 **잘못된 알람으로 불편함을 받는 이용자**

> 조건문은 앞에서 학습한 비교 연산과 논리 연산의 결과를 이용합니다. 혹시 비교 연산자나 논리 연산자가 익숙하지 않다면 5장을 다시 학습하세요.

파이썬에 사용하는 조건문은 `if`문, `if~else`문, `if~elif`문이 있습니다. `if`문부터 하나씩 살펴보겠습니다.

Section 03 if문: 기본 조건문

if문은 조건문의 기본적인 구문으로 사용 빈도가 가장 높습니다. 아래와 같이 if 키워드, 조건식, 콜론, 실행문으로 구성됩니다.

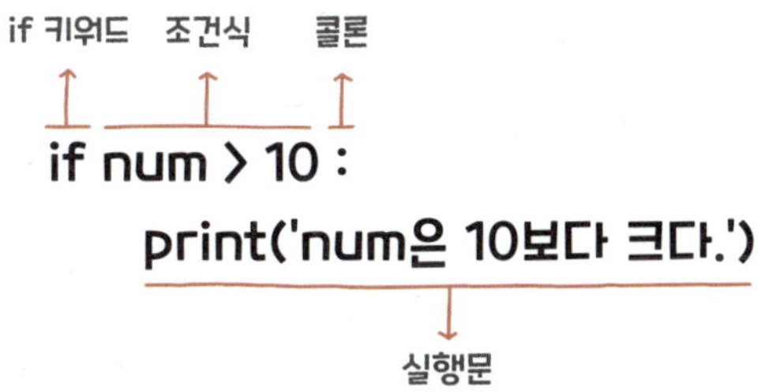

그림 6-3 if문의 구조

- **if 키워드** : 조건문을 선언하기 위한 키워드로 '만약 ~ 라면'의 뜻을 가지고 있습니다.
- **조건식** : 특정 조건을 기술합니다. 조건식의 결과에 따라 실행문의 실행 여부가 결정됩니다.
- **콜론** : 코드 블록의 시작을 나타내는 것으로 콜론 이후부터가 실행될 문장입니다.
- **실행문** : 조건식의 결과가 참(True)일 경우 실행하는 명령문입니다. 조건식이 거짓(False)이면 실행되지 않습니다.

if문은 '만약 ~ 라면 ~ 한다.'라고 해석할 수 있으며, 실행 흐름은 다음과 같습니다.

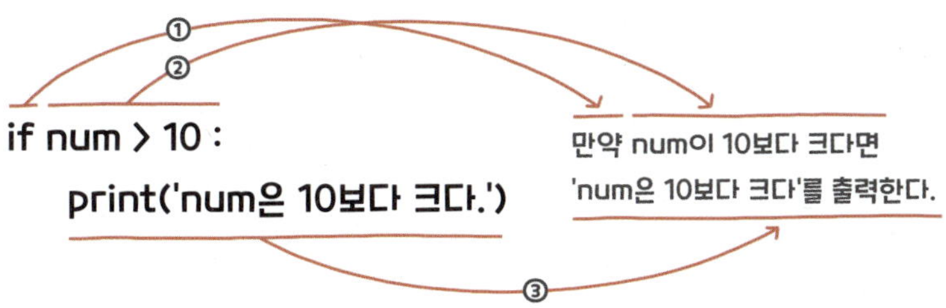

그림 6-4 if문의 실행 흐름

사용자가 입력한 정수가 10보다 크면 실행문을 출력하는 프로그램을 완성해봅시다.

코드 6-1 ch06_01.py

```
01  num = int(input('숫자를 입력하세요. '))
02
03  if num > 10:                  # 조건문
04      print('num은 10보다 크다.')  # 실행문
```

```
Enter number : 20
num은 10보다 크다.
```
입력한 숫자가 10보다 크므로 실행문이 처리된다.

```
Enter number : 5
>>>
```
입력한 숫자가 10보다 크지 않으므로 아무것도 실행되지 않는다.

[코드 6-1]의 3행인 조건식의 결과가 참이면 4행을 실행하고 거짓이면 아무런 실행도 하지 않습니다.

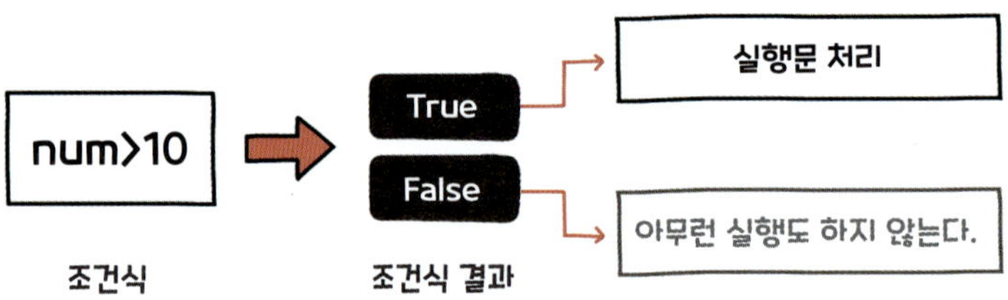

그림 6-5 조건식의 결과에 따른 실행문의 동작

문제 해결 6-1 **속도위반 경고하기** ch06_sol_01.py

제한 속도가 50km/h인 도로에서 속도위반을 하는 자동차에 경고를 하는 프로그램을 만들어봅시다.

```
carSpeed = int(input('자동차의 현재 속도는 : '))

if carSpeed >= 50:
    print('속도 위반!!')
```

```
자동차의 현재 속도는 : 66
속도 위반!!
```

```
자동차의 현재 속도는 : 45
>>>
```

Section 04

코드 블록

if문에서 코드 블록의 시작은 콜론이 나타낸다고 했습니다. 코드 블록이란 말 그대로 코드의 시작과 끝을 나타내는 역할을 합니다.

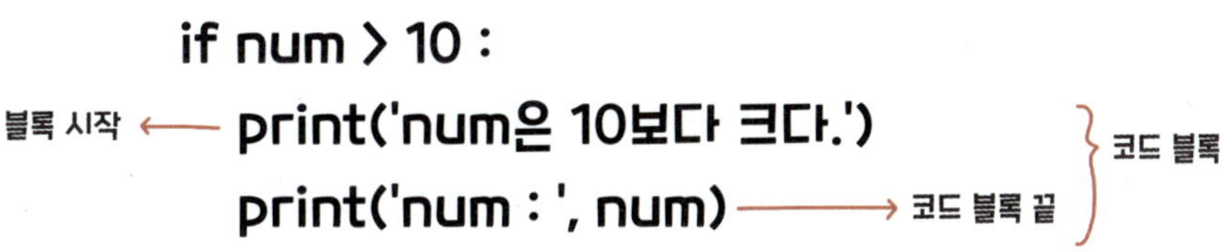

그림 6-6 **코드의 시작과 끝을 나타내는 코드 블록**

코드 블록 내 모든 행은 반드시 들여쓰기(indent)를 해야 합니다. 들여쓰기를 하지 않으면 다음과 같이 에러가 발생합니다.

```
if num > 10:
print('num은 10보다 크다.')
```

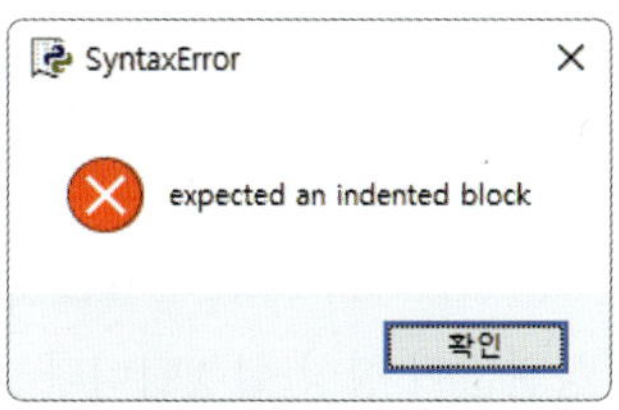

들여쓰기는 보통 Tab 키를 써서 4칸씩 공백을 두는데, 꼭 4칸을 지킬 필요는 없습니다. 개인 취향에 따라서 1칸, 2칸 또는 8칸 등으로 자유롭게 코딩하면 됩니다. 공백 개수가 달라도 정상적으로 실행됩니다.

```
if num > 10 :
␣print('num은 10보다 크다.')
```

(a) 1칸 들여쓰기

```
if num > 10 :
␣␣print('num은 10보다 크다.')
```

(b) 2칸 들여쓰기

```
if num > 10 :
␣␣␣␣print('num은 10보다 크다.')
```

(c) 4칸 들여쓰기

```
if num > 10 :
␣␣␣␣␣␣␣␣print('num은 10보다 크다.')
```

(d) 8칸 들여쓰기

그림 6-7 **자유로운 들여쓰기의 공백 개수**

공백 개수가 자유롭다고 해도 코드 블록 내에서의 공백은 들쭉날쭉하면 안 되고 모든 행의 공백 개수는 동일해야 합니다. 다음 그림처럼 코드 블록의 들여쓰기가 각 행마다 다르면 에러가 발생합니다.

```
if num > 10 :
␣␣␣␣print('num은 10보다 크다.')
␣␣␣print('num : ', num)
```

(a) 공백 개수가 4칸과 3칸 → 에러 발생

```
if num > 10 :
␣␣␣␣print('num은 10보다 크다.')
␣␣␣␣␣print('num : ', num)
```

(b) 공백 개수가 4칸과 5칸 → 에러 발생

```
if num > 10 :
␣␣␣␣print('num은 10보다 크다.')
␣␣␣␣␣␣␣␣print('num : ', num)
```

(c) 공백 개수가 4칸과 8칸 → 에러 발생

그림 6-8 **에러가 발생하는 경우의 들여쓰기**

코드 블록의 시작을 나타내기 위해서 콜론을 이용했다면, 코드 블록의 끝은 어떻게 알 수 있을까요? 코드 블록이 끝났다면 들여쓰기를 하지 않으면 됩니다. 다시 말해 들여쓰기를 하지 않으면 파이썬은 코드 블록이 종료됐다고 생각합니다. 다음 [코드 6-2]의 5행은 들여쓰기를 하지 않았기 때문에 if문의 코드 블록에 포함되지 않습니다. 즉 5행은 3행의 조건식 결과와 상관없이 항상 실행됩니다.

코드 6-2 ch06_02.py

```
01  num = int(input('숫자를 입력하세요. '))
02
03  if num > 10:
04      print('num은 10보다 크다.')
05  print('num :', num)
```

→ 05행: 들여쓰기를 하지 않았기 때문에 조건문과 무관하게 항상 실행된다.

```
숫자를 입력하세요. 20
num은 10보다 크다.
num : 20
```
조건문과 무관하게 항상 실행된다.

```
숫자를 입력하세요. 5
num : 5
```
조건문과 무관하게 항상 실행된다.

만약 [코드 6-2]의 4행도 들여쓰기를 하지 않으면 어떻게 될까요? if문에 속한 코드 블록이 없게 됩니다. 이는 실행문이 없다는 것을 의미하므로 if문의 문법에 위배되는 구문으로 판단하고 에러를 발생시킵니다.

코드 6-3 ch06_03.py

```
num = int(input('숫자를 입력하세요. '))

if num > 10:
print('num은 10보다 크다.')
print('num: ', num)
```
들여쓰기를 하지 않았다.

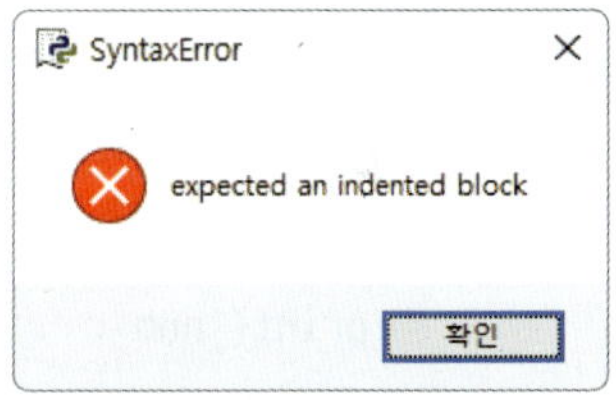

한 줄 코드 블록

프로그래밍을 하다 보면 코드 블록이 다음 프로그램처럼 한 줄인 경우가 있습니다.

```
>>> if number > 0:
        print('양수')
```
한 줄 코드 블록

이런 경우 콜론 뒤에 한 줄 코드 블록을 붙여 코드를 간략하게 할 수 있습니다. 실행문이 한 줄일 때 개행하지 않고 콜론 뒤에 붙이면 코드 판독에 도움이 되기 때문에 프로그래머 사이에서는 자주 사용하는 방법입니다.

```
>>> if number > 0: print('양수')
```
코드 간략화

확인문제

1. 다음 프로그램의 실행 결과로 옳은 것은 무엇인가?

```
num = 5

if num > 10
    print('num은 10보다 크다.')
print(num)
```

①
```
5
```

②
```
5
num은 10보다 크다.
```

③
```
num은 10보다 크다.
```

④
```
에러 발생
```

2. 다음 중 에러가 발생하지 않는 프로그램은 무엇인가?

①
```
if num > 0:
    print('num은 0보다 크다.')
  print('num : '. num)
```

②
```
if num > 0:
print('num은 0보다 크다.')
print('num : '. num)
```

③
```
if num > 0:
 print('num은 0보다 크다.')
 print('num : '. num)
```

④
```
if num > 0:
print('num은 0보다 크다.')
    print('num : '. num)
```

3. 다음 프로그램의 실행 결과로 옳은 것은 무엇인가?

```
if True: print('Hello python!')
```

정답

1. ①　　2. ③　　3. Hello python!

Section 05

if~else문: 양자택일

1 if문 vs if~else문

앞서 배운 `if`문은 조건을 만족할 경우 실행하는 문장은 있지만 조건을 만족하지 않을 경우 실행하는 문장은 없었습니다. 다음 시나리오를 프로그램으로 개발한다고 생각해봅시다.

> 점수가 80점 이상이면 '합격입니다.'를 출력하고, 80점 미만이면 '아쉽습니다. 다시 도전해 주세요.'를 출력한다.

다음은 위 시나리오를 `if`문을 사용하여 구현한 프로그램입니다.

코드 6-4 ch06_04.py

```
score = int(input('점수를 입력하세요. '))

if score >= 80:
    print('합격입니다.')
```

```
점수를 입력하세요. 80
합격입니다.
```

score가 80 이상이므로 합격 메시지를 출력한다.

```
점수를 입력하세요. 70
>>
```

score가 80 미만이므로 출력 내용이 없다.

위 프로그램은 시험에 떨어진 응시자에게는 매우 불친절합니다. 또한 시나리오의 요구 사항에도 100% 충족하지 못합니다. 이러한 아쉬운 점은 `if`문을 한 번 더 사용하여 보완할 수 있습니다. 다음은 [코드 6-4]를 개선한 프로그램입니다.

코드 6-5 ch06_05.py

```python
score = int(input('점수를 입력하세요. '))

if score >= 80:
    print('합격입니다.')                    # 80 이상인 경우 실행

if score < 80:
    print('아쉽습니다. 다시 도전해주세요.')  # 80 미만인 경우 실행
```

```
점수를 입력하세요. 80
합격입니다.
```
score가 80 이상이기 때문에 합격 메시지를 출력한다.

```
점수를 입력하세요. 70
아쉽습니다. 다시 도전해주세요.
```
score가 80 미만이기 때문에 불합격 메시지를 출력한다.

[코드 6-5]는 if문을 두 번 사용하여 합격과 불합격 메시지를 모두 출력합니다. 응시자의 불편함을 해소하고 시나리오의 요구도 충족하였습니다. 하지만 다시 생각해 보니 if문을 두 번 사용할 필요가 없어 보입니다. 출력 메시지는 항상 합격 또는 불합격뿐 다른 메시지가 없기 때문입니다. 이런 경우 if문을 중복해서 사용하는 것보다 if~else문을 사용하면 보다 간결하게 코딩할 수 있습니다. 다음은 if문과 if~else문의 차이를 다이어그램으로 나타낸 것입니다.

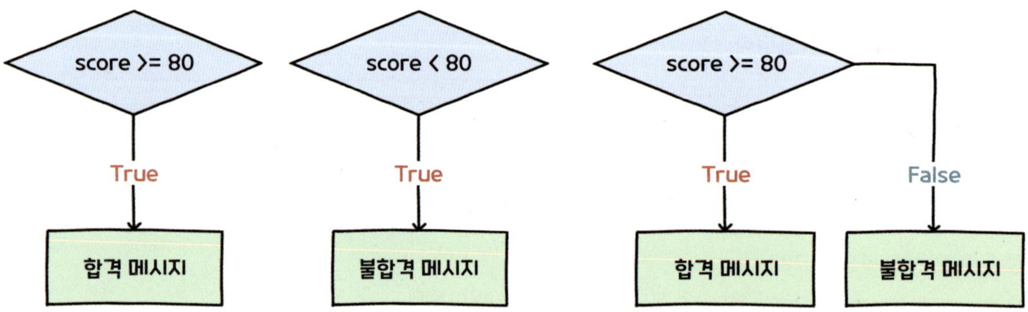

(a) if문 (b) if~else문

그림 6-9 **if문과 if~else문**

2 양자택일을 위한 if~else문

if~else문은 이처럼 양자택일을 해야 할 경우에 사용합니다. else문 다음에 조건식의 결과가 거짓

일 경우 실행될 문장을 쓰고, if문과 마찬가지로 else 키워드 옆에 콜론을 붙여 실행문의 코드 블록 시작을 표시합니다.

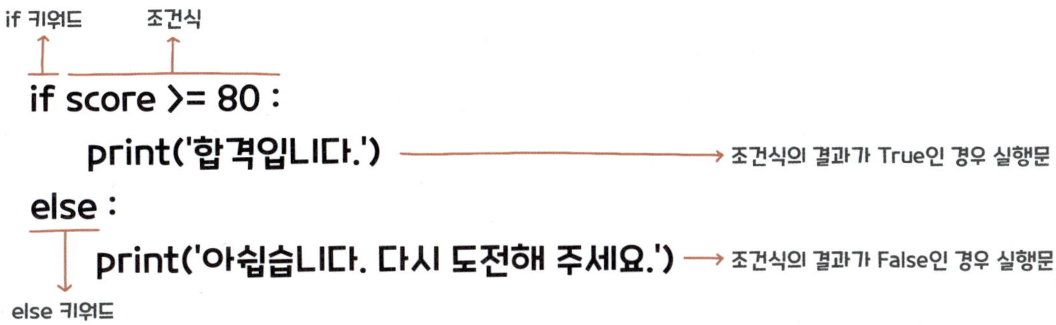

그림 6-10 if~else문의 기본 형식

if~else문은 '만약 ~ 라면 ~ 하고, 그렇지 않으면 ~ 한다.'라고 해석합니다. 실행 흐름은 다음과 같습니다.

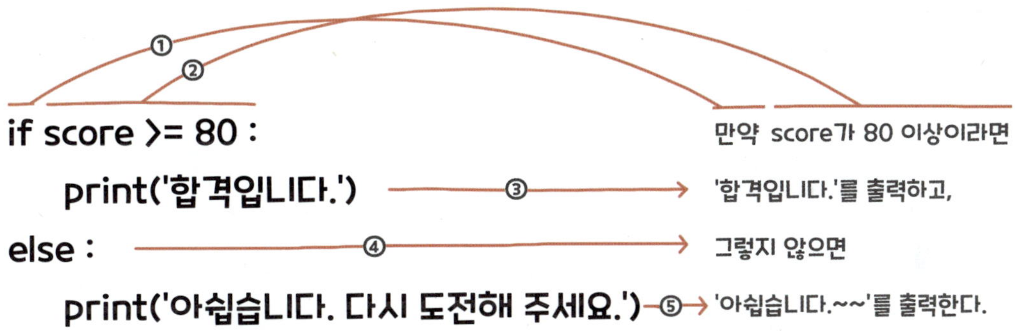

그림 6-11 if~else문의 실행 흐름

다음은 [코드 6-5]를 if~else문을 이용하여 개선한 프로그램입니다.

코드 6-6 ch06_06.py

```
score = int(input('점수를 입력하세요. '))

if score >= 80:
    print('합격입니다.')                    # 80 이상인 경우 실행
else:
    print('아쉽습니다. 다시 도전해주세요.')  # 80 미만인 경우 실행
```

```
점수를 입력하세요. 80
합격입니다.
```

```
점수를 입력하세요. 70
아쉽습니다. 다시 도전해주세요.
```

3 pass 키워드

프로그램에서 조건문을 코딩할 때 실행문이 아직 정해지지 않은 경우가 있습니다. 예를 들어 응시자에게 시험 결과를 통보하기 위해 전화, 문자, 메일 등 어떤 방식으로 전달할지 아직 정하지 못한 경우 조건문의 틀만 만들어 놓고 실행문은 나중에 작성합니다.

if 조건식 :

실행문이 결정되지 않아서 지금 당장은 코딩할 수 없다.

else :

실행문이 결정되지 않아서 지금 당장은 코딩할 수 없다.

그림 6-12 실행문이 결정되지 않아 나중에 코딩해야 할 경우

다음은 조건문의 틀만 만들어 놓은 프로그램입니다. 이 프로그램을 실행하면 실행문이 없어 에러가 발생합니다.

코드 6-7 ch06_07.py

```
score = int(input('점수를 입력하세요. '))

if score >= 80:
                # 80 이상인 경우 실행문
else:
                # 80 미만인 경우 실행문
```

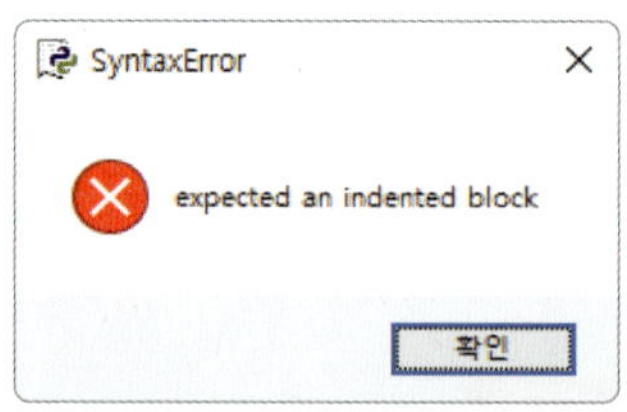

이 경우 pass 키워드를 이용하면 에러가 발생하지 않게 할 수 있습니다. pass는 필요한 문장이 없는 경우 프로그램을 다음 단계로 넘기는 역할을 합니다.

코드 6-8 ch06_08.py

```
score = int(input('점수를 입력하세요. '))

if score >= 80:
    pass              # 80 이상인 경우 실행문
else:
    pass              # 80 미만인 경우 실행문
```

```
점수를 입력하세요. 80
>>>
```

pass는 조건문에만 사용하는 키워드가 아니라 앞으로 학습할 반복문, 함수, 클래스 등에서도 사용합니다. 구체적인 예제는 뒤에서 자세히 살펴보겠습니다.

문제 해결 6-2 자동 온도 조절 장치 만들기 ch06_sol_02.py

기계의 온도를 감지하여 팬을 자동으로 구동하는 장치를 만들려고 합니다. 다음 요구사항을 참고하여 프로그램을 만들어봅시다.

- 기계 온도를 입력한다.
- 기계 온도가 40 이상이면 '팬(Fan) 가동'을 출력한다.
- 기계 온도가 40 미만이면 '팬(Fan) 중지'를 출력한다.

```
temp = int(input('기계 온도를 입력하세요. '))

if temp >= 40:
    print('팬(Fan) 가동')
else:
    print('팬(Fan) 중지')
```

```
기계 온도를 입력하세요. 50
팬(Fan) 가동
```

```
기계 온도를 입력하세요. 10
팬(Fan) 중지
```

확인문제

1. 다음은 사용자가 입력한 양의 정수를 3으로 나눈 후, 소수점 첫 자리에서 반올림한 정수를 출력하는 프로그램이다. 빈칸을 채우시오.

```
양의 정수 입력 : 10
결과 : 3 ← 버림
```

```
양의 정수 입력 : 11
결과 : 4 ← 올림
```

```
number = int(input('양의 정수 입력 : '))        # 사용자가 양의 정수 입력
result = ________ / 3                          # 3으로 나눈다.

if (result - int(result)) >= 0.5:              # 소수 첫 번째 자리가 5 이상이면
    ________ = int(result) + 1                 # 올림
________
    result = int(result)                       # 버림

print('결과 :', result)                         # 반올림한 결과 출력
```

2. 다음의 다이어그램을 보고 조건문을 이용한 프로그램을 만드시오.

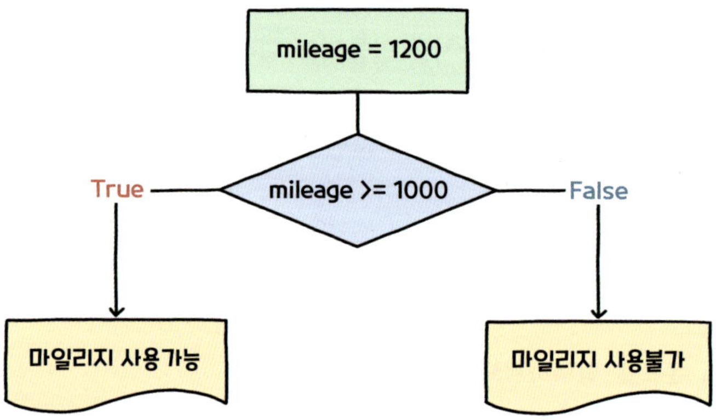

정답

1. number, result, else:

2.

```
mileage = 1200

if mileage >= 1000:
    print('마일리지 사용가능')
else:
    print('마일리지 사용불가')
```

Section 06

if~elif문: 다중 비교

if~elif문은 다중 비교를 할 때 사용하는 조건문입니다. elif는 else if의 줄임말로 '그렇지 않고 ~ 라면'을 뜻합니다. if~else문과 if~elif문의 차이를 다이어그램으로 보면 다음과 같습니다.

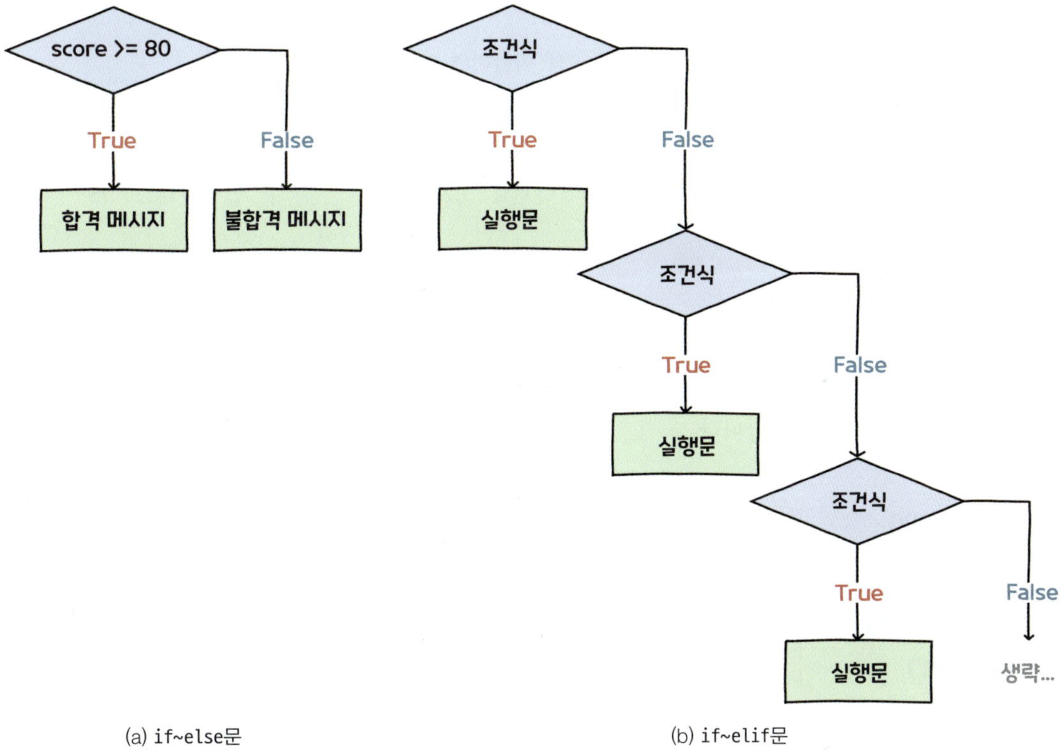

그림 6-13 if~else문과 if~elif문

if~elif문을 이용해서 다음 요구 사항에 맞는 프로그램을 만들어봅시다.

- 점수가 90점 이상이면 'A' 출력
- 점수가 80점 이상 ~ 90점 미만이면 'B' 출력
- 점수가 70점 이상 ~ 80점 미만이면 'C' 출력

- 점수가 60점 이상 ~ 70점 미만이면 'D' 출력
- 점수가 60점 미만이면 'F' 출력

코드 6-9 ch06_09.py

```
score = int(input('점수를 입력하세요. '))

if score >= 90:          # 점수가 90점 이상이면 'A' 출력
    print('A')
elif score >= 80:        # 점수가 90점 미만 80점 이상이면 'B' 출력
    print('B')
elif score >= 70:        # 점수가 80점 미만 70점 이상이면 'C' 출력
    print('C')
elif score >= 60:        # 점수가 70점 미만 60점 이상이면 'D' 출력
    print('D')
else:                    # 점수가 60점 미만이면 'F'를 출력
    print('F')
```

```
점수를 입력하세요. 90
A
```

```
점수를 입력하세요. 82
B
```

```
점수를 입력하세요. 75
C
```

if~elif문을 이용해서 다중 비교를 하더라도 실제로 실행되는 실행문은 하나뿐이거나 아예 없을 수 있습니다. 예를 들어 [코드 6-9]에서 점수가 85점인 경우 'B'를 출력한 후 나머지 조건식은 실행하지 않고 조건문을 종료합니다.

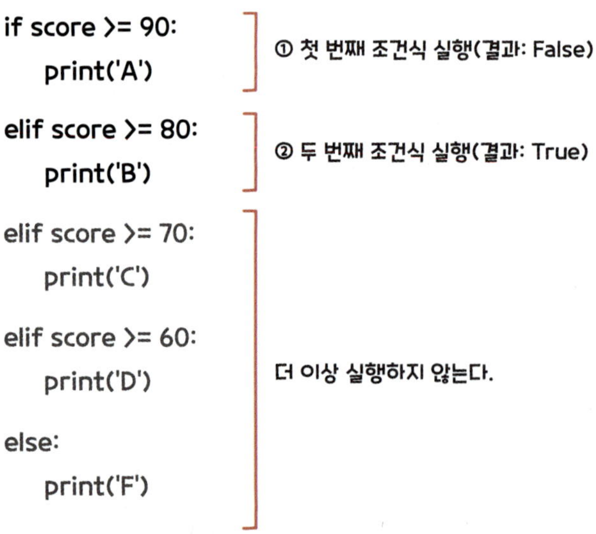

그림 6-14 **점수가 85점인 경우의 실행 결과**

이와 같은 이유로 if~elif문은 여러 개의 조건식을 만들 수 있어 편리하지만 조건식의 순서를 잘못 작성하면 재앙에 가까운 낭패를 볼 수도 있습니다. [코드 6-9]를 조금 수정한 다음 프로그램을 살펴봅시다.

코드 6-10 ch06_10.py

```
01  score = int(input('점수를 입력하세요. '))
02
03  if score >= 60:         # 60점 이상이면 'D' 출력
04      print('D')
05  elif score >= 80:
06      print('B')
07  elif score >= 70:
08      print('C')
09  elif score >= 90:
10      print('A')
11  else:
12      print('F')
```

```
점수를 입력하세요. 90
D
```

```
점수를 입력하세요. 82
D
```

```
점수를 입력하세요. 75
D
```

score가 90점, 82점, 75점인 경우 우리가 원하는 출력 결과는 'A', 'B', 'C' 이지만 [코드 6-10]에서는 모두 'D'를 출력합니다. 3행에서 score가 60 이상이면 'D'를 출력하고 조건문을 종료하기 때문입니다. 따라서 if~elif문을 이용한 다중 비교를 할 때는 조건식의 순서를 잘 지켜야 합니다.

참고로 [코드 6-10]에서 조건식의 순서를 변경하지 않고 조건식에 비교 연산과 논리 연산을 같이 사용하여 점수 범위를 한정 짓는 방법도 있습니다. 이렇게 복합 연산을 사용하면 조건식의 순서와 상관없이 원하는 프로그램을 구현할 수 있고 조건식이 명시적으로 기술되어 코드를 이해하는 데 도움이 됩니다. 단 코드가 조금 늘어날 수 있습니다.

코드 6-11 ch06_11.py

```
score = int(input('점수를 입력하세요. '))

if score >= 60 and score < 70:      # 60 이상 70 미만이면 'D' 출력
    print('D')
elif score >= 80 and score < 90:    # 80 이상 90 미만이면 'B' 출력
    print('B')
```

```
elif score >= 70 and score < 80:    # 70 이상 80 미만이면 'C' 출력
    print('C')
elif score >= 90:                   # 90 이상이면 'A' 출력
    print('A')
else:                               # 60 미만이면 'F' 출력
    print('F')
```

```
점수를 입력하세요. 90
A
```

```
점수를 입력하세요. 82
B
```

```
점수를 입력하세요. 75
C
```

문제 해결 6-3 자동 주문 시스템 만들기

ch06_sol_03.py

다국어를 지원하는 식당에서 사용할 자동 주문 시스템을 만들고자 합니다. 1번을 누르면 한국어로, 2번을 누르면 영어로, 3번을 누르면 중국어로, 그 외 번호는 영어로 주문을 받는 프로그램을 만들어봅시다.

```
print('Good morning. Nice to meet you.')
print('Where are you from?')
print('Please select a number')
choiceNumber = int(input('1.대한민국  2.USA  3.中國 '))

if choiceNumber == 1:
    print('주문하시겠어요?')
elif choiceNumber == 2:
    print('Would you like to order?')
elif choiceNumber == 3:
    print('您要点菜吗？')
else:
    print('Would you like to order?')
```

```
Good morning. Nice to meet you.
Where are you from?
Please select a number
1.대한민국  2.USA  3.中國 1
주문하시겠어요?
```

```
Good morning. Nice to meet you.
Where are you from?
Please select a number
1.대한민국  2.USA  3.中國 2
Would you like to order?
```

```
Good morning. Nice to meet you.
Where are you from?
Please select a number
1.대한민국  2.USA  3.中國 3
您要点菜吗？
```

```
Good morning. Nice to meet you.
Where are you from?
Please select a number
1.대한민국  2.USA  3.中國 4
Would you like to order?
```

중국어 您要点菜吗는 한글로 차례대로 '니', '요', '점', '채', '마'를 입력한 후 [한자] 키를 눌러 변환합니다.

문제 해결 6-4 국가재난지원금 수령액 조회하기

ch06_sol_04.py

다음은 가구 인원수에 따른 국가재난지원금 수령액을 안내하는 프로그램입니다. 표를 참고하여 프로그램을 만들어봅시다.

1인 가구	2인 가구	3인 가구	4인 가구 이상
400,000원	600,000원	800,000원	1,000,000원

```python
peopleNumber = int(input('인원수를 입력하세요. '))

if peopleNumber == 1:
    print('400,000원 지원')
elif peopleNumber == 2:
    print('600,000원 지원')
elif peopleNumber == 3:
    print('800,000원 지원')
elif peopleNumber >= 4:
    print('1,000,000원 지원')
```

```
인원수를 입력하세요. 2
600,000원 지원
```

```
인원수를 입력하세요. 8
1,000,000원 지원
```

확인문제

다음 요구사항을 충족하는 프로그램을 `if~elif`문을 이용해서 만드시오.

- BMI 지수를 입력한다.
- BMI 지수가 90 이하면 '저체중'을 출력한다.
- BMI 지수가 90 초과~110 이하면 '정상 체중'을 출력한다.
- BMI 지수가 110 초과~120 이하면 '과체중'을 출력한다.
- BMI 지수가 120 초과~140 이하면 '비만'을 출력한다.
- BMI 지수가 140 초과면 '고도 비만'을 출력한다.

정답

```
bmi = int(input('BMI 지수를 입력하세요. '))

if bmi > 140:
    print('고도 비만')
elif bmi > 120:
    print('비만')
elif bmi > 110:
    print('과체중')
elif bmi > 90:
    print('정상 체중')
elif bmi <= 90:
    print('저체중')
```

Section 07 중첩 조건문

조건문 내에 또 다른 조건문을 쓸 수 있는데 이를 중첩 조건문이라고 합니다. 중첩 조건문의 구조는 다음과 같습니다. 바깥에 있는 조건문 1의 결과가 True인 경우 조건문 2를 실행합니다. 만약 조건문 1의 결과가 False이면 조건문 2는 실행하지 않고 else문을 실행합니다.

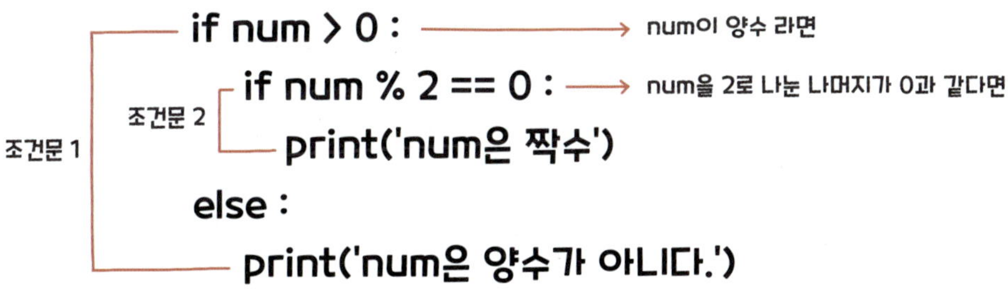

그림 6-15 **중첩 조건문의 구조**

짝수/홀수를 판별하는 프로그램을 통해서 중첩 조건문을 이해해봅시다.

코드 6-12 ch06_12.py

```
num = int(input('양의 정수를 입력하세요. '))

if num > 0:                          # num이 양수라면
    print('num : ', num)
    if num % 2 == 0:                 # num을 2로 나눈 나머지가 0이라면
        print('num은 짝수')
    else:                            # num을 2로 나눈 나머지가 0이 아니라면
        print('num은 홀수')
else:
    print('num은 양수가 아니다.')
```

```
양의 정수를 입력하세요. 0
num은 양수가 아니다.
```

```
양의 정수를 입력하세요. 1
num :  1
num은 홀수
```

← 5행 조건문 결과

```
양의 정수를 입력하세요. 4
num :  4
num은 짝수
```

← 5행 조건문 결과

[코드 6-12]는 3행에서 사용자가 입력한 데이터가 양수인지를 확인하고 양수이면 5행에서 짝수인지, 홀수인지를 다시 판단합니다.

문제 해결 6-5 버스 전용차로 단속 프로그램

ch06_sol_05.py

다음 요구사항을 참고하여 버스 전용차로 단속 프로그램을 만들어봅시다.

- 버스 전용차로에 버스가 아닌 승용차가 주행할 경우 단속한다.
- 단 토요일 및 공휴일은 단속을 하지 않는다.

```
print('1.월~금, 2.토요일, 3.공휴일')
dayWeek = int(input('요일을 선택하세요. '))

if dayWeek == 1:
    print('버스 전용차로 단속 중입니다.')
    print('1.버스, 2.승용차')
    carType = int(input('차종을 선택하세요. '))

    if carType != 1:
        print('버스 전용차로 위반!!')
    else:
        print('버스입니다.')
else:
    print('토요일 및 공휴일은 단속하지 않습니다.')
```

```
1.월~금, 2.토요일, 3.공휴일
요일을 선택하세요. 2
토요일 및 공휴일은 단속하지 않습니다.
```

```
1.월~금, 2.토요일, 3.공휴일
요일을 선택하세요. 1
버스 전용차로 단속 중입니다.
1.버스, 2.승용차
차종을 선택하세요. 2
버스 전용차로 위반!!
```

```
1.월~금, 2.토요일, 3.공휴일
요일을 선택하세요. 1
버스 전용차로 단속 중입니다.
1.버스, 2.승용차
차종을 선택하세요. 1
버스입니다.
```

확인문제

출생 연도 끝자리(endBirthYear)와 나이(age)를 입력하면 다음 요구사항에 맞춰 마스크 구매 가능한 요일을 출력하는 프로그램을 만드시오.

- 공적마스크 판매 관련해서 출생 연도 끝자리를 이용한 5부제를 다음과 같이 실시한다.
- 만 65세 이상 어르신은 언제든지 구매 가능하다.

출생 연도 끝자리	1, 6	2, 7	3, 8	4, 9	5, 0
구매 가능 요일	월	화	수	목	금

```
출생 연도 끝자리 입력 : 2
만 나이 입력 : 38
화요일에 구매 가능합니다.
```

```
출생 연도 끝자리 입력 : 7
만 나이 입력 : 65
언제든지 구매 가능합니다.
```

정답

```
endBirthYear = int(input('출생 연도 끝자리 입력 : '))
age = int(input('만 나이 입력 : '))
if age < 65:
    if endBirthYear == 1 or endBirthYear == 6:
        print('월요일에 구매 가능합니다.')
    elif endBirthYear == 2 or endBirthYear == 7:
        print('화요일에 구매 가능합니다.')
    elif endBirthYear == 3 or endBirthYear == 8:
        print('수요일에 구매 가능합니다.')
    elif endBirthYear == 4 or endBirthYear == 9:
        print('목요일에 구매 가능합니다.')
    elif endBirthYear == 5 or endBirthYear == 0:
        print('금요일에 구매 가능합니다.')
else:
    print('언제든지 구매 가능합니다.')
```

Section 08

터틀 프로그래밍

1 그리기를 중단했다가 다시 그리기

터틀 모듈로 그림을 그리다 보면 현재 위치에서 그리기를 잠시 중단하고 다른 좌표로 이동해 그려야 할 때가 있습니다. 이런 경우 up(), down(), goto() 함수를 이용합니다. up()은 도화지에서 붓을 뗀다는 의미로 잠시 그리기를 중단하는 함수이고, down()은 반대로 도화지에 붓을 놓고 다시 그림을 그리는 함수입니다.

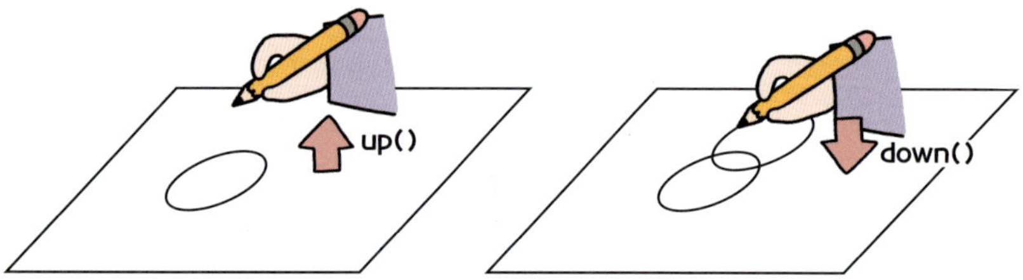

그림 6-16 up(), down() 함수의 의미

goto(x, y)는 거북이를 설정한 x좌표, y좌표로 이동하는 명령입니다.

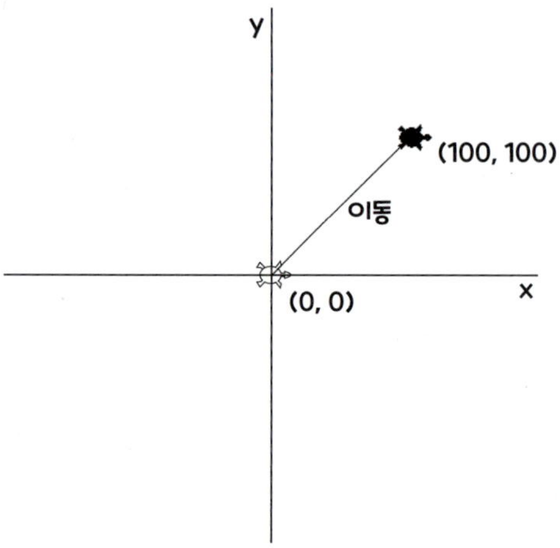

그림 6-17 t.goto(100, 100) 명령의 의미

up(), goto(), down() 함수를 이용하여 올림픽 오륜기를 그려봅시다.

코드 6-13 ch06_13.py

```
import turtle
t = turtle.Turtle()
t.shape('turtle')

t.circle(50)          # 반지름이 50인 원을 그린다.

t.up()                # 그리기를 중단한다.
t.goto(90, 0)         # 좌표를 (90, 0)으로 이동한다.
t.down()              # 그리기를 시작한다.

t.circle(50)

t.up()
t.goto(180, 0)        # 좌표를 (180, 0)으로 이동한다.
t.down()

t.circle(50)

t.up()
t.goto(45, -50)       # 좌표를 (45, -50)으로 이동한다.
t.down()

t.circle(50)

t.up()
t.goto(135, -50)      # 좌표를 (135, -50)으로 이동한다.
t.down()

t.circle(50)
```

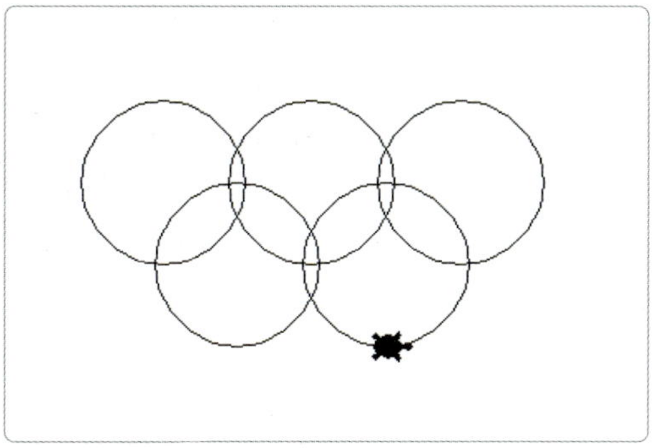

2 도형 채색하기

터틀에서는 도형에 색을 칠하기 위해서 fillcolor(), begin_fill(), end_fill() 함수를 제공합니다. fillcolor()로 색상을 설정한 후 begin_fill() 함수로 채색을 시작하고 end_fill() 함수로 채색을 종료합니다. [코드 6-13]에서 그린 오륜기에 색상을 채워봅시다.

코드 6-14 ch06_14.py

```
import turtle
t = turtle.Turtle()
t.shape("turtle")

t.fillcolor('blue')          # 색상('blue')을 설정한다.
t.begin_fill()               # 채색 시작
t.circle(50)
t.end_fill()                 # 채색 끝

t.up()
t.goto(90, 0)
t.down()

t.fillcolor('black')         # 색상('black')을 설정한다.
t.begin_fill()               # 채색 시작
t.circle(50)
t.end_fill()                 # 채색 끝

t.up()
t.goto(180, 0)
t.down()

t.fillcolor('red')           # 색상('red')을 설정한다.
t.begin_fill()               # 채색 시작
t.circle(50)
t.end_fill()                 # 채색 끝

t.up()
t.goto(45, -50)
t.down()

t.fillcolor('yellow')        # 색상('yellow')을 설정한다.
t.begin_fill()               # 채색 시작
t.circle(50)
```

```
t.end_fill()              # 채색 끝

t.up()
t.goto(135, -50)
t.down()

t.fillcolor('green')      # 색상('green')을 설정한다.
t.begin_fill()            # 채색 시작
t.circle(50)
t.end_fill()              # 채색 끝
```

실전 예제 차량 2부제 프로그램

문제

다음은 고농도 미세먼지 비상저감조치를 위한 차량 2부제 프로그램입니다. 다음 요구사항과 결과 화면을 참고하여 프로그램을 완성해봅시다.

- 오늘 날짜를 구한다.
- 차량 번호 4자리를 입력한다.
- 2부제에 따라 오늘 날짜와 차량번호를 비교해서 입차 가능 여부를 출력한다.

짝수 날	홀수 날
차량번호 짝수 입차 가능	차량번호 홀수 입차 가능

```
차량 번호 4자리를 입력하세요. 2335
오늘 날짜 : 30 일
오늘 입차 : 번호가 짝수인 차량
귀하의 차량은 입차 불가합니다.
```

```
차량 번호 4자리를 입력하세요. 9674
오늘 날짜 : 30 일
오늘 입차 : 번호가 짝수인 차량
귀하의 차량은 입차 가능합니다.
```

해결

ch06_appEx_01.py

```
from datetime import datetime                          # 날짜 모듈 불러오기

dayNum = datetime.today().day                          # 현재 일 구하기
carNum = int(input('차량 번호 4자리를 입력하세요. '))  # 차량 번호 입력하기

print('오늘 날짜 :', dayNum, '일')
if dayNum % 2 == 0:
    print('오늘 입차 : 번호가 짝수인 차량')
else:
    print('오늘 입차 : 번호가 홀수인 차량')

if dayNum % 2 == carNum % 2:
    print('귀하의 차량은 입차 가능합니다.')
else:
    print('귀하의 차량은 입차 불가합니다.')
```

Hint datetime 모듈을 이용하면 현재 날짜 정보를 얻을 수 있습니다. 자세한 것은 12장에서 모듈을 학습할 때 살펴보기로 하고, 지금은 현재 날짜 정보를 얻기 위해서 사용한다고만 알아 둡시다.

실전 예제 생존율 출력 프로그램

문제

다음 표는 심장 정지 환자에게 자동 심장 충격기를 사용했을 때 최초로 시행한 시간에 따른 환자의 생존율을 나타냅니다. 표를 보고 장비를 사용하기까지 걸린 시간을 입력하면 생존율이 출력되는 프로그램을 만들어봅시다.

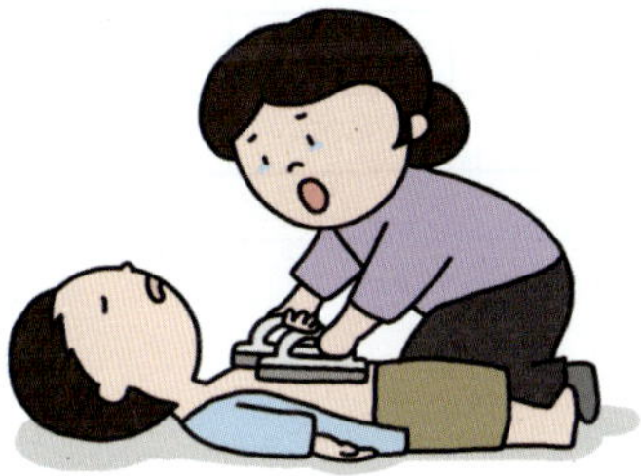

시간	60초	120초	180초	240초	300초	360초	360초 초과
생존율	85%	76%	66%	57%	47%	37%	25% 미만

```
최초 장비를 사용하기까지 걸린 시간(초)을 입력하세요. 70
생존율 : 76%
```

```
최초 장비를 사용하기까지 걸린 시간(초)을 입력하세요. 400
생존율 : 25% 미만
```

해결

ch06_appEx_02.py

```python
lifeTime = int(input('최초 장비를 사용하기까지 걸린 시간(초)을 입력하세요. '))

if lifeTime <= 60:
    print('생존율 : 85%')
elif lifeTime <= 120:
    print('생존율 : 76%')
elif lifeTime <= 180:
    print('생존율 : 66%')
elif lifeTime <= 240:
    print('생존율 : 57%')
elif lifeTime <= 300:
    print('생존율 : 47%')
elif lifeTime <= 360:
    print('생존율 : 37%')
else:
    print('생존율 : 25% 미만')
```

실전 예제 전기 요금 계산기

문제

전기를 많이 사용하면 누진세가 붙어 단가와 기본요금이 올라갑니다. 다음 누진제가 적용된 단가표를 참고하여 전기 사용량을 입력하면 전기료가 출력되는 프로그램을 만들어봅시다.

사용량(kwh)	200이하	201~400	400초과
단가(원)	99.3	187.9	280.6
기본요금(원)	910	1600	7300

```
전기 사용량을 입력하세요. 190
사용량 : 190.0 kwh
기본요금 : 910 원
단가 : 99.3 원
전기 요금 : 19777.0 원
```

```
전기 사용량을 입력하세요. 550
사용량 : 550.0 kwh
기본요금 : 7300 원
단가 : 280.6 원
전기 요금 : 161630.0 원
```

해결

ch06_appEx_03.py

```
basicPrice = 0          # 기본 요금
unitPrice = 0           # 단가
totalPrice = 0          # 전기 요금

amount = float(input('전기 사용량을 입력하세요. '))

if amount > 400:
    basicPrice = 7300
    unitPrice = 280.6
elif amount > 201:
    basicPrice = 1600
    unitPrice = 187.9
else:
    basicPrice = 910
    unitPrice = 99.3

totalPrice = amount * unitPrice + basicPrice
print('사용량 :', amount, 'kwh')
print('기본요금 :', basicPrice, '원')
print('단가 :', unitPrice, '원')
print('전기 요금 :', totalPrice, '원')
```

요약

01 컴퓨터 프로그램에서 특정 조건에 따라서 실행의 흐름을 달리해야 하는 경우 사용하는 구문을 조건문이라고 합니다.

02 파이썬에서 조건문으로 `if`문, `if~else`문, `if~elif`문을 사용합니다.

- `if`문 : '만약 ~ 라면'의 뜻을 가지고 있으며, 조건식이 참(True)인 경우에만 실행문이 처리됩니다.
- `if~else`문 : '만약 ~ 라면 ~ 하고, 그렇지 않으면 ~ 한다.'로 해석하며, 양자택일을 해야 할 경우에 사용합니다.
- `if~elif`문 : '그렇지 않고 ~ 라면'으로 해석되며, 다중 비교를 할 때 사용합니다.

03 중첩 조건문은 조건문 내에 또 다른 조건문이 있는 형태를 말합니다.

연습문제

01 다음 중 조건문을 이용해서 프로그래밍해야 하는 요구 사항을 모두 고르시오.

① 만약 시험 점수가 80점 이상이면 한빛 대학에 합격할 수 있다.
② 매년 물가 증가율은 7%이다.
③ 학교에 등교하기 위해 지하철 또는 버스를 이용할 수 있다.
④ 지각을 3회 이상 한다면 인사 고과에 반영한다.

02 어린이의 신장을 입력하면 놀이기구 탑승 여부가 출력되는 프로그램을 만드시오(단, 놀이기구 탑승은 신장이 최소 120cm부터 최대 160cm까지 가능하다).

03 다음의 요구사항을 삼항 연산자(조건식)와 `if~else`문을 이용해서 각각의 프로그램으로 만드시오.

- 시험 점수를 입력한다.
- 점수가 85점 이상이면 '`success`'를 출력하고, 85점 미만이면 '`fail`'을 출력한다.

04 다음은 컴퓨터가 임의로 생성한 난수가 홀수인지, 짝수인지 맞히는 게임이다. 실행 결과를 보고 프로그램을 완성하시오.

```
홀/짝을 맞히세요.
1.홀수, 2.짝수 1
맞혔습니다.
난수 : 73
사용자 : 1
```

```
홀/짝을 맞히세요.
1.홀수, 2.짝수 1
틀렸습니다.
난수 : 16
사용자 : 1
```

```
import random

ranNum = random.randint(1, 100)  # 1과 100 사이의 난수(정수) 발생
... 생략 ...
```

05 다음의 요구사항을 충족시키는 프로그램을 만드시오.

- 아침 최저 기온을 입력한다.
- 오후 최고 기온을 입력한다.
- 일교차가 10도 이상이면 '`감기 조심하세요.`'를 출력한다.
- 오후 최고 기온이 28도 이상이고 일교차가 10도 미만이면 '`초여름 날씨입니다.`'를 출력한다.

06 다음은 컴퓨터와 사용자가 '난수를 이용한 가위 바위 보 게임'을 하는 모습이다. 실행 결과를 보고 프로그램을 완성하시오.

```
가위, 바위, 보를 선택하세요.
1.가위, 2.바위, 3.보 1
컴퓨터: 패, 사용자: 승
사용자: 1
컴퓨터: 3
```

```
가위, 바위, 보를  선택하세요.
1.가위, 2.바위, 3.보 2
컴퓨터: 승, 사용자: 패
사용자: 2
컴퓨터: 3
```

```
import random
#1:가위, 2:바위, 3:보
ranNum = random.randint(1, 3)   #1과 3 사이의 난수(정수) 발생
... 생략 ...
```

07 사용자가 입력한 문자 메시지 길이에 따라서 SMS 또는 MMS의 발송을 결정하는 프로그램을 완성하시오(단 메시지 길이가 50 이하면 SMS 발송, 그렇지 않으면 MMS를 발송한다).

```
userMessage= input('메시지를 입력하세요. ')
MsgLen = len(userMessage)        # 메시지 문자열의 길이를 구한다.

... 생략 ...
```

Hint len() 함수는 문자열의 길이를 구할 때 사용하는 함수로 괄호 안에 문자열을 넣어줍니다.

08 사용자가 입력한 속도가 50km/h 이상이면 빨간색 불이 들어오고 그렇지 않으면 녹색 불이 들어오도록 도형을 만드시오.

자동차의 현재 속도는 : 80

자동차의 현재 속도는 : 45

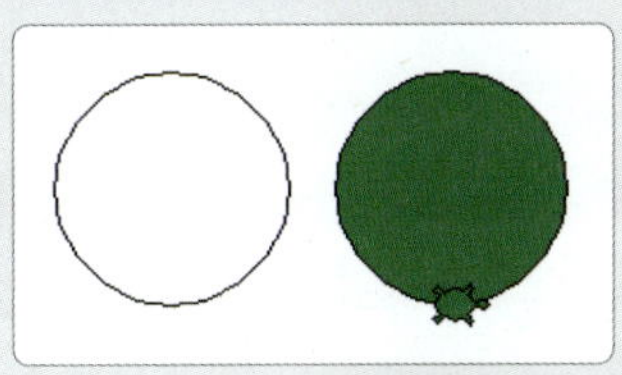

CHAPTER 07

반복문

학습목표

- 컴퓨터 프로그램에서 반복문의 필요성을 알아봅니다.
- 횟수에 따라 반복을 실행하는 for문에 대해서 알아봅니다.
- 범위를 설정하는 range() 함수에 대해서 알아봅니다.
- 반복을 생략하거나 중단하는 continue, break 키워드에 대해서 알아봅니다.
- 반복문 안에 또 다른 반복문이 존재하는 중첩 반복문에 대해서 알아봅니다.

Preview

연습장에 1부터 100까지 써봅시다. 쓸 만한가요? 그렇다면 101부터 999까지 써봅시다. 쓰기도 전에 이 일을 왜 해야 하는지 의문이 들 것입니다. 하지만 컴퓨터에 이 일을 시킨다면 1초의 망설임도 없이 써내려 갈 것입니다. 그 이유는 반복문에 있습니다.

이번 장에서는 반복적으로 수행해야 할 일을 컴퓨터에게 몇 번을 반복할 것인지 혹은 언제까지 반복할 것인지 알려주는 방법에 대하여 배웁니다.

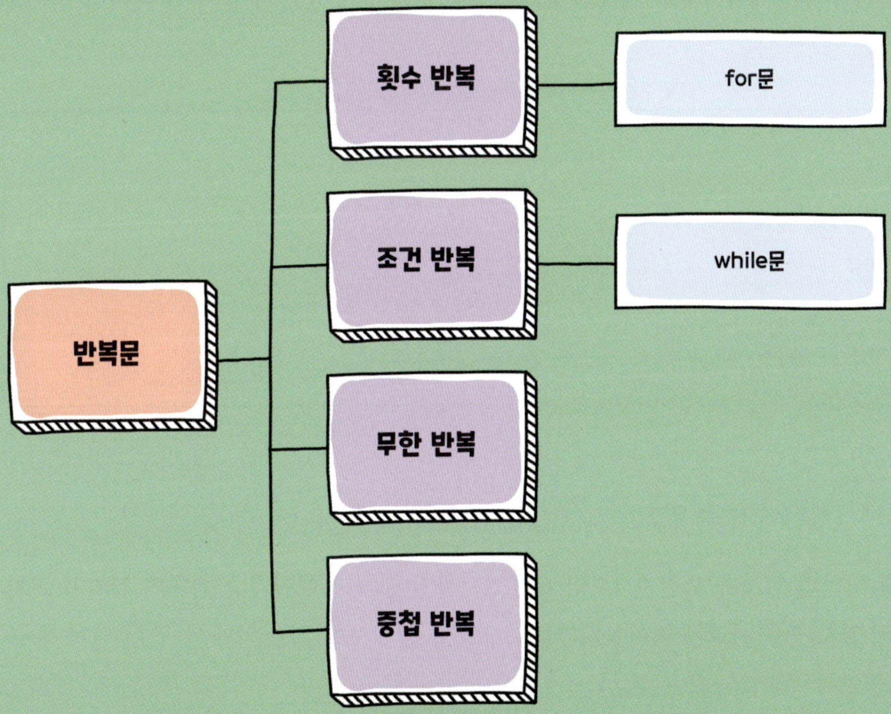

Section 01 이 장에서 만들 프로그램

1 369 게임 만들기

369 게임을 만들어봅시다. 1부터 99까지 1씩 증가하면서 숫자에 3, 6, 9가 들어 갈 때마다 '짝!'을 출력합니다.

```
1
2
3  짝!
4
... 생략 ...
98 짝!
99 짝! 짝!
```

2 열차 교차 시간 알아내기

한빛 역에는 3개 노선의 열차가 오전 9시부터 오후 6시까지 교차 운행합니다. 3대의 열차가 교차하는 시간을 구해 열차 충돌 사고를 막아봅니다(단 매일 오전 9시에 한빛역에서 모든 열차가 출발한다).

```
9시 30분
9시 50분
... 생략 ...
17시 30분
18시 0분
```

3 로그인 기능 만들기

시스템 관리자 로그인 기능을 만들어봅시다. 관리자가 암호를 입력하고 로그인을 시도할 때 암호가 틀렸다면 '암호를 다시 확인하세요!'를 출력하고 다시 암호를 물어봅니다. 5회 이상 로그인에 실패하면 '로그인 실패!! 횟수 초과!!!' 메시지를 출력하고 종료합니다. 만약 암호가 올바르다면 '로그인 됐습니다.'를 출력하고 종료합니다. 올바른 암호는 'hanbitac'입니다.

```
관리자 암호를 입력하세요. hanbitac
로그인 됐습니다.
```

Section 02

반복문이란?

반복문은 컴퓨터가 같은 일을 반복할 수 있도록 하는 명령문으로 루프문(loop statement)이라고도 합니다. 좋아하는 음악을 반복 실행하거나 게임에서 마지막 판을 깬 후 다시 첫 판으로 돌아오는 경우가 모두 반복 실행의 예입니다.

1 반복문의 필요성

반복문은 반복적인 업무를 쉽고 빠르게 처리하기 위해 사용합니다. 다음은 반복문을 사용하지 않고 '**안녕하세요.**'를 5번 출력하는 프로그램입니다.

코드 7-1 ch07_01.py

```
print('안녕하세요.')
print('안녕하세요.')
print('안녕하세요.')
print('안녕하세요.')
print('안녕하세요.')
```

```
안녕하세요.
안녕하세요.
안녕하세요.
안녕하세요.
안녕하세요.
```

만약 위 프로그램의 '**안녕하세요.**'를 100번 출력하려면 어떻게 해야 할까요? 이 방법대로라면 `print()` 함수를 95행 추가해야 할 것입니다. 그러나 반복문을 사용하면 다음과 같이 단 2줄로 만들 수 있습니다.

> 반복문은 짧고 간결하면서 유지보수하기 좋은 프로그램을 만들어 줍니다.

코드 7-2 ch07_02.py

```
#'안녕하세요.' 100번 출력
for i in range(100):
    print('안녕하세요.')
```

```
안녕하세요.
안녕하세요.
안녕하세요.
... 생략 ...
안녕하세요.
```

2 반복문의 종류

파이썬에 사용하는 반복문은 for문과 while문이 있습니다. for문은 지정된 횟수에 따라 반복하고 while문은 조건식의 결과가 참일 때 반복합니다.

(a) for문 : 횟수에 따른 반복 (b) while문 : 조건식 결과에 따른 반복

그림 7-1 **반복문의 종류**

하나 더 알기 ✓ 파이썬에는 do~while문이 없나요?

대부분의 프로그래밍 언어는 반복문으로 for문과 while문 그리고 while문에서 파생된 do~while 문을 사용합니다. 그러나 파이썬에서는 do~while문을 사용하지 않습니다. do~while문은 while문으로 대체 가능하기 때문입니다.

확인문제

1. 다음 중 파이썬에서 사용하는 반복문을 모두 고르시오.

① `for` ② `while` ③ `do~while` ④ `if~elif`

2. 다음 중 반복문을 이용해서 프로그래밍해야 하는 요구사항을 모두 고르시오.

① 1학년의 모든 학생에게 공지 메시지를 발송한다.

② 주차 요금이 5분당 100원인 주차장에 30분 머물렀을 경우 주차 요금을 계산한다.

③ 주변 온도가 28도 이상이면 에어컨을 작동한다.

④ 1부터 10까지의 정수를 모두 더한다.

정답

1. ①, ② 2. ①, ④

Section 03

for문: 횟수 반복

1 for문의 구성

for문은 반복문의 가장 대표적인 구문으로 `for~in` 키워드, 이터러블(iterable), 아이템(item), 콜론(:), 실행문으로 구성됩니다.

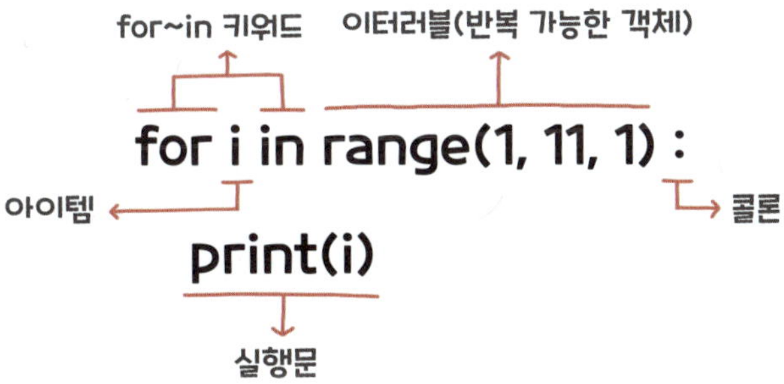

그림 7-2 for문의 구성

for~in 키워드

`for~in`은 반복문을 선언하기 위한 키워드로, '정해진 횟수만큼 ~을 반복 실행하라'는 뜻입니다.

이터러블

이터러블(iterable)은 '반복 가능한 객체'를 의미합니다. [그림 7-3]의 '반복적인 숫자', '학급의 학생 명단', '스마트폰의 주소록' 등이 이터러블의 예입니다.

지금 당장 이터러블의 깊은 내용까지 학습하기에는 다소 어려움이 있기 때문에 여기서는 '반복 가능한 데이터 집합'이라고만 알아둡니다.

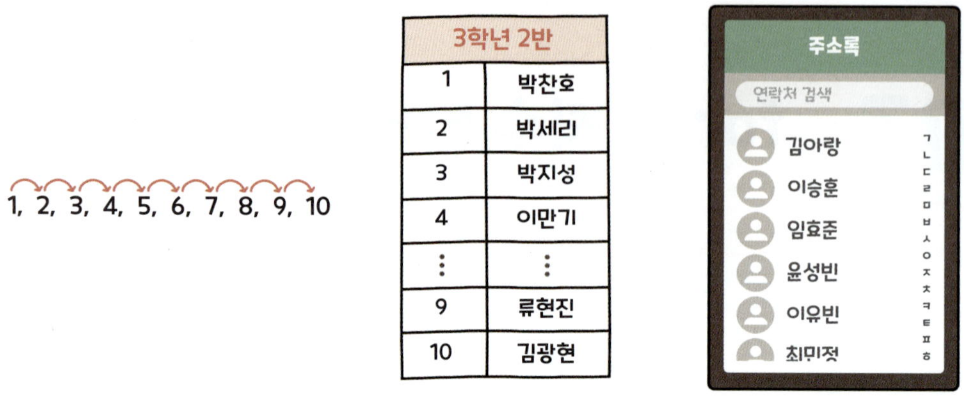

(a) 반복적인 숫자 (b) 학급의 학생 명단 (c) 스마트폰의 주소록

그림 7-3 **이터러블의 예**

반복 가능한 이터러블의 데이터 1부터 10까지를 대상으로 1씩 증가하도록 범위를 설정하면 다음과 같습니다. 범위 설정에 사용된 `range()` 함수는 다음 절에서 자세히 살펴보겠습니다.

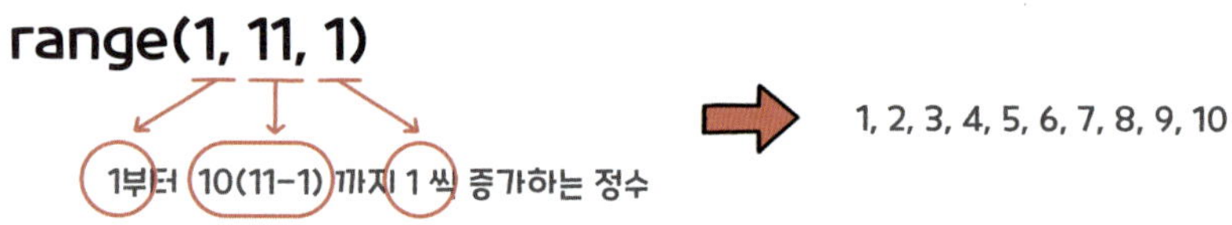

그림 7-4 **1부터 10까지 1씩 증가하는 범위 설정**

아이템

아이템(item)은 이터러블의 데이터를 순차적으로 저장하는 변수를 뜻합니다. 다음 그림에서는 아이템으로 `i`를 정의했습니다. `i`에는 최초로 1이 저장되고, 다음에는 2, 다음에는 3이 저장되다가 마지막으로 10이 저장됩니다.

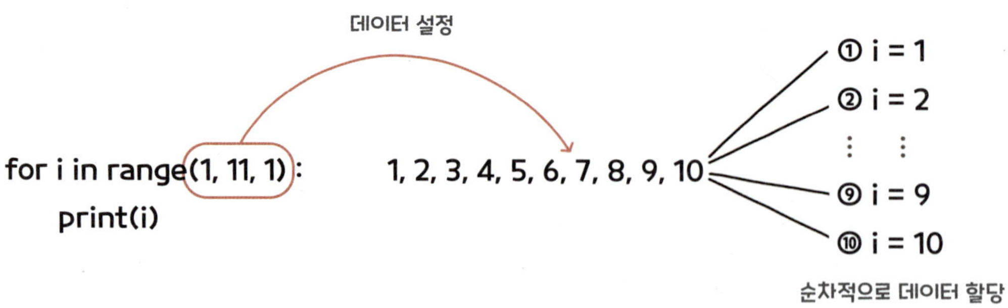

그림 7-5 **아이템의 역할**

하나 더 알기 ✓ item에 i만 올 수 있나요?

4장에서 변수명은 자유롭게 지을 수 있다고 배웠습니다. item은 데이터를 저장하는 변수이기 때문에 i가 아닌 다른 이름을 사용해도 됩니다. 예를 들어 number, score 등을 사용할 수 있습니다.

```
for number in range(1, 11, 1):
    print(number)
```

```
for score in range(1, 11, 1):
    print(score)
```

콜론(:)

콜론(:)은 조건문에서도 살펴봤듯이 코드 블록의 시작을 나타냅니다. 코드 블록은 들여쓰기를 해야 합니다.

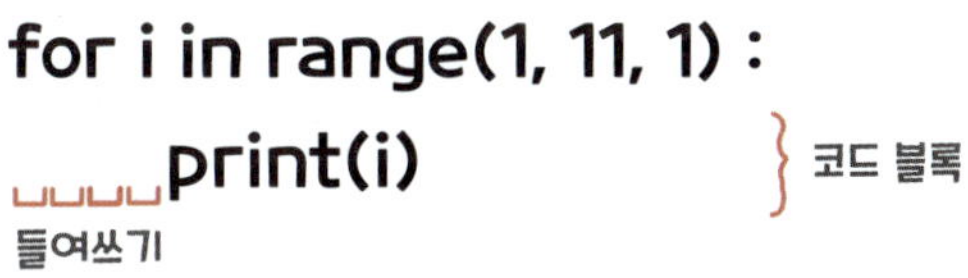

그림 7-6 코드 블록과 들여쓰기

실행문

실행문은 이터러블에 의해서 1부터 10까지 10회 반복될 때 실행하는 명령문을 나타냅니다. 다음은 for문의 실행 순서로, 번호 순으로 읽어보면 쉽게 이해할 수 있습니다.

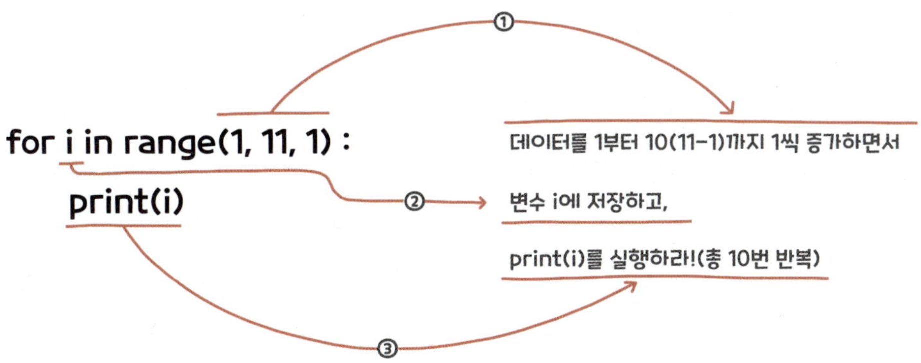

그림 7-7 for문의 실행 순서

지금까지 for문의 구조에 대해서 살펴봤으므로 이제는 실제 코드를 입력하고 실행해봅시다. 다음 프로그램을 실행하면 i에 저장된 데이터가 print(i)에 의해서 1~10까지 출력됩니다.

코드 7-3 ch07_03.py

```
for i in range(1, 11, 1):    # 1부터 10까지 1씩 증가하면서
    print(i)                 # print(i)를 10회 실행한다.
```

```
1
2
3
... 생략 ...
10
```

2 for문을 이용한 문제 해결

for문을 이용하여 실제 문제를 해결해보겠습니다.

문제 해결 7-1 2~8 사이의 짝수 출력하기 ch07_sol_01.py

```
for num in range(2, 10, 2):
    print('num = ', num)
```

```
num =  2
num =  4
num =  6
num =  8
```

문제 해결 7-2 사용자가 입력한 횟수만큼 '메일 발송!' 문자열 출력하기 ch07_sol_02.py

```
num = int(input('메일 발송 횟수를 입력하세요. '))

for num in range(1, num+1, 1):
    print('메일 발송!')
```

```
메일 발송 횟수를 입력하세요. 3
메일 발송!
```

```
메일 발송!
메일 발송!
```

문제 해결 7-3 1~10 사이의 정수를 출력하되, 정수가 3의 배수이면 '3의 배수!' 출력하기

ch07_sol_03.py

```python
for num in range(1, 11, 1):
    print('num = ', num)
    if num % 3 == 0:
        print('3의 배수!')
```

```
num =  1
num =  2
num =  3
3의 배수!
num =  4
num =  5
num =  6
3의 배수!
... 생략 ...
num =  10
```

문제 해결 7-4 구구단 5단 출력하기

ch07_sol_04.py

```python
for num in range(1, 10, 1):
    print(5, end='')
    print(' * ', end='')
    print(num, end='')
    print(' = ', end='')
    print(5 * num)
```

```
5 * 1 = 5
5 * 2 = 10
5 * 3 = 15
...생략...
5 * 8 = 40
5 * 9 = 45
```

하나 더 알기 **end=''의 역할**

[문제 해결 7-4] 2행의 print(5, end='')에서 end=''은 개행을 막는 기능을 합니다. 즉 '5' 다음에 출력되는 문자열을 다음 행으로 넘기지 않고 '5' 뒤에 붙게 합니다. end=''를 적용한 경우와 그렇지 않은 경우는 다음과 같은 차이가 있습니다.

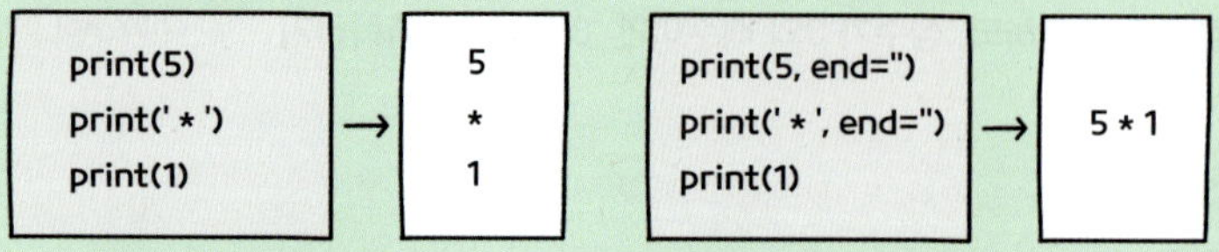

(a) end=''를 적용하지 않은 경우 (b) end=''를 적용한 경우

그림 7-8 end=''의 역할

문제 해결 7-5 1~10까지 정수의 합 출력하기

ch07_sol_05.py

```
sum = 0

for num in range(1, 11, 1):
    sum = sum + num

print('sum = ', sum)
```

```
sum = 55
```

확인문제

1. 다음은 for문을 이용해서 문자열 'Hello python!'을 5번 출력하는 프로그램이다. 빈칸을 채우시오.

```
[        ] i [    ] range(1, [    ], [    ]):
    print('Hello python!')
```

2. for문을 이용해서 1~100까지 정수 중에서 3과 7의 공배수와 최소공배수를 출력하시오.

정답

1. for, in, 6, 1

2.

```
minNum = 0;

for num in range(1, 101, 1):
    if num % 3 == 0 and num % 7 == 0:
        print('3과 7의 공배수 : ', num)
        if minNum == 0 : minNum = num

print('3과 7의 최소공배수 : ', minNum)
```

```
3과 7의 공배수 :  21
3과 7의 공배수 :  42
3과 7의 공배수 :  63
3과 7의 공배수 :  84
3과 7의 최소공배수 :  21
```

Section 04 range() 함수: 반복 범위 설정

1 range() 함수란?

for문에 사용되는 range() 함수는 범위를 설정하는 함수로 3개의 데이터가 필요합니다. 첫 번째는 범위 설정의 '시작', 두 번째는 '끝', 세 번째는 '단계'를 나타냅니다.

그림 7-9 range() 함수의 구성

[그림 7-9]에서 range(1, 11, 1)은 1부터 시작하여 10(11−1)까지 숫자를 1씩 증가한다는 의미입니다. range(1, 11, 1)에 해당하는 데이터는 다음과 같습니다.

range(1, 11, 1) ⟶ (1, 2, 3, 4, 5, 6, 7, 8, 9, 10)

그림 7-10 range() 함수에 해당하는 데이터

확인문제

빈칸에 들어갈 range() 함수의 정의 또는 함수에 해당하는 데이터를 쓰시오.

1. 1~11까지 2씩 증가하는 숫자들 : range(1, 12, 2) → (   )
2. 0~7까지 2씩 증가하는 숫자들 : range(0, 8, 2) → (   )
3. −10~0까지 1씩 증가하는 숫자들 : range(, ,) → (−10, −9, −8, −7, −6, −5, −4, −3, −2, −1, 0)

4. 1이상~10이하의 숫자 중 홀수 : range(1, 11, 2) → (   )

정답

1. 1, 3, 5, 7, 9, 11
2. 0, 2, 4, 6
3. -10, 1, 1
4. 1, 3, 5, 7, 9

2 range( ) 함수의 단축 사용법

range( ) 함수에서 사용하는 3개의 데이터 중에서 '시작'과 '단계'에 해당하는 데이터는 생략 가능합니다. 하나씩 살펴보겠습니다.

'단계' 생략

'단계'에 해당하는 데이터를 생략하면 프로그램은 '단계'에 해당하는 데이터를 '1'로 생각하고 '1'씩 증가시킵니다. 다음은 '단계'를 생략한 프로그램입니다.

range(1, 11, 1) → 단계를 1로 설정한다.

그림 7-11 **단계 생략**

코드 7-4 ch07_04.py

```
for i in range(1, 11):      # 단계 생략
    print(i)
```

```
1
2
3
... 생략 ...
10
```

'시작' 생략

'단계'를 생략하듯이, '시작'도 생략할 수 있습니다. '시작'을 생략하면 프로그램은 '시작'에 해당하는 데이터를 '0'으로 생각하고 '0'부터 시작합니다. 다음은 '시작'과 '단계'를 모두 생략한 프로그램입니다.

range(1, 11, 1) → 시작을 0으로 설정하고, 단계를 1로 설정한다.

그림 7-12 단계와 시작 생략

코드 7-5 ch07_05.py

```
for i in range(11):
    print(i)
```

```
0
1
2
... 생략 ...
10
```

다음 표는 range() 함수에서 사용하는 데이터 개수에 따른 함수 정의입니다.

표 7-1 데이터 개수에 따른 함수 정의

데이터 개수	예시	함수 정의	설명
3	range(1, 5, 1)	range(시작, 끝, 단계)	1~4까지 1씩 증가
2	range(1, 5)	range(시작, 끝)	1~4까지 1씩 증가
1	range(5)	range(끝)	0~4까지 1씩 증가

'단계' 감소

지금까지 '단계'가 증가하는 경우만 살펴봤습니다. 만약 '단계'가 감소하는 경우는 어떻게 될까요?

range(10, 0, -1) → (?)

그림 7-13 단계가 감소하는 경우

언뜻 생각하면 range(10, 0, -1)은 10부터 시작해서 -1(0-1)까지 -1씩 반복할 것 같습니다. 실제로 프로그램을 작성한 후 실행해보겠습니다.

코드 7-6 ch07_06.py

```
for i in range(10, 0, -1):
    print(i)
```

```
10
9
8
... 생략 ...
1
```

예상했던 것과 다소 차이가 있나요? 결과는 10부터 1씩 감소하면서 반복 실행하지만 끝나는 숫자는 −1이 아니고 0보다 큰 1에서 종료합니다. 즉 단계가 증가하는 경우에는 (끝나는 숫자 − 1)까지 반복하고, 감소하는 경우에는 (끝나는 숫자 + 1)까지 반복 실행합니다. 다음은 단계가 증가하는 경우와 감소하는 경우를 비교한 것입니다.

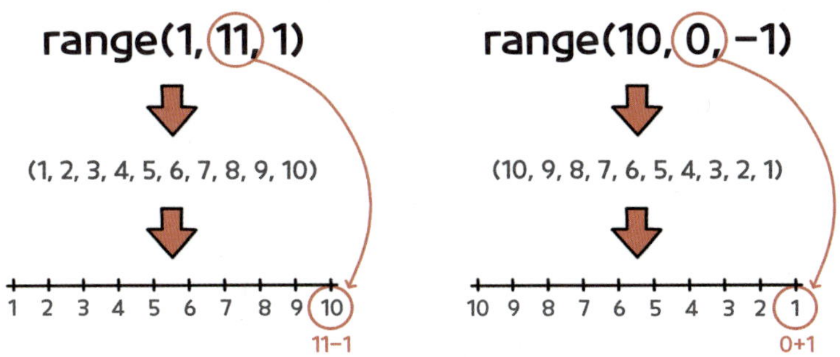

(a) '단계'가 증가하는 경우 (b) '단계'가 감소하는 경우

그림 7-14 range( ) 함수의 단계 비교

3 문자열을 이용한 for문

지금까지 이터러블에 range( ) 함수를 이용한 예를 살펴봤습니다. 그런데 이터러블에는 다음과 같이 문자열도 이용할 수 있습니다.

코드 7-7 ch07_07.py

```
for c in 'Hello':
    print(c)
```

```
H
e
l
l
o
```

이터러블에 문자열을 이용하면 아이템에는 문자열의 첫 문자부터 끝 문자가 순차적으로 저장됩니다. 결과적으로 실행문은 문자의 개수만큼 반복 실행됩니다.

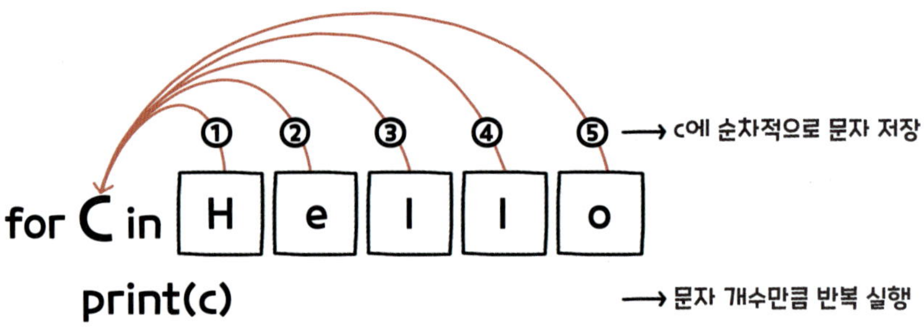

그림 7-15 **문자열을 이용한 for문**

확인문제

1. 다음은 5~10까지의 정수를 출력하는 프로그램이다. 프로그램에서 생략 가능한 코드는 무엇인가?

```
for num in range(5, 11, 1):
    print(num)
```

① in ② 1 ③ print ④ num

2. 50보다 작은 7의 배수를 출력하는 프로그램을 만드시오.

정답

1. ②

2.
```
for num in range(50):
    if num % 7 == 0:
        print(num)
```

Section 05 while문: 조건 반복

1 while문의 구성

for문이 횟수를 이용한 반복문이라면 while문은 조건식의 결과에 따라 반복 실행이 결정됩니다. 즉 조건식의 결과가 참이면 실행문을 계속해서 반복하고 거짓이면 반복을 중단합니다. while문은 while 키워드, 조건식, 콜론(:) 그리고 실행문으로 구성됩니다.

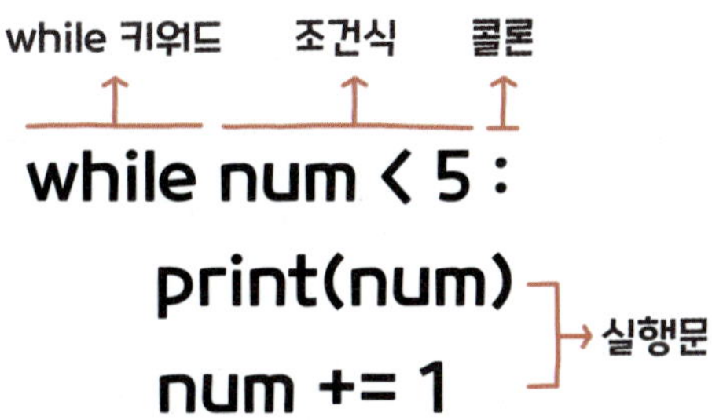

그림 7-16 while문의 구조

위 그림에서는 변수 num이 5보다 작을 동안 실행문을 반복합니다.

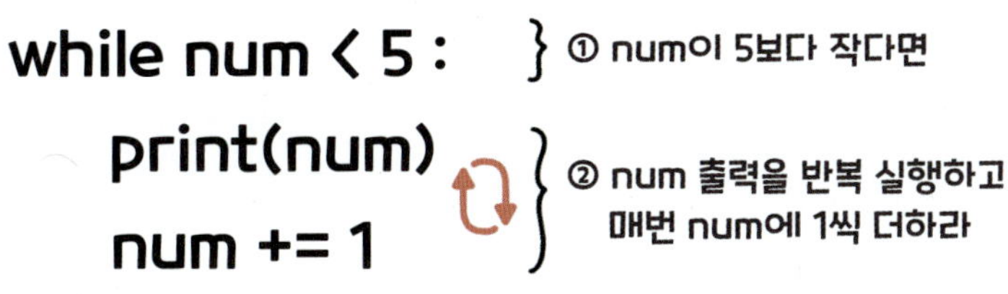

그림 7-17 while문의 실행 순서

간단한 while문을 직접 코딩해봅시다. num이 10보다 작거나 같은 동안 실행문이 반복 수행되는 것을 확인할 수 있습니다.

코드 7-8 ch07_08.py

```
num = 1

while num <= 10:            # num이 10보다 작거나 같다면
    print('num : ', num)    # num을 출력하고,
    num += 1                # num을 1 증가하는 실행을 반복하라!
```

```
num :  1
num :  2
... 생략 ...
num :  10
```

2 while문을 이용한 문제 해결

간단한 수학 문제를 while문을 이용하여 해결해보겠습니다.

문제 해결 7-6 1~30까지의 정수 중 홀수와 짝수를 구분하여 출력하기 ch07_sol_06.py

```
num = 1

while num <= 30:
    if num % 2 == 0:
        print('짝수 : ', num)
    else:
        print('홀수 : ', num)
    num += 1
```

```
홀수 :  1
짝수 :  2
홀수 :  3
... 생략 ...
짝수 :  28
홀수 :  29
짝수 :  30
```

문제 해결 7-7 구구단 3단 출력하기 ch07_sol_07.py

```
num = 1

while num <= 9:
    print('3 * ', end= '')
    print(num, end= '')
    print(' = ', end= '')
    print(3 * num)
    num += 1
```

```
3 * 1 = 3
3 * 2 = 6
... 생략 ...
3 * 8 = 24
3 * 9 = 27
```

문제 해결 7-8 0~100까지 정수 중 3과 8의 공배수와 최소공배수 출력하기 ch07_sol_08.py

```
num = 1
minNum = 0

while num <= 100:
    if num % 3 == 0 and num % 8 == 0:
        print('공배수 : ', num)
        if minNum == 0: minNum = num
    num += 1

print('최소공배수 : ', minNum)
```

```
공배수 :  24
공배수 :  48
공배수 :  72
공배수 :  96
최소공배수 :  24
```

Section

06 for문과 while문 비교

앞에서 for문은 '횟수'에 의한 반복이고 while문은 '조건식'에 의한 반복이라고 했습니다. 구체적으로 for문과 while문의 차이점에 대해서 자세히 살펴보겠습니다. 다음은 for문을 이용해서 1부터 5까지의 정수를 순차적으로 출력하는 프로그램입니다.

코드 7-9 ch07_09.py

```
for num in range(1, 6, 1):
    print('num : ', num)
```

```
num :  1
num :  2
num :  3
num :  4
num :  5
```

위 프로그램을 while문을 이용하여 작성하면 다음과 같습니다.

코드 7-10 ch07_10.py

```
num = 1

while num < 6:
    print('num : ', num)
    num += 1
```

```
num :  1
num :  2
num :  3
num :  4
num :  5
```

차이점을 발견했나요? for문에 비해서 while문의 코드가 길어졌다고요? 물론 코드가 길어지기도 했지만 더 중요한 차이점은 while문의 경우 변수 num의 시작과 단계 값을 변화시키는 코드가 별도로 존재한다는 것입니다. while문의 1행에서는 num을 1로 초기화했고, 5행에서는 num을 1씩 증가시킵니다. 이와 같이 while문을 사용할 때는 조건식의 결과를 변화시키는 코드를 별도로 기술해야 합니다.

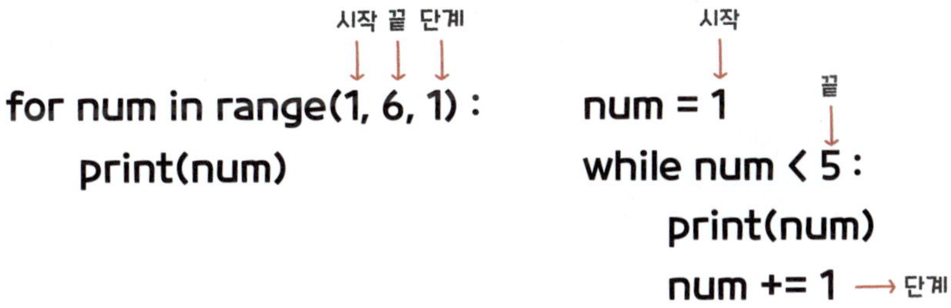

(a) for문 (b) while문

그림 7-18 **for문과 while문의 차이**

for문과 while문은 어떻게 구분하여 사용할까요? 기본적으로 횟수를 중요시하는 반복문은 for문을 사용하고 특정 조건을 중요시하는 반복문은 while문을 사용합니다. 다음 두 가지 요구사항을 살펴봅시다. 요구사항1은 while문보다 for문을 사용했을 때 코드가 더 간결해지기 때문에 for문이 적합합니다. 반면 요구사항2는 조건식이 참이냐 거짓이냐가 중요하기 때문에 while문이 적합합니다.

요구사항 1

- 0부터 10까지 정수의 합을 구하시오.

코드 7-11 〈for문 이용〉 ch07_11.py

```
sum = 0

for num in range(0, 11):
    sum += num

print('sum : ', sum)
```

```
sum = 55
```

코드 7-12 〈while문 이용〉 ch07_12.py

```
sum = 0
num = 0

while num <= 10:
    sum += num
    num += 1

print('sum : ', sum)
```

```
sum = 55
```

요구사항 2

- 현재 온도는 30.0도이다.
- 에어컨 온도 설정을 위해서 '희망 온도'를 입력한다.
- 에어컨의 냉방 기능이 동작하면 온도를 체크할 때마다 0.1도씩 내려간다.
- 현재 온도가 희망 온도에 도달하면 에어컨의 냉방 기능이 종료된다.

코드 7-13 〈for문 이용〉 ch07_13.py

```
currentTemperature = 30.0
targetTemperature = float(input('희망 온도를 입력하세요. '))

for i in range(1000):       # 반복 횟수를 정확히 설정할 수 없다.
    currentTemperature -= 0.1
    print('현재 온도 : ', format(currentTemperature, '.2f'))

    if currentTemperature <= targetTemperature:
        break

print('냉방 기능 종료!')
```

```
희망 온도를 입력하세요. 29
현재 온도 :  29.90
현재 온도 :  29.80
... 생략 ...
현재 온도 :  29.10
현재 온도 :  29.00
냉방 기능 종료!
```

코드 7-14 〈while문 이용〉 ch07_14.py

```
currentTemperature = 30.0
targetTemperature = float(input('희망 온도를 입력하세요. '))

while targetTemperature < currentTemperature:
    currentTemperature -= 0.1
    print('현재 온도 : ', format(currentTemperature, '.2f'))

print('냉방 기능 종료!')
```

```
희망 온도를 입력하세요. 29
현재 온도 :  29.90
현재 온도 :  29.80
... 생략 ...
현재 온도 :  29.10
현재 온도 :  29.00
냉방 기능 종료!
```

Section 07

무한 루프

반복문은 프로그램을 작성할 때 없어서는 안 될 아주 중요한 구문이지만 자칫 잘못 사용하면 '무한 루프'에 빠질 수 있어 주의해야 합니다. 다음은 num이 3보다 작을 경우 **'안녕하세요.'**를 출력하는 프로그램입니다.

코드 7-15 ch07_15.py

```
num = 0

while num < 3:
    print('안녕하세요.')
```

[코드 7-15]를 실행하면 아마도 깜짝 놀랄 것입니다. **'안녕하세요.'**가 무한 반복되기 때문입니다. 프로그램을 종료하기 위해 단축키 Ctrl + C를 누릅니다.

```
안녕하세요.
안녕하세요.
안녕하세요.
... 생략 ...
```

Ctrl + C를 눌러 프로그램을 강제 종료

'안녕하세요.'가 무한 반복되는 이유는 while문의 조건식 결과가 프로그램 실행하는 내내 참(True)이기 때문입니다. 조건식 결과가 거짓(False)일 때 while문을 빠져나올 수 있는데, [코드 7-15]는 계속해서 num이 3보다 클 수 없기 때문에 프로그램은 영원히 **'안녕하세요'**를 출력합니다. 이렇게 반복문을 빠져 나오지 못하고 영원히 반복하는 것을 '무한 루프'에 빠졌다고 합니다.

```
num = 0
while num < 3 :
    print('안녕하세요.')
```

→ 영원히 반복한다.

그림 7-19 **무한 루프**

프로그램이 무한 루프에 빠지지 않기 위해서는 조건식의 결과로 거짓이 나올 수 있도록 해야 합니다. 다음은 [코드 7-15]를 수정한 프로그램과 실행 결과입니다.

코드 7-16 ch07_16.py

```
num = 0

while num < 3:
    print('안녕하세요.')
    num += 1
```

```
안녕하세요.
안녕하세요.
안녕하세요.
```

확인문제

1. 다음 프로그램을 실행했을 때 예상되는 결과는 무엇인가?

```
num = 0
while num <= 100:
    if num % 7 == 0:
        print(num)
    num -= 1
```

① 0부터 100까지의 숫자 중 7의 배수에 해당하는 정수를 출력한다.

② 구문 에러가 발생한다.

③ 무한 루프에 빠진다.

④ num을 한 번만 출력한다.

2. 다음은 사용자 선택에 따라 게임 진행과 종료를 결정하는 프로그램이다. 빈칸을 채우시오.

```
flag = True
while flag:
    inputData = int(input('1: 진행,  2: 종료 '))

    if inputData == 1:
        [            ]
        print('게임 진행')
    else:
        [            ]
        print('게임 종료')
```

정답

1. ③ 2. flag = True, flag = False

Section 08

반복문 내 실행 제어

이번에는 반복문의 실행을 생략하거나 인위적으로 중단하는 키워드에 대해서 살펴보겠습니다. 또한 조건문에서 살펴본 else 키워드를 for문에서 사용하는 방법도 알아봅니다.

1 continue 키워드

반복문에 continue 키워드를 사용하면 이후 실행을 생략하고 다시 반복문의 처음으로 돌아갑니다.

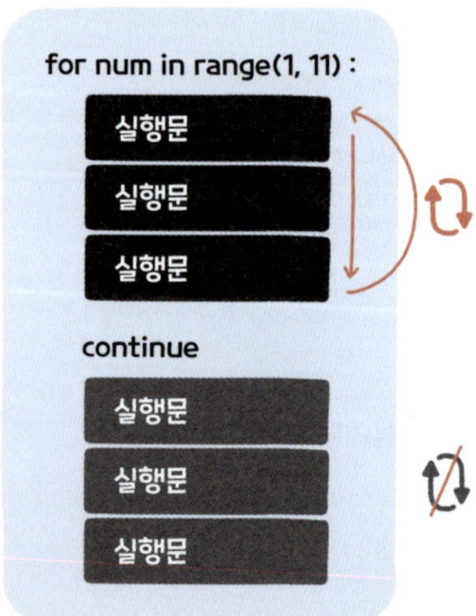

그림 7-20 continue 위치와 실행 순서

continue를 이용해서 1부터 10까지의 정수 중 홀수만 출력하는 프로그램을 만들어 보겠습니다.

코드 7-17 ch07_17.py

```
for num in range(1, 11):
    if num % 2 == 0: continue   # 짝수는 생략한다.
    print(num)
```

```
1
3
5
7
9
```

2행에서 num이 짝수면 continue가 실행되어 3행을 생략하고 다음 반복을 시작합니다. 따라서 3행의 print(num)은 num이 짝수인 경우에는 실행되지 않아 결국 홀수만 출력됩니다.

2 break 키워드

반복문에서 break 키워드를 만나면 실행을 중단하고 반복문을 빠져나옵니다.

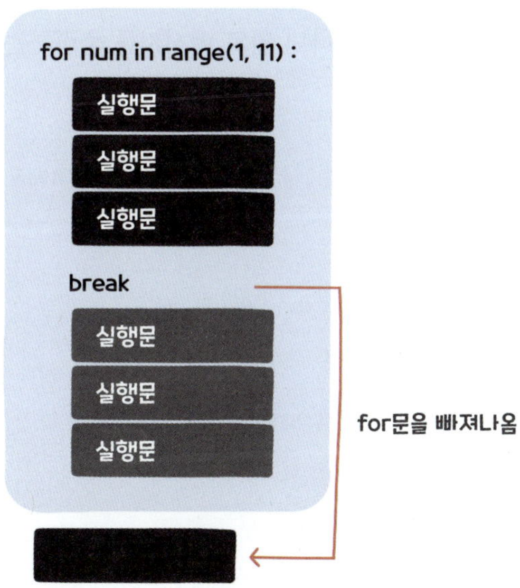

그림 7-21 break 위치와 실행 순서

1부터 10까지의 정수를 더하되, 결과가 30 이상이 될 때 정수를 찾는 프로그램을 만들어봅시다.

코드 7-18 ch07_18.py

```
num = 1
sum = 0

while num < 11:
    sum += num
```

```
06      if sum >= 30:
07          print('num : ', num)
08          break
09      num += 1
```

```
num : 8
```

6행에서 sum이 30 이상이면 num을 출력하고 8행의 break를 만납니다. 프로그램이 break를 만나면 즉시 반복 실행을 중단하고 반복문을 빠져나옵니다.

3 for~else

for문에 else 키워드를 사용하는 경우, else 이하의 구문은 for문의 반복 업무를 모두 완료하고 난 후 실행됩니다. 다음은 1부터 5까지 정수를 출력하고 반복문이 끝나면 완료 메시지를 출력하는 프로그램입니다.

코드 7-19 ch07_19.py

```
01  for num in range(1, 6):
02      print(num)
03  else:
04      print('반복이 끝났습니다!')
```

```
1
2
3
4
5
반복이 끝났습니다!
```

1행의 for문은 1부터 5까지 출력하는 반복문입니다. 3행의 else는 반복문이 완료되면 실행됩니다. 따라서 1부터 5까지 출력하고 마지막에 완료 메시지를 출력합니다.

4 pass 키워드

6장의 조건문에서 사용했던 pass를 반복문에서도 사용할 수 있습니다. 조건문과 마찬가지로 반복문에도 실행문이 아직 정해지지 않았을 때 pass를 사용합니다. 다음은 5회 반복을 한다는 사실은 확정되었지만 구체적인 실행문이 정해지지 않아 pass를 사용한 예입니다.

코드 7-20 ch07_20.py

```
for i in range(5):
    pass
```

pass는 조건문, 반복문뿐만 아니라 앞으로 학습하게 될 함수, 클래스 등에서도 사용되며 '지금 코딩하지 않을 테니, 우선은 그냥 넘어가라!'라는 의미를 담고 있습니다. 만약 다음 [코드 7-21]처럼 pass가 없다면 for문의 문법에 어긋난 것으로 보고 에러를 발생합니다.

코드 7-21 ch07_21.py

```
for i in range(5):
```

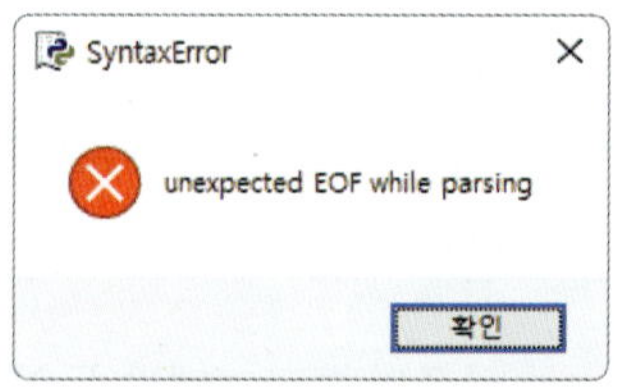

문제 해결 7-9 삼각형의 넓이 구하기 ch07_sol_09.py

가로와 세로 길이의 변화에 따른 삼각형의 넓이를 구하는 프로그램을 만들어봅시다. 단 가로 길이는 1부터 2의 배수로 증가하고 세로 길이는 1부터 3의 배수로 증가하며, 삼각형의 넓이가 150보다 크면 프로그램을 종료합니다.

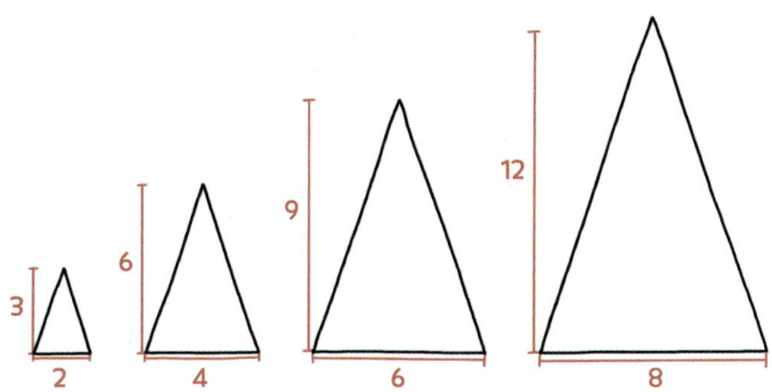

```
count = 1
maxArea = 150

while True:
    result = ((count*2) * (count*3)) / 2
    if result > maxArea: break
    print('삼각형의 넓이 : ', result)
    count += 1
```

```
삼각형의 넓이 :  3.0
삼각형의 넓이 :  12.0
... 생략 ...
삼각형의 넓이 :  108.0
삼각형의 넓이 :  147.0
```

확인문제

1. 1부터 100까지의 숫자 중 5 또는 7의 배수를 제외한 나머지 정수를 출력하는 프로그램을 만드시오.

2. 왼쪽의 프로그램과 동일한 실행 결과가 나올 수 있도록 오른쪽의 프로그램을 완성하시오.

```
for num in range(30):
    print(num)
```

→

```
num = 0
while True:
    
    
    
```

정답

1.

```
for num in range(1, 101):
    if num % 5 == 0 or num % 7 == 0:
        continue
    print(num)
```

2. print(num), num += 1, if num > 30: break

Section

09 중첩 반복문

중첩 반복문은 반복문 내에 또 다른 반복문이 오는 것을 말합니다. 윗몸일으키기 5회씩 3세트 할 경우 이를 중첩 반복문으로 작성하면 아래와 같습니다.

```
for n1 in range(3) :
    ...
    for n2 in range(5) :
        ...
```

반복문 1 (for n1 in range(3) 블록 전체), 반복문 2 (for n2 in range(5) 블록)

그림 7-22 중첩 반복문의 구조

중첩 반복문을 이용하여 '*' 기호를 계단 형태로 출력해봅시다. 1행에서는 한 개, 2행에서는 두 개, 3행에서는 세 개, ..., 5행에서는 다섯 개를 출력합니다.

코드 7-22 ch07_22.py

```
for num1 in range(1, 6):
    for num2 in range(num1):        # num1만큼 매번 반복한다.
        print('*', end='')
    print()
```

```
*        ●——— num1 = 1, 안쪽 반복문 1회 반복
**       ●——— num1 = 2, 안쪽 반복문 2회 반복
***      ●——— num1 = 3, 안쪽 반복문 3회 반복
```

```
****       num1 = 4, 안쪽 반복문 4회 반복
*****      num1 = 5, 안쪽 반복문 5회 반복
```

문제 해결 7-10 구구단 전체 출력하기

ch07_sol_10.py

중첩 반복문을 이용하여 2~9단까지 구구단 전체를 출력해봅시다.

```
for n1 in range(1, 10, 1):
    for n2 in range(2, 10, 1):
        print(n2, end='')
        print(' x ', end='')
        print(n1, end='')
        print(' = ', end='')
        print(n2 * n1, '\t', end='')
    print()
```

탭(tab)을 출력하기 위해서는 '\t'를 이용합니다.

```
2 x 1 = 2       3 x 1 = 3                       9 x 1 = 9
2 x 2 = 4       3 x 2 = 6                       9 x 2 = 18
2 x 3 = 6       3 x 3 = 9                       9 x 3 = 27
2 x 4 = 8       3 x 4 = 12                      9 x 4 = 36
2 x 5 = 10      3 x 5 = 15       ... 생략 ...   9 x 5 = 45
2 x 6 = 12      3 x 6 = 18                      9 x 6 = 54
2 x 7 = 14      3 x 7 = 21                      9 x 7 = 63
2 x 8 = 16      3 x 8 = 24                      9 x 8 = 72
2 x 9 = 18      3 x 9 = 27                      9 x 9 = 81
```

확인문제

중첩 반복문을 이용하여 '*'가 트리 모양으로 출력될 수 있도록 프로그램을 만드시오.

```
     *
    ***
   *****
  *******
 *********
***********
```

정답

```
loopCnt = 6       #반복 횟수

for n1 in range(loopCnt):
    for n2 in range(loopCnt-n1-1):
        print(' ', end='')

    for n3 in range((n1+1)*2-1):
        print('*', end='')

    print()
```

Section 10 터틀 프로그래밍

for문과 터틀을 이용해서 체인 모양인 원의 고리를 만들어봅시다.

코드 7-23 ch07_23.py

```
import turtle
t = turtle.Turtle()
t.shape('turtle')

for i in range(1, 11):      # 원 고리를 10개 만들기
    t.circle(20)

    t.up()
    t.goto(i*30, 0)         # 현재 위치에서 30px씩 옆으로 이동
    t.down()
```

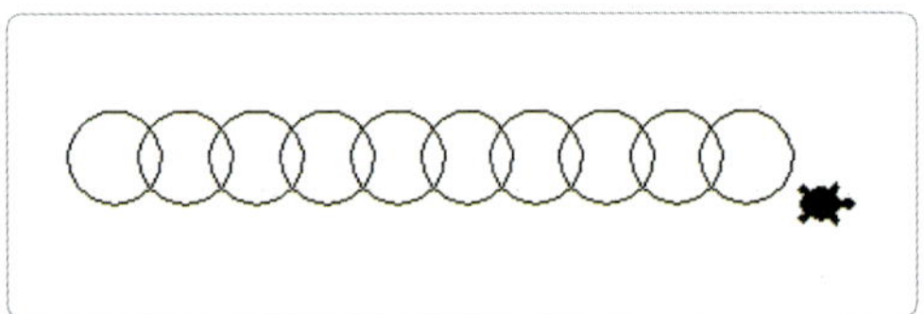

이번에는 중첩 반복문과 터틀을 이용해서 원을 직각 삼각형 모양으로 배치해봅시다.

코드 7-24 ch07_24.py

```
import turtle
t = turtle.Turtle()
t.shape('turtle')

xPoint = 0
yPoint = 0

for i in range(1, 6):
```

```
    for j in range(0, i):
        t.circle(20)

        t.up()
        xPoint += 50
        t.goto(xPoint, yPoint)
        t.down()

    xPoint = 0
    yPoint -= 50

    t.up()
    t.goto(xPoint, yPoint)
    t.down()
```

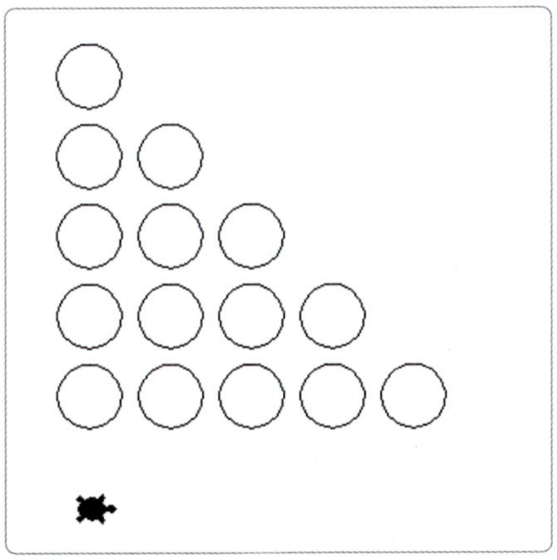

실전 예제 369 게임 만들기

문제

친구들끼리 많이 하는 369 게임을 만들어봅시다. 1부터 99까지 1씩 증가하면서 숫자에 3, 6, 9가 들어 갈 때마다 숫자와 함께 '짝!'을 출력합니다.

```
1
2
3  짝!
4
... 생략 ...
98 짝!
99 짝! 짝!
```

해결

ch07_appEx_01.py

```python
for num in range(1, 100):
    if num <= 9:
        if num % 3 == 0:
            print(num, ' 짝!', end='')
        else:
            print(num, end='')
    else:
        print(num, end='')

        firstNum = num // 10
        secondNum = num % 10

        if firstNum % 3 == 0:
            print(' 짝!', end='')

        if secondNum % 3 == 0 and secondNum != 0:
            print(' 짝!', end='')

    print()
```

실전 예제 열차 교차 시간 알아내기

문제

한빛역에는 3개 노선의 열차가 오전 9시부터 오후 6시까지 교차 운행합니다. 3대의 열차가 교차하는 시간을 구해 열차 충돌 사고를 막아봅니다(모든 열차는 매일 오전 9시에 한빛역에서 모든 열차가 출발한다).

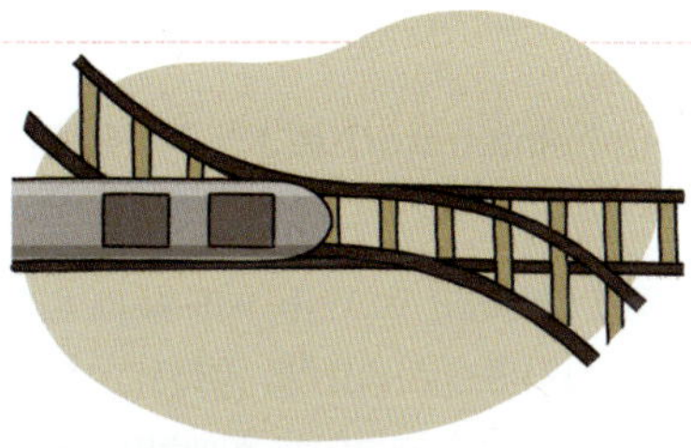

열차 운행 정보

<table>
<tr><th>구분</th><th>첫차</th><th>마지막 차</th><th>운행 간격</th></tr>
<tr><td>A열차</td><td rowspan="3">오전 9시</td><td rowspan="3">오후 6시</td><td>10분</td></tr>
<tr><td>B열차</td><td>25분</td></tr>
<tr><td>C열차</td><td>30분</td></tr>
</table>

```
9시 30분
9시 50분
... 생략 ...
18시 0분
```

해결

ch07_appEx_02.py

```python
trainA = 10
trainB = 25
trainC = 30

for n in range(1, 541):
    if n % trainA == 0 and n % trainB == 0:
        print(9+n//60, end='')
        print('시 ', end='')
        print(n%60, end='')
        print('분')
    elif n % trainB == 0 and n % trainC == 0:
        print(9+n//60, end='')
        print('시 ', end='')
        print(n%60, end='')
        print('분')
    elif n % trainC == 0 and n % trainA == 0:
        print(9+n//60, end='')
        print('시 ', end='')
        print(n%60, end='')
        print('분')
```

실전 예제

로그인 기능 만들기

문제

시스템 관리자(administrator) 로그인 기능을 만들어봅시다.

- 관리자가 암호를 입력하고 로그인을 시도할 때 암호가 틀렸다면 '암호를 다시 확인하세요!'를 출력하고 다시 암호를 물어봅니다. 5회 이상 로그인에 실패하면 '로그인 실패!! 횟수 초과!!!' 메시지를 출력하고 종료합니다.
- 암호가 올바르다면 '로그인 됐습니다.'를 출력하고 종료합니다. 올바른 암호는 'hanbitac'입니다.

```
관리자 암호를 입력하세요. hanbitac
로그인 됐습니다.
```

해결

ch07_appEx_03.py

```
adminPw = 'hanbitac'
count = 1

while True:
    if count > 5:
        print('로그인 실패!! 횟수 초과!!!')
        break

    inputPw = input('관리자 암호를 입력하세요. ')

    if inputPw != adminPw:
        print('암호를 다시 확인하세요!')
        count += 1
    elif inputPw == adminPw:
        print('로그인 됐습니다.')
        break
```

요약

01 반복문은 컴퓨터가 같은 일을 반복할 수 있도록 하는 명령문입니다.

02 파이썬에 사용하는 반복문은 for문과 while문이 있습니다. for문은 지정된 횟수에 따라 반복하고 while문은 조건식의 결과가 참일 때 반복합니다.

〈for문〉

```
for i in range(5) :  → 5회 반복 실행
    실행문
```

〈while문〉

```
while num > 10 :  → num이 10보다 크다면 반복 실행
    실행문
```

03 range() 함수는 범위를 설정하는 함수로, 데이터를 3개 받습니다. 첫 번째는 범위 설정의 '시작', 두 번째는 '끝', 마지막 세 번째는 '단계'를 나타냅니다.

04 횟수를 중요시하는 반복문은 for문을 사용하고 특정 조건을 중요시하는 반복문은 while문을 사용합니다.

05 반복문을 빠져 나오지 못하고 영원히 반복하는 것을 '무한 루프'에 빠졌다고 합니다. 무한 루프에 빠지지 않기 위해서는 조건식의 결과로 거짓이 나올 수 있도록 코딩해야 합니다.

06 중첩 반복문은 반복문 내에 또 다른 반복문이 오는 것을 말합니다. 주로 for문을 중첩하여 사용합니다.

```
for n1 in range(3) :              } 반복문 1
    ...
    for n2 in range(5) :  } 반복문 2
        ...
```

연습문제

01 다음 중 반복문을 나타내는 키워드가 아닌 것은 무엇인가?

① for　　② for~else
③ while　　④ loop

02 다음 반복문의 실행 결과로 옳은 것은 무엇인가?

```
for n in range(5):
    print('n = ', n)
```

①
```
n =  0
n =  1
n =  2
n =  3
n =  4
```

②
```
n =  1
n =  2
n =  3
n =  4
n =  5
```

③
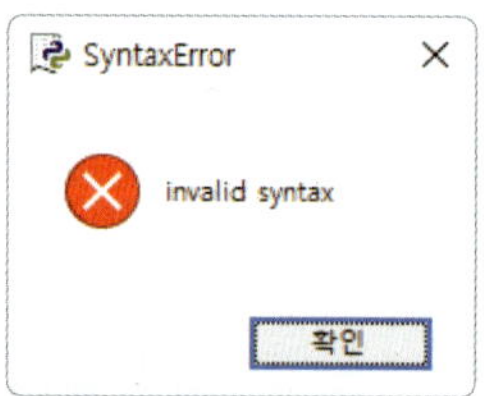

④
```
n =  10
```

03 다음 중 무한 루프에 빠질 가능성이 매우 높은 프로그램을 모두 고르시오.

①
```
while True:
    print('Hello~')
```

②
```
while not False:
    print('Hello~')
```

③
```
while 0:
    print('Hello~')
```

④
```
while not 0:
    print('Hello~')
```

04 사용자가 입력한 양수를 이용해 팩토리얼 값을 구하는 프로그램을 만드시오. 팩토리얼 n!은 1부터 양의 정수 n까지의 모든 정수를 곱한 값을 말한다(예를 들어, 4!은 1×2×3×4 = 24이다).

05 0부터 100 사이의 난수를 발생시키고 사용자가 난수를 맞힐 때까지 계속해서 물어보는 게임을 만드시오. 다음은 프로그램 개발에 필요한 요구 사항이다.

- 1부터 100까지의 난수를 발생시킨다.
- 사용자가 입력한 숫자가 난수와 일치하면 '정답입니다.'를 출력하고 게임을 종료한다.
- 사용자가 입력한 숫자가 난수와 일치하지 않으면 '틀렸습니다. 다시 입력하세요.'를 출력하고, 다시 물어본다.
- 기회는 10회로 제한한다. 만약 열 번을 넘어가면 '게임에 졌습니다.'를 출력하고 게임을 종료한다.
- 사용자가 틀릴 때마다 사용자가 입력한 숫자와 난수를 비교해서 크고, 작음을 출력한다.
- 게임이 종료하기 전 난수를 출력한다.

06 다음 요구조건을 참고하여 가로와 세로 길이의 변화에 따른 사각형의 넓이를 구하는 프로그램을 만드시오.

- 가로 길이는 1부터 2의 배수로 증가한다.
- 세로 길이는 1부터 3의 배수로 증가한다.
- 사각형의 넓이가 150보다 크면 프로그램을 종료한다.
- 가장 작은 사각형과 가장 큰 사각형의 넓이를 출력한다.

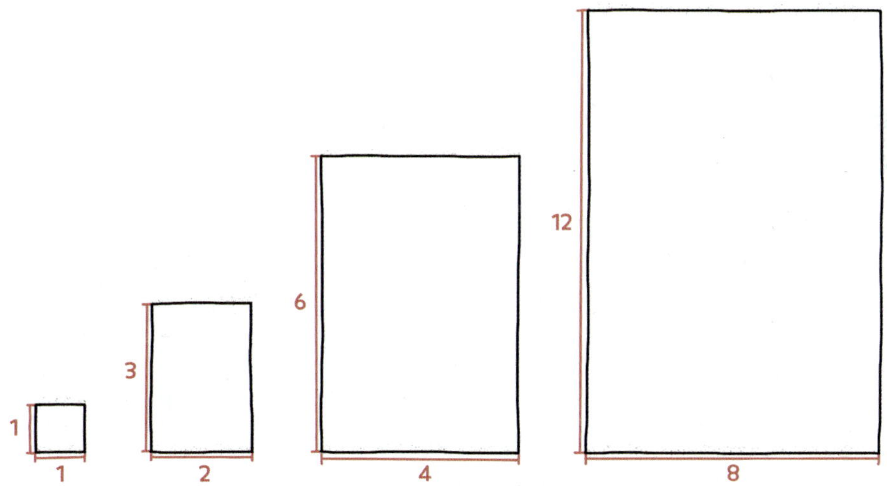

CHAPTER 08

리스트

학습목표

- 데이터를 묶어서 관리하는 컨테이너 자료형에 대해서 알아봅니다.
- 리스트의 개념을 이해하고 선언 방법을 알아봅니다.
- 리스트 내 아이템을 접근하는 방법을 알아봅니다.
- 리스트에 아이템을 삽입, 삭제, 정렬하는 방법을 알아봅니다.
- 리스트를 활용하여 시나리오 기반의 예제를 풀어봅니다.

Preview

우리는 지금까지 한 변수에 한 가지 데이터만 담아서 관리해왔습니다. 마치 쇼핑몰에서 옷 5벌을 샀는데 한 박스에 한 벌의 옷을 담아 다섯 번 배달하는 것과 같습니다. 이러한 불편함을 해결하기 위해 이번 장에서는 데이터를 묶어서 관리하는 컨테이너 자료형의 종류와 사용 방법을 알아봅니다.

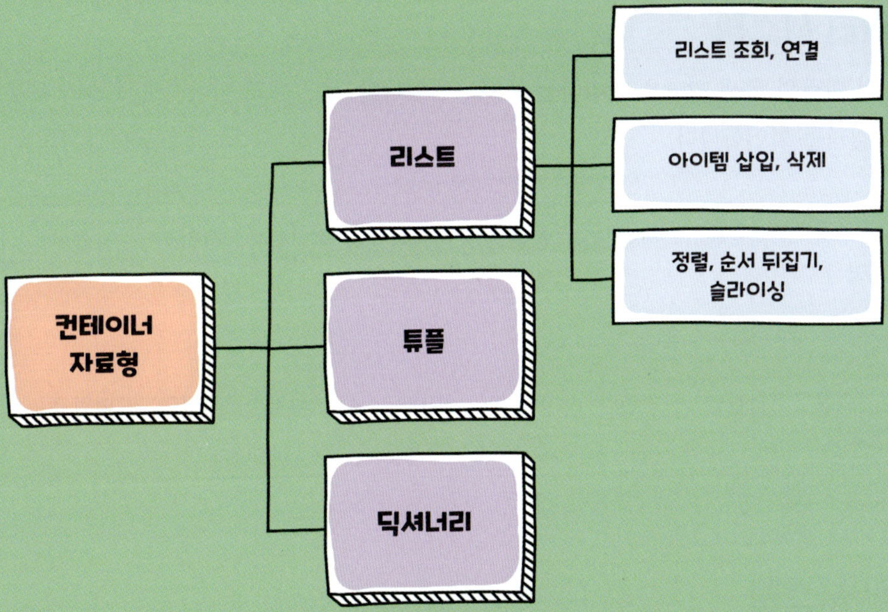

Section 01

이 장에서 만들 프로그램

1 출석부 관리 시스템

리스트를 이용해서 학급의 학생 명단을 관리하는 프로그램입니다. 총 7개의 시나리오에 따라 프로그램을 작성하고 결과를 확인합니다.

```
시나리오 #1 ['정우람', '박으뜸', '배힘찬', '천영웅', '신석기', '배민규', '전민수', '박건우',
'박찬호', '이승엽']

... 생략...

시나리오 #7 ['천영웅', '정잘남', '전민수', '이승엽', '이병규', '신석기', '배힘찬', '배민규',
'박으뜸', '박건우']
```

2 혈액 보관 시스템

헌혈 프로그램을 통해서 10명의 기부자에게 혈액을 받아 리스트에 보관하고, 보관하고 있는 혈액형을 종류별로 몇 팩씩 보유하고 있는지 한눈에 보여주는 프로그램입니다.

```
헌혈해 주셔서 감사합니다. 혈액형을 선택하세요
A, B, AB, O : A
... 생략...
------------------------------
혈액형 : 개수
------------------------------
A형 : 3
B형 : 2
AB형 : 2
O형 : 3
------------------------------
```

Section 02 컨테이너 자료형이란?

프로그램을 개발하다보면 변수를 이용해서 데이터를 하나씩 저장하여 사용하기보다 여러 데이터를 묶어서 저장하고 관리하는 것이 훨씬 효율적일 때가 있습니다. 예를 들어 다음 코드를 봅시다. '사과', '포도', '복숭아', '연필', '칼' 등의 데이터를 각각의 변수에 저장했습니다.

```
>>> fruit1 = '사과'
>>> fruit2 = '포도'
>>> fruit3 = '복숭아'
>>> tool1 = '연필'
>>> tool2 = '칼'
```

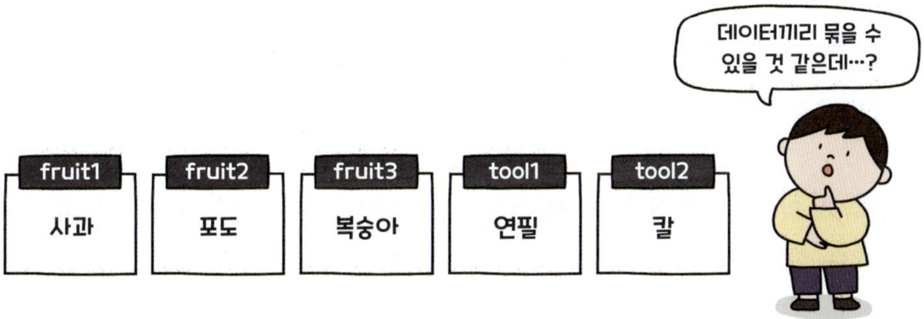

그림 8-1 5개의 변수에 각각 저장된 데이터

이 코드는 당연히 정상입니다. 그런데 데이터를 자세히 보면 '사과', '포도', '복숭아'는 fruits(과일)로, '연필', '칼'은 tools(도구)로 묶을 수 있어 보입니다. 이와 같이 데이터를 묶어서 표현하는 것을 '컨테이너(container) 자료형'이라고 합니다. 컨테이너 자료형은 '데이터 집합체'를 뜻합니다.

그림 8-2 **컨테이너 자료형의 개념**

[그림 8-2]를 코드로 나타내면 다음과 같습니다. 데이터를 각각의 변수에 저장하여 관리하는 것보다 코드도 짧고 표현도 간결합니다.

```
>>> fruits = ['사과', '포도', '복숭아']
>>> tools = ['연필', '칼']
```

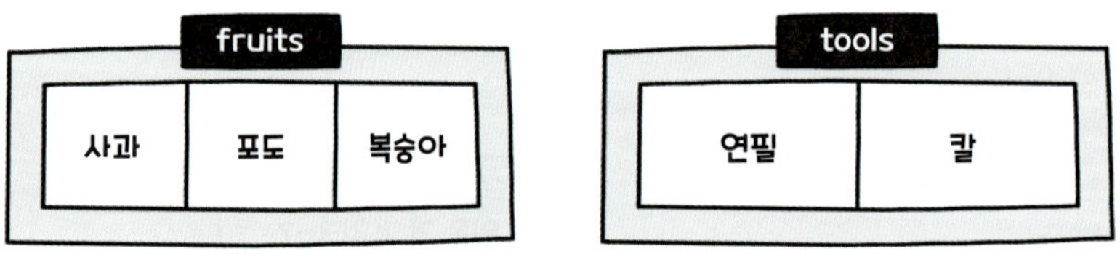

그림 8-3 **2개의 변수에 저장된 5개의 데이터**

컨테이너 자료형은 우리 일상에서도 쉽게 찾아볼 수 있습니다. MP3 음원 리스트, 장바구니의 쇼핑 목록, 아파트 동 · 호수, 학급의 학생 이름 등이 컨테이너 자료형의 예입니다.

(a) MP3 음원 리스트 (b) 장바구니 쇼핑 목록 (c) 아파트 동 · 호수 (d) 학급 학생 이름

그림 8-4 **컨테이너 자료형의 예**

컨테이너 자료형은 많은 데이터를 효율적으로 관리하기 위해 사용합니다. 파이썬에서 제공하는 대표적인 컨테이너 자료형에는 '리스트(list)', '튜플(tuple)', '딕셔너리(dictionary)'가 있습니다. 이 장에서는 리스트를 배우고 다음 9장에서 튜플과 딕셔너리의 특징과 사용 방법에 대해 살펴보겠습니다.

하나 더 알기 **컨테이너 자료형 전부를 알아야 하나요?**

파이썬 외에 다른 프로그래밍 언어에서도 컨테이너 자료형을 제공합니다. Java, C++, C#의 경우 컨테이너 자료형의 종류만 해도 10개가 넘습니다. 그러나 이렇게 많은 컨테이너 자료형을 다 알아야 하는 것은 아닙니다. 대표적인 몇 가지만 기본적으로 익히고 그 외 것들은 필요할 때 찾아서 학습하면 됩니다.

확인문제

1. 컨테이너 자료형에 대한 설명으로 옳은 것은 무엇인가?
   ① 컨테이너 자료형을 사용하면 메모리가 낭비된다.
   ② 파이썬에서 컨테이너 자료형은 극히 제한적으로 사용된다.
   ③ 여러 개의 데이터를 묶어 놓은 것이다.
   ④ 학생 명단의 경우 컨테이너 자료형을 이용하면 데이터 관리 측면에서 좋지 않다.

2. 파이썬에서 사용하는 컨테이너 자료형이 아닌 것은 무엇인가?
   ① 리스트(list) ② 튜플(tuple)
   ③ 딕셔너리(dictionary) ④ 해시맵(hashMap)

정답

1. ③ 2. ④

Section 03 리스트란?

1 리스트의 개념

파이썬의 리스트(list)는 [사과, 포도, 수박, 참외], [한국, 미국, 일본, 중국] 등과 같이 같은 유형의 데이터를 나열한 것을 말합니다. 예를 들어 과일의 종류를 리스트로 작성하면 다음과 같습니다.

```
>>> fruits = ['사과', '포도', '수박', '참외', '배', '자두', '복숭아', '바나나']
```

리스트는 어떤 데이터 집합을 순차적으로 나열하고자 할 때 사용합니다. 리스트 내 데이터는 메모리의 연속된 공간에 순서대로 저장됩니다.

fruits	사과	포도	수박	참외	배	자두	복숭아	바나나

그림 8-5 메모리에 저장된 fruits 리스트 모습

하나 더 알기 **리스트가 배열 아닌가요?**

다른 프로그래밍 언어를 배워봤다면 '배열'이라는 단어를 들어본 적이 있을 것입니다. 파이썬에서는 리스트로 배열을 대신합니다. 배열은 선언할 때 배열의 크기를 미리 결정해야 하지만, 리스트는 배열의 크기를 미리 정할 필요가 없습니다.

2 리스트 선언

리스트를 선언할 때는 대괄호([ ])를 이용해서 데이터를 묶고, 데이터와 데이터는 쉼표(,)로 구분합니다. 다음은 fruits라는 이름의 리스트를 선언하고 8개의 데이터를 저장한 모습입니다. fruits는 리스트를 저장하는 변수 이름입니다.

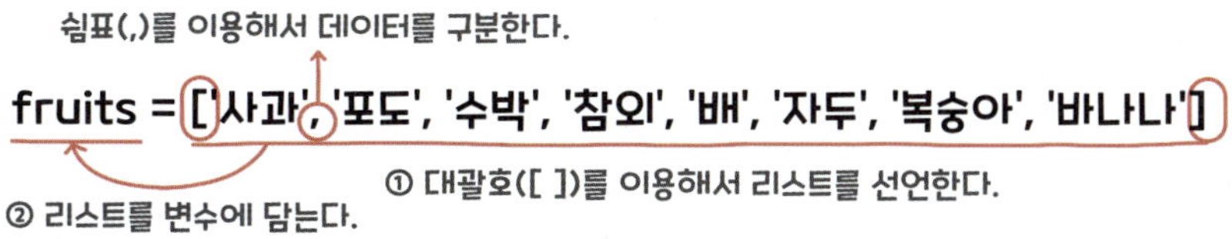

그림 8-6 fruits 리스트 선언

이렇게 선언된 fruits 리스트는 8개의 데이터를 메모리에 순차적으로 저장합니다. 다음은 fruits 리스트가 메모리에 저장된 모습을 나타냅니다.

그림 8-7 리스트가 메모리에 저장된 모습

[그림 8-7]을 보면 fruits 변수에 리스트 자체가 담기는 것이 아니라 리스트 내 첫 번째 데이터의 메모리 주소가 담깁니다. 예를 들어 아파트에 사과가 501호, 포도가 502호, … 바나나가 508호라면 fruits에는 사과의 주소인 501이 저장됩니다. 이것을 프로그래밍에서는 'fruits에 리스트의 메모리 주소를 할당한다.'고 합니다. 그렇다면 선언된 리스트를 출력해보겠습니다. 셸 모드에서 리스트를 선언한 후 fruits만 입력하고 Enter를 누르면 됩니다.

```
>>> fruits = ['사과', '포도', '수박', '참외', '배', '자두', '복숭아', '바나나']
>>> fruits  ← 리스트 출력
['사과', '포도', '수박', '참외', '배', '자두', '복숭아', '바나나']
```

셸 모드가 아닌 코드 편집기에서는 리스트를 선언한 후 print(fruits)를 코딩하고 실행합니다.

코드 8-1 ch08_01.py

```
fruits = ['사과', '포도', '수박', '참외', '배', '자두', '복숭아', '바나나']
print(fruits)  ← 리스트 출력
```

```
['사과', '포도', '수박', '참외', '배', '자두', '복숭아', '바나나']
```

3 리스트와 데이터

리스트에 포함되는 데이터는 어떤 자료형이든 상관없습니다. 예를 들어 정수, 실수, 문자(열)이 하나의 리스트로 묶일 수도 있습니다.

```
>>> complexList = [10, 3.14, 'a', 'hello']  ← 정수, 실수, 문자, 문자열을 포함한다.
>>> complexList
[10, 3.14, 'a', 'hello']
```

데이터가 없는 리스트도 있을까요? 네, 다시 말해서 텅 빈 리스트도 있습니다. 다음 코드로 확인해 보겠습니다.

```
>>> member = []        ← 리스트 선언
>>> member             ← 리스트 출력
[]                     ← 리스트 출력 결과
>>> type(member)       ← 자료형 출력
<class 'list'>         ← 자료형 출력 결과
```

member는 분명히 리스트이지만 안에 데이터가 하나도 없습니다. 이런 리스트는 아직 데이터가 정해지지 않은 경우에 사용합니다. 예를 들어 온라인 사이트에서 회원 정보를 담고 있는 리스트의 경우 아직 가입된 회원이 없거나 모든 회원이 탈퇴한 경우라면 텅 빈 리스트로 존재하게 됩니다.

확인문제

1. 다음 회의 참석자 명단을 리스트로 선언하고 attendList 변수에 담아보자.

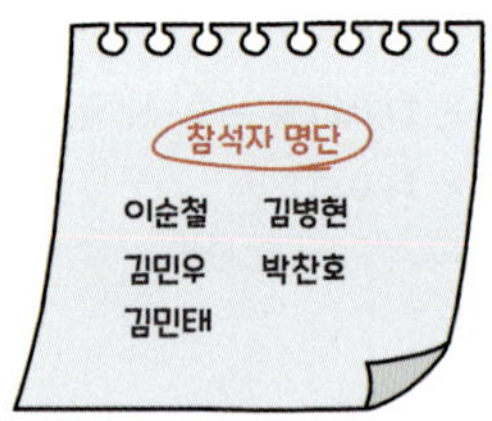

2. 다음 중 리스트 선언이 <u>틀린</u> 것은 무엇인가?

① numbers = [1, 2, 3, 4, 5, 6, 7]
② numbers = [1, 2.0, 3.141592, 40, '5', "6"]
③ greetings = []
④ nations = ['kor', 'usa', 'jap')

정답

1. attendList = ['이순철', '김민우', '김민태', '김병현', '박찬호']
2. ④

Section 04

리스트 조회하기

1 특정 아이템 조회

리스트 안에 각각의 데이터를 '아이템' 또는 '요소'라고 합니다. fruits 리스트에서 아이템은 사과, 포도, 수박, …, 바나나 총 8개가 있습니다. 그렇다면 각각의 아이템은 어떻게 조회할까요? [코드 8-1]에서 실습했듯이 fruits 변수만 입력하고 실행하면 리스트 전체가 출력될 뿐 각각의 아이템은 조회할 수 없습니다.

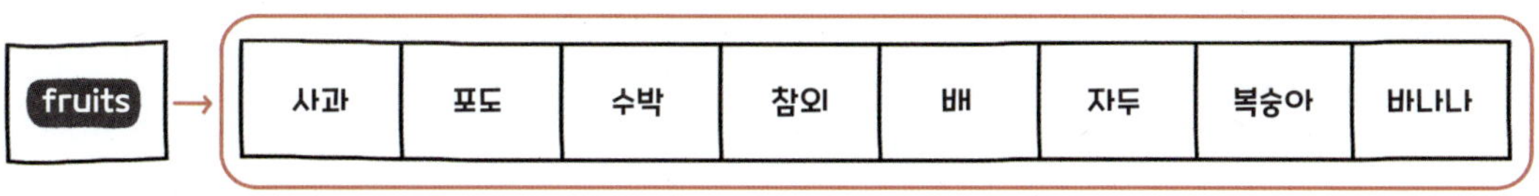

그림 8-8 fruits는 리스트 전체를 참조함

이럴 때 인덱스를 사용합니다. 인덱스(index)는 리스트가 메모리에 저장될 때 아이템마다 자동으로 부여되는 일종의 번호표로 항상 0부터 시작합니다. 만약 리스트에 아이템이 추가되거나 삭제되면 인덱스도 자동으로 바뀝니다.

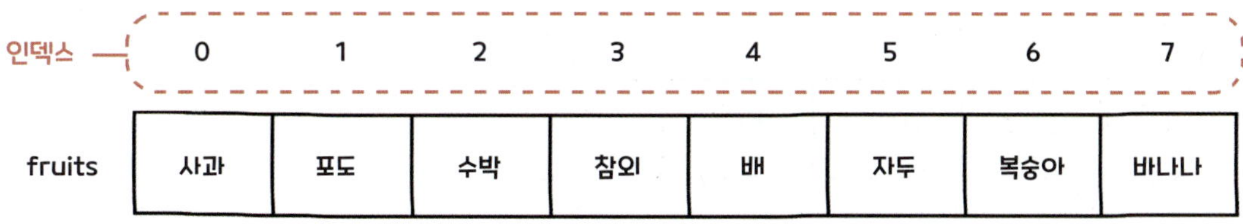

그림 8-9 아이템과 인덱스

인덱스를 이용하여 아이템을 참조해보겠습니다. 여기서 '참조(reference)'란 메모리에 저장된 아이템의 주소에 접근하는 것을 말합니다. 아이템을 참조하기 위해서는 리스트를 담고 있는 '변수명(fruits)'과 '인덱스(0, 1, …, 7)'를 합쳐서 사용합니다.

```
>>> fruits = ['사과', '포도', '수박', '참외', '배', '자두', '복숭아', '바나나']
>>> fruits[0] ● 인덱스가 0인 아이템(사과)을 참조
'사과'
>>> fruits[1] ● 인덱스가 1인 아이템(포도)을 참조
'포도'
>>> fruits[2] ● 인덱스가 2인 아이템(수박)을 참조
'수박'
```

만약 리스트에서 존재하지 않는 인덱스를 참조하면 어떻게 될까요? 당연히 에러가 발생합니다. 다음 코드로 확인해봅시다.

```
>>> member = ['박찬호', '박지성', '박세리'] ● member 리스트 선언
>>> member[0] ● 인덱스 0인 아이템 출력
'박찬호'
>>> member[1] ● 인덱스 1인 아이템 출력
'박지성'
>>> member[3] ● 인덱스 3인 아이템 출력(에러 발생)
Traceback (most recent call last):
  File "<pyshell#20>", line 1, in <module>
    member[3]
IndexError: list index out of range
```

member[3]은 인덱스가 3인 아이템을 참조하기 위한 코드입니다. member는 0부터 2까지의 인덱스만 존재하고 3은 존재하지 않습니다. 이런 경우 메모리에 없는 아이템을 참조하기 때문에 인덱스 에러(list index out of range)가 발생합니다.

그림 8-10 존재하지 않는 인덱스를 참조한 에러 발생

리스트를 사용할 때는 항상 리스트의 인덱스 끝이 어디인지 파악해야 합니다. 인덱스의 끝은 항상 아이템 개수보다 1이 작습니다. 그러므로 member 리스트의 아이템 개수는 3으로 인덱스의 끝은 3보다 1이 작은 2입니다.

특히 조건문, 반복문과 맞물려 인덱스 에러가 자주 발생하므로 주의하세요!

확인문제

1. 다음 프로그램의 실행 결과로 옳은 것은 무엇인가?

```
fruits = ['apple', 'melon', 'watermelon', 'plum', 'banana']
print(fruits[0])
print(fruits[3])
print(fruits[4])
```

①
```
'banana'
'plum'
'apple'
```

②
```
'apple'
'plum'
'banana'
```

③ 에러 발생

④ `'apple', 'plum', 'banana'`

2. 다음 프로그램의 실행 결과로 옳은 것은 무엇인가?

```
numbers = [1, 2, 3, 4, 5]
print(fruits[5])
```

① 5 ② 4 ③ 에러 발생 ④ 1

정답

1. ② 2. ③

2 리스트 길이 조회

리스트 길이란 리스트의 아이템 개수를 뜻하는 것으로 len() 함수를 사용하면 알 수 있습니다. 다음은 len() 함수를 이용해서 리스트의 길이를 확인하는 코드입니다.

```
>>> numbers = [1, 2, 3, 4, 5]   ← 리스트 선언
>>> numbers                     ← 리스트 출력
[1, 2, 3, 4, 5]
>>> len(numbers)                ← 리스트 길이 출력
5
```

len() 함수는 파이썬에 기본적으로 내장되어 있는 함수로, 리스트의 길이 외에도 문자열의 길이를 확인할 때도 사용합니다.

```
>>> len('python')          문자열('python') 길이 출력
6
>>> len(' p y t h o n ')   문자열(' p y t h o n ') 길이 출력(공백문자 포함)
13
```

다음 infos 리스트는 학생의 개인 정보를 저장합니다. 이 리스트에 몇 개의 개인 정보가 저장되어 있는지 확인해봅시다.

```
>>> infos = ['홍길동', 20, '서울시 종로구', '독서', 'O형']
>>> len(infos)
5
```

문제 해결 8-1 입력한 글자 수 확인하기

ch08_sol_01.py

사용자로부터 메시지를 입력 받고, 입력 받은 문자열의 길이를 출력하는 프로그램을 만들어봅시다.

```
message = input('메시지를 입력하세요. ')
print(len(message))
```

```
메시지를 입력하세요. 내 이름은 홍길동입니다.
13
```

확인문제

다음 프로그램의 실행 결과로 옳은 것은 무엇인가?

```
print(len([1, 2, 3, 4, 5, 6, 7]))
print(len(['Hello Python!!']))
print(len('Hello Python!!'))
```

① 7
1
14

② 7
14
14

③ 7
1
1

④ 7
에러 발생

정답

①

3 리스트 전체 조회

리스트의 모든 아이템을 조회해야 할 경우 7장에서 배운 반복문을 이용합니다.

for문 이용

for문의 이터러블에 리스트를 넣어주면 리스트의 전체 아이템을 조회할 수 있습니다.

```
balls = ['야구공', '축구공', '탁구공', '골프공', '농구공']

for item in balls:
    print('item : ', item)
```

그림 8-11 for문을 이용한 전체 아이템 조회

코드 8-2 ch08_02.py

```
balls = ['야구공', '축구공', '탁구공', '골프공', '농구공']

for item in balls:
    print('item : ', item)
```

```
item :  야구공
item :  축구공
item :  탁구공
item :  골프공
item :  농구공
```

for문을 이용해서 리스트의 아이템을 조회할 때 인덱스도 출력할 수 있습니다. 다음 코드에서 enumerate()는 리스트 balls의 인덱스 번호와 아이템을 반환합니다.

> enumerate는 '나열하다', '열거하다'라는 뜻을 가지고 있습니다.

코드 8-3 ch08_03.py

```
balls = ['야구공', '축구공', '탁구공', '골프공', '농구공']

for index, item in enumerate(balls):
    print('index : ', index, ', item : ', item)
```

enumerate(balls): — balls의 인덱스와 아이템을 반환

```
index :  0 , item :  야구공
index :  1 , item :  축구공
index :  2 , item :  탁구공
index :  3 , item :  골프공
index :  4 , item :  농구공
```

while문 이용

while문의 경우 리스트의 길이를 출력하는 len() 함수를 이용하면 리스트의 전체 아이템을 조회할 수 있습니다.

코드 8-4 ch08_04.py

```
balls = ['야구공', '축구공', '탁구공', '골프공', '농구공']
i = 0

while i < len(balls):
    print(balls[i])
    i += 1
```

```
야구공
축구공
탁구공
골프공
농구공
```

확인문제

다음 실행 결과를 보고 프로그램의 빈칸을 채우시오.

```
languages = ['python', ______, 'c#', 'java']
for index, item in ______(languages):
    print('index : ', index, ', language : ', ______)
```

```
index :  0 , language :  python
index :  1 , language :  c/c++
index :  2 , language :  c#
index :  3 , language :  java
```

정답

'c/c++', enumerate, item

4 인덱스 조회

리스트에서 특정 아이템의 인덱스 값을 조회하기 위해서는 index() 함수를 이용합니다. index() 함수의 괄호 안에 아이템을 넣어주면 해당 인덱스 값을 출력합니다.

```
>>> numbers = [10, 20, 30, 40, 50]   ← 리스트 선언
>>> numbers                          ← 리스트 출력
[10, 20, 30, 40, 50]
>>> numbers.index(20)                ← 아이템 20에 해당하는 인덱스 조회
1
>>> numbers.index(50)                ← 아이템 50에 해당하는 인덱스 조회
4
```

만약 조회하려는 아이템이 2개 이상인 경우 가장 앞에 있는 아이템의 인덱스 값이 출력됩니다.

```
>>> numbers = [10, 20, 30, 40, 10]
>>> numbers.index(10)                ← 가장 앞에 있는 아이템 10에 해당하는 인덱스 조회
0
```

index() 함수는 문자열에서 특정 문자나 특정 문자열의 위치를 찾을 때도 사용합니다. 예를 들어 'python'이라는 문자열에서 'th' 문자열의 위치를 알고자 할 때 index() 함수를 다음과 같이 사용합니다.

```
>>> str = 'python'
>>> str.index('th')
2
```

'th' 문자열은 'python' 문자열에서 인덱스가 2인 지점에 있기 때문에 실행 결과로 2가 출력됐습니다.

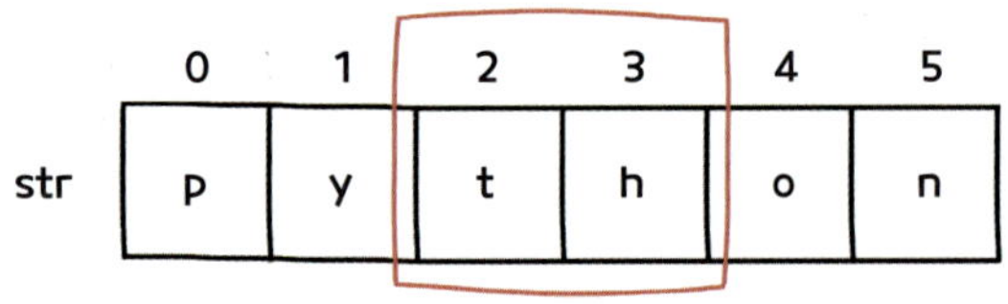

그림 8-12 문자열 내 특정 문자열 위치 찾기

만약 찾는 문자열이 없을 경우 에러가 발생합니다.

```
>>> str = 'python'
>> str.index('a')
Traceback (most recent call last):
  File "<pyshell#2>", line 1, in <module>
    str.index('a')
ValueError: substring not found
```

확인문제

1. 다음 리스트에서 마지막 인덱스 값을 출력하는 프로그램을 만드시오.

```
sports = ['baseball', 'basketball', 'tennis', 'golf', 'soccer']
```

2. 다음 리스트에서 'python' 문자열의 인덱스 값을 출력하는 프로그램을 만드시오.

```
languages = ['c/c++', 'c#', 'python', 'java']
```

정답

1.

```
sports = ['baseball', 'basketball', 'tennis', 'golf', 'soccer']
print(len(sports) - 1)
```

2.

```
languages = ['c/c++', 'c#', 'python', 'java']
print(languages.index('python'))
```

Section 05

아이템 삽입하기

1 리스트 마지막에 삽입

리스트 끝에 아이템을 추가하기 위해서는 append() 함수를 이용합니다. append() 함수를 사용하면 새로운 아이템이 리스트의 마지막에 추가되고 그에 따라 인덱스도 1 증가합니다.

```
>>> sports = ['football', 'baseball', 'volleyball']    리스트 선언
>>> sports                                             리스트 출력
['football', 'baseball', 'volleyball']
>>> sports.append('basketball')                        리스트에 아이템 추가
>>> sports                                             리스트 출력
['football', 'baseball', 'volleyball', 'basketball']
>>> sports[3]                                          인덱스가 '3'인 아이템 출력
'basketball'
```

문제 해결 8-2 **취미 추가하기** ch08_sol_02.py

다음은 홍길동 학생의 취미를 리스트로 선언한 프로그램입니다. 이번 학기에 배구를 배우면서 취미가 추가되었습니다. '배구'를 리스트의 맨 끝에 추가해봅시다.

```
hobby = ['독서', '등산', '요리']
print('홍길동 학생의 취미 : ', hobby)

# '배구' 취미 추가
hobby.append('배구')
print('홍길동 학생의 취미 : ', hobby)
```

```
홍길동 학생의 취미 :  ['독서', '등산', '요리']
홍길동 학생의 취미 :  ['독서', '등산', '요리', '배구']
```

2 특정 위치에 삽입

리스트의 원하는 위치에 아이템을 삽입할 때는 insert() 함수를 이용합니다. 새로운 아이템이 특정 인덱스에 삽입되면 그 이후의 아이템은 인덱스가 1씩 밀립니다. 다음은 인덱스 1에 알파벳 b를 삽입하는 과정을 나타냅니다.

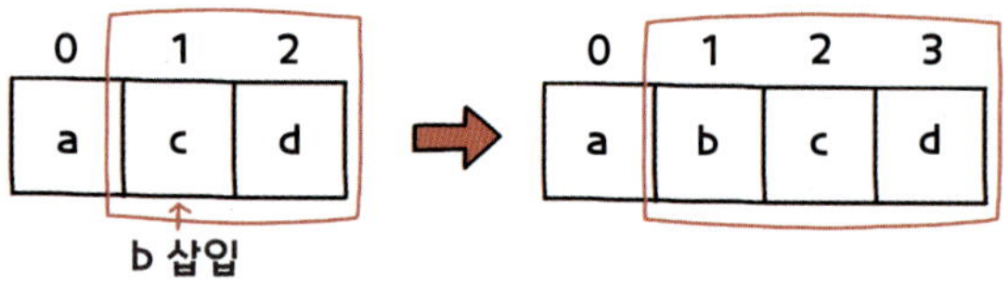

그림 8-13 **특정 위치에 아이템 삽입**

insert() 함수는 괄호 안에 2개의 매개변수를 필요로 합니다. 하나는 삽입할 위치를 가리키는 인덱스 값이고, 다른 하나는 삽입할 아이템 값입니다. countries 리스트의 인덱스 1에 usa를 삽입해봅시다.

```
>>> countries = ['korea', 'china', 'japan']
>>> countries
['korea', 'china', 'japan']
>>> countries.insert(1, 'usa')      아이템('usa') 삽입
>>> countries                       리스트 출력
['korea', 'usa', 'china', 'japan']
```

매개변수란 함수를 사용할 때 전달해야 하는 데이터를 의미합니다.

문제 해결 8-3 **누락된 숫자 추가하기** ch08_sol_03.py

다음 number 리스트를 보고 숫자 1~10 중 누락된 숫자를 추가해봅시다.

numbers = [1, 2, 3, 4, 5, 7, 8, 9]

```
numbers = [1, 2, 3, 4, 5, 7, 8, 9]
print('numbers : ', numbers)

numbers.insert(5, 6)
numbers.append(10)
print('numbers : ', numbers)
```

```
numbers :  [1, 2, 3, 4, 5, 7, 8, 9]
numbers :  [1, 2, 3, 4, 5, 6, 7, 8, 9, 10]
```

확인문제

1. 다음 프로그램의 실행 결과로 예상되는 것은 무엇인가?

```
scores = [85, 90, 100, 80, 95]
print('scores : ', scores)

scores.append(75)
print('scores : ', scores)

print('75의 index : ', scores.index(75))
```

①
```
scores :  [85, 90, 100, 80, 95, 75]
75의 index :  5
```

②
```
scores :  [85, 90, 100, 80, 95]
scores :  [85, 90, 100, 80, 95, 75]
75의 index :  4
```

③
```
scores :  [85, 90, 100, 80, 95]
scores :  [85, 90, 100, 80, 95, 75]
75의 index :  5
```

④
```
scores :  [85, 90, 100, 80, 95]
75의 index :  6
```

2. 다음 프로그램과 실행 결과를 보고 빈칸에 알맞은 코드를 완성하시오.

```
weatherInfo = ['The', 'weather', 'very']
for item in weatherInfo:
    print(item, ' ', end='')
else:
    print()

weatherInfo.[        ]([    ], 'is')
weatherInfo.insert([    ], [        ])
for item in weatherInfo:
    print(item, ' ', end='')
else:
    print()
```

```
The  weather  very
The  weather  is  very  cold.
```

정답

1. ③ 2. insert, 2, 4, 'cold.'

Section 06 리스트 연결하기

리스트에 또 다른 리스트를 연결할 때는 extend() 함수를 사용합니다. 함수 안에는 연결할 리스트 이름을 넣어줍니다.

```
>>> list1 = [1, 2, 3]          list1 선언
>>> list1
[1, 2, 3]
>>> list2 = [10, 20, 30]       list2 선언
>>> list2
[10, 20, 30]
>>> list1.extend(list2)        list1에 list2를 붙임
>>> list1                      list1 출력
[1, 2, 3, 10, 20, 30]
```

extend() 함수 대신 '+' 기호를 이용해서 리스트를 연결할 수도 있습니다.

```
>>> list1 = [1, 2, 3]          list1 선언
>>> list2 = [10, 20, 30]       list2 선언
>>> list1 = list1 + list2      list1에 list2를 붙임
>>> list1                      list1 출력
[1, 2, 3, 10, 20, 30]
```

문제 해결 8-4 길동이와 둘리가 좋아하는 색상 출력하기

ch08_sol_04.py

길동이와 둘리가 좋아하는 색상을 gildongFavoriteColors 리스트와 doolyFavoriteColors 리스트에 따로 저장했습니다. 길동이, 둘리가 좋아하는 색상을 하나의 리스트로 합쳐봅시다.

```
gildongFavoriteColors = ['red', 'yellow', 'white']
doolyFavoriteColors = ['blue', 'purple', 'black']

gildongFavoriteColors.extend(doolyFavoriteColors)
print('FavoriteColors: ', gildongFavoriteColors)
```

```
FavoriteColors:  ['red', 'yellow', 'white', 'blue', 'purple', 'black']
```

Section

07 아이템 삭제하기

1 리스트 마지막 아이템 삭제

리스트 맨 끝의 아이템을 삭제할 때는 pop() 함수를 사용합니다. 함수의 괄호는 빈 채로 둡니다.

```
>>> sports = ['football', 'baseball', 'volleyball', 'basketball']
>>> sports
['football', 'baseball', 'volleyball', 'basketball']
>>> sports.pop()        # 마지막 아이템 삭제
'basketball'            # 삭제된 아이템 출력
>>> sports              # 리스트 출력
['football', 'baseball', 'volleyball']
```

pop() 함수는 실행 결과로 삭제된 아이템을 반환합니다. 따라서 삭제된 아이템은 다른 변수에 저장해서 별도로 관리할 수 있습니다. toys 리스트에서 pop() 함수로 삭제된 아이템을 result 변수에 저장한 후 출력해봅시다.

```
>>> toys = ['robot', 'airplane', 'car']
>>> toys
['robot', 'airplane', 'car']
>>> result = toys.pop()   # 마지막 아이템 삭제하고, result 변수에 저장
>>> result                # result 출력
'car'
```

2 특정 위치에 아이템 삭제

pop() 함수를 이용하면 리스트의 특정 인덱스에 있는 아이템도 삭제할 수 있습니다. 함수의 괄호 안에 삭제하려는 아이템의 인덱스 값을 써주면 됩니다.

```
>>> sports = ['football', 'baseball', 'volleyball', 'basketball']
>>> sports.pop(2)  ← 인덱스가 '2'인 아이템 삭제
'volleyball'
>>> sports  ← 리스트 출력
['football', 'baseball', 'basketball']
```

리스트의 특정 아이템을 삭제하면 그 이후 아이템은 인덱스가 1씩 줄어듭니다.

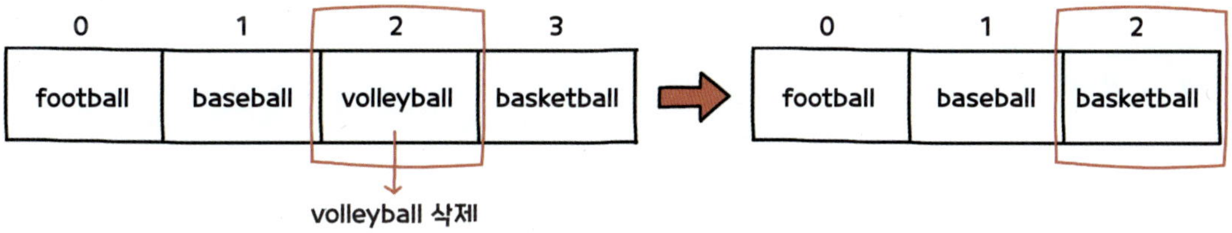

그림 8-14 **특정 위치에 아이템 삭제**

특정 위치의 아이템을 삭제할 때 pop() 함수 대신 del 키워드를 이용할 수도 있습니다.

```
>>> sports = ['football', 'baseball', 'volleyball', 'basketball']
>>> sports
['football', 'baseball', 'volleyball', 'basketball']
>>> del sports[2]  ← 인덱스2('volleyball') 아이템 삭제
>>> sports  ← 리스트 출력
['football', 'baseball', 'basketball']
```

문제 해결 8-5 toDoList 리스트에서 할 일 지우기 ch08_sol_05.py

다음은 오늘 하루 일과를 관리하기 위한 To Do List 프로그램입니다. 일이 끝날 때마다 리스트의 앞에서부터 아이템을 하나씩 삭제해봅시다.

```
toDoList = ['cleaning', 'shopping', 'TOEIC study', 'exercise']
print('오늘 할 일 : ', toDoList)

for i in range(len(toDoList)):
    print('끝난 일 : ', toDoList.pop(0))
    if len(toDoList) != 0:
        print('남은 일 : ', toDoList)
    else:
```

```
        print('할 일 끝~~!')
```

```
오늘 할 일 :  ['cleaning', 'shopping', 'TOEIC study', 'exercise']
끝난 일 :  cleaning
남은 일 :  ['shopping', 'TOEIC study', 'exercise']
끝난 일 :  shopping
남은 일 :  ['TOEIC study', 'exercise']
끝난 일 :  TOEIC study
남은 일 :  ['exercise']
끝난 일 :  exercise
할 일 끝~~!
```

pop() 함수는 리스트의 마지막 인덱스 또는 특정 인덱스의 데이터를 삭제하는 데 사용했습니다. 이번에는 특정 인덱스의 아이템이 아니라 특정 아이템을 찾아서 삭제하는 함수를 알아보겠습니다.

3 특정 아이템 삭제

remove() 함수를 이용하면 특정 아이템을 삭제할 수 있습니다. remove() 함수에 리스트에서 삭제하고자 하는 아이템을 넣어주면 해당하는 아이템이 삭제되고 리스트의 길이도 1만큼 줄어듭니다. languages 리스트에서 java를 찾아 삭제해봅시다.

```
>>> languages = ['c/c++', 'c#', 'java', 'python']
>>> languages
['c/c++', 'c#', 'java', 'python']
>>> languages.remove('java')  ── 아이템('java') 삭제
>>> languages                 ── 리스트 출력
['c/c++', 'c#', 'python']
```

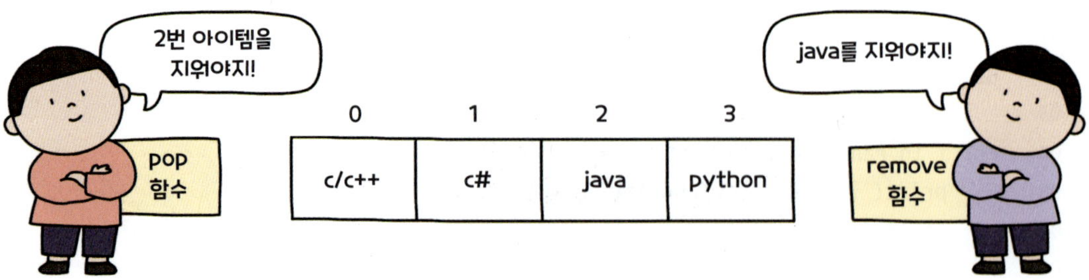

그림 8-15 pop() 함수와 remove() 함수

만약 리스트에 java가 한 개가 아닌 여러 개 있다면 어떻게 될까요? 이런 경우 가장 앞에 있는 아이템이 삭제됩니다.

```
>>> languages = ['java', 'c/c++', 'c#', 'java']
>>> languages
['java', 'c/c++', 'c#', 'java']
>>> languages.remove('java')          아이템('java') 삭제
>>> languages
['c/c++', 'c#', 'java']               앞에 있는 'java'만 삭제됨
```

그렇다면 리스트에 특정 아이템이 여러 개 저장된 경우 모두 찾아서 삭제하려면 어떻게 해야 할까요? 삭제하려는 아이템의 개수가 몇 개인지 알면 좋겠지만 리스트의 길이가 긴 경우 일일이 찾는 것이 쉽지 않습니다. 이 문제는 반복문을 이용하면 쉽게 해결할 수 있습니다. 다음은 for문과 while문을 이용해 리스트에 여러 개 저장된 특정 아이템을 찾아 모두 삭제하는 프로그램입니다.

코드 8-5 〈for문 이용〉 ch08_05.py

```
languages = ['java', 'c/c++', 'c#', 'java']
print(languages)

tempList = [0]                          # 무한 반복을 위한 리스트
for temp in tempList:                   # 무한 반복을 위한 for문
    tempList.append(temp)               # 무한 반복문

    for str in languages:               # languages 리스트의 아이템 검색 for문
        if str == 'java':               # 만약 아이템이 'java'라면
            languages.remove('java')    # 리스트에서 삭제

    if ('java' not in languages):       # 리스트에 'java'가 없다면
        break                           # 무한 반복 중지

print(languages)
```

```
['java', 'c/c++', 'c#', 'java']
['c/c++', 'c#']
```

코드 8-6 〈while문 이용〉 ch08_06.py

```
languages = ['java', 'c/c++', 'c#', 'java']
print(languages)

while ('java' in languages): # languages 리스트에 'java' 문자열이 있다면 반복
    languages.remove('java') # 리스트에서 삭제

print(languages)
```

```
['java', 'c/c++', 'c#', 'java']
['c/c++', 'c#']
```

문제 해결 8-6 과일 리스트에서 야채를 찾아 삭제하기 ch08_sol_06.py

다음은 냉장고에 있는 과일을 리스트로 나타낸 것입니다. 이중 과일이 아닌 '당근'과 '토마토'를 찾아 삭제하는 프로그램을 만들어봅시다.

```
fruits = ['사과', '망고', '당근', '수박', '포도', '참외',
          '토마토']
```

```
fruits = ['사과', '망고', '당근', '수박', '포도', '참외', '토마토']
print('fruits : ', fruits)

for item in fruits:
    if item == '당근' or item == '토마토':
        fruits.remove(item)

print('fruits : ', fruits)
```

```
fruits :  ['사과', '망고', '당근', '수박', '포도', '참외', '토마토']
fruits :  ['사과', '망고', '수박', '포도', '참외']
```

문제 해결 8-7 합격 여부 판정하기

ch08_sol_07.py

다음은 홍길동 수험생의 2020년 공인중개사 자격증 시험 성적표입니다. 아래 합격 기준에 만족하는지 구하는 프로그램을 만들어봅시다.

- 매 과목 100점을 만점으로 하여 매 과목 40점 이상
- 전 과목 평균 60점 이상 득점

홍길동 수험생 시험 성적

과목명	부동산학 개론	민법	공법	공시법	세법	중개사법
점수	55	35	40	70	65	30

```python
scores = [55, 35, 40, 70, 65, 30]

total = 0
underSubject = 0
average = 0

for score in scores:
    if score < 40:
        underSubject += 1
    total += score

print('40점 미만 과목 수 : ', underSubject)
average = total / len(scores)
print('평균 점수 : ', average)

# 합격 여부
if underSubject > 0 or average < 60:
    print('아쉽습니다. 불합격하셨습니다.')
else:
    print('축하합니다. 합격하셨습니다.')
```

```
40점 미만 과목수 :  2
평균 점수 :  49.166666666666664
아쉽습니다. 불합격하셨습니다.
```

Section 08

리스트 정렬하기/순서 뒤집기/슬라이싱

1 정렬하기

sort() 함수는 리스트의 아이템을 정렬하는 데 사용합니다. reverse 옵션이 False면 오름차순, True면 내림차순으로 정렬합니다.

```
>>> numbers = [5, 1, 3, 4, 2, 6]
>>> numbers
[5, 1, 3, 4, 2, 6]
>>> numbers.sort(reverse = False)   ← 리스트 오름차순 정렬
>>> numbers
[1, 2, 3, 4, 5, 6]
>>> numbers.sort(reverse = True)   ← 리스트 내림차순 정렬
>>> numbers
[6, 5, 4, 3, 2, 1]
```

오름차순 정렬의 경우 기본(default) 설정이므로 'reverse=False' 옵션을 명시하지 않아도 됩니다. 다음은 'reverse=False'를 생략한 코드로 위의 오름차순 정렬 결과와 같습니다.

```
>>> numbers = [5, 1, 3, 4, 2, 6]
>>> numbers
[5, 1, 3, 4, 2, 6]
>>> numbers.sort()   ← 오름차순 정렬(reverse 옵션 생략)
>>> numbers
[1, 2, 3, 4, 5, 6]
```

문제 해결 8-8 **모의고사 높은 성적순으로 정렬하기** ch08_sol_08.py

다음은 학생들의 모의고사 점수를 나타낸 리스트입니다. 점수를 내림차순으로 정렬해봅시다.

scores = [90, 100, 88, 85, 95, 92, 70, 75, 100, 92, 78, 80, 75, 95, 90, 100, 84]

```
scores = [90, 100, 88, 85, 95, 92, 70, 75, 100, 92, 78, 80, 75, 95, 90, 100, 84]
print('정렬 전 : ', scores)

scores.sort(reverse = True)
print('정렬 후 : ', scores)
```

```
정렬 전 :  [90, 100, 88, 85, 95, 92, 70, 75, 100, 92, 78, 80, 75, 95, 90, 100, 84]
정렬 후 :  [100, 100, 100, 95, 95, 92, 92, 90, 90, 88, 85, 84, 80, 78, 75, 75, 70]
```

문제 해결 8-9 회의 참석자 정렬하기

ch08_sol_09.py

다음은 회의 참석자 명단입니다. 참석자 명단을 오름차순과 내림차순으로 정렬해봅시다.

names = ['홍길동', '김길동', '이길동', '박길동', '정길동']

```
names = ['홍길동', '김길동', '이길동', '박길동', '정길동']

# 오름차순
names.sort()
print('오름차순 : ', names)

# 내림차순
names.sort(reverse = True)
print('내림차순 : ', names)
```

```
오름차순 :  ['김길동', '박길동', '이길동', '정길동', '홍길동']
내림차순 :  ['홍길동', '정길동', '이길동', '박길동', '김길동']
```

2 순서 뒤집기

reverse() 함수를 이용하면 리스트의 아이템을 역순으로 뒤집을 수 있습니다.

```
>>> vegetables = ['당근', '오이','양파','감자', '고구마']
>>> vegetables
['당근', '오이', '양파', '감자', '고구마']
```

```
>>> vegetables.reverse() ●——— 리스트 순서 뒤집기
>>> vegetables
['고구마', '감자', '양파', '오이', '당근']
```

3 슬라이싱

슬라이싱이란 리스트에서 필요한 부분의 아이템만 뽑아내는 것을 말합니다. 예를 들어 길이가 5인 리스트에서 인덱스 1부터 3까지 세 개의 아이템만 뽑고자 할 때 대괄호 안의 인덱스를 [1:4]으로 씁니다. 여기서 1:4는 1~(4−1) 인덱스까지 아이템을 추출하라는 뜻입니다.

```
>>> animals = ['호랑이', '사자', '곰', '여우', '늑대']
>>> animals
['호랑이', '사자', '곰', '여우', '늑대']
>>> animals[1:4] ●——— 인덱스 1부터 3(4-1)까지의 아이템 슬라이싱
['사자', '곰', '여우']
```

슬라이싱의 표기법을 정리하면 다음과 같습니다.

[n:m] → n 인덱스부터 (m−1) 인덱스 까지의 아이템을 슬라이싱(추출)한다.

그림 8-16 **슬라이싱 표기법**

만약 n을 생략하면 인덱스의 시작인 0부터 시작하고, m을 생략하면 리스트 맨 끝의 아이템까지 추출합니다.

```
>>> animals = ['호랑이', '사자', '곰', '여우', '늑대']
>>> animals
['호랑이', '사자', '곰', '여우', '늑대']
>>> animals[:3] ●——— 인덱스 0부터 2(3-1)까지의 아이템 슬라이싱
['호랑이', '사자', '곰']
>>> animals[3:] ●——— 인덱스 3부터 끝까지 아이템 슬라이싱
['여우', '늑대']
>>> animals[len(animals)-2:] ●— 뒤에서 2개의 아이템 슬라이싱
['여우', '늑대']
```

확인문제

다음 리스트를 보고 답하시오.

```
alphabet = ['a', 'b', 'c', 'd', 'e', 'f', 'g', 'h', 'i', 'j']
```

1. alphabet 리스트를 역순으로 출력하시오.

2. 다음 요구사항에 맞게 alphabet 리스트를 슬라이싱하시오.

① 인덱스 2부터 5까지의 아이템을 출력하시오.
② 인덱스 0부터 4까지의 아이템을 출력하시오.
③ 인덱스 3부터 7까지의 아이템을 출력하시오.
④ 인덱스 5부터 끝까지의 아이템을 출력하시오.
⑤ 인덱스 3부터 8까지의 아이템을 출력하시오.

정답

1.

```
alphabet = ['a', 'b', 'c', 'd', 'e', 'f', 'g', 'h', 'i', 'j']
print(alphabet)

alphabet.reverse()
print(alphabet)
```

```
['a', 'b', 'c', 'd', 'e', 'f', 'g', 'h', 'i', 'j']
['j', 'i', 'h', 'g', 'f', 'e', 'd', 'c', 'b', 'a']
```

2.

```
alphabet = ['a', 'b', 'c', 'd', 'e', 'f', 'g', 'h', 'i', 'j']

print(alphabet[2:6])
print(alphabet[:5])
print(alphabet[3:8])
print(alphabet[5:])
print(alphabet[3:9])
```

```
['c', 'd', 'e', 'f']
['a', 'b', 'c', 'd', 'e']
['d', 'e', 'f', 'g', 'h']
['f', 'g', 'h', 'i', 'j']
['d', 'e', 'f', 'g', 'h', 'i']
```

Section 09

터틀 프로그래밍

다음의 길동이의 기말고사 성적을 리스트로 나타낸 것입니다. 터틀을 이용해서 과목별 점수를 그래프로 만들어 봅시다.

과목	국어	영어	수학
점수	90	70	80

score = [90, 70, 80]

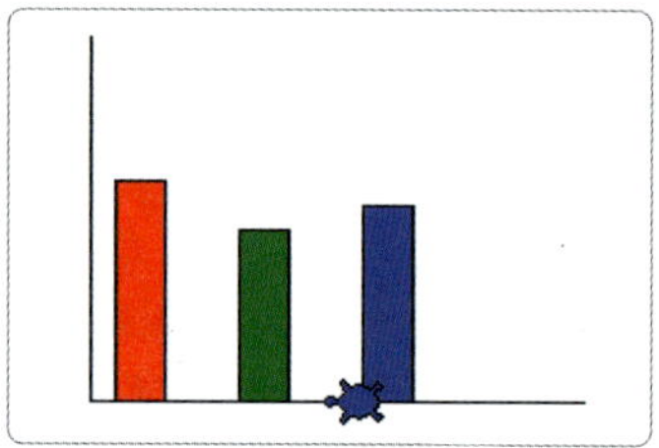

코드 8-7 ch08_07.py

```
import turtle
t = turtle.Turtle()
t.shape('turtle')

scores = [90, 70, 80]

t.forward(200)              # x축 그리기

t.up()
t.goto(0, 0)
t.down()

t.left(90)
t.forward(150)              # y축 그리기

t.up()
t.goto(10, 0)
t.down()

# 국어 점수 그래프 그리기
t.fillcolor('red')
```

```
t.begin_fill()
t.forward(scores[0])
t.right(90)
t.forward(20)
t.right(90)
t.forward(scores[0])
t.right(90)
t.forward(20)
t.end_fill()
t.up()
t.goto(60, 0)
t.down()

# 영어 점수 그래프 그리기
t.fillcolor('green')
t.begin_fill()
t.right(90)
t.forward(scores[1])
t.right(90)
t.forward(20)
t.right(90)
t.forward(scores[1])
t.right(90)
t.forward(20)
t.end_fill()

t.up()
t.goto(110, 0)
t.down()

# 수학 점수 그래프 그리기
t.fillcolor('blue')
t.begin_fill()
t.right(90)
t.forward(scores[2])
t.right(90)
t.forward(20)
t.right(90)
t.forward(scores[2])
t.right(90)
t.forward(20)
t.end_fill()
```

실전 예제

출석부 관리 시스템

문제

이번에 만들 출석부 관리 시스템은 리스트를 이용해서 학급의 학생 명단을 관리하는 프로그램을 만들어봅시다. 다음 7개의 시나리오에 따라 프로그래밍을 전개합니다. 예제가 쉬운 만큼 시나리오만 보고 직접 코딩해 보는 것을 추천합니다.

시나리오

- #1 : 학급 학생수가 10명(정우람, 박으뜸, 배힘찬, 천영웅, 신석기, 배민규, 전민수, 박건우, 박찬호, 이승엽)인 리스트를 만든다.
- #2 : '가나다' 순으로 정렬한다.
- #3 : '박찬호' 학생이 전학을 가게 되었다. 출석부에서 삭제한 후 전체 학생과 학생 수를 출력한다.
- #4 : 선생님을 돕기 위한 학생으로 앞에서 3명을 뽑는다.
- #5 : 새로운 친구가 전학 왔다. 이름은 '이병규'이다.
- #6 : 자리를 바꾸기 위해서 학생 순서를 역순으로 뒤집는다.
- #7 : '정우람' 학생이 이름을 '정잘남'으로 개명했다.

```
시나리오 #1 ['정우람', '박으뜸', '배힘찬', '천영웅', '신석기', '배민규', '전민수', '박건우',
'박찬호', '이승엽']

시나리오 #2 ['박건우', '박으뜸', '박찬호', '배민규', '배힘찬', '신석기', '이승엽', '전민수',
'정우람', '천영웅']

시나리오 #3 ['박건우', '박으뜸', '배민규', '배힘찬', '신석기', '이승엽', '전민수', '정우람',
'천영웅']
9

시나리오 #4 ['박건우', '박으뜸', '배민규']

시나리오 #5 ['박건우', '박으뜸', '배민규', '배힘찬', '신석기', '이병규', '이승엽', '전민수',
'정우람', '천영웅']

시나리오 #6 ['천영웅', '정우람', '전민수', '이승엽', '이병규', '신석기', '배힘찬', '배민규',
'박으뜸', '박건우']

시나리오 #7 ['천영웅', '정잘남', '전민수', '이승엽', '이병규', '신석기', '배힘찬', '배민규',
'박으뜸', '박건우']
```

해결

ch08_appEx_01.py

```python
students = ['정우람', '박으뜸', '배힘찬', '천영웅', '신석기', '배민규', '전민수',
                '박건우', '박찬호', '이승엽']
print('시나리오 #1', students)
print('')

students.sort()
print('시나리오 #2', students)
print('')

students.remove('박찬호')
print('시나리오 #3', students)
print(len(students))
print('')

print('시나리오 #4', students[:3])
print('')

students.append('이병규')
students.sort()
print('시나리오 #5', students)
print('')

students.reverse()
print('시나리오 #6', students)
print('')

ind = students.index('정우람')
students[ind] = '정잘남'
print('시나리오 #7', students)
```

실전 예제

혈액 보관 시스템

문제

헌혈 프로그램을 통해서 10명의 기부자에게 혈액을 받아 리스트에 보관하고, 보관하고 있는 혈액형을 종류별로 몇 팩씩 보유하고 있는지 한눈에 보여주는 프로그램을 만들어봅시다.

```
헌혈해 주셔서 감사합니다. 혈액형을 선택하세요
A, B, AB, O : A
... 생략 ...
헌혈해 주셔서 감사합니다. 혈액형을 선택하세요
A, B, AB, O : A
------------------------------
혈액형 : 개수
------------------------------
A형 : 3
B형 : 2
AB형 : 2
O형 : 3
------------------------------
```

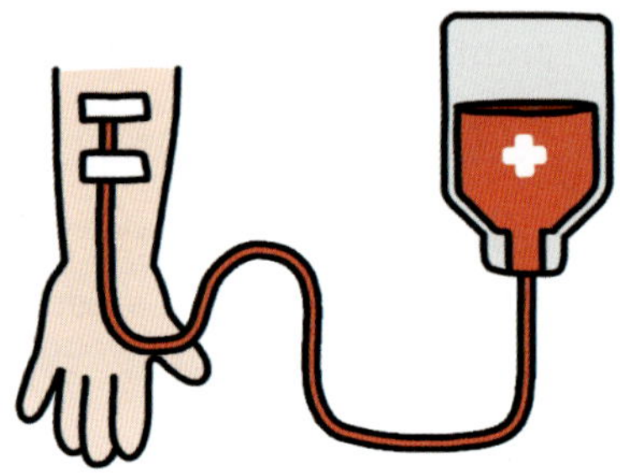

해결

ch08_appEx_02.py

```
bloods = []

for i in range(10):
    print('\n헌혈해 주셔서 감사합니다. 헌혈하신 혈액형을 선택하세요')
    bloods.append(input('A, B, AB, O : '))

print('-' * 30)
print('혈액형 :', '개수')
print('-' * 30)
print('A형 :', bloods.count('A'))
print('B형 :', bloods.count('B'))
print('AB형 :', bloods.count('AB'))
print('O형 :', bloods.count('O'))
print('-' * 30)
```

Hint 특정 아이템의 개수는 for문으로 구할 수 있지만 count() 함수를 사용하면 간단하게 해결할 수 있습니다. count() 함수는 9장에서 자세히 살펴보겠습니다.

요약

01 컨테이너 자료형은 '데이터 집합체'를 뜻하는 것으로, 많은 데이터를 효율적으로 관리하기 위해 사용합니다. 파이썬에서 제공하는 대표적인 컨테이너 자료형에는 리스트(list), 튜플(tuple), 딕셔너리(dictionary)가 있습니다.

02 리스트(list)는 같은 유형의 데이터를 순차적으로 나열한 것입니다. 리스트의 데이터는 메모리의 연속된 공간에 순서대로 저장됩니다.

03 리스트를 선언할 때는 대괄호([ ])를 이용해서 데이터를 묶고 데이터와 데이터는 쉼표(,)로 구분합니다.

04 인덱스(index)는 리스트가 메모리에 저장될 때 아이템마다 자동으로 부여되는 번호로, 항상 0부터 시작합니다. 인덱스를 이용하면 리스트의 아이템을 참조할 수 있습니다.

05 리스트 길이란 리스트의 아이템 개수를 뜻하는 것으로 `len()` 함수를 사용하면 알 수 있습니다.

06 리스트의 모든 아이템을 조회해야 할 경우 앞에서 배운 반복문을 이용합니다.

07 리스트에서 주로 사용하는 함수는 다음과 같습니다.

- `index()`: 특정 아이템의 인덱스를 조회합니다.
- `append()`: 리스트 맨 끝에 아이템을 삽입합니다.
- `insert()`: 리스트의 원하는 위치에 아이템을 삽입합니다.
- `extend()`: 리스트와 리스트를 연결합니다.
- `pop()`: 리스트 맨 끝 또는 특정 인덱스의 아이템을 삭제합니다.
- `remove()`: 특정 아이템을 삭제합니다.
- `sort()`: 리스트의 아이템을 정렬합니다.
- `reverse()`: 리스트의 아이템을 역순으로 뒤집습니다.
- `[n:m]`: 리스트에서 필요한 부분의 아이템만 뽑아냅니다. `n`~`(m-1)` 인덱스까지 아이템을 추출합니다.

연습문제

01 리스트의 인덱스에 대한 설명으로 틀린 것을 모두 고르시오.

① 인덱스는 리스트를 선언하면 자동으로 생성된다.
② 인덱스는 0부터 시작한다.
③ 인덱스는 1부터 시작한다.
④ 인덱스의 시작은 개발자가 직접 정의해야 한다.

02 다음은 과일 이름을 리스트 자료형으로 선언한 코드이다. 틀린 부분을 찾아 고치시오.

```
>>> fruits = ('grape', 'watermelon', 'peach', 'melon', 'apple', 'plum'}
```

03 다음 프로그램의 실행 결과는 무엇인가?

```
>>> len([0, 1, 2, 3, 4, 5])
```

04 다음 프로그램의 실행 결과로 옳은 것은 무엇인가?

```
nums = [0, 1, 2, 3, 4, 5]
print(nums.pop(len(nums)-2))
print(nums)
```

①
```
4
[0, 1, 2, 3, 4]
```

②
```
4
[0, 1, 2, 3, 4, 5]
```

③
```
4
[0, 1, 2, 3, 5]
```

④
```
4
[5, 4, 3, 2, 1, 0]
```

05 실행 결과를 보고 다음 프로그램의 빈칸을 채우시오.

```
sports = ['농구', '축구', '야구', '탁구', '골프']
for index, item in [          ] (sports):
    print('index : ', [      ], ', item : ', [      ])
```

```
index :  0 , item :  농구
index :  1 , item :  축구
index :  2 , item :  야구
index :  3 , item :  탁구
index :  4 , item :  골프
```

06 실행 결과를 보고 다음 프로그램의 빈칸을 채우시오.

```
numbers = [1, 2, 4, 5, 6]
print(numbers)

numbers.[          ]([    ], 3)
print(numbers)
```

```
[1, 2, 4, 5, 6]
[1, 2, 3, 4, 5, 6]
```

CHAPTER 09

튜플과 딕셔너리

학습목표

- 데이터 수정이 불가한 튜플에 대해서 학습합니다.
- 키(key)와 값(value)의 쌍으로 데이터를 관리하는 딕셔너리에 대해서 학습합니다.

Preview

8장에서 비슷한 데이터를 묶어서 처리하는 방법인 리스트를 배웠습니다. 그런데 리스트로는 처리하기 힘든 데이터의 형태도 있습니다. 이번 장에서는 리스트 외에 데이터를 묶어서 처리하는 튜플과 딕셔너리에 대해 알아봅니다.

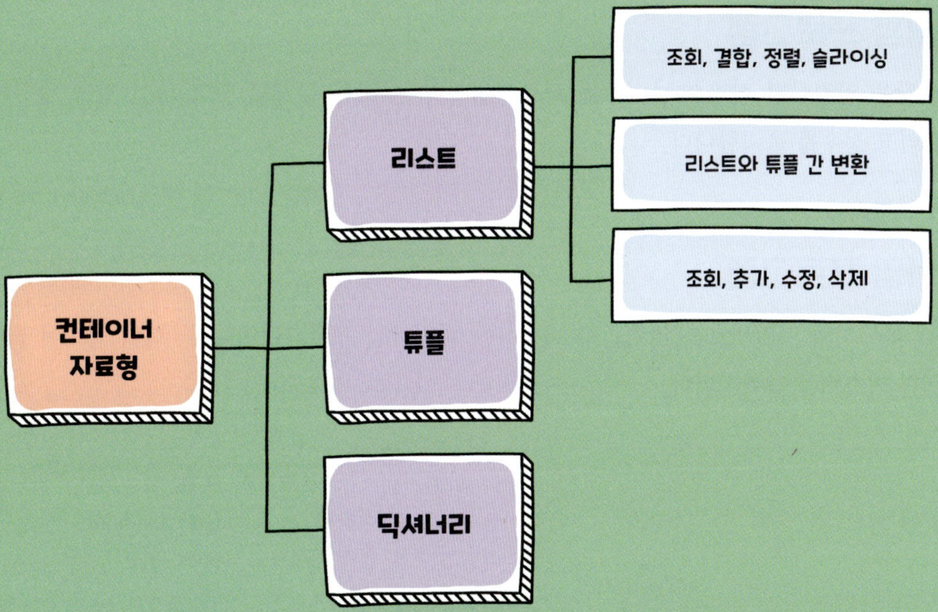

Section 01

이 장에서 만들 프로그램

1 수학시험 프로그램

수학 문제에 답을 입력하면 결과를 보여주는 프로그램입니다. 모든 문제를 풀고 나면 정답 개수, 오답 개수 그리고 점수를 출력합니다.

2 회원가입 프로그램

사용자로부터 아이디와 비밀번호를 입력받아 저장하는 회원가입 프로그램입니다. 회원 입력이 끝나면 모든 회원 리스트를 출력합니다.

```
문제 :  3+2
정답을 입력하세요. 5
...생략...
문제 :  4/2
정답을 입력하세요. 2
------------------------------
정답 개수:  7
오답 개수:  0
Total Score:  27
------------------------------
```

수학시험 프로그램

```
1. 회원가입, 2. 프로그램 종료  1
아이디를 입력하세요.    superman2020
비밀번호를 입력하세요.  super2020

1. 회원가입, 2. 프로그램 종료  1
아이디를 입력하세요.    betman2021
비밀번호를 입력하세요.  bet2021

1. 회원가입, 2. 프로그램 종료  2
------------------------------
아이디:비밀번호
------------------------------
superman2020  :   super2020
batman2021    :   bet2021
------------------------------
```

회원가입 프로그램

Section 02

튜플이란?

1 튜플 vs 리스트

튜플(tuple)은 8장에서 살펴본 리스트와 비슷하게 데이터를 묶어서 처리하는 컨테이너 자료형입니다. 그런데 리스트와는 큰 차이점이 있습니다. 튜플에 포함된 아이템을 수정할 수 없다는 것입니다.

컴퓨터에서 수정이 불가하다니 좀 이상한가요? 사실 컴퓨터 프로그램에서 데이터가 수정되면 안 되는 경우가 종종 있습니다. 예를 들어 회사의 급여 명세서는 관리자의 권한 없이 수정해서는 안 되는 데이터입니다. 만약 데이터가 수정되면 직원에게 월급이 잘못 나가는 낭패가 생길 것입니다. 이와 같이 데이터의 수정을 막아야 할 경우에는 리스트보다 튜플을 사용하는 것이 안전합니다.

그림 9-1 데이터가 수정되면 안 되는 경우

2 튜플 선언

튜플을 선언하는 방법은 리스트와 같습니다. 단 리스트에서 사용하는 대괄호([ ]) 대신 소괄호(( ))를 사용합니다.

쉼표(,)를 이용해서 데이터를 구분한다.

```
fruits = ('사과', '포도', '수박', '참외', '배', '자두', '복숭아', '바나나')
```

① 튜플은 소괄호(( ))를 이용해서 선언한다.

② 튜플을 변수에 담아 사용한다.

그림 9-2 튜플 선언

셸모드에서 과일 집합을 튜플로 선언하고 출력해봅시다.

```
>>> fruits = ('사과', '포도', '수박', '참외', '배', '자두', '복숭아', '바나나')  ← 튜플 선언
>>> fruits  ← 아이템 출력
('사과', '포도', '수박', '참외', '배', '자두', '복숭아', '바나나')
>>> type(fruits)  ← 자료형 출력
<class 'tuple'>
```

확인문제

1. 튜플에 대한 설명으로 옳은 것은 무엇인가?
   ① 튜플은 리스트와 같은 컨테이너 자료형이다.
   ② 튜플의 아이템은 자유롭게 수정할 수 있다.
   ③ 튜플을 선언할 때는 대괄호([ ])를 사용한다.
   ④ 파이썬 3.x에서는 튜플을 지원하지 않는다.

2. 다음 데이터 집합을 컨테이너 자료형으로 선언하려고 할 때, 튜플로 선언하는 것이 가장 적합한 것은 무엇인가?
   ① 내가 좋아하는 색상 : 빨간색, 노란색, 흰색, 보라색
   ② 내가 좋아하는 음식 : 김치, 볶음밥, 짜장면
   ③ 학생의 혈액형 : A형, B형, O형, AB형
   ④ 학생 명단 : 홍길동, 홍길순, 홍길자, 홍철수, 홍영희

3. 실행 결과를 보고 빈칸을 채우시오.

```
sports = [    ]'태권도', '야구', '농구', '축구', '배구', '권투', '양궁'[    ]
print('sports : ', sports)
print('type : ', type(sports))
```

```
sports :  ('태권도', '야구', '농구', '축구', '배구', '권투', '양궁')
type :  <class 'tuple'>
```

정답

1. ① 2. ③ 3. (,)

Section 03 튜플 조회하기

튜플은 아이템의 수정이 불가능하기 때문에 아이템의 삽입, 삭제, 정렬 등의 기능은 없고 조회 기능만 주로 사용합니다.

1 아이템 조회

튜플은 리스트와 마찬가지로 인덱스를 이용하여 아이템에 접근합니다. fruits 튜플에서 특정 아이템을 조회해봅시다.

```
>>> fruits = ('사과', '포도', '수박', '참외', '배', '자두', '복숭아', '바나나')   ← 튜플 선언
>>> fruits[3]   ← 인덱스가 3인 아이템 출력
'참외'
>>> fruits[len(fruits)-1]   ← 마지막 인덱스 아이템 출력
'바나나'
```

문제 해결 9-1 **인덱스가 홀수인 아이템 조회하기** ch09_sol_01.py

sports 튜플에서 인덱스가 홀수인 아이템을 출력하는 프로그램을 만들어봅시다.

```
sports = ('태권도', '야구', '농구', '축구', '배구', '권투', '양궁')

for index, item in enumerate(sports):
    if index % 2 == 1:
        print(index, ' : ', item)
```

```
1 : 야구
3 : 축구
5 : 권투
```

2 특정 아이템의 인덱스 조회

튜플 내 특정 아이템의 인덱스를 확인할 때는 index() 함수를 이용합니다. fruits 튜플에서 '포도'와 '바나나'가 몇 번 인덱스에 있는지 확인해봅시다.

```
>>> fruits = ('사과', '포도', '수박', '참외', '배', '자두', '복숭아', '바나나')
>>> fruits.index('포도')        # '포도'에 해당하는 인덱스 조회
1
>>> fruits.index('바나나')      # '바나나'에 해당하는 인덱스 조회
7
```

문제 해결 9-2 **아이템 값으로 인덱스 출력하기** ch09_sol_02.py

names 튜플에서 사용자가 선수 이름을 입력하면 이름에 해당하는 인덱스를 출력해봅시다.

```
names = ('박찬호', '이승엽', '박세리', '박지성', '이순철', '선동열', '손흥민', '김연아')

inputData = input('검색하려는 이름을 입력하세요. : ')
print('이름 : ', inputData, ', 인덱스 : ', names.index(inputData))
```

```
검색하려는 이름을 입력하세요. : 김연아
이름 : 김연아 , 인덱스 : 7
```

3 아이템 유/무 확인

in과 not in 키워드를 사용하면 튜플 안에 특정 아이템의 존재 유/무를 확인할 수 있습니다.

아이템이 있는지 확인 : in

코드 9-1 ch09_01.py

```
colors = ('Red', 'Orange', 'Yellow', 'Green', 'Blue', 'Indigo', 'Purple')
print('Green' in colors)        # 'Green'과 일치하는 아이템이 있는지 확인
```

```
True
```

아이템이 없는지 확인 : not in

코드 9-2 ch09_02.py

```
colors = ('Red', 'Orange', 'Yellow', 'Green', 'Blue', 'Indigo', 'Purple')
print('Green' not in colors)
```

'Green'과 일치하는 아이템이 없는지 확인

```
False
```

'Green'과 일치하는 아이템이 존재하므로 결과는 False

문제 해결 9-3 학점 경고 프로그램 만들기 ch09_sol_03.py

scores는 1학기 성적을 튜플로 나타낸 것입니다. F 학점이 있으면 '경고'를 출력하는 프로그램을 만들어봅시다.

```
scores = ('A', 'A+', 'B', 'B-', 'F')

if 'F' in scores:
    print('경고')
```

```
경고
```

4 특정 아이템의 개수 조회

튜플 내 특정 아이템이 몇 개 있는지 확인할 때는 count() 함수를 이용합니다. students 튜플에서 '홍길동', '이승엽'이라는 이름의 학생이 몇 명 있는지 조회해봅시다.

```
>>> students = ('박찬호', '홍길동', '박지성', '박세리', '홍길동', '이승엽', '손흥민')
>>> students.count('홍길동')
2
>>> students.count('이승엽')
1
```

'홍길동'과 일치하는 학생 수 조회

'이승엽'과 일치하는 학생 수 조회

문제 해결 9-4 F학점 개수 알아보기 ch09_sol_04.py

scores 튜플에서 F 학점의 개수를 구해봅시다.

```
scores = ('A', 'A+', 'F', 'B', 'A+', 'F', 'A')
print('F학점 개수 : ', scores.count('F'))
```

```
F학점 개수 :  2
```

5 튜플 결합

'+'를 이용하면 서로 다른 튜플을 결합할 수 있습니다.

```
>>> tuple1 = (1, 2, 3)              tuple1 선언
>>> tuple2 = (10, 20, 30)           tuple2 선언
>>> sumTuple = tuple1 + tuple2      tuple1 + tuple2 결합
>>> sumTuple                        결합된 튜플 출력
(1, 2, 3, 10, 20, 30)
```

하나 더 알기 **extend() 함수는 튜플에서 사용할 수 없나요?**

리스트와 리스트를 연결할 때 사용한 extend() 함수는 튜플에서 사용할 수 없습니다. extend() 함수는 리스트를 연장할 때 사용하는데 튜플은 한 번 선언되면 수정이 불가능하기 때문에 연장하는 기능도 사용할 수 없습니다. 따라서 튜플에서 extend() 함수를 사용하면 에러가 발생합니다.

```
>>> tuple1 = (1, 2, 3)
>>> tuple2 = (10, 20, 30)
>>> tuple1.extend(tuple2)
Traceback (most recent call last):
  File "<pyshell#20>", line 1, in <module>
    tuple1.extend(tuple2)
AttributeError: 'tuple' object has no attribute 'extend'
```

6 슬라이싱

슬라이싱이란 튜플에서 필요한 부분의 아이템만 뽑아내는 것을 말합니다. 사용법은 리스트에서 슬라이싱할 때와 같습니다.

[n:m] → **n 인덱스부터 (m-1) 인덱스 까지의 아이템을 슬라이싱(추출)한다.**

그림 9-3 **슬라이싱 표기법**

```
>>> animals = ('호랑이', '사자', '곰', '여우', '늑대')
>>> animals
('호랑이', '사자', '곰', '여우', '늑대')
>>> animals[:3]    ← 인덱스 0부터 2(3-1)까지의 아이템 슬라이싱
('호랑이', '사자', '곰')
>>> animals[3:]    ← 인덱스 3부터 끝까지의 아이템 슬라이싱
('여우', '늑대')
>>> animals[1:4]    ← 인덱스 1부터 3(4-1)까지의 아이템 슬라이싱
('사자', '곰', '여우')
>>> animals[len(animals)-2:]    ← 뒤에서 2개의 아이템 슬라이싱
('여우', '늑대')
```

문제 해결 9-5 슬라이싱 연습하기

ch09_sol_05.py

fruits 튜플에서 주어진 요구사항에 맞게 슬라이싱해봅시다.

fruits = ('apple', 'banana', 'plum', 'watermelon', 'peach')

- 인덱스 2부터 4까지의 아이템을 출력하시오.
- 인덱스 0부터 3까지의 아이템을 출력하시오.
- 인덱스 3부터 끝까지의 아이템을 출력하시오.

```
fruits = ('apple', 'banana', 'plum', 'watermelon', 'peach')

print(fruits[2:5])
print(fruits[:4])
print(fruits[3:])
```

```
('plum', 'watermelon', 'peach')
('apple', 'banana', 'plum', 'watermelon')
('watermelon', 'peach')
```

7 리스트와 튜플간 변환

불가피하게 튜플의 아이템을 수정하려면 리스트로 변환해야 합니다. 또한 리스트로 선언된 데이터를 수정이 안 되게 하려면 튜플로 변환해야 합니다. 다음은 데이터 변환을 통해 리스트와 튜플을 변환하고 있습니다.

코드 9-3 ch09_03.py

```
colors = ('Red', 'Orange', 'Yellow', 'Green', 'Blue', 'Indigo', 'Purple')
print('colors의 자료형 :', type(colors))

colors = list(colors)      ● 튜플을 리스트로 데이터 타입 변환
print('colors의 자료형 :', type(colors))

colors = tuple(colors)     ● 리스트를 튜플로 데이터 타입 변환
print('colors의 자료형 :', type(colors))
```

```
colors의 자료형 : <class 'tuple'>
colors의 자료형 : <class 'list'>
colors의 자료형 : <class 'tuple'>
```

8 아이템 정렬

튜플은 아이템을 수정할 수 없기 때문에 기본적으로 정렬이 불가능합니다. 하지만 내장 함수 sorted()를 이용하면 튜플도 아이템을 정렬할 수 있습니다. 하지만 반환되는 데이터는 리스트라는 것을 주의합시다. 다음은 sorted() 함수를 이용해서 튜플의 아이템을 정렬하는 코드입니다.

코드 9-4 ch09_04.py

```
colors = ('Red', 'Orange', 'Yellow', 'Green', 'Blue', 'Indigo', 'Purple')
print(colors)
print('colors의 자료형 :', type(colors))

cs = sorted(colors)                # 오름차순으로 정렬한 리스트를 반환한다.
print(cs)
print('cs의 자료형 :', type(cs))
```

```
('Red', 'Orange', 'Yellow', 'Green', 'Blue', 'Indigo', 'Purple')
colors의 자료형 : <class 'tuple'> ●——— 정렬 전
['Blue', 'Green', 'Indigo', 'Orange', 'Purple', 'Red', 'Yellow']
cs의 자료형 : <class 'list'> ●——— 정렬 후
```

이렇게 정렬된 리스트는 sort() 함수를 이용해서 오름차순과 내림차순 옵션을 적용할 수 있습니다.

코드 9-5 ch09_05.py

```
colors = ('Red', 'Orange', 'Yellow', 'Green', 'Blue', 'Indigo', 'Purple')
cs = sorted(colors)

cs.sort(reverse = True)         # 내림차순
print(cs)

cs.sort(reverse = False)        # 오름차순
print(cs)
```

```
['Yellow', 'Red', 'Purple', 'Orange', 'Indigo', 'Green', 'Blue'] ●——— 내림차순
['Blue', 'Green', 'Indigo', 'Orange', 'Purple', 'Red', 'Yellow'] ●——— 오름차순
```

확인문제

1. numbers 튜플에 저장된 아이템을 조회하기 위한 구문으로 옳은 것은 무엇인가?

   ① numbers(3) ② numbers<3>

   ③ numbers[3] ④ numbers{3}

2. 다음 튜플에서 처음과 마지막에 있는 아이템의 차이를 구하는 코드로 가장 적합한 것은 무엇인가?

```
numbers = (9, 5, 19, 1, 21, 7, 1)
```

   ① print(numbers[0] - numbers[len(numbers)])

   ② print(numbers[0] - numbers[7])

   ③ print(numbers[1] - numbers[len(numbers)])

   ④ print(numbers[0] - numbers[len(numbers)-1])

3. tools 튜플에서 특정 아이템의 인덱스를 확인하는 구문으로 옳은 것은 무엇인가?

① tools.index('망치') ② ntools.index<'망치'>

③ tools.index['망치'] ④ tools.index{'망치'}

4. 튜플 결합에 대한 설명으로 옳은 것은 무엇인가?

① 튜플은 수정 불가능한 컨테이너 자료형으로 결합이 불가능하다.

② 튜플은 리스트와 마찬가지로 extend()를 이용해서 덧붙일 수 있다.

③ 튜플은 '+' 연산자를 이용하면 두 개의 튜플을 결합할 수 있다. 이때 새로운 튜플이 생성된다.

④ 튜플을 결합할 때 extend()를 사용하면 에러는 발생하지만 프로그램은 문제없이 실행된다.

5. 다음 프로그램의 실행 결과를 보고 빈칸을 채우시오.

```
numbers = (10, 20, 30, 40, 50, 60)

print(numbers[    :    ])
print(numbers[:    ])
print(numbers[    :4])
print(numbers[    :    (numbers)-1])
```

```
(20, 30)
(10, 20)
(20, 30, 40)
(40, 50)
```

정답

1. ③ 2. ④ 3. ① 4. ③ 5. 1, 3, 2, 1, 3, len

Section

04 딕셔너리란?

1 딕셔너리 vs 리스트

딕셔너리(dictionary)는 리스트와 함께 파이썬 프로그램에서 많이 사용하는 컨테이너 자료형입니다. 리스트가 인덱스를 이용하여 아이템을 참조한다면, 딕셔너리는 인덱스 대신 키(key)를 이용하여 아이템을 참조합니다.

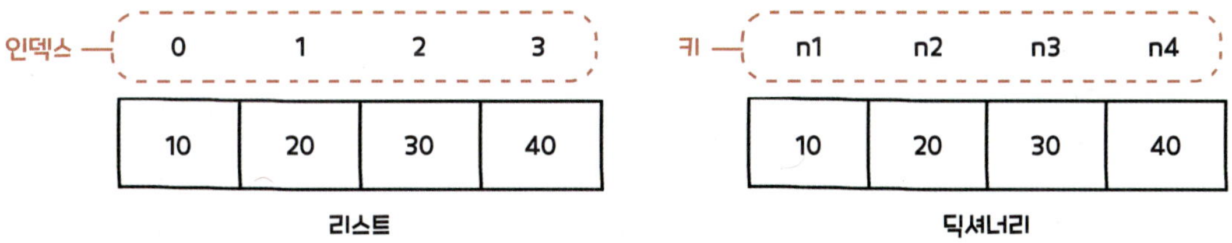

그림 9-4 **리스트와 딕셔너리의 차이점**

딕셔너리는 키(key)와 값(value)의 쌍으로 이루어져 있습니다. 이는 마치 개인 사물함의 구조와 같습니다.

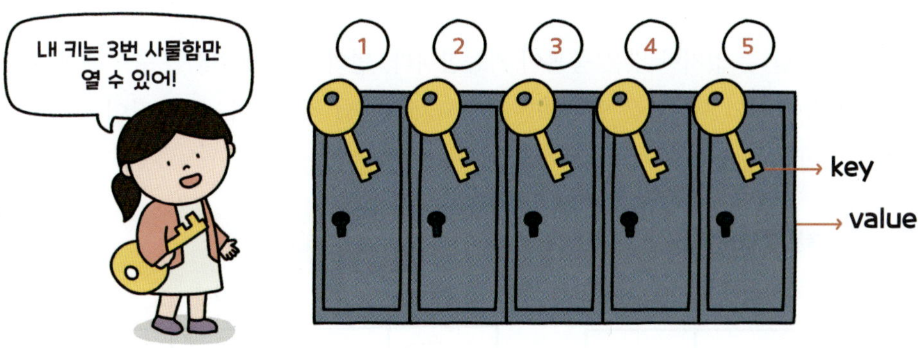

그림 9-5 **딕셔너리의 개인 사물함 예시**

개인 사물함은 각 사물함마다 열쇠(key)가 있습니다. 열쇠는 사물함마다 다르기 때문에 사물함을 열기 위해서는 반드시 해당 열쇠가 필요합니다. 그리고 사물함에는 넣고자 하는 것(value)은 무엇이든 넣을 수 있습니다. 즉 사물함의 열쇠가 딕셔너리에서는 키(key)에 해당하고, 사물함에 넣을 물건이 값(value)에 해당합니다.

2 딕셔너리 선언

딕셔너리를 선언할 때는 중괄호({})를 사용합니다. 각 아이템은 '키:값' 형태로 쓰고, 아이템과 아이템은 쉼표(,)로 구분합니다.

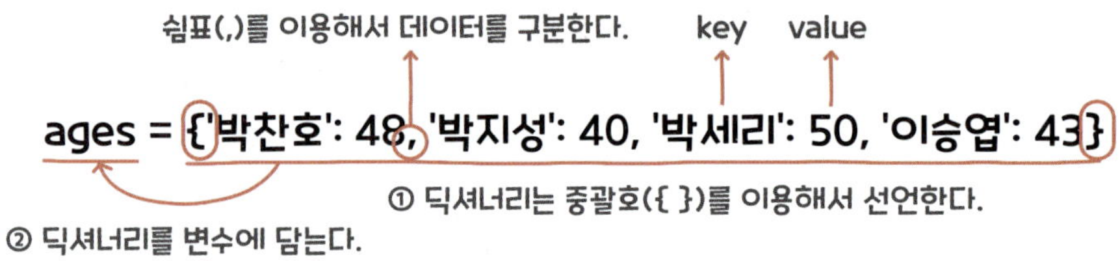

그림 9-6 딕셔너리 선언

셀 모드에서 딕셔너리 ages를 선언하고 딕셔너리와 자료형을 출력해봅시다.

```
>>> ages = {'박찬호':48, '박지성':40, '박세리':50, '이승엽':43}  ← 딕셔너리 선언
>>> ages  ← 아이템 출력
{'박찬호': 48, '박지성': 40, '박세리': 50, '이승엽': 43}
>>> type(ages)  ← 자료형 출력
<class 'dict'>
```

딕셔너리에서 키는 중복할 수 없지만 값은 중복이 가능합니다. 만약 사물함 열쇠를 중복해서 사용할 수 있다면 다른 사람이 나의 사물함을 열어보는 불상사가 일어날 것입니다. 이와 같이 사물함의 열쇠를 중복해서 사용할 수 없듯이 딕셔너리에서도 키를 중복할 수 없습니다.

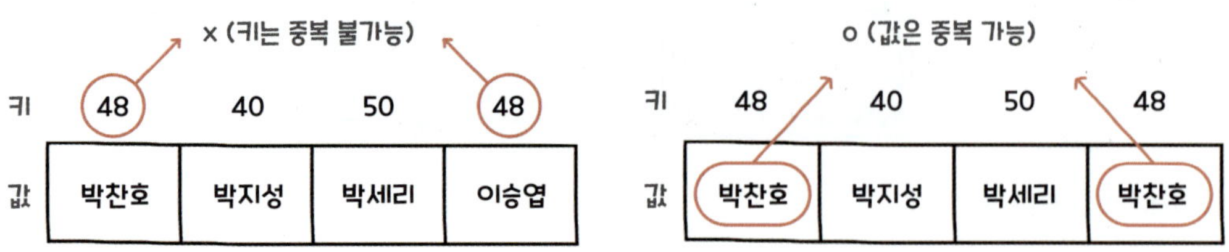

그림 9-7 키와 값의 중복 가능 여부

또한 키와 값에 사용하는 데이터는 어떤 자료형이든 올 수 있습니다. 예를 들어 키와 값으로 '문자열 : 정수', '정수 : 문자열', '문자열 : 실수', '문자열 : 문자열' 등이 모두 가능하며, 심지어 '문자열 : 리스트', '문자열 : 튜플', '문자열 : 딕셔너리' 등도 가능합니다.

다음은 다양한 데이터 타입을 이용해서 딕셔너리를 선언한 예입니다.

```
>>> dicContainer = {'이름':'홍길동', '나이':25, '주소':'서대문구 연희로2길 62', '취미':
['축구', '수영', '조깅'], '몸무게':85.3}
>>> dicContainer
{'이름': '홍길동', '나이': 25, '주소': '서대문구 연희로2길 62', '취미': ['축구', '수영',
'조깅'], '몸무게': 85.3}
```

확인문제

1. 딕셔너리에 대한 설명으로 옳은 것은 무엇인가?
   ① 딕셔너리를 선언할 때는 소괄호(( ))를 이용한다.
   ② 딕셔너리의 아이템은 '키:값' 쌍으로 이루어져 있다.
   ③ 딕셔너리는 다른 컨테이너 자료형에 비해서 조회 속도가 느려 자주 사용하지 않는다.
   ④ 리스트와 마찬가지로 딕셔너리에서도 인덱스를 사용한다.

2. 다음은 홍길동 학생이 중간고사에서 받은 성적을 나타낸 것이다. 이 데이터 집합을 딕셔너리를 이용하여 선언하시오.

과목명	C/C++	Java	네트워킹	보안	해킹	시스템
점수	A	B+	C	A+	F	C+

정답

1. ②
2.
```
scores = {'C/C++':'A', 'Java':'B+', '네트워킹':'C', '보안':'A+', '해킹':'F',
          '시스템':'C+'}
```

Section 05

딕셔너리 조회/삽입/수정/삭제하기

1 딕셔너리 조회

딕셔너리는 특정 아이템을 조회할 때 키를 이용합니다. 리스트에서 인덱스를 사용하는 것과 같습니다. 홍길동의 개인 정보를 저장하는 dicContainer 딕셔너리를 선언하고 나이와 취미를 조회해 봅시다.

```
>>> dicContainer = {'이름':'홍길동', '나이':25, '주소':'서대문구 연희로', '취미':['축구',
'수영', '조깅'], '몸무게':85.3}   ← 딕셔너리 선언
>>> dicContainer['나이']   ← '나이'에 해당하는 아이템 조회
25
>>> dicContainer['취미']   ← '취미'에 해당하는 아이템 조회
['축구', '수영', '조깅']
```

2 아이템 삽입

딕셔너리에 아이템을 삽입할 때는 '딕셔너리이름[키]=값' 형태로 작성합니다. 이때 주의할 점은 새로 추가하는 키는 기존에 있던 키와 중복되어서는 안 됩니다. 만약 키가 중복되면 기존 키에 저장되어 있는 값이 바뀌므로 주의해야 합니다. 홍길동의 혈액형이 'O'형일 때 dicContainer 딕셔너리에 혈액형 정보를 삽입해봅시다.

```
>>> dicContainer['혈액형'] = 'O'   ← 아이템 삽입
>>> dicContainer
{'이름': '홍길동', '나이': 25, '주소': '서대문구 연희로', '취미': ['축구', '수영', '조
깅'], '몸무게': 85.3, '혈액형': 'O'}
```

3 아이템 수정

딕셔너리의 특정 아이템을 수정할 때는 삽입할 때와 같이 수정하려는 아이템의 키와 값을 씁니다. 홍길동의 몸무게를 90으로, 나이를 한 살 더 많게 수정해봅시다.

```
>>> dicContainer['몸무게'] = 90 ●———— '몸무게'에 해당하는 아이템 수정
>>> dicContainer['나이'] = dicContainer['나이'] + 1 ●—— '나이'에 해당하는 아이템 수정
>>> dicContainer
{'이름': '홍길동', '나이': 26, '주소': '서대문구 연희로', '취미': ['축구', '수영', '조깅'], '몸무게': 90, '혈액형': '0'}
```

4 아이템 삭제

del 키워드를 이용하면 딕셔너리의 특정 아이템을 삭제할 수 있습니다. 홍길동의 '몸무게' 정보를 삭제해봅시다.

```
>>> del dicContainer['몸무게']●—— '몸무게'에 해당하는 아이템 삭제
>>> dicContainer
{'이름': '홍길동', '나이': 26, '주소': '서대문구 연희로', '취미': ['축구', '수영', '조깅'], '혈액형': '0'}
```

5 아이템의 개수 조회

다른 컨테이너 자료형과 마찬가지로 딕셔너리도 len() 함수를 이용하면 전체 아이템의 개수를 조회할 수 있습니다.

```
>>> len(dicContainer) ●—— 딕셔너리 길이(아이템 개수) 조회
5
```

6 전체 키와 값 조회

딕셔너리에서 전체 키와 값을 조회하려면 keys()와 values() 함수를 이용하면 됩니다.

```
>>> dicContainer
{'이름': '홍길동', '나이': 26, '주소': '서대문구 연희로', '취미': ['축구', '수영', '조깅'], '혈액형': 'O'}
>>> dicContainer.keys()        # 전체 키 조회
dict_keys(['이름', '나이', '주소', '취미', '혈액형'])
>>> dicContainer.values()      # 전체 값 조회
dict_values(['홍길동', 26, '서대문구 연희로', ['축구', '수영', '조깅'], 'O'])
```

keys() 함수로 조회한 키와 for문을 이용하여 각 키에 해당하는 값을 출력해봅시다.

```
>>> dicContainer
{'이름': '홍길동', '나이': 26, '주소': '서대문구 연희로', '취미': ['축구', '수영', '조깅'], '혈액형': 'O'}
>>> for key in dicContainer.keys():      # 키에 해당하는 값 출력
        print(key, '\t: ', dicContainer[key])

이름 :  홍길동
나이 :  26
주소 :  서대문구 연희로2길 62
취미 :  ['축구', '수영', '조깅']
혈액형 :  O
```

for문을 끝내고 출력 결과를 보려면 한 번 더 Enter를 눌러주세요!

문제 해결 9-6 **중간고사 성적 관리 프로그램 만들기** ch09_sol_06.py

아래 시나리오를 기반으로 딕셔너리를 이용해서 중간고사 성적 관리 프로그램을 만들어봅시다.

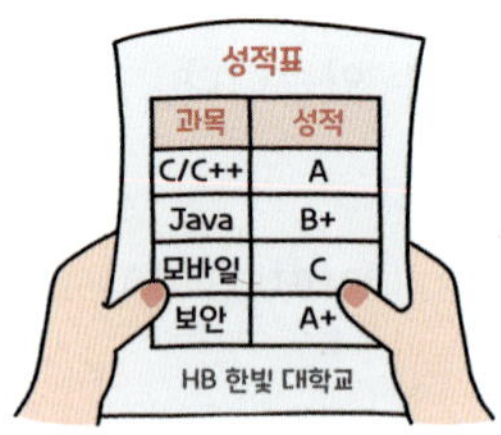

- #1 : 중간고사의 성적(C/C++은 A, Java는 B+, 모바일은 C, 보안은 A+, 해킹은 F, 시스템은 C+)을 저장하는 딕셔너리를 만든다.
- #2 : 'Java'와 '시스템' 과목의 성적을 조회한다.
- #3 : 추가로 2과목의 성적(파이썬은 A, OS는 A+)을 삽입한다.
- #4 : 'Java'와 '시스템'의 성적을 각각 'F'와 'A'로 수정한다.
- #5 : 전체 과목과 성적을 조회하여 최종 성적표를 출력한다.

```
scores = {'C/C++':'A', 'Java':'B+', '모바일':'C', '보안':'A+', '해킹':'F',
          '시스템':'C+'}

print('#시나리오1 ')
```

```python
print(scores)

print('#시나리오2')
print('Java : ', scores['Java'])
print('시스템 : ', scores['시스템'])

print('#시나리오3 ')
scores['파이썬'] = 'A'
scores['OS'] = 'A+'
print(scores)

print('#시나리오4')
scores['Java'] = 'F'
scores['시스템'] = 'A'
print(scores)

print('#시나리오5')
for key in scores.keys():
    print(key, '\t: ', scores[key])
```

```
#시나리오1
{'C/C++': 'A', 'Java': 'B+', '모바일': 'C', '보안': 'A+', '해킹': 'F', '시스템': 'C+'}
#시나리오2
Java :  B+
시스템 :  C+
#시나리오3
{'C/C++': 'A', 'Java': 'B+', '모바일': 'C', '보안': 'A+', '해킹': 'F', '시스템': 'C+', '파이썬': 'A', 'OS': 'A+'}
#시나리오4
{'C/C++': 'A', 'Java': 'F', '모바일': 'C', '보안': 'A+', '해킹': 'F', '시스템': 'A', '파이썬': 'A', 'OS': 'A+'}
#시나리오5
C/C++  :  A
Java   :  F
모바일 :  C
보안   :  A+
해킹   :  F
시스템 :  A
파이썬 :  A
OS     :  A+
```

확인문제

1. dics 딕셔너리에서 아이템을 조회하는 구문을 옳은 것은 무엇인가?

① dics('major') ② dics['major']

③ dics[ ]='major' ④ dics{'major'}

2. 다음은 학용품 재고를 관리하는 프로그램이다. 새로운 학용품으로 줄자 20개가 입고되었을 때 올바른 코딩은 무엇인가?

```
goods = {'연필':10, '지우개':20, '색연필':15}
```

① goods['줄자'] = 20 ② goods['줄자':20]

③ goods['줄자' = 20] ④ goods['줄자',20]

3. 다음은 강아지 정보를 나타내는 프로그램이다. 해가 바뀌어서 나이가 한 살 증가할 때의 코드로 옳은 것을 모두 고르시오.

```
dogInfos = {'이름':10, '성별':20, '나이':15}
```

① dogInfos['나이'] = 1

② dogInfos['나이'] = 15 + 1

③ dogInfos['나이'] += 1

④ dogInfos['나이'] = dogInfos['나이'] + 1

4. 다음은 쇼핑몰 회원 정보를 나타내는 프로그램이다. 개인정보 중 휴대폰 번호를 삭제하는 코드로 옳은 것은 무엇인가?

```
memberInfos = {'이름':'홍길동', '메일':'abc@gmail.com', '휴대폰':'010-1234-5678'}
```

① del memberInfos('휴대폰')

② del memberInfos['휴대폰']

③ def memberInfos['휴대폰']

④ del memberInfos{'휴대폰'}

정답

1. ② 2. ① 3. ③, ④ 4. ②

Section 06 터틀 프로그래밍

컨테이너 자료형과 터틀을 이용하여 정삼각형부터 정육각형까지 그려봅시다. 먼저 각 도형의 내각의 합을 구합니다. n각형 내각의 합은 180×(n−2)으로 구할 수 있습니다. 삼각형은 180°, 사각형은 360°, 오각형은 540°, 육각형은 720°라는 점을 참고합시다.

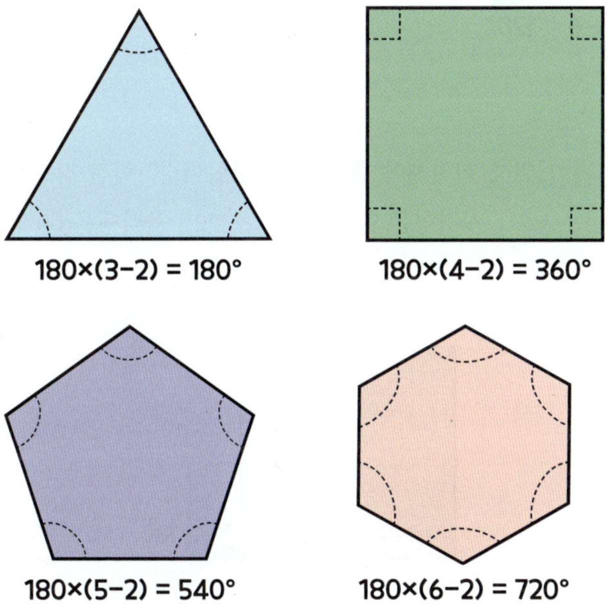

그림 9-8 **n각형 내각의 합**

그다음으로 내각을 구합니다. n각형의 내각은 (내각의 합÷n)으로 구할 수 있습니다. 삼각형은 60°, 사각형은 90°, 오각형은 108°, 육각형은 120°입니다.

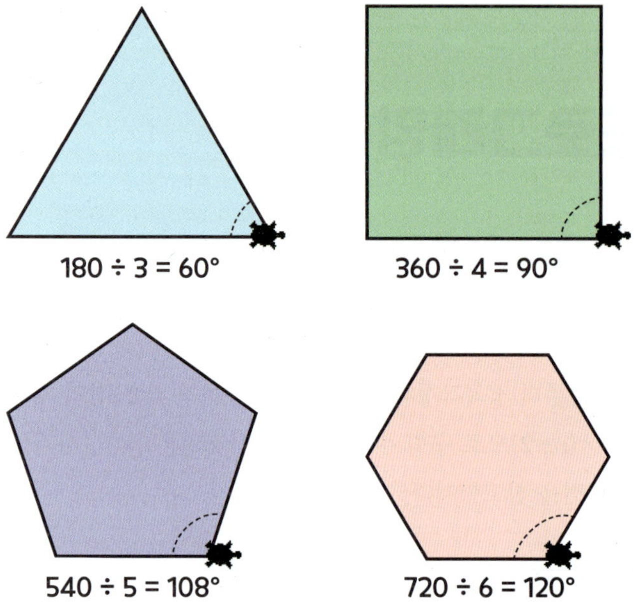

그림 9-9 n각형 내각

마지막으로 터틀이 도화지에서 n각형을 그리기 위해 회전해야 할 각도를 구합니다. 회전 각도는 (180−내각)으로 구할 수 있습니다. 삼각형은 120°, 사각형은 90°, 오각형은 72°, 육각형은 60°입니다.

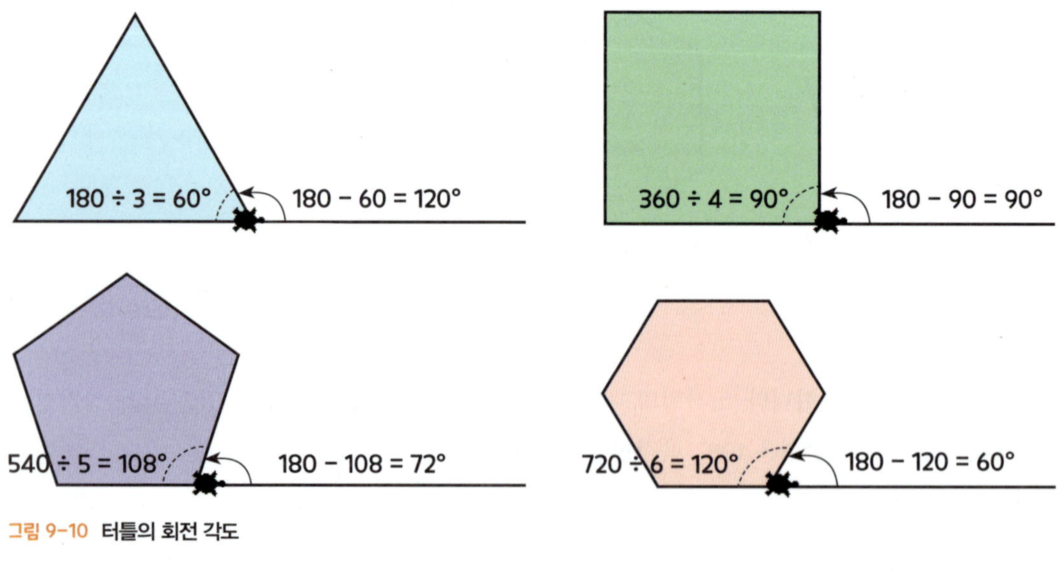

그림 9-10 터틀의 회전 각도

[그림 9-10]의 터틀 회전 각도를 참고하여 컨테이너 자료형에 좌표와 회전 각도를 설정한 다음 차례대로 도형을 그려봅시다.

코드 9-6 ch09_06.py

```
import turtle
t= turtle.Turtle()
t.shape('turtle')

# x, y좌표 및 회전각도 데이터
datas = [(0, 0, 120, 120, 120), (100, 0, 90, 90, 90, 90), (200, 0, 72, 72,
          72, 72, 72), (300, 0, 60, 60, 60, 60, 60, 60)]

for points in datas:
    t.up()
    t.goto(points[0], points[1])        # x, y좌표 설정
    t.down()

    for num in range(2, len(points)):   # 회전하면서 그리기
        t.forward(50)
        t.left(points[num])
```

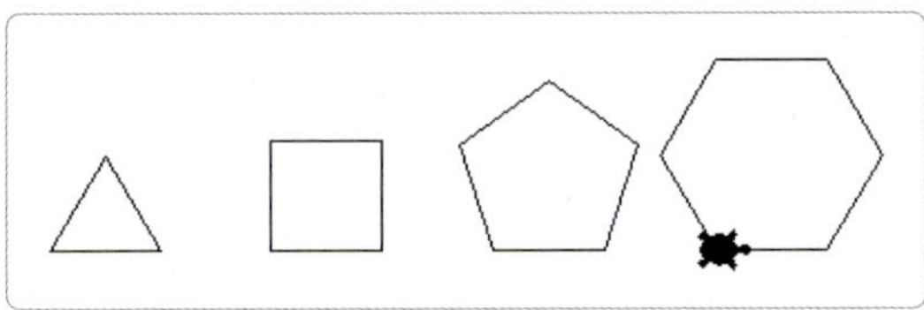

확인문제

컨테이너 자료형과 터틀을 이용하여 삼각형부터 오각형까지 연속해서 그리고 색칠하시오.

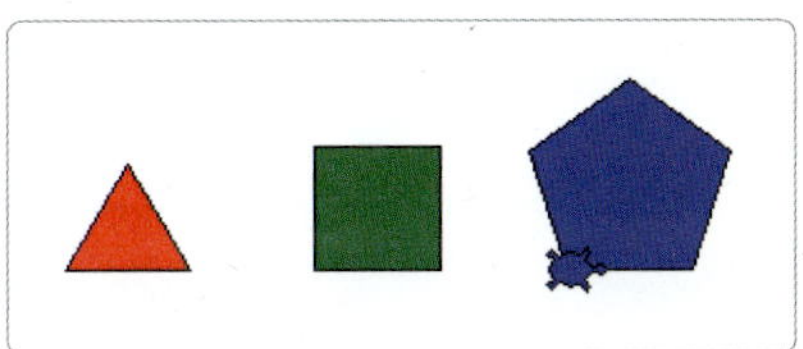

정답

```
import turtle
t= turtle.Turtle()
t.shape('turtle')

datas = [(0, 0, 'red', 120, 120, 120), (100, 0, 'green', 90, 90, 90, 90),
(200, 0, 'blue', 72, 72, 72, 72, 72)]

for points in datas:
    t.up()
    t.goto(points[0], points[1])
    t.down()
    t.fillcolor(points[2])      # 색상 설정
    t.begin_fill()              # 채색 시작

    for num in range(3, len(points)):
        t.forward(50)
        t.left(points[num])

    t.end_fill()                # 채색 끝
```

실전 예제

수학시험 프로그램

문제

다음은 수학시험 문제 및 정답입니다. 튜플에 문제를 저장하고 사용자가 답을 입력하면 채점하는 프로그램을 만들어 봅시다.

문제	정답	점수
3+2	5	3점
5÷2의 몫	2	5점
10−2	8	3점
10^2×2	200	5점
1−(10÷4의 나머지)	−1	5점
2^4	16	3점
4÷2	2	3점

```
문제 :  3+2
정답을 입력하세요. 5
문제 :  5/2의 몫
정답을 입력하세요. 2
...생략...
문제 :  4/2
정답을 입력하세요. 2
------------------------------
정답 개수:  7
오답 개수:  0
Total Score:  27
 ------------------------------
```

해결

ch09_appEx_01.py

```
quiz = (['3+2', 5, 3], ['5/2의 몫', 2, 5], ['10-2', 8, 3], ['10^2*2', 200, 5],
        ['1-(10/4의 나머지)', -1, 5], ['2^4', 16, 3], ['4/2', 2, 3])

answerCount = 0
wrongAnswerCount = 0
totalScore = 0

for item in quiz:
    print('문제 : ', item[0])
    answer = int(input('정답을 입력하세요. '))

    if answer == item[1]:
        answerCount += 1
        totalScore += item[2]
    else:
        wrongAnswerCount += 1

print('-'*30)
print('정답 개수\t: ', answerCount)
print('오답 개수\t: ', wrongAnswerCount)
print('Total Score\t: ', totalScore)
print('-'*30)
```

실전 예제

회원가입 프로그램

문제

다음 4단계를 따라 회원가입 프로그램을 만들어봅시다.

1. 프로그램을 실행하면 '1. 회원가입', '2. 프로그램 종료'를 출력하고, 사용자에게 선택을 유도한다.
2. 사용자가 '1'을 입력하면 '회원가입'을 진행하고, '2'를 입력하면 프로그램을 종료한다. 프로그램이 종료되면 전체 회원의 아이디와 비밀번호를 출력한다.
3. '회원가입'은 아이디와 비밀번호를 입력받아 딕셔너리에 저장한다. 이때 아이디는 키(key), 비밀번호는 값(values)으로 한다.
4. 회원가입이 끝나면 다시 1단계로 돌아가 '1. 회원가입', '2. 프로그램 종료'를 출력하고, 사용자에게 선택을 유도한다.

```
1. 회원가입, 2. 프로그램 종료   1
아이디를 입력하세요.    superman2020
비밀번호를 입력하세요.  super2020

1. 회원가입, 2. 프로그램 종료  1
아이디를 입력하세요.    betman2021
비밀번호를 입력하세요.  bet2021

1. 회원가입, 2. 프로그램 종료  2
------------------------------
아이디 : 비밀번호
------------------------------
superman2020 :  super2020
batman2021   :  bet2021
------------------------------
```

해결

ch09_appEx_02.py

```
members = {}
flag = True

```

```
while flag:
    selectNum = int(input('\n1. 회원가입, 2. 프로그램 종료\t'))

    if selectNum == 1:
        id = input('아이디를 입력하세요.\t')
        pw = input('비밀번호를 입력하세요.\t')
        members[id] = pw

    elif selectNum == 2:
        print('-' * 30)
        print('아이디 : 비밀번호')
        print('-' * 30)

        for key in members.keys():
            print(key, '\t:\t', members[key])
        print('-' * 30)

        flag = False
```

요약

01 튜플(tuple)은 리스트와 동일하게 아이템을 순차적으로 나열하지만, 아이템 수정이 불가능합니다.

02 튜플을 선언할 때는 소괄호(())를 이용하고, 다음과 같은 함수를 이용합니다.

- `len()` : 튜플의 길이를 조회합니다.
- `index()` : 특정 아이템의 인덱스를 조회합니다.
- `count()` : 특정 아이템의 개수를 확인합니다.
- `+` : 서로 다른 튜플을 결합합니다.
- `[n:m]` : 튜플에서 필요한 부분의 아이템만 뽑아냅니다.

03 딕셔너리(dictionary)는 인덱스가 없으며 대신 키(key)와 값(value)의 쌍으로 아이템을 관리합니다.

04 딕셔너리를 선언할 때는 중괄호({})를 이용하고, 다음과 같은 함수를 이용합니다.

- `len()` : 딕셔너리의 길이를 조회합니다.
- `del` : 특정 아이템을 삭제합니다.
- `keys()` : 딕셔너리의 전체 키를 조회합니다.
- `values()` : 딕셔너리의 전체 값을 조회합니다.

연습문제

01 다음 프로그램의 실행 결과로 옳은 것은 무엇인가?

```
sports = ()

sports.append('농구')
sports.append('축구')
sports.append('야구')
sports.append('수영')

print(sports)
```

① ('농구', '축구', '야구', '수영')

② 에러 발생

③ ()

④ '농구, 축구, 야구, 수영'

02 fruits 튜플을 [1:4]로 슬라이싱한 결과로 옳은 것은 무엇인가?

```
fruits = ('apple', 'banana', 'plum', 'watermelon', 'peach')
```

① ('apple', 'banana', 'plum', 'watermelon')

② ('banana', 'plum', 'watermelon')

③ ('banana', 'plum', 'watermelon', 'peach')

④ ('apple', 'banana', 'plum')

03 다음은 학생 정보를 딕셔너리 자료형으로 선언한 코드이다. 틀린 부분을 찾아 바르게 고치시오.

```
infos = [{'이름':'홍길동'; '학번':'2020-000077'; '닉네임':'hong'; '나이':20;
        '전공':'Computer'})
```

04 다음 딕셔너리에서 '3학점'인 과목을 모두 '5학점'으로 변경하는 프로그램을 만드시오.

```
classes = {'python':'5학점', 'C/C++':'5학점', 'HTML5':'3학점', 'Java':'5학점',
          'Javascript':'3학점'}
```

05 다음은 스포츠 센터 회원 정보를 나타낸 표이다. 표를 보고 파이썬을 이용해서 컨테이너 자료형으로 만드시오.

회원번호	이름	나이	성별	연락처	이용 서비스	경로우대 할인율(%)
2019-052001	박찬호	25	M	010-1234-5678	헬스, 수영	0
2019-052004	박용택	65	M	010-9012-3456	수영	50
2019-052003	박세리	70	W	010-7890-1234	아쿠아로빅	50

06 다음 내용에 맞춰 냉장고에 보관하고 있는 야채의 재고 관리 프로그램을 만드시오.

1. 당근 10개가 새롭게 입고되었다.
2. 건대추 100개가 새롭게 입고되었다.
3. 대파 20개가 새롭게 입고되었다.
4. 애호박 3개가 새롭게 입고되었다.
5. 부추 1개가 새롭게 입고되었다.
6. 당근 1개가 소비되었다.
7. 건대추 10개가 소비되었다.
8. 대파 1개가 소비되었다.
9. 애호박 1개가 소비되었다.
10. 부추 1개가 소비되었다.
11. 야채별 재고를 출력해 보자.

CHAPTER 10

함수 기초 다지기

학습목표

- 함수의 개념을 이해합니다.
- 함수를 사용하는 이유를 알아봅니다.
- 함수를 정의하고 호출하는 방법을 알아봅니다.
- pass를 이용해서 실행부가 생략된 함수의 정의 방법을 알아봅니다.
- 함수 내에서 다른 함수를 호출하는 방법을 알아봅니다.

Preview

함수는 특정 기능을 하는 코드를 묶어 놓은 것입니다. 한 번 만들어 놓으면 필요할 때 언제든지 불러서 사용할 수 있고, 필요하면 수정하여 쓸 수도 있어 편리합니다. 이번 장에서는 함수의 개념을 이해하고 함수를 정의한 후 사용하는 방법을 알아봅니다.

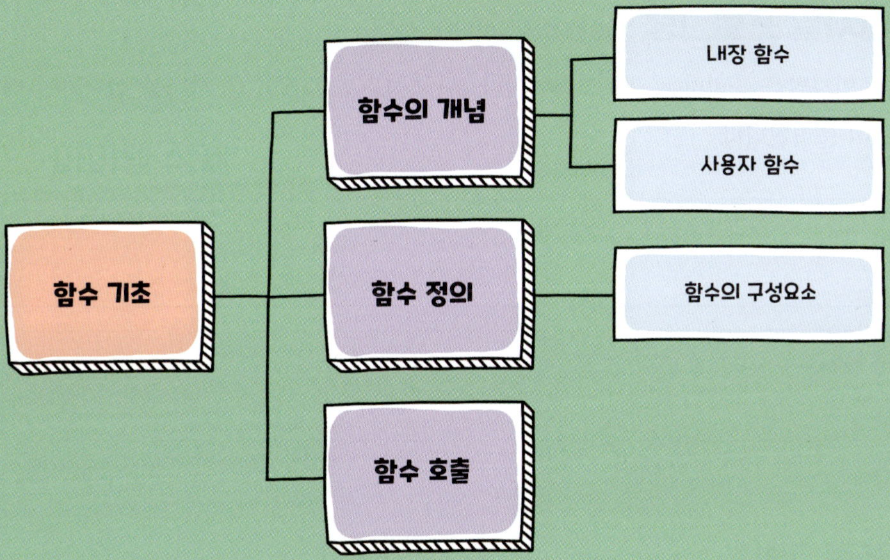

Section 01 이 장에서 만들 프로그램

1 다국어 인사말 프로그램

출신 국가에 따른 인사말을 출력하는 프로그램입니다. 한국, USA, Japan 중 하나를 선택하면 해당 국가의 인사말이 출력됩니다.

```
where are you from? 1.한국, 2.USA, 3.Japan 1
안녕.
```

```
where are you from? 1.한국, 2.USA, 3.Japan 2
Hello.
```

2 계산기 프로그램

사용자가 숫자 2개를 입력하고 연산자를 선택하면 연산 결과를 출력하는 프로그램입니다.

```
숫자를 입력하세요. 5
연산자를 선택하세요. 1.덧셈, 2.뺄셈, 3.곱셈, 4.나눗셈 3
숫자를 입력하세요. 3
곱셈 결과 :  15.0
```

```
숫자를 입력하세요. 3
연산자를 선택하세요. 1.덧셈, 2.뺄셈, 3.곱셈, 4.나눗셈 2
숫자를 입력하세요. 50
뺄셈 결과 :  -47.0
```

Section 02

함수란?

1 함수의 개념

수학 시간에 함수를 배운 기억이 있을 것입니다. 수학에서 함수는 특정 수식에 x 값을 대입하면 y 값이 정해지는 것으로, y = f(x)라고 표현합니다. 예를 들어 y = 3x + 5라는 함수의 결과값 y는 x가 1일 때 8, x가 2일 때 11, x가 3일 때 14입니다.

그림 10-1 수학에서의 함수

[그림 10-1]의 함수를 그림으로 나타내면 다음과 같습니다. 함수 박스에 값을 넣어주면 결과값이 출력됩니다.

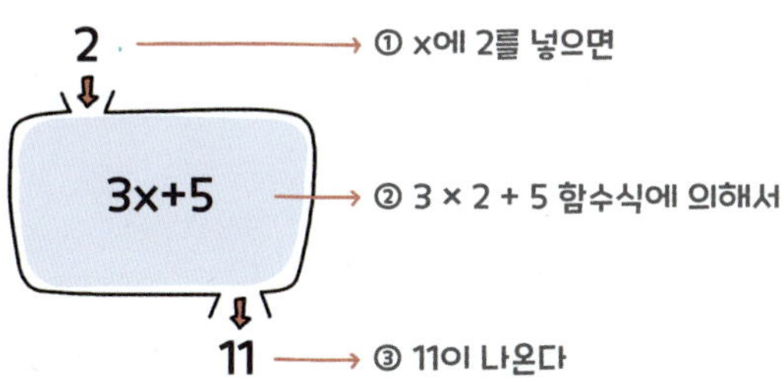

그림 10-2 함수의 구조

프로그래밍의 함수 또한 수학의 함수와 동일하게 값을 넣어주면 특정 기능을 수행한 연산 결과를 출력합니다. 여기서 특정 기능이란 덧셈 같은 비교적 간단한 연산부터 네트워크 연결, 회원 인증, 메일 발송과 같이 복잡하고 어려운 작업까지 모두 포함합니다.

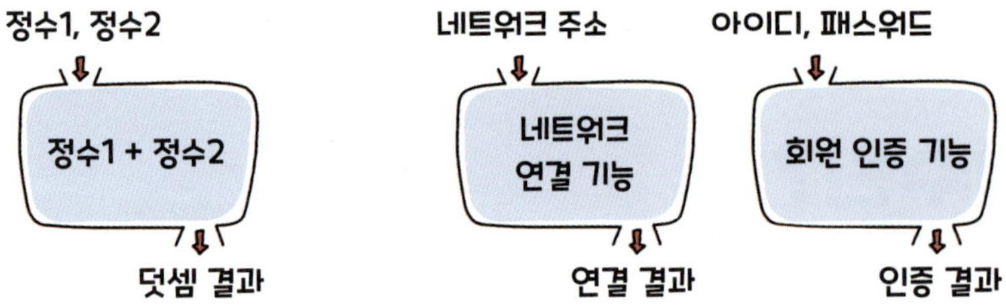

(a) 비교적 간단한 함수 (b) 복잡한 함수

그림 10-3 **프로그램에서 함수 사용의 예**

즉 함수란 특정 기능을 하는 코드를 묶어 놓은 것이고 사용자는 함수에 값을 넣어 결과를 얻습니다. 믹서기에 사과를 넣으면 사과 주스가 되고, 오렌지를 넣으면 오렌지 주스가 되듯이 사용자는 함수에 값만 집어넣으면 원하는 결과를 얻을 수 있습니다.

그림 10-4 **입력 값에 따라 결과값을 출력하는 함수**

2 함수의 종류 : 내장 함수 vs 사용자 함수

파이썬에서 함수는 내장 함수와 사용자 함수로 구분합니다. 내장 함수는 파이썬에서 기본으로 제공하는 함수로 파이썬을 설치하면 바로 사용할 수 있습니다. 반면 사용자 함수는 사용자가 필요할 때 직접 만들어 사용합니다.

(a) 내장 함수 (b) 사용자 함수

그림 10-5 **파이썬 함수의 종류**

대표적인 내장 함수로는 앞에서 이미 여러 차례 사용한 print(), len() 등이 있습니다. 이 함수들은 파이썬을 설치하면 별도의 설정 없이 바로 사용할 수 있습니다. 다음은 내장 함수를 사용하여 이름과 이름의 길이를 출력하는 프로그램입니다.

코드 10-1 ch10_01.py

```
userName = 'Hong gil dong'

print('이름 : ', userName)
print('이름의 길이 : ', len(userName))
```

```
이름 :  Hong gil dong
이름의 길이 :  13
```

사용자 함수는 사용자가 직접 만들어 사용합니다. 간단한 프로그램은 내장 함수만으로도 충분하지만, 게임이나 앱 같은 대규모 프로그램을 개발할 경우 내장 함수만으로 충분하지 않습니다. 이때 개발자는 특정 함수가 필요하다고 판단하고 직접 함수를 만들어 프로그램에 삽입합니다.

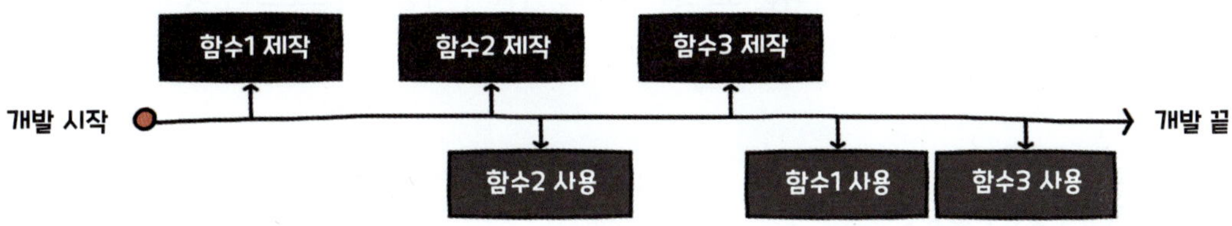

그림 10-6 **필요할 때마다 만들어 사용하는 함수**

Section 03

함수는 왜 사용할까?

함수가 없어도 프로그램을 만들 수 있습니다. 하지만 함수가 없으면 프로그램의 코드가 길고 로직이 어수선해집니다. 또 나중에 프로그램의 코드를 처음 본 사람이 수정하려고 할 때 어려움을 겪을 수 있습니다. 이처럼 함수를 사용하면 좋은 이유를 좀 더 자세히 살펴보겠습니다.

코드 재사용

10명의 스키점프 선수가 점프할 때마다 점프 거리를 입력 받아 1등부터 10등까지 순위를 결정하는 프로그램을 만든다고 가정합시다. 이 프로그램에서 점프 거리를 등록하고 순위를 계산하는 코드가 10번 중복됩니다. 이렇게 매번 중복되는 코드를 함수로 만들어 사용하면 프로그램의 코드 양이 줄어들고 간결해집니다.

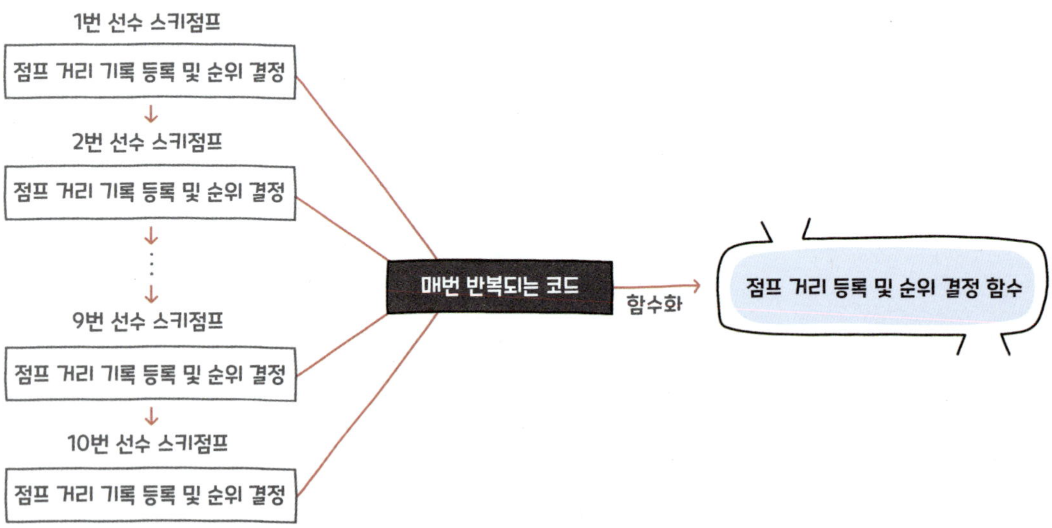

그림 10-7 매번 반복되는 코드를 함수로 정리

우리는 앞에서 아주 간단한 프로그램만 만들어서 '코드 재사용'이라는 말이 와닿지 않을 수 있습니다. 그러나 실제 현장에서 개발하는 프로그램은 규모가 아주 크기 때문에 중복된 코드가 수도 없이 많이 존재합니다. 따라서 함수를 사용하여 코드 길이를 줄이고 프로그램을 간결하게 짜야 합니다.

모듈화

모듈은 특정 기능의 작은 프로그램을 뜻합니다. 함수를 사용한다는 것은 특정 기능을 모듈화한다는 것으로, 특정 기능이 함수로 모듈화되면 다른 프로그램에 쉽게 이식하여 사용할 수 있습니다. 그만큼 프로그램을 만드는 시간도 단축됩니다.

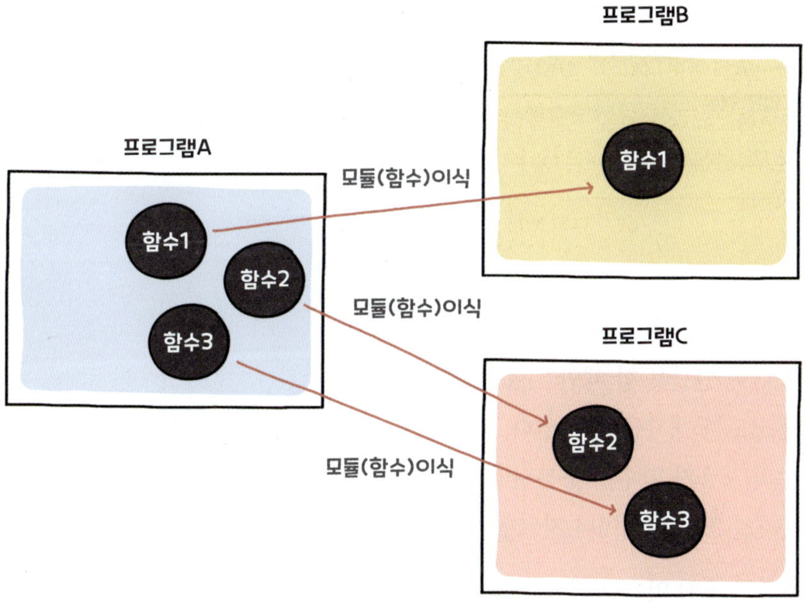

그림 10-8 **함수를 여러 프로그램에 이식하여 사용**

코드 수정 용이

코드에 수정 사항이 발생했을 때 함수를 사용하면 함수만 수정하면 됩니다. 만약 함수를 사용하지 않는다면 모든 코드를 수정해야 하는 불편함이 있고, 자칫 일부 코드가 수정되지 않아 프로그램에 심각한 오류가 발생할 수 있습니다. 다음 [그림 10-9](a)는 함수를 사용하지 않았기 때문에 코드를 10번 수정해야 하지만 (b)는 함수 코드를 1번만 수정하면 됩니다.

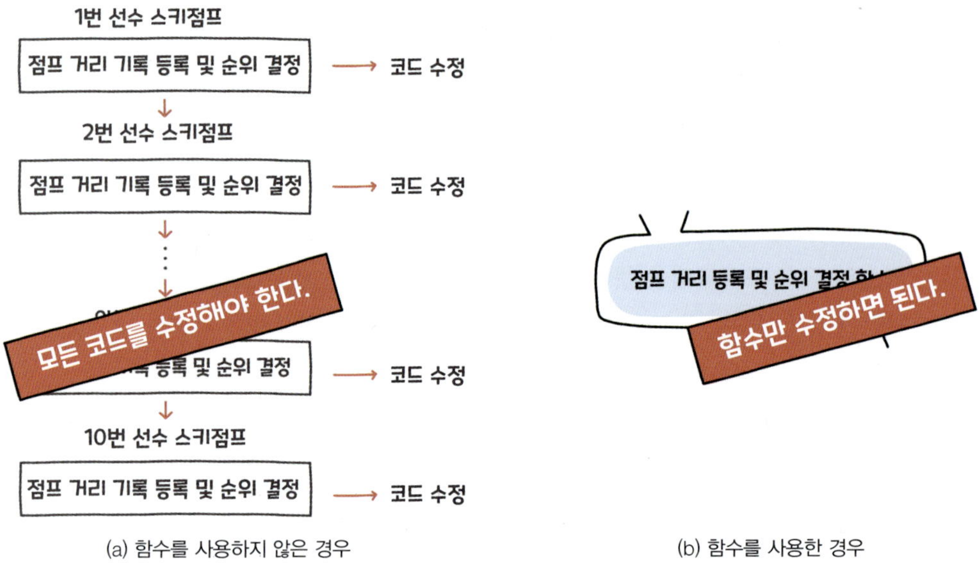

그림 10-9 **코드 수정의 용이성**

확인문제

1. 함수에 대한 설명으로 옳지 않은 것은 무엇인가?
   ① 함수는 비교적 간단한 연산을 할 때만 사용한다.
   ② 함수를 사용하면 코드를 재사용할 수 있다.
   ③ 함수는 내장 함수와 사용자 함수로 구분된다.
   ④ `len()` 함수는 문자열 또는 컨테이너 자료형의 길이를 반환한다.

2. 함수를 사용하는 이유로 옳지 않은 것은 무엇인가?
   ① 코드 재사용 ② 모듈화
   ③ 코드 수정 용이 ④ 프로그램 개발 수익 극대화

정답

1. ① 2. ④

Section 04 함수 정의하기

1 함수의 구성 요소

사용자 함수를 만드는 것을 '함수 정의(function definition)'라고 합니다. 함수를 정의할 때는 `def` 키워드, 함수명, 콜론(:), 실행문으로 나누어 작성합니다.

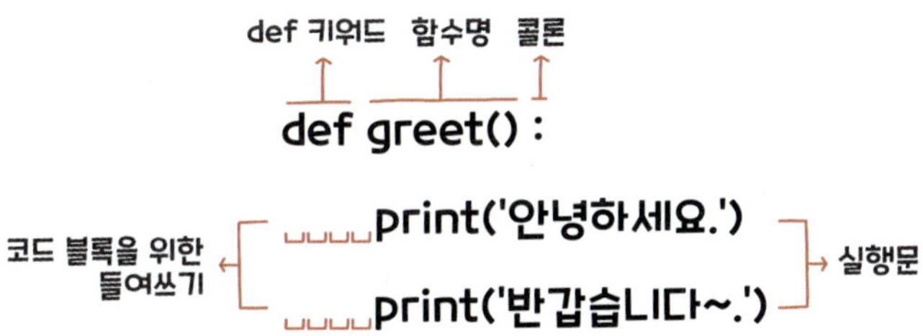

그림 10-10 **함수 정의 구문**

def

`def`는 definition의 약자로 '무언가를 정의한다.'는 뜻입니다. 여기서는 함수를 정의한다는 의미로 사용합니다.

함수명

`def` 키워드 다음에는 함수명을 명시합니다. 함수명은 다음의 몇 가지 유의사항만 지키면 자유롭게 지을 수 있습니다.

- **내장 함수명과 동일하면 안 된다.**
  `print()`, `len()` 등과 같이 기존의 내장 함수와 같은 이름은 사용이 불가능합니다. 이 경우 `myPrint()`, `myLen()`처럼 내장 함수 이름과 중복되지 않도록 짓습니다.

- **첫 글자는 주로 소문자로 시작한다.**
  예를 들어 `MyCalculator()`는 첫 글자가 대문자이므로 권장하지 않습니다. 이 경우 `myCalculator()`처럼 첫 글자를 소문자로 수정하여 사용합니다.

- **첫 글자로 숫자를 사용할 수 없다.**

  첫 글자 외에는 숫자를 사용해도 되지만 `2myCalculator()`처럼 숫자로 시작하는 함수명은 사용이 불가능합니다. `myCalculator2()`는 가능합니다.

- **특수문자는 사용할 수 없지만 언더바(_)는 사용 가능하다.**

  특수 문자 하이픈(-)이 포함된 `my-Calculator()`는 사용 불가능합니다. `my_calculator()`는 사용 가능합니다.

하나 더 알기 ✓ **함수명으로 동사를 이용하면 좋습니다.**

변수명을 지을 때 변수에 담기는 데이터의 의미를 쉽게 파악할 수 있도록 지었듯이 함수명도 함수의 기능을 쉽게 파악할 수 있도록 짓습니다. 예를 들어 계산 기능이 있는 함수라면 'calculator', 그림 그리는 기능이 있다면 'drawing', 게임에서 미사일을 발사는 기능이 있다면 'fire' 등으로 짓습니다. 물론 간단히 'fun1', 'fun2', 'fun3' 등으로 지어도 되지만 이런 애매한 이름을 지으면 나중에 어떤 기능의 함수인지 파악하기 어렵습니다.

콜론(:)과 실행문

콜론(:)은 실행문(코드 블록)의 시작을 나타내는 것으로 앞에서 살펴본 `if`문, `for`문과 사용 방법이 같습니다. 실행문은 들여쓰기로 구분합니다.

```
def greet() :
    print('안녕하세요.')        ← 코드 블록 시작
    print('반갑습니다~.')
    print('저는 홍길동입니다.')  ← 코드 블록 끝
print('함수의 바깥 영역입니다.')
```

그림 10-11 **실행문은 들여쓰기로 구분**

지금까지 함수 정의 방법을 살펴봤습니다. 간단한 함수 3개를 정의해봅시다. 실행문은 코드를 완성하지 않고 어떤 기능을 하는지만 작성합니다.

- **단위 변환 함수 :** cm를 m로, g을 kg으로와 같이 단위를 변환하는 함수입니다.

```
def convertUnit():
    # 이곳에 단위 변환 내용을 코딩
```

- **문자 메시지 발송 함수 :** 문자 메시지를 보낼 때 사용하는 함수입니다.

```
def sendMessage():
    # 이곳에 문자 메시지 내용을 코딩
```

- **거리 계산 함수 :** 두 물건 사이의 거리가 얼마나 떨어져 있는지 계산하는 함수입니다.

```
def calculateDistance():
    # 이곳에 거리 계산 내용을 코딩
```

문제 해결 10-1 온도센서 작동 시스템 만들기

ch10_sol_01.py

온도센서를 작동을 시작하고 멈추는 함수를 정의해봅시다. 함수명은 함수의 기능을 이해하기 좋도록 짓습니다.

```
def startTemperatureSensor():
    print('온도센서 작동을 시작한다.')

def stopTemperatureSensor():
    print('온도센서 작동을 중지한다.')

startTemperatureSensor()
stopTemperatureSensor()
```

```
온도센서 작동을 시작한다.
온도센서 작동을 중지한다.
```

확인문제

다음 중 함수가 올바르게 정의된 것은 무엇인가?

①
```
definition calculator():
    print(3 + 4)
```

②
```
def calculator():
    print(3 + 4)
```

③
```
def 3calculator():
    print(3 + 4)
```

④
```
def calculator()
    print(3 + 4)
```

정답

②

Section 05 함수 호출하기

함수를 정의했다면 이제 함수를 사용해봅시다. 함수를 사용한다는 것을 '함수 호출'이라고 합니다. 함수 호출은 함수 실행이 필요한 곳에서 함수 이름을 적으면 됩니다. 다음은 `greet()` 함수를 정의한 후 호출하는 코드입니다.

코드 10-2 ch10_02.py

```
01  def greet():
02      print('Hello.')
03      print('Nice to meet you.')
04
05  greet()
```

함수 정의 (01–03행)

함수 호출 (05행)

```
Hello.
Nice to meet you.
```

[코드 10-2]의 5행에서 함수를 한 번 호출했습니다. 만약 인사 문구를 세 번 출력하려면 함수를 세 번 호출하면 됩니다.

코드 10-3 ch10_03.py

```
def greet():
    print('Hello.')
    print('Nice to meet you.')

greet()                    # 첫 번째 함수 호출
greet()                    # 두 번째 함수 호출
greet()                    # 세 번째 함수 호출
```

함수 정의

```
Hello.          첫 번째 함수 호출 결과
Nice to meet you.
Hello.          두 번째 함수 호출 결과
Nice to meet you.
Hello.          세 번째 함수 호출 결과
Nice to meet you.
```

지금까지 함수를 호출 하는 방법에 대해서 살펴봤습니다. 다음 문제를 해결해봅시다.

문제 해결 10-2 내 노트북은 몇 인치일까?

ch10_sol_02.py

고등학교 졸업 기념으로 노트북을 하나 장만했습니다. 노트북 사이즈에 꼭 맞는 파우치를 하나 구매하려고 하는데 사이즈 표에 인치로만 표시되어있습니다. cm를 인치로 바꿔주는 함수를 만들어봅시다.

```
def convertUnit():
    print(lengthCm, 'cm = ', lengthCm * 0.393701, 'inch')

lengthCm = float(input('길이를 입력하세요.(cm) '))
convertUnit()
```

```
길이를 입력하세요.(cm) 38
38.0 cm =  14.9606 inch
```

문제 해결 10-3 이동 거리를 계산하는 함수

ch10_sol_03.py

길동이는 5시간 동안 시속 3km의 속도로 등산을 했습니다. 길동이가 등산한 시간과 속도를 입력하면 이동한 거리를 계산해주는 프로그램을 함수를 이용하여 만들어봅시다.

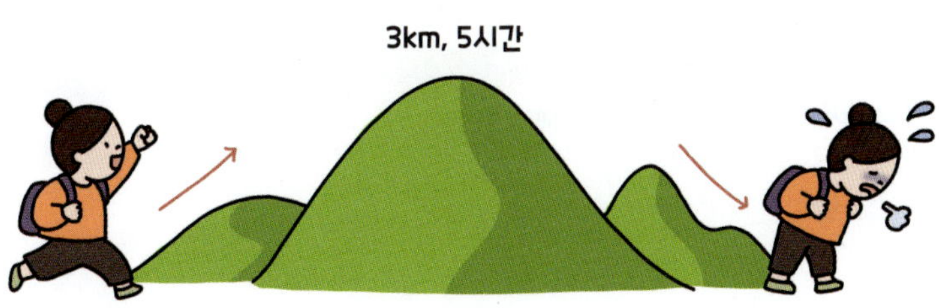

```
def calculateDistance():
    print('이동 거리는', hourData * speedData, 'km 입니다.')

hourData = float(input('이동 시간을 입력하세요. '))
speedData = float(input('이동 속도를 입력하세요. '))
calculateDistance()
```

```
이동 시간을 입력하세요. 5
이동 속도를 입력하세요. 3
이동 거리는 15.0 km 입니다.
```

pass 키워드

조건문과 반복문에서 사용한 pass 키워드를 함수에서도 동일한 기능으로 사용할 수 있습니다. 함수에서 pass를 사용하여 아직 실행부가 정해지지 않은 함수를 정의하게 됩니다. 다음은 회원 인증 프로그램으로 데이터베이스의 '회원 정보 검색 기능'과 '회원 아이디 메일 발송 기능'은 확정되었지만 구체적인 실행문이 정해지지 않아 pass를 사용한 예입니다.

코드 10-4 ch10_04.py

```
def getMemberInDatabase():
    pass        실행할 내용을 아직 정하지 못 함

def sendMemberIdByEmail():
    pass        실행할 내용을 아직 정하지 못 함

m_name = input('이름을 입력하세요. ')
m_mail = input('메일 주소를 입력하세요. ')

getMemberInDatabase()
sendMemberIdByEmail()
```

```
이름을 입력하세요. Hong gil dong
메일 주소를 입력하세요. honggildong@gmail.com
```

하나 더 알기 ✓ **pass를 사용하지 않으면 어떻게 되나요?**

만약 [코드 10-4]에서 pass를 사용하지 않는다면 다음과 같이 구문 에러(syntaxerror)가 발생합니다. 따라서 아직 함수의 구체적인 실행문이 정해지지 않은 함수를 선언할 경우 반드시 pass를 사용해야 합니다.

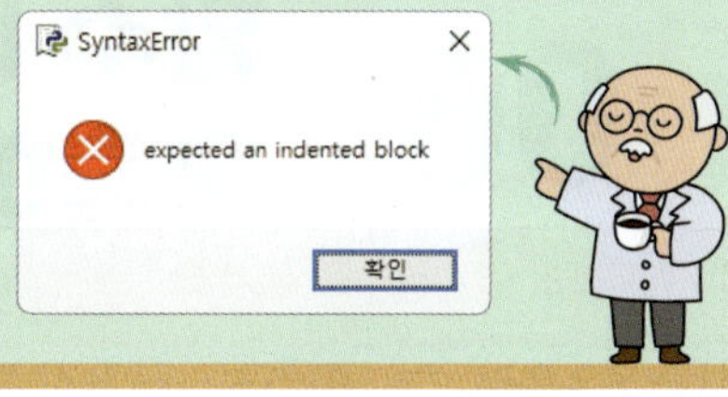

확인문제

1. 다음 프로그램의 실행 결과를 보고 빈칸을 채우시오.

```
def addCalculator():
    print('첫 번째 숫자와 두 번째 숫자의 합은 ', (          ), '입니다.')

num1 = int(input('첫 번째 숫자를 입력하세요.'))
num2 = int(input('두 번째 숫자를 입력하세요.'))

[          ]
```

```
첫 번째 숫자를 입력하세요.5
두 번째 숫자를 입력하세요.9
첫 번째 숫자와 두 번째 숫자의 합은 14 입니다.
```

2. 다음 중 startMachine() 함수를 호출하는 코드로 옳은 것은 무엇인가?

```
def startMachine():
    print('기계를 작동한다.')
```

① startMachine()　　② startMachine

③ startMachine():　　④ print('기계를 작동한다.')

정답

1. num1+num2, addCalculator()　　2. ①

Section 06

함수 내에서 또 다른 함수 호출하기

함수 내부에서 또 다른 함수를 호출할 수도 있습니다. 다음 프로그램을 살펴봅시다.

코드 10-5 ch10_05.py

```
01  def fun1():
02      print('fun1 함수를 호출합니다!')
03
04  def fun2():
05      print('fun2 함수를 호출합니다!')
06
07  def fun3():
08      fun1()
09      fun2()
10      print('fun3 함수를 호출합니다!')
11
12  fun3()
```

```
fun1 함수를 호출합니다!
fun2 함수를 호출합니다!
fun3 함수를 호출합니다!
```

12행에서 fun3()을 호출하면 fun3() 내부에서는 fun1()과 fun2()를 호출하고 있습니다. 따라서 fun3()을 호출하면 fun1()과 fun2()가 모두 호출됩니다. 다음은 fun3()을 호출했을 때 fun1(), fun2()의 호출 및 실행 순서를 그림입니다.

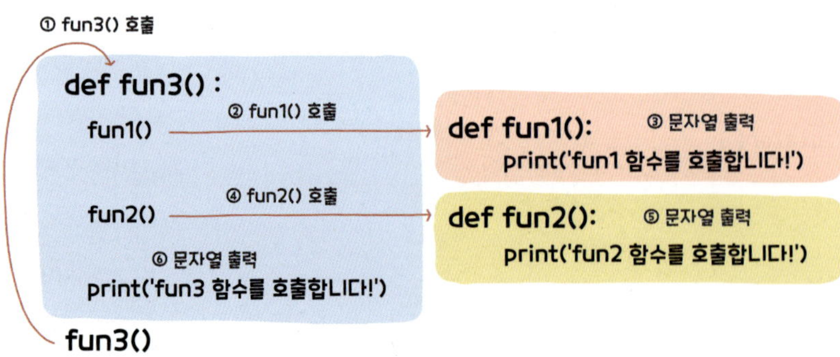

그림 10-12 **함수 호출 및 실행 순서**

확인문제

다음 프로그램 실행 결과로 옳은 것은 무엇인가?

```
def printMemberInfo():
    getMemberInDB()
    print('회원정보를 출력한다.')

def getMemberInDB():
    connectDB()
    selectMemberInDB()
    print('데이터베이스에서 회원정보를 가져온다.')

def connectDB():
    print('데이터베이스에 접속한다.')

def selectMemberInDB():
    print('데이터베이스에서 회원정보를 검색한다.')

printMemberInfo()
```

①
```
회원정보를 출력한다.
데이터베이스에서 회원정보를 가져온다.
데이터베이스에 접속한다.
데이터베이스에서 회원정보를 검색한다.
```

②
```
데이터베이스에 접속한다.
데이터베이스에서 회원정보를 검색한다.
데이터베이스에서 회원정보를 가져온다.
회원정보를 출력한다.
```

③
```
회원 정보를 출력한다.
데이터베이스에서 회원정보를 가져온다.
데이터베이스에서 회원정보를 검색한다.
데이터베이스에 접속한다.
```

④
```
회원정보를 출력한다.
```

정답

②

실전 예제

다국어 인사말 프로그램

문제

출신 국가를 선택하면 해당하는 국가의 인사말이 출력되는 프로그램을 함수를 이용해서 만들어봅시다.

국가 선택	1. 한국	2. USA	3. Japan
인사말	안녕.	Hello.	こんにちは.

```
where are you from? 1.한국, 2.USA, 3.Japan 1
안녕.
```

```
where are you from? 1.한국, 2.USA, 3.Japan 2
Hello.
```

해결

ch10_appEx_01.py

```
def introKor():
    print('안녕.')

def introEng():
    print('Hello.')

def introJap():
    print('こんにちは.')

selectNum = int(input('where are you from? 1.한국, 2.USA, 3.Japan '))

if(selectNum == 1):
    introKor()
elif(selectNum == 2):
    introEng()
elif(selectNum == 3):
    introJap()
else:
    introEng()
```

실전 예제

계산기 프로그램

문제

사용자가 숫자 2개를 입력하고 연산자를 선택하면 연산결과가 출력되는 프로그램을 함수를 이용해서 만들어봅시다.

```
숫자를 입력하세요. 5
연산자를 선택하세요. 1.덧셈, 2.뺄셈, 3.곱셈, 4.나눗셈 3
숫자를 입력하세요. 3
곱셈 결과 :  15.0
```

```
숫자를 입력하세요. 3
연산자를 선택하세요. 1.덧셈, 2.뺄셈, 3.곱셈, 4.나눗셈 2
숫자를 입력하세요. 50
뺄셈 결과 :  -47.0
```

해결

ch10_appEx_02.py

```
def add():          # 덧셈
    print('덧셈 결과 : ', inputNumber1 + inputNumber2)

def sub():          # 뺄셈
    print('뺄셈 결과 : ', inputNumber1 - inputNumber2)

def mul():          # 곱셈
    print('곱셈 결과 : ', inputNumber1 * inputNumber2)

def div():          # 나눗셈
    print('나눗셈 결과 : ', inputNumber1 / inputNumber2)

def calculator():  # 계산기
    if(selectOperator == 1):
        add()
```

```
    elif(selectOperator == 2):
        sub()
    elif(selectOperator == 3):
        mul()
    elif(selectOperator == 4):
        div()

inputNumber1 = float(input('숫자를 입력하세요. '))
selectOperator = int(input('연산자를 선택하세요. 1.덧셈, 2.뺄셈, 3.곱셈, 4.나눗셈 '))
inputNumber2 = float(input('숫자를 입력하세요. '))

calculator()
```

요약

01 함수란 특정 기능을 하는 코드를 묶어 놓은 것입니다. 사용자는 함수에 값을 넣어 결과를 얻습니다.

02 파이썬에서 함수는 내장 함수와 사용자 함수로 구분합니다.

- 내장 함수: 파이썬에서 기본으로 제공하는 함수로 파이썬을 설치하면 바로 사용이 가능합니다.
- 사용자 함수: 사용자가 필요에 의해서 직접 만들어 사용합니다.

03 사용자 함수를 만드는 것을 '함수 정의(function definition)'라고 합니다. 함수를 정의할 때는 def 키워드, 함수명, 콜론(:), 실행문으로 나누어 작성합니다.

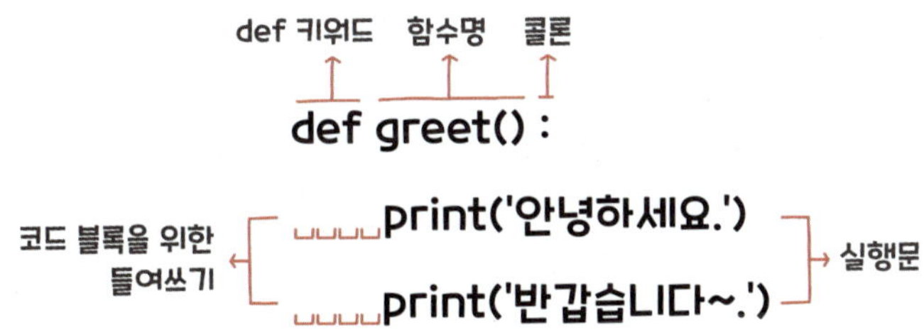

04 조건문과 반복문에서 사용한 pass 키워드를 함수에서 사용하면 아직 실행부가 정해지지 않은 함수를 정의하게 됩니다.

05 함수 내부에서 또 다른 함수를 호출할 수 있습니다. 이런 경우 함수는 위에서부터 순차적으로 실행됩니다.

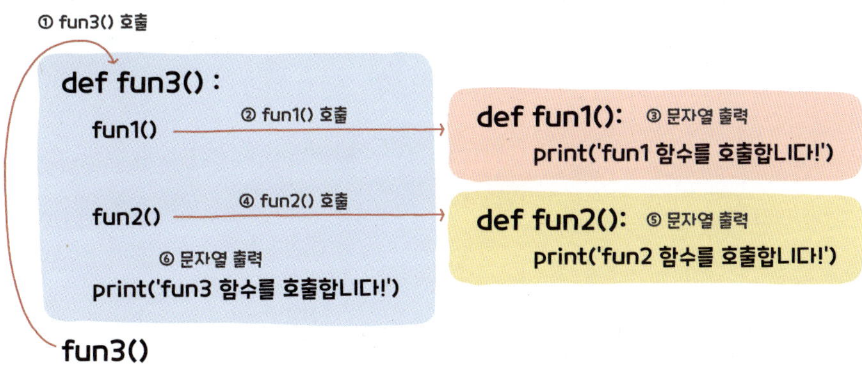

연습문제

01 다음은 사용자가 입력한 문자열의 길이를 출력하는 함수이다. 다음 프로그램의 빈칸을 채우시오.

```
[    ] countString():
    print('문자열 길이 : ', [    ](userData))

userData = input('문자열을 입력하세요. ')

[          ]
```

02 다음은 자동차를 타고 이동할 때 소요시간을 구하는 함수이다. 틀린 부분을 찾아 고치시오. 단 이동 거리와 속도는 사용자가 입력한다.

```
def getHour{}:
    print('이동 시간 : ', distance / speed)

distance = int(input('이동거리(km)를 입력하세요. '))
speed = int(input('속도(km/h)를 입력하세요. '))

getHour()
```

03 다음 실행 결과를 참고하여 사용자가 입력한 정수가 홀수인지 짝수인지 출력하는 함수를 만드시오.

```
정수를 입력하세요. 3
입력한 정수는 홀수 입니다.
```

```
정수를 입력하세요. 10
입력한 정수는 짝수 입니다.
```

04 다음은 슈퍼마켓의 상품가격표이다. 가격표와 실행 결과를 참조해서 영수증을 출력하는 함수를 만드시오. 단 상품 구매 개수는 사용자가 입력한다.

상품명	가격(원)
새우깡	1,200
비비빅	400
초코파이	500
맛동산	1,500

```
새우깡 구매 개수 : 2
비비빅 구매 개수 : 3
초코파이 구매 개수 : 1
맛동산 구매 개수 : 4
=================================
새우깡 구매 금액     :  2400 원
비비빅 구매 금액     :  1200 원
초코파이 구매 금액   :  500 원
맛동산 구매 금액     :  6000 원
=================================
총 구매 금액         :  10100 원
=================================
```

CHAPTER 11

함수 활용하기

학습목표

- 지역변수와 전역변수에 대해서 알아봅니다.
- 매개변수에 대해서 이해합니다.
- 함수에서 데이터를 반환하는 방법을 알아봅니다.
- 중첩 함수와 재귀 함수에 대해서 알아봅니다.

Preview

10장에서 함수의 기본적인 개념을 살펴봤다면 이번 장에서는 함수를 좀 더 깊이 이해하고 사용하는 방법에 대하여 학습합니다. 함수의 활용 방법을 익히게 되면 일상생활에서 자주 사용하는 방정식을 함수로 만들 수 있을 것입니다.

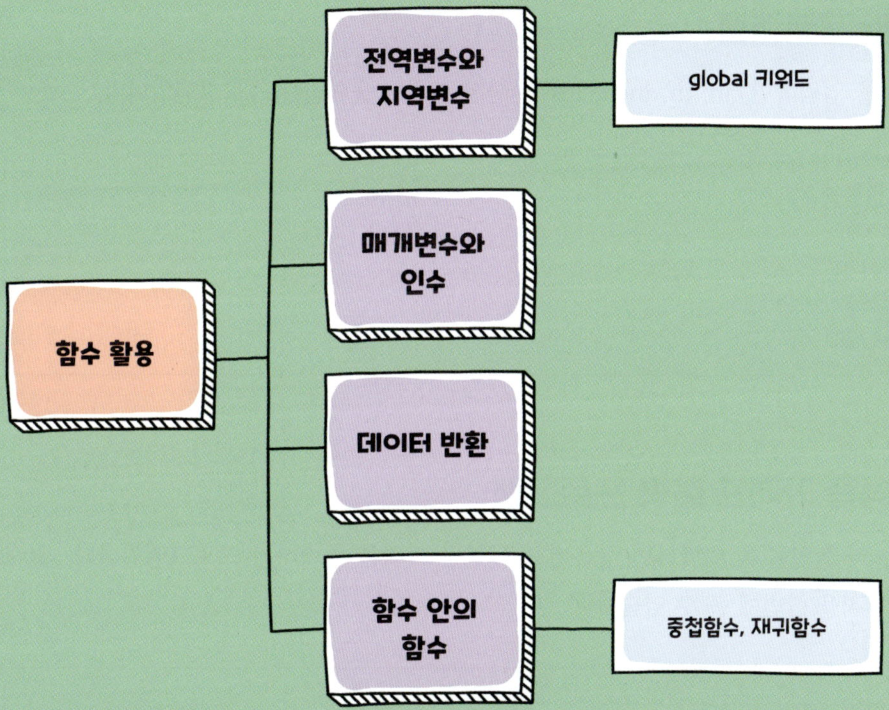

Section 01

이 장에서 만들 프로그램

1 단위 환산 프로그램

mm 단위의 길이를 입력하면 cm, m, inch, ft로 환산된 길이를 출력하는 프로그램입니다.

```
길이(mm)를 입력하세요. 1
1 mm -->  0.1 cm
1 mm -->  0.001 m
1 mm -->  0.03937 inch
1 mm -->  0.003281 ft
```

2 할인된 상품 가격표 출력 프로그램

한빛마트의 '오늘의 할인율'을 입력하면 상품별로 할인된 가격을 출력하는 프로그램입니다. 원래 정가와 할인 후 가격을 한번에 볼 수 있습니다.

```
--------------------------------------------
-- 한빛마트 오늘의 할인 가격표 출력 시스템 --
--------------------------------------------
오늘의 할인율을 입력하세요. 15
쌀   : 9900 원 15 %DC -> 8415 원
상추 : 1900 원 15 %DC -> 1615 원
고추 : 2900 원 15 %DC -> 2465 원
마늘 : 8900 원 15 %DC -> 7565 원
통닭 : 5600 원 15 %DC -> 4760 원
햄   : 6900 원 15 %DC -> 5865 원
치즈 : 3900 원 15 %DC -> 3315 원
--------------------------------------------
```

Section 02 지역변수와 전역변수란?

1 지역변수와 전역변수의 개념

변수는 함수 내부에 선언하는 경우와 외부에 선언하는 경우에 따라 지역변수와 전역변수로 구분됩니다. 지역변수는 함수 내부에서 선언되며, 함수 내부에서만 사용 가능합니다. 전역변수는 함수 외부에서 선언되며, 함수 내·외부에서 모두 사용 가능합니다. 다음 그림은 지역변수와 전역변수의 사용 가능 범위를 보여줍니다.

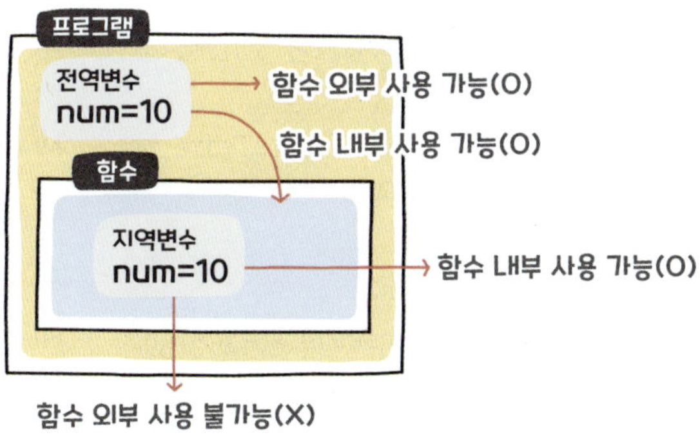

그림 11-1 지역변수와 전역변수의 사용 가능 범위

지역변수와 전역변수 차이를 간단한 코드를 통해서 살펴보겠습니다.

코드 11-1 ch11_01.py

```
num = 10                        # 전역변수 num 선언

def fun1():                     ← 함수 정의
    print('num : ', num)        # 전역변수 num 사용

print('num : ', num)            # 전역변수 num 사용
fun1()                          ← 함수 호출
```

```
num :  10
num :  10
```

전역 변수 num 출력

[코드 11-1]의 1행에서 선언된 변수 num은 함수 외부에서 선언된 변수로 전역변수입니다. 따라서 4행과 6행에서 출력하는 num은 1행에서 선언된 num과 같은 변수이고 실행 결과 역시 같습니다.

만약 fun1() 함수 내부에서 num을 다시 선언하면 어떻게 될까요? [코드 11-2]의 4행에서 선언된 num은 함수 내부에서 선언된 변수로 지역변수입니다. 따라서 1행의 num과 4행의 num은 이름만 같을 뿐 전혀 다른 변수입니다.

코드 11-2 ch11_02.py

```
01  num = 10                    # 전역변수 num 선언
02
03  def fun1():                 ─ 함수 정의
04      num = 20                # 지역변수 num 선언
05      print('num : ', num)    # 지역변수 num 사용(함수 안에서 num을 먼저 찾는다.)
06
07  print('num : ', num)        # 전역변수 num 사용
08  fun1()                      ─ 함수 호출
```

```
num :  10   ─ 전역 변수 num 출력
num :  20   ─ 지역 변수 num 출력
```

프로그램을 실행하면 7행의 print()가 먼저 실행되고 전역변수 10이 출력됩니다. 그다음 fun1() 함수가 호출되어 5행의 print()가 실행되는데, 이때는 우선 함수 내부에 있는 num부터 찾기 때문에 20이 출력됩니다.

2 global 키워드

global은 '전역을 가리키다'라는 의미로 'global num'이라고 하면 전역변수 num을 가리킵니다. 방금 살펴본 [코드 11-2]를 다시 보겠습니다.

fun1() 함수 안에서 1행의 전역변수 num에 저장되어 있는 데이터를 변경하려면 어떻게 해야 할까요? 4행의 num은 지역변수를 선언하는 코드로 전역변수인 1행의 num에 저장된 데이터를 변경할 수 없습니다. 이럴 때 global 키워드를 사용하여 전역변수에 접근합니다. 다음은 global을 사용해서 함수 안에서 전역변수 num을 가리키고 데이터를 변경하는 코드입니다.

코드 11-3 ch11_03.py

```
num = 10                          # 전역변수 num 선언

def fun1():                       함수 정의
    global num                    # 전역변수 num 설정
    num = 20                      # 전역변수 num 변경
    print('num : ', num)          # 전역변수 num 사용

print('num : ', num)              # 전역변수 num 사용
fun1()                            함수 호출
print('num : ', num)              # 전역변수 num 사용
```

```
num :  10
num :  20    전역 변수 num 출력
num :  20
```

문제 해결 11-1 웹사이트의 누적 방문 횟수 프로그램 ch11_sol_01.py

웹사이트 방문 여부를 입력 받아 웹사이트의 누적 방문 횟수를 출력해봅시다.

```
flag = True
totalVisitor = 0

def countVisitor():
    global totalVisitor           함수 정의
    totalVisitor += 1

while flag:
    inputData = int(input('1.웹사이트 방문, 2.종료 '))

    if inputData == 1:
        countVisitor()            함수 호출
        print('누적 방문 횟수 : ', totalVisitor)
    else:
        flag = False
```

```
1.웹사이트 방문, 2.종료 1
누적 방문 횟수 :  1
1.웹사이트 방문, 2.종료 1
누적 방문 횟수 :  2
1.웹사이트 방문, 2.종료 1
누적 방문 횟수 :  3
1.웹사이트 방문, 2.종료 2
```

코드가 길어질수록 지역변수와 전역변수를 구분하기 어렵습니다. 앞에서는 설명을 위해 지역변수와 전역변수의 변수명을 같게 지었지만, 실제 프로그래밍할 때는 중복되지 않게 지어야 합니다.

확인문제

1. 지역변수와 전역변수에 대한 설명으로 틀린 것은 무엇인가?
   ① 함수 내부에서 선언된 변수를 지역변수라고 한다.
   ② 함수 외부에서 선언된 변수를 전역변수라고 한다.
   ③ 지역변수는 함수 내부에서만 사용할 수 있다.
   ④ 전역변수는 함수 외부에서만 사용할 수 있다.

2. 다음 프로그램의 실행 결과로 옳은 것은 무엇인가?

```
totalPrice = 0
goodsCount = [5, 2, 10, 3]

def printReceipt():
    goods0Price = 1000
    goods1Price = 500
    goods2Price = 2000
    goods3Price = 1500

    totalPrice += goods0Price * goodsCount[0]
    totalPrice += goods1Price * goodsCount[1]
    totalPrice += goods2Price * goodsCount[2]
    totalPrice += goods3Price * goodsCount[3]

    print('--------- printReceipt ---------')
    print('totalPrice = ', totalPrice)

printReceipt()
```

①
```
--------- printReceipt ---------
totalPrice =  30500
```

②
```
에러발생
```

③
```
--------- printReceipt ---------
totalPrice =
에러발생
```

④
```
--------- printReceipt ---------
totalPrice =  0
```

정답

1. ④

2. ②(`printReceipt()` 함수에서 `totalPrice` 변수를 사용하려면 10행 앞에 `global totalPrice`를 추가해야 함)

Section 03 매개변수와 인수

1 매개변수의 개념

함수는 먼저 정의한 후 필요할 때마다 호출하여 사용합니다. 이 때 함수를 정의하는 쪽을 '함수 정의부', 함수를 사용하려고 호출하는 쪽을 '함수 호출부'라고 합니다.

함수를 호출할 때는 데이터를 넘겨줄 수 있는데 이 데이터를 '인수'라고 합니다. 함수 호출부에서 넘긴 인수는 함수 정의부에서 받아 '매개변수'라는 변수에 저장합니다.

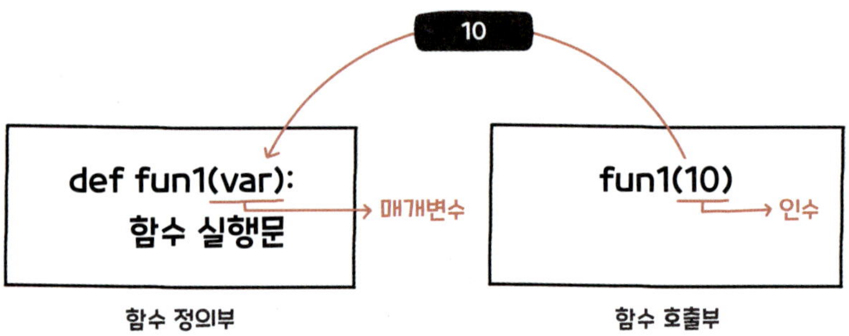

그림 11-2 인수와 매개변수

'매개'라는 단어를 사전에서 찾아보면 '둘 사이에서 양편의 관계를 맺어 줌'이라고 되어 있습니다. 즉 매개변수란 함수 호출부에서 전달한 데이터를 함수 정의부가 받아 저장하는 변수입니다. 함수 호출부에서 넘긴 인수가 매개변수로 어떻게 사용되는지 간단한 인사말 프로그램을 통해 이해해봅시다.

하나 더 알기 √ **매개변수 이름 짓기**

매개변수도 앞에서 배운 변수의 일종이므로 사용자가 직접 변수명을 지을 수 있습니다. 예를 들어 함수 호출부에서 숫자 데이터가 전달되면 number, 사람 이름이 전달되면 name, 길이가 전달되면 length 등으로 의미를 담아 짓습니다.

코드 11-4 ch11_04.py

```
def greet(name):
    print(name, '씨, 안녕하세요.')

greet('홍길동')
greet('박찬호')
greet('박지성')
```

```
홍길동 씨, 안녕하세요.
박찬호 씨, 안녕하세요.
박지성 씨, 안녕하세요.
```

2 두 개 이상의 매개변수

함수 호출부에서 전달할 인수가 두 개 이상인 경우에도 매개변수를 사용할 수 있습니다. 이런 경우 매개변수는 호출부에서 전달하는 인수의 개수와 순서에 맞춰서 선언합니다. 다음은 인수와 매개변수가 각각 3개인 코드입니다.

코드 11-5 ch11_05.py

```
def forecastWeather(temp, humi, rain):          # 인수 3개를 매개변수 3개에 저장
    print('날씨 예보입니다.')
    print('최고 온도 : ', temp, '도')
    print('평균 습도 : ', humi, '%')
    print('비올 확율 : ', rain, '%')

temperature = 32
humidity = 67
rainPercent = 50

forecastWeather(temperature, humidity, rainPercent) # 함수 호출 시 인수 3개 전달
```

```
날씨 예보입니다.
최고 온도 :  32 도
평균 습도 :  67 %
비올 확율 :  50 %
```

하나 더 알기 ✓ 인수의 개수와 매개변수의 개수가 일치하지 않는 경우

인수의 개수와 매개변수의 개수가 일치하지 않으면 에러가 발생합니다. 따라서 전달하는 인수의 개수와 매개변수의 개수는 반드시 일치해야 합니다.

- 전달하는 인수의 개수가 매개변수 개수보다 적은 경우 → 에러 발생

```
def fun1(n1, n2, n3):
    print(n1, n2, n3)

fun1(10, 20)
```

매개변수의 개수 3개 / 인수의 개수 2개

```
TypeError: fun1() missing 1 required positional argument: 'n3'
```

- 전달하는 인수의 개수가 매개변수 개수보다 많은 경우 → 에러 발생

```
def fun1(n1, n2, n3):
    print(n1, n2, n3)

fun1(10, 20, 30, 40)
```

매개변수의 개수 3개 / 인수의 개수 4개

```
TypeError: fun1() takes 3 positional arguments but 4 were given
```

3 인수의 개수를 모르는 경우

간혹 함수를 호출할 때 전달하는 인수의 개수가 수시로 변경될 때가 있습니다. 이런 경우 매개변수의 개수도 같이 변경되어야 하는데, '*' 기호를 이용하면 매개변수의 개수를 변경할 필요 없이 해결할 수 있습니다.

다음은 시험 성적을 출력하는 프로그램으로 과목수가 3과목에서 4과목으로, 그리고 다시 5과목으로 변경되어도 정상적으로 실행됩니다.

코드 11-6 ch11_06.py

```
def printAverageScore(*scores):
    print(type(scores))

    totalScore = 0
    cnt = len(scores);

```

함수 정의

```
    for score in scores:
        totalScore += score

    print('총점: ', totalScore, '점')
    print('평점: ', totalScore / cnt, '점')
    print('------------------------------')

printAverageScore(80, 90, 70)
printAverageScore(90, 85, 90, 100)
printAverageScore(95, 80, 100, 95, 85)
```

```
<class 'tuple'>
총점:  240 점
평점:  80.0 점
------------------------------
<class 'tuple'>
총점:  365 점
평점:  91.25 점
------------------------------
<class 'tuple'>
총점:  455 점
평점:  91.0 점
------------------------------
```

[코드 11-6]은 함수에 전달되는 인수가 3개, 4개, 5개인 경우로 printAverageScore() 함수의 매개변수에 '*'를 붙이면 인수가 튜플 형태로 전달됩니다. 따라서 함수 내에서는 튜플 데이터 타입의 scores를 이용할 수 있습니다.

> 튜플이 잘 기억나지 않는다면 9장을 복습하세요!

문제 해결 11-2 SMS와 MMS 구별하기 ch11_sol_02.py

문자를 보낼 때 100자 이하인 경우에는 단문 메시지(SMS)로 50원을 부과합니다. 그런데 100자를 넘어가면 장문 메시지(MMS)로 변경되면서 100원이 부과됩니다. 단문과 장문을 구별해서 요금을 부과하는 프로그램을 만들어봅시다.

```
def printStringLength(str):
    strLen = len(str)
    print('입력한 문자열 길이 : ', strLen)

    if(strLen <= 100):
        print('단문 메시지로 50원이 부과됩니다.')
    else:
        print('장문 메시지로 100원이 부과됩니다.')

inputData = input('문자열을 입력하세요. ')
printStringLength(inputData)
```

함수 정의

```
문자열을 입력하세요. 안녕하세요.
입력한 문자열 길이 :  6
단문 메시지로 50원이 부과됩니다.
```

```
문자열을 입력하세요. 안녕하세요. 저는 대학교 1학년 홍길동입니다...생략...감사합니다.
입력한 문자열 길이 :  344
장문 메시지로 100원이 부과됩니다.
```

확인문제

1. 도형의 밑변과 높이를 넣으면 삼각형과 사각형의 넓이를 출력하는 함수이다. 빈칸을 채우시오.

```
def printArea(______, ______):
    print('삼각형의 넓이 : ', b * h / 2)
    print('사각형의 넓이 : ', b * h)

base = int(input('밑변 : '))
height = int(input('높이 : '))
printArea(______, ______)
```

2. 국어, 영어, 수학 점수를 입력하면 총점과 평균을 출력하는 함수를 포함하는 프로그램이다. 틀린 부분을 찾아 고치시오.

```
def printScore(k, e, m):
    print('총점 : ', k + e + m)
    print('평균 : ', (k + e + m) / 3)

```

```
05  korScore = int(input('국어점수를 입력하세요. '))
06  engScore = int(input('영어점수를 입력하세요. '))
07  matScore = int(input('수학점수를 입력하세요. '))
08
09  printScore(k, e, m)
```

정답

1. b, h, base, height 2. 9행을 printScore(korScore, engScore, matScore)으로 수정

4 인수와 매개변수의 순서가 일치하지 않을 경우

지금까지 살펴본 매개변수는 함수 호출부의 데이터와 순서가 일치했습니다. 하지만 꼭 호출부에서 전달되는 데이터 순서가 매개변수의 순서와 일치하지 않을 수 있습니다. 이 경우 함수 호출부에서 매개변수 이름을 키워드로 명시합니다.

다음은 회원 정보를 출력하는 프로그램으로 매개변수 이름을 키워드로 명시한 코드입니다.

코드 11-7 ch11_07.py

```
def printMemberInfo(name, email, major, grade):
    print('name \t:', name)
    print('email \t:', email)
    print('major \t:', major)
    print('grade \t:', grade)
    print('-------------------------------')

# 매개변수 키워드 사용하지 않음
printMemberInfo('Mr. kim', 'kim@gmail.com', 'art', 1)

# 매개변수 키워드 사용함
printMemberInfo(grade=4, major='computer', email='abc@gmail.com', name='Mr. hong')
printMemberInfo(major='sport', grade=2, name='Mr. cong', email='def@gmail.com')
printMemberInfo(email='ghi@gmail.com', major='music', name='Mr. wang', grade=1)
```

함수 정의 (01~06행)

```
name : Mr. kim
email : kim@gmail.com
major : art
grade : 1
-------------------------------
```

```
name : Mr. hong
email : abc@gmail.com
major : computer
grade : 4
--------------------------------
name : Mr. cong
email : def@gmail.com
major : sport
grade : 2
--------------------------------
name : Mr. wang
email : ghi@gmail.com
major : music
grade : 1
--------------------------------
```

5 매개변수의 기본값 설정

함수 호출에서 매개변수에 전달되는 인수가 없는 경우 매개변수에 기본값을 설정할 수 있습니다. 다음은 급여 프로그램으로 관리자의 실수로 급여가 입력되지 않아도 최소 200만원이 지급될 수 있도록 매개변수를 설정했습니다.

코드 11-8 ch11_08.py

```
def setSalary(name, pay = 200):    # pay는 200으로 기본값이 설정됐다.
    print(name, '직원 급여 : ', pay, '만원')
    print('--------------------------------')

setSalary('박찬호', 400)
setSalary('박지성')
setSalary('박세리')
```

함수 정의 (lines 01–03)

```
박찬호 직원 급여 :  400 만원
--------------------------------
박지성 직원 급여 :  200 만원      ← 기본값 할당 및 출력
--------------------------------
박세리 직원 급여 :  200 만원      ← 기본값 할당 및 출력
--------------------------------
```

Section

04 데이터 반환

함수는 실행이 끝난 후에 나온 결과물(데이터)을 호출부로 반환할 수 있습니다. 이때 사용하는 키워드가 return입니다. 다음은 함수가 포함된 프로그램의 실행 순서를 나타냅니다.

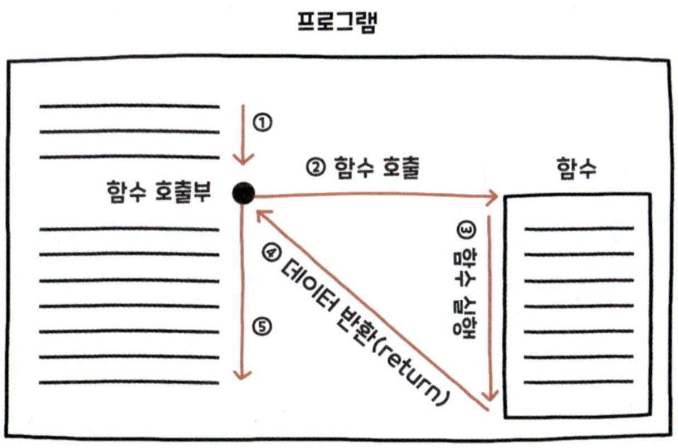

그림 11-3 **함수가 포함된 프로그램의 실행 순서**

다음은 덧셈 함수에서 연산한 결과를 호출부로 반환해서 출력하는 프로그램입니다.

코드 11-9 ch11_09.py

```
def addFunction(n1, n2):
    sum = n1 + n2
    return sum

result = addFunction(10, 20)
print(result)
```

❶ 함수 호출 ❷ 함수 실행 ❸ 데이터 반환

```
30
```

5행에서 addFunction() 함수를 호출하면 함수가 실행되고 실행 결과를 3행에서 호출부로 반환합니다. 즉 반환된 데이터는 5행의 result 변수에 담기게 되고 6행에서 출력합니다. 이처럼 return은 함수의 실행 결과를 호출부로 반환할 때 사용합니다.

return 키워드는 함수에서 반드시 사용해야 하는 것은 아니고, 함수에서 호출부로 돌려줘야하는 데이터가 있을 경우 사용하면 됩니다. 만약 [코드 11-9]에서 return을 사용하지 않고 결과를 출력하고자 한다면 다음과 같이 수정할 수 있습니다.

코드 11-10 ch11_10.py

```
def addFunction(n1, n2):
    print(n1 + n2)

addFunction(10, 20)
```

함수 정의 (01~02행)

```
30
```

return의 또 다른 기능으로 함수 실행 종료가 있습니다. 함수 실행 중 return을 만나게 되면 함수 실행을 중단하고 프로그램은 호출부로 돌아갑니다. 다음 코드를 살펴보겠습니다.

코드 11-11 ch11_11.py

```
def increaseStar():
    print('*')
    print('**')
    print('***')
    return
    print('****')
    print('*****')
    print('******')
    print('*******')

increaseStar()
```

함수 정의 (01~09행)

```
*
**
***
```

increaseStar()는 '*'를 한 개씩 증가하면서 출력하는 함수입니다. 그런데 2행부터 순차적으로 실행되다가 5행에 return을 만나면 6행 이하의 모든 실행을 중단하고 다시 호출부로 돌아가기 때문에 '***'까지만 출력됩니다. 이때 return은 프로그램 실행을 호출부로 돌려보내기만 하고 반환하는 데이터는 없습니다. 만약 특정 데이터를 반환하고자 한다면 5행의 return 옆에 적습니다.

문제 해결 11-3 사칙연산 프로그램 만들기

ch11_sol_03.py

2개의 정수를 입력하면 사칙연산(덧셈, 뺄셈, 곱셈, 나눗셈)을 하는 함수를 만들고 그 결과를 튜플로 반환하는 프로그램을 만들어봅시다.

```
def calculator(num1, num2):
    result1 = num1 + num2
    result2 = num1 - num2
    result3 = num1 * num2
    result4 = num1 / num2

    return (result1, result2, result3, result4)

inputNumber1 = int(input('정수를 입력하세요. '))
inputNumber2 = int(input('정수를 입력하세요. '))

result = calculator(inputNumber1, inputNumber2)
print('사칙연산 결과 : ', result)
```

함수 정의 (1~7행)

```
정수를 입력하세요. 80
정수를 입력하세요. 60
사칙연산 결과 :  (140, 20, 4800, 1.3333)
```

Section 05

함수 안의 함수

1 중첩(Nested) 함수

중첩 함수란 함수 안에 정의된 또 다른 함수를 말합니다.

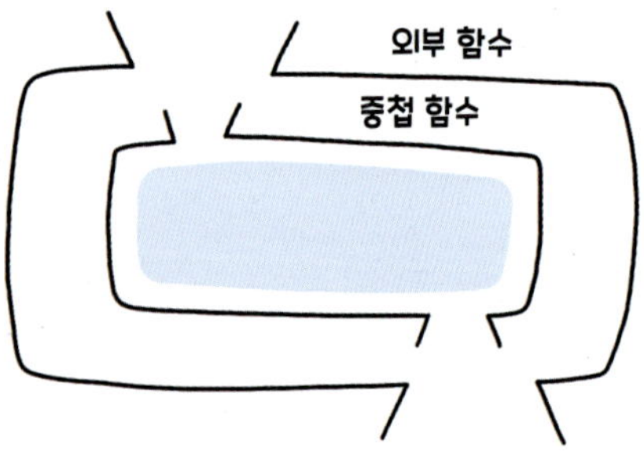

그림 11-4 **중첩 함수의 개념**

다음은 중첩 함수를 이용하여 나눗셈 연산을 실행하는 프로그램입니다. `divOperator()`는 `divFunction()`의 내부에 정의되어 있는 중첩 함수입니다. `divFunction()`을 호출했을 때 `n2`가 `0`이 아니면 `divOperator()`가 다시 호출됩니다.

코드 11-12 ch11_12.py

```
def divFunction(n1, n2):

    def divOperator(num1, num2):
        return num1 / num2

    if n2 != 0:
        result = divOperator(n1, n2)
    elif n2 == 0:
        result = '0으로 나눌 수 없습니다.'

    return result
```

중첩 함수 / ❶ 중첩 함수 호출 / ❷ 결과 반환 / 외부 함수 정의

```

print(divFunction(10, 0))
print(divFunction(10, 2))
```

```
0으로 나눌 수 없습니다.
5.0
```

중첩 함수에서 주의할 점은 내부에 정의되어 있는 중첩 함수는 자신을 포함하고 있는 함수 내부에서만 호출할 수 있으며, 외부에서는 호출할 수 없다는 것입니다. 즉 divOperator() 함수는 divFuntion() 안에서만 호출이 가능합니다. 다음 [코드 11-13]은 divOperator()를 divFunction()의 밖에서 호출해 에러가 발생합니다.

코드 11-13 ch11_13.py

```
def divFunction(n1, n2):

    def divOperator(num1, num2):
        return num1 / num2
    ... 생략 [코드 11-12]의 6~9행 ...

print(divFunction(10, 0))
print(divFunction(10, 2))
print(divOperator(10, 2)) ← 중첩 함수를 외부에서 호출하여 에러 발생
```

```
0으로 나눌 수 없습니다.
5.0
Traceback (most recent call last):
  File "E:\task\writing\pythonEx\temp.py", line 15, in <module>
    print(divOperator(10, 2))
NameError: name 'divOperator' is not defined
```

2 재귀(Recursive) 함수

재귀 함수는 말 그대로 함수 안에서 자신을 다시 호출하는 함수입니다.

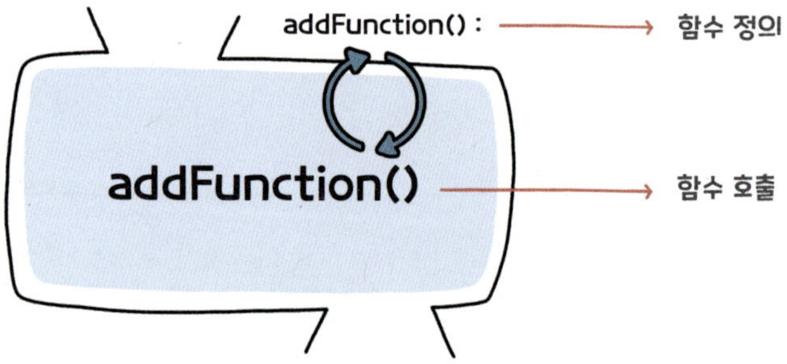

그림 11-5 **재귀 함수의 개념**

다음은 0보다 클 때까지 자기 자신을 계속해서 호출해 1씩 감소하는 프로그램입니다.

코드 11-14 ch11_14.py

```
01  # 재귀 함수 정의
02  def addFunction(num):
03      if num > 0:
04          print('num : ', num)
05          addFunction(num - 1)
06
07  addFunction(10)
```

자기 자신을 호출

```
num :  10
num :  9
...생략...
num :  2
num :  1
```

addFunction()은 5행에서 자신을 다시 호출하는데 num이 0보다 크다면 계속해서 자신을 호출합니다. 이처럼 재귀 함수는 자신 안에서 자기 자신을 계속 호출하기 때문에 함수 호출을 종료할 수 있는 코드가 꼭 들어가야 합니다. [코드 11-14]에서는 3행의 조건문이 종료 여부를 판단하는 역할을 합니다.

문제 해결 11-4 재귀 함수로 팩토리얼 구현하기

ch11_sol_04.py

사용자가 입력한 정수를 이용하여 팩토리얼 계산을 실행하는 프로그램을 재귀 함수를 이용하여 만들어봅시다.

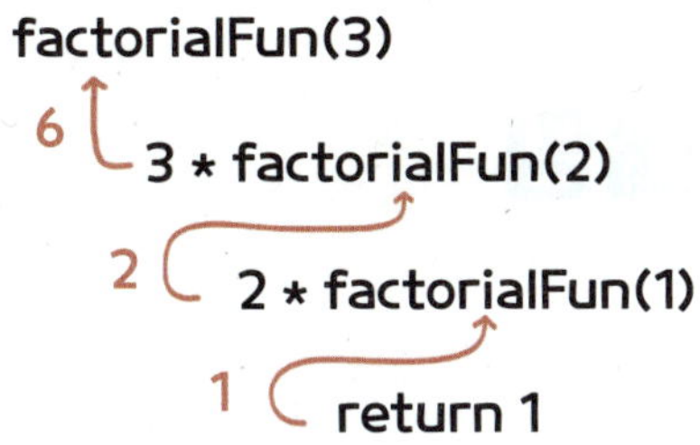

```
# 재귀 함수 정의
def fatorialFun(num):
    if num == 1:
        return 1
    else:
        return num * fatorialFun(num - 1)   ●—— 재귀 함수 호출

inputData = int(input('0보다 큰 숫자를 입력하세요. '))
result = fatorialFun(inputData)
print( inputData, '팩토리얼은 ', result,'입니다.')
```

```
0보다 큰 숫자를 입력하세요. 3
3 팩토리얼은  6 입니다.
```

```
0보다 큰 숫자를 입력하세요. 7
7 팩토리얼은  5040 입니다.
```

Section 06

터틀 프로그래밍

1 사용자가 원하는 n각형 그리기

터틀을 이용하여 n각형을 그리는 함수를 만들고 사용자가 정수 n을 입력하면 n각형을 그리는 프로그램을 작성해봅시다. n각형을 그리기 위해 터틀이 회전해야 할 각도는 9장의 터틀 프로그래밍에서 살펴본 것처럼 180−(180*(n−2))/n을 하면 구할 수 있습니다.

코드 11-15 ch11_15.py

```
import turtle
t = turtle.Turtle()
t.shape('turtle')

# 매개변수 값에 따라 도형을 그리는 함수
def drawShape(n):
    angle = 180 - (180 * (n - 2)) / n          # 터틀 회전각도 계산

    for i in range(0, n):
        t.forward(100)
        t.left(angle)

num = int(input('원하는 도형을 입력하세요. '))
drawShape(num)
```

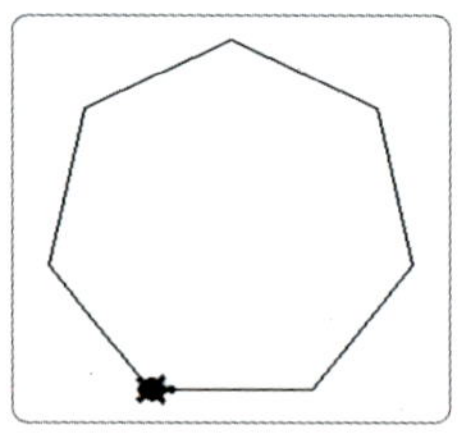

```
원하는 도형을 입력하세요. 7
```

앞으로는 도형을 그릴 때마다 더 이상 복잡한 계산을 할 필요 없이 drawShape(n) 함수를 활용하면 됩니다.

2 사용자가 클릭한 곳에 n각형 그리기

방금 만든 drawShape() 함수를 업그레이드하여 사용자가 클릭한 곳에 도형을 그려봅시다.

사용자가 클릭한 곳에 도형을 그리기 위해서는 클릭한 지점의 x, y 좌표를 도화지가 인식할 수 있도록 해야 하며 이때 onscreenclick() 이벤트를 사용합니다. 이벤트의 매개변수로 drawShape를 넣어주면 이벤트가 발생했을 때 drawShape() 함수가 호출되면서 x, y 좌표가 도화지에 자동으로 전달됩니다. 다음은 사용자가 클릭한 좌표에 원하는 도형을 그리는 코드입니다.

코드 11-16 ch11_16.py

```
import turtle
t = turtle.Turtle()
t.shape('turtle')

# 매개변수 값에 따라 도형을 그리는 함수
def drawShape(x, y):

    t.up()
    t.goto(x, y)
    t.down()

    num = int(input('원하는 도형을 입력하세요. '))
    angle = 180 - (180 * (num - 2)) / num      # 터틀 회전각도 계산

    for i in range(0, num):
        t.forward(100)
        t.left(angle)

s = turtle.Screen()

print("도화지에서 원하는 좌표를 클릭하세요.")
s.onscreenclick(drawShape)
```

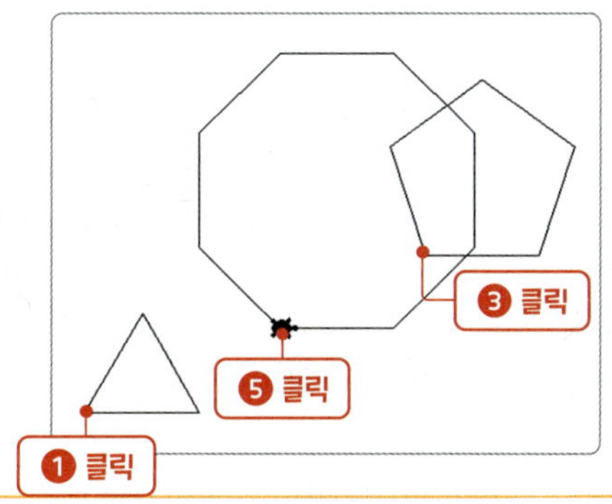


```
도화지에서 원하는 좌표를 클릭하세요.
원하는 도형을 입력하세요. 3
원하는 도형을 입력하세요. 5
원하는 도형을 입력하세요. 10
KeyboardInterrupt
```

❷ 입력 ❹ 입력 ❻ 입력

프로그램을 중단하고 싶을 때는 Ctrl+C를 누르고 터틀 그래픽 창을 닫습니다.

실전 예제

단위 환산 프로그램

문제

mm 단위의 길이를 입력하면 cm, m, inch, ft 등으로 단위가 변환되어 출력되는 함수가 포함된 프로그램을 만들어 봅시다.

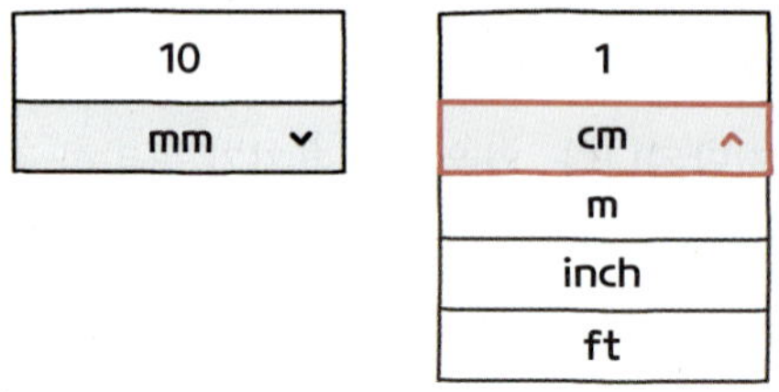


```
길이(mm)를 입력하세요. 1
1 mm -->  0.1 cm
1 mm -->  0.001 m
1 mm -->  0.03937 inch
1 mm -->  0.003281 ft
```

```
길이(mm)를 입력하세요. 55
55 mm -->  5.5 cm
55 mm -->  0.055 m
55 mm -->  2.16535 inch
55 mm -->  0.180455 ft
```

해결

ch11_appEx_01.py

```python
def convertUnit(lenMm):

    unitDic = {}

    unitDic['cm'] = lenMm * 0.1
    unitDic['m'] = lenMm * 0.001
    unitDic['inch'] = lenMm * 0.03937
    unitDic['ft'] = lenMm * 0.003281

    return unitDic

def printLength(lengths):
    for len in lengths.keys():
        print(inputData, 'mm --> ', lengths[len], len)

inputData = int(input('길이(mm)를 입력하세요. '))

result = convertUnit(inputData)
printLength(result)
```

실전 예제 할인된 상품 가격표 출력 프로그램

문제

한빛 마트는 고객 감사의 일환으로 '오늘의 할인' 이벤트를 진행할 계획입니다. 아래의 상품 가격표를 참고해서 '오늘의 할인율'을 입력하면 할인된 가격이 출력되는 프로그램을 만들어 봅시다.

상품	쌀	상추	고추	마늘	통닭	햄	치즈
가격	9,900	1,900	2,900	8,900	5,600	6,900	3,900

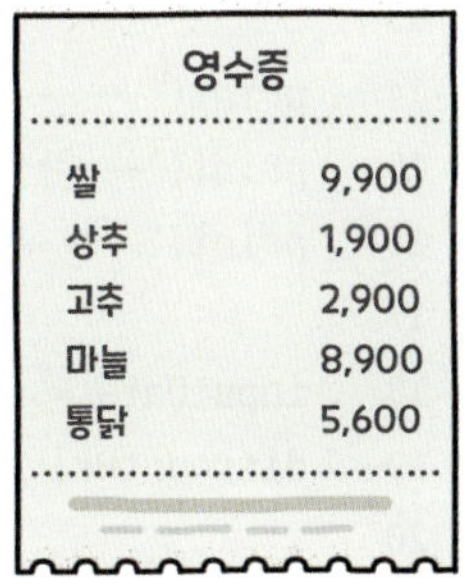


```
--------------------------------------------
-- 한빛마트 오늘의 할인 가격표 출력 시스템 --
--------------------------------------------
오늘의 할인율을 입력하세요. 15
쌀   : 9900 원 15 %DC -> 8415 원
상추 : 1900 원 15 %DC -> 1615 원
고추 : 2900 원 15 %DC -> 2465 원
마늘 : 8900 원 15 %DC -> 7565 원
통닭 : 5600 원 15 %DC -> 4760 원
햄   : 6900 원 15 %DC -> 5865 원
치즈 : 3900 원 15 %DC -> 3315 원
--------------------------------------------
```

해결

ch11_appEx_02.py

```
standardPrice = {'쌀':9900, '상추':1900,'고추':2900,'마늘':8900,'통닭':5600,
                 '햄':6900, '치즈':3900}

def getDiscountPrice(rate):
    dcPrice = {}
    for goods in standardPrice.keys():
        disPri = int(standardPrice[goods] * (1 - (rate / 100)))
        dcPrice[goods] = disPri
    return dcPrice

def printPrice(priceList):
```

```
    for goods in priceList.keys():
        print(goods, '\t:', standardPrice[goods], '원\t', inputData, '%DC ->',
              priceList[goods], '원')

print('-------------------------------------------')
print('-- 한빛마트 오늘의 할인 가격표 출력 시스템 --')
print('-------------------------------------------')

inputData = int(input('오늘의 할인율을 입력하세요. '))
discountPrice = getDiscountPrice(inputData)

printPrice(discountPrice)
print('-------------------------------------------')
```

요약

01 변수를 함수 내부에 선언하는 경우와 외부에 선언하는 경우에 따라 지역변수와 전역변수로 구분할 수 있습니다.

02 함수를 호출하는 쪽에서 데이터를 넘겨줄 수 있는데 이 데이터를 인수라고 합니다. 함수 호출부에서 넘어온 인수를 저장하는 변수를 매개변수라고 합니다.

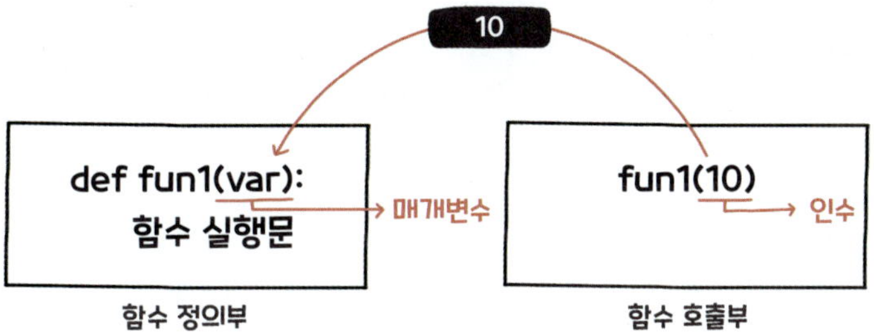

03 중첩 함수란 함수 안에 정의된 또 다른 함수를 말합니다.

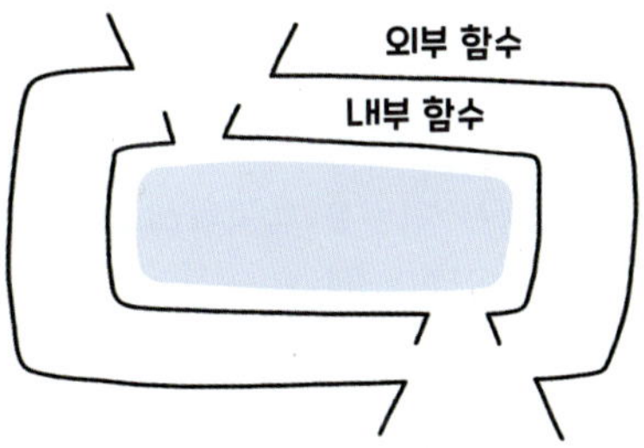

04 재귀 함수는 함수 안에서 자신을 다시 호출하는 함수입니다.

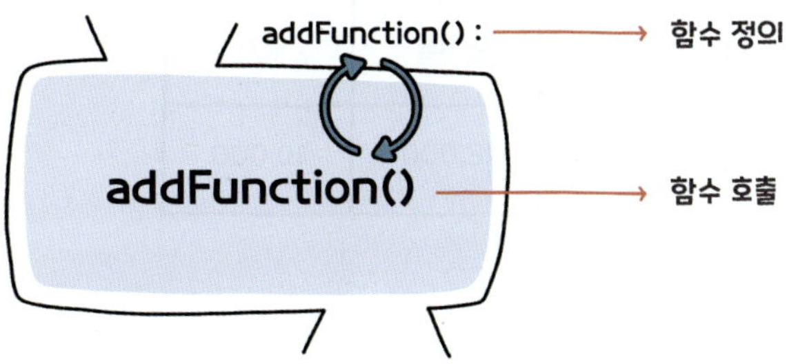

연습문제

01 다음은 밑과 차수를 입력하면 제곱수가 반환되는 프로그램이다. 실행 결과를 참고하여 빈칸을 채우시오.

```
def [          ](base, degree):
    return [                ]

baseNum = int(input('밑(base) 입력하세요. '))
degNum = int(input('차수(degree)를 입력하세요. '))
resultNum = makeSquare([        ], [        ])
print('base :', baseNum, ', degree :', degNum, ', result :', resultNum)
```

```
밑(base)을 입력하세요. 2
차수(degree)를 입력하세요. 2
base : 2 degree : 2 result : 4
```

```
밑(base)을 입력하세요. 2
차수(degree)를 입력하세요. 8
base : 2 degree : 8 result : 256
```

02 다음 방정식을 함수로 만들고 사용자가 x값을 입력하면 방정식 결과가 반환되는 프로그램을 만드시오.

$$\frac{1}{3}(7x + 10) - (2x - 6) \div (-\frac{4}{5})$$

```
x에 해당하는 정수를 입력하세요. 5
x : 5  result : 20
```

```
x에 해당하는 정수를 입력하세요. 8
x : 8  result : 34.5
```

03 다음은 옷가게에서 판매하는 옷과 가격이 적힌 표이다. 표와 실행 결과를 참고하여 옷가게에서 옷을 사고 현금을 냈을 때 거스름돈을 계산하는 함수를 만드시오.

상품	티셔츠	바지	반바지	스커트	모자
가격	20,000	25,000	15,000	18,000	10,000

```
구매 상품을 입력하세요. 바지
지불 금액을 입력하세요. 30000
거스름 돈 :  5000
```

```
구매 상품을 입력하세요. 스커트
지불 금액을 입력하세요. 100000
거스름 돈 :  82000
```

04 다음은 영어 단어에 대응하는 한국어 표이다. 표와 실행 결과를 참고하여 영어 단어를 입력하면 한국어가 반환되는 함수를 만드시오.

영어	한국어
apple	사과
chair	의자
doll	인형
book	책
piano	피아노
clock	시계

```
영어 단어를 입력하세요. apple
apple : 사과
```

```
영어 단어를 입력하세요. piano
piano : 피아노
```

CHAPTER 12

모듈 활용하기

학습목표

- 모듈의 개념과 사용시 장점을 알아봅니다.
- 모듈을 만들고 사용하는 방법을 학습합니다.
- __name__ 전역변수에 대해서 학습합니다.
- 수학, 난수, 시간과 관련된 기본 모듈에 대해서 학습합니다.

Preview

프로그램을 개발할 때 마트의 완제품처럼 다른 사람이 만들어 놓은 좋은 기능이 있다면 굳이 다시 만들 필요가 없습니다. 이번 장에서는 프로그램의 개발을 돕는 모듈을 만들어보고 사용해봅니다.

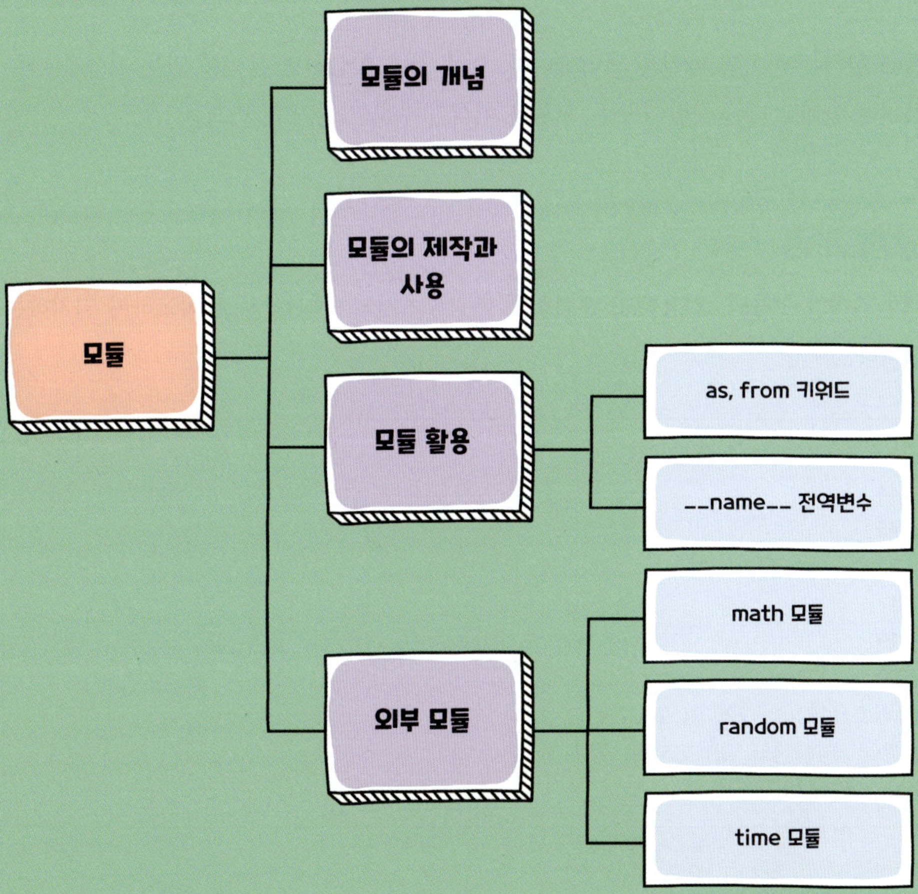

Section 01 이 장에서 만들 프로그램

모듈은 함수를 포함하는 파이썬 파일을 의미합니다. 이번 장을 학습하면 본인이 만든 기능을 다른 사람과 공유하거나 반대로 다른 사람이 만든 모듈을 이식할 수도 있습니다.

1 로또 당첨 게임

사용자가 입력한 6개의 숫자와, 컴퓨터가 랜덤하게 출력한 6개의 숫자를 서로 비교하여 일치하는 숫자를 출력합니다.

```
1부터 45까지의 정수 6개를 입력하세요.
Number 1 : 44
Number 2 : 45
Number 3 : 32
Number 4 : 1
Number 5 : 19
Number 6 : 22
이번주 로또 번호 [27, 1, 22, 2, 24, 19]
내가 선택한 번호 [44, 45, 32, 1, 19, 22]
일치하는 숫자 : [1, 19, 22]
```

Section 02

모듈이란?

집들이를 계획 중인 길동이는 불고기, 볶음밥, 잡채, 떡볶이, 만두 그리고 후식으로 사과와 복숭아를 준비하기로 했습니다. 그런데 혼자 음식을 준비하기에는 너무 많고, 시간이 부족합니다. 고민 끝에 길동이는 마트에서 간편식을 구매했습니다. 이미 만들어진 간편식을 사서 데우기만 했는데도 훌륭한 음식이 되었습니다.

그림 12-1 **이미 만들어져 있는 간편식**

마트의 간편식처럼 프로그램을 개발할 때도 이미 만들어져 있는 코드를 가져다 쓸 수 있는 기능이 있습니다. 바로 '모듈'입니다. 모듈이란 특정 기능(함수)을 포함하고 있는 파일(xxx.py)로 다른 프로그램에 이식해서 사용하는 것을 말합니다.

우리는 이미 앞에서 알게 모르게 모듈을 만들었습니다. 함수를 학습할 때 특정 기능을 함수로 만들고 저장한 바로 그 파일이 모듈입니다. 즉 기능을 모아 함수가 되고 함수가 모여 모듈이 됩니다.

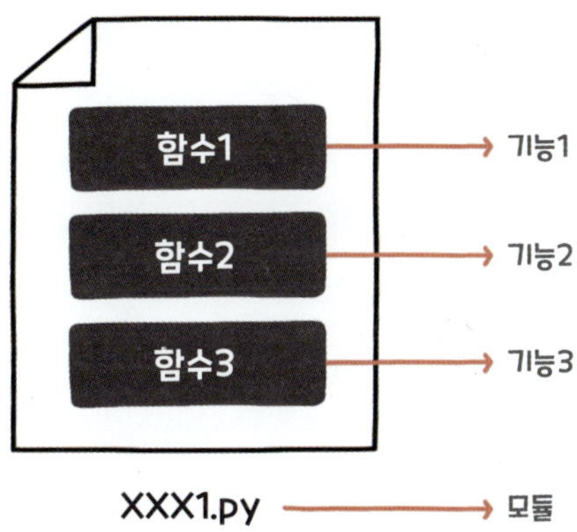

그림 12-2 **함수의 모임 모듈**

모듈은 파이썬에서 기본적으로 제공하는 것도 있고, 개인 혹은 단체가 만들어서 배포하는 것도 있습니다. 이렇게 다른 개발자가 만든 모듈을 가져와 사용하면 내가 원하는 새로운 프로그램을 쉽게 만들 수 있습니다. 모듈을 사용할 때 장점은 다음과 같습니다.

- 프로그램 개발 시간을 단축시킬 수 있다.
- 모듈은 이미 검증된 코드이므로 오류가 적다.
- 팀원들이 기능 구현을 분업화하고 공유할 수 있어 전체적인 작업 속도를 향상시킬 수 있다.

그림 12-3 **모듈의 장점**

확인문제

모듈에 대한 설명으로 옳지 않은 것은 무엇인가?

① 모듈은 기능을 포함하고 있는 파이썬 파일이다.

② 모듈을 만들고 사용하려면 파이썬 재단의 인증을 받아야 한다.

③ 모듈은 누구나 만들고 사용할 수 있다.

④ 모듈을 사용하면 개발자들 사이에 기능을 공유할 수 있다.

정답

②

Section 03

모듈 제작 및 사용

1 모듈 제작

이제부터 본격적으로 파이썬 모듈을 만들고 사용해봅시다. 모듈을 만들기 전에 먼저 [ex01] 폴더를 생성한 후 'calculator.py' 파일을 만들고 다음과 같이 코딩하고 저장합니다.

코드 12-1 모듈 파일 ex01\calculator.py

```
def addition(n1, n2):
    print('덧셈 연산 결과 : ', n1 + n2)

def subtraction(n1, n2):
    print('뺄셈 연산 결과 : ', n1 - n2)

def multiplication(n1, n2):
    print('곱셈 연산 결과 : ', n1 * n2)

def division(n1, n2):
    print('나눗셈 연산 결과 : ', n1 / n2)

def rest(n1, n2):
    print('나머지 연산 결과 : ', n1 % n2)

def portion(n1, n2):
    print('몫 연산 결과 : ', n1 // n2)
```

'calculator.py'는 산술 연산 기능을 각각의 함수로 정의한 파일로, 이것이 바로 모듈 `calculator` 입니다. 즉 파일의 이름이 곧 모듈의 이름입니다.

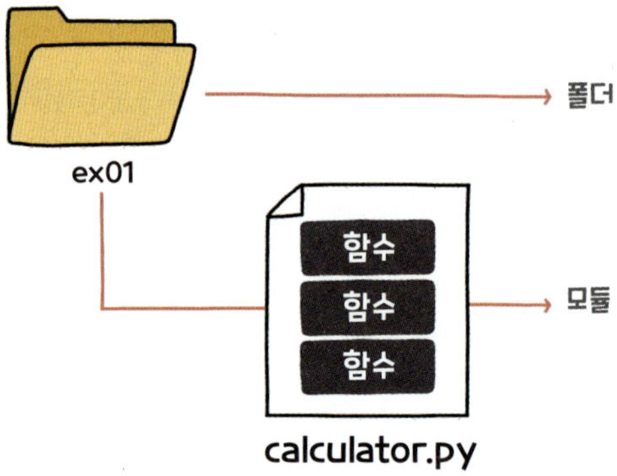

그림 12-4 [ex01] 폴더에 만들어진 calculator 모듈

모듈 제작은 파이썬 파일을 만들면 끝입니다. 계속해서 방금 만든 calculator 모듈을 사용하는 방법에 대해서 살펴보겠습니다.

2 모듈 사용

calculator 모듈이 존재하는 [ex01] 폴더에 'ch12_01.py' 파일을 다음과 같이 코딩하고 저장합니다. 'ch12_01.py' 파일은 'calculator.py'의 모든 기능을 마치 자기 것처럼 사용합니다.

코드 12-2 실행 파일 ex01\ch12_01.py

```
import calculator

calculator.addition(1, 2)
calculator.subtraction(1, 2)
calculator.multiplication(1, 2)
calculator.division(1, 2)
calculator.rest(1, 2)
calculator.portion(1, 2)
```

calculator 모듈을 가져온다.

calculator 모듈의 기능을 사용한다.

```
덧셈 연산 결과 :  3
뺄셈 연산 결과 :  -1
곱셈 연산 결과 :  2
나눗셈 연산 결과 :  0.5
나머지 연산 결과 :  1
몫 연산 결과 :  0
```

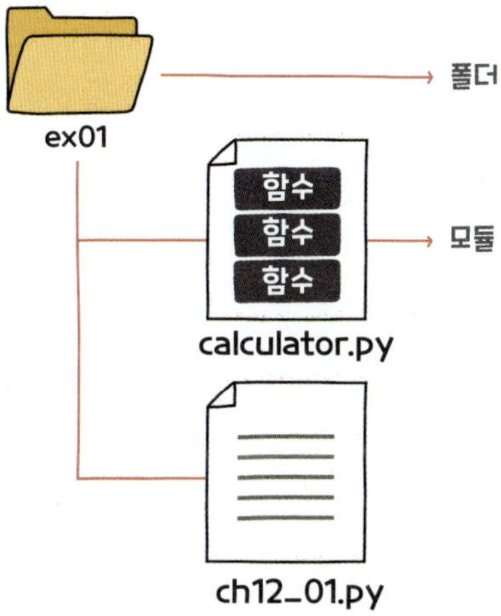

그림 12-5 calculator 모듈과 동일한 경로에 저장된 'ch12_01.py' 파일

■ 모듈 가져오기(1행)

'ch12_01.py' 파일이 `import` 키워드를 이용하여 `calculator` 모듈을 가지고 오는 구문입니다. 이때 주의할 점은 `import` 뒤에 나오는 모듈의 이름은 파이썬 파일명에서 확장자(.py)를 제거하고 작성합니다(`import calculator` → ○ / `import calculator.py` → ×).

■ 모듈 사용하기(3~8행)

불러온 모듈의 기능을 사용할 때는 '모듈명.기능(함수)' 형태로 작성합니다. 모듈명과 기능 사이에 도트(.) 접근자를 붙입니다.

모듈 제작과 사용방법에 대해서 알았으니 간단한 모듈을 제작하고 사용하는 프로그램을 만들어 보겠습니다. 다음은 프로그램을 개발할 때 종종 사용하는 단위 환산 모듈입니다.

코드 12-3 모듈 파일 ex02\convertUnitModule.py

```
def convertUnit(lenMm):

    unitDic = {}

    unitDic['cm'] = lenMm * 0.1
    unitDic['m'] = lenMm * 0.001
    unitDic['inch'] = lenMm * 0.03937
    unitDic['ft'] = lenMm * 0.003281

    return unitDic

def printLength(originalData, lengths):
```

```
    for len in lengths.keys():
        print(originalData, 'mm --> ', lengths[len], len)
```

코드 12-4 실행 파일 ex02\ch12_02.py

```
import convertUnitModule

inputData = int(input('길이(mm)를 입력하세요. '))

result = convertUnitModule.convertUnit(inputData)
convertUnitModule.printLength(inputData, result)
```

```
길이(mm)를 입력하세요. 2
2 mm -->  0.2 cm
2 mm -->  0.002 m
2 mm -->  0.07874 inch
2 mm -->  0.006562 ft
```

문제 해결 12-1 시험 통과 여부 출력하기

사용자가 3과목의 시험 점수를 입력하면 총점, 평균, 통과 여부를 출력하는 프로그램을 모듈을 이용해서 만들어봅시다. 시험 통과 여부는 평균이 60이상이고 한 과목도 40미만이 없다면 'Pass', 그렇지 않으면 'Fail'로 판정합니다.

모듈 파일 examCalcu\examCalculator.py

```
def getTotalScore(s1, s2, s3):
    return s1 + s2 + s3

def getAverageScore(s1, s2, s3):
    return getTotalScore(s1, s2, s3) / 3

def getPassFail(s1, s2, s3):

    if (getAverageScore(s1, s2, s3) >= 60):
        if(s1 >= 40 and s2 >= 40 and s3 >= 40):
            return 'Pass'

    return 'Fail'
```

실행 파일 examCalcu\ch12_sol_01.py

```
import examCalculator

score1 = int(input('1과목 점수를 입력하세요. '))
score2 = int(input('2과목 점수를 입력하세요. '))
score3 = int(input('3과목 점수를 입력하세요. '))

print('총점 : ', examCalculator.getTotalScore(score1, score2, score3))
print('평균 : ', examCalculator.getAverageScore(score1, score2, score3))
print('합격여부 : ', examCalculator.getPassFail(score1, score2, score3))
```

```
1과목 점수를 입력하세요. 65
2과목 점수를 입력하세요. 39
3과목 점수를 입력하세요. 90
총점 :  194
평균 :  64.66666666666667
합격여부 :  Fail
```

확인문제

다음은 사용자가 정수 2개를 입력하면, 사칙연산(덧셈, 뺄셈, 곱셈, 나눗셈) 결과 값을 리스트 타입으로 반환하는 모듈이다. 빈칸을 채우시오.

모듈 파일

```
def calculator(n1, n2):
    resultList = []

    resultList.append(n1 + n2)
    resultList.append(n1 - n2)
    resultList.append(n1 * n2)
    resultList.append(n1 / n2)

    return resultList
```

실행 파일

```
import [          ]

inputNum1 = int(input('첫 번째 정수를 입력하시오. '))
inputNum2 = int(input('두 번째 정수를 입력하시오. '))
```

```
result = forCalculator.[        ](inputNum1, inputNum2)
print(result)
```

```
첫 번째 정수를 입력하시오. 10
두 번째 정수를 입력하시오. 20
[30, -10, 200, 0.5]
```

정답

forCalculator, calculator

Section 04

슬기로운 모듈 활용법

1 as 키워드

모듈은 만들기도 쉽고 사용하기도 쉽지만 모듈명이 길면 사용할 때마다 코드가 길어지는 불편함이 있습니다. 앞의 [코드 12-2]에서도 calculator 모듈의 함수를 불러오기 위해 매번 앞에 calculator를 붙여 사용했습니다.

```
calculator.addition()
calculator.subtraction()
calculator.multiplication()
calculator.division()
calculator.rest()
calculator.portion()
```

모듈명을 매번 중복해서 앞에 붙여야 한다.

그림 12-6 긴 모듈명 사용에 따른 번거로움

파이썬은 모듈 이름을 줄여 쓰는 방법을 제공합니다. 'as' 키워드를 이용하면 모듈의 이름을 다른 이름으로 치환할 수 있습니다. [코드 12-5]는 'calculator'를 'ca'로 치환하는 코드로, 이렇게 하면 기존의 'calculator' 대신 'ca'를 이용할 수 있습니다.

코드 12-5 실행 파일 ex01\ch12_03.py

```
import calculator as ca    # calculator를 ca로 치환한다.

ca.addition(1, 2)
ca.subtraction(1, 2)
ca.multiplication(1, 2)
ca.division(1, 2)
ca.rest(1, 2)
ca.portion(1, 2)
```

치환된 ca를 이용해 calculator의 모듈을 불러온다.

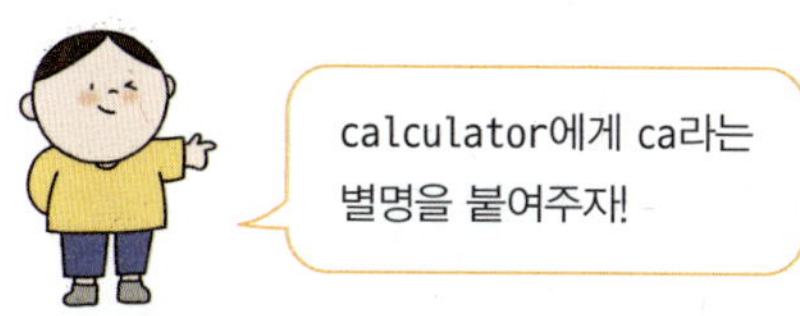

다음은 [코드 12-3]의 convertUnitModule 모듈을 cu으로 치환한 프로그램입니다. 프로그램의 결과는 [코드 12-4]와 같습니다.

코드 12-6 실행 파일 ex02\ch12_04.py

```
import convertUnitModule as cu      # convertUnitModule을 cu로 치환한다.

inputData = int(input('길이(mm)를 입력하세요. '))

result = cu.convertUnit(inputData)
cu.printLength(inputData, result)
```

문제 해결 12-2 **원의 둘레와 넓이 구하기**

원의 둘레와 넓이를 구하는 모듈을 만들고, 모듈을 불러올 때 as 키워드를 사용하여 반지름이 6인 원의 둘레와 넓이를 구해봅시다.

모듈 파일 calcCircle\circleMod.py

```
rate = 3.14

def getCircleLength(radius):
    return 2 * rate * radius         # 원의 둘레 반환

def getCircleArea(radius):
    return rate * (radius ** 2)      # 원의 넓이 반환
```

실행 파일 calcCircle\ch12_sol_02.py

```
import circleMod as c

print('원 둘레: ', c.getCircleLength(6))
print('원 넓이: ', c.getCircleArea(6))
```

```
원 둘레:  37.68
원 넓이:  113.04
```

2 from 키워드

모듈은 편리하지만 자칫 잘못하면 필요하지 않은 기능까지 가져와야 하는 비효율적인 상황이 발생

할 수 있습니다. 예를 들어 위에서 만든 calculator 모듈을 가지고 대학생을 위한 수업 프로그램을 만들 때는 모든 기능(덧셈, 뺄셈, 곱셈, 나눗셈, 나머지, 몫)이 필요하지만, 유치원 아이들에게 필요한 수업 프로그램을 만들 때는 덧셈, 뺄셈 외의 곱셈, 나눗셈, 나머지, 몫 등의 기능은 필요 없습니다.

그림 12-7 상황에 따라 다른 요구사항

from 키워드를 활용하면 모듈의 전체 기능 중에서 일부 기능만 import할 수 있습니다. 다음은 calculator 모듈에서 필요한 더하기, 빼기 기능만 가지고 오는 프로그램입니다.

코드 12-7 실행 파일 ex01\ch12_05.py

```
01  from calculator import addition        # calculator의 addition만 가져온다.
02  from calculator import subtraction     # calculator의 subtraction만 가져온다.
03
04  addition(1, 2)
05  subtraction(1, 2)
```

```
덧셈 연산 결과:  3
뺄셈 연산 결과:  -1
```

■ 모듈의 일부 기능만 가져오기(1~2행)

1행의 'from calculator import addition'은 'from을 이용하여 모듈을 지정하고 import를 이용하여 기능을 가지고 온다.'는 뜻입니다. 2행도 마찬가지로 'calculator에서 subtraction 기능만을 가지고 온다.'는 뜻입니다.

■ **일부 기능만 가져온 모듈 사용하기(4~5행)**

일부 기능만 가져온 경우 모듈을 사용할 때는 필요한 기능을 꼭 집어 가져왔기 때문에 4~5행과 같이 모듈명은 생략하고 '기능(함수)' 형태로 작성합니다. 만약 모듈명을 작성하면 에러가 발생합니다.

하나 더 알기 **만약 import 하지 않은 기능을 사용하면 어떻게 되나요?**

[코드 12-7]에서 addition과 subtraction 기능만 import 했기 때문에 multiplication() 또는 division()의 함수를 사용하면 에러가 발생합니다. 다음 [코드 12-8]은 multiplication()을 사용했을 때 발생하는 에러를 보여줍니다.

코드 12-8 실행 파일 ex01\ch12_06.py

```
from calculator import addition
from calculator import subtraction

addition(1, 2)
subtraction(1, 2)
multiplication(1, 2)
```

import하지 않은 기능을 호출해서 에러가 발생한다.

```
덧셈 연산 결과 :  3
뺄셈 연산 결과 :  -1
Traceback (most recent call last):
NameError: name 'multiplication' is not defined
```

3 콤마(,) 에스터리크(*)를 이용한 import 구문

콤마(,)

모듈 기능을 import할 때 콤마(,)를 이용해서 기능을 나열할 수 있습니다. 다음은 [코드 12-7]에서 import하는 기능들을 콤마(,)를 이용해서 나열한 코드입니다.

```
from calculator import addition
from calculator import subtraction
```

before

→

```
from calculator import addition, subtraction
```

after

에스터리크(*)

모듈의 모든 기능을 가져 올 때는 에스터리크(*)를 이용할 수 있습니다. 다음은 *를 이용해 [코드 12-7]에서 calculator의 모든 기능을 가져오는 코드입니다.

```
from calculator import addition
from calculator import subtraction
from calculator import multiplication
from calculator import division
from calculator import rest
from calculator import portion
```

calculator에서 각각의 기능을 가져온다.

before

→

```
from calculator import *
```

calculator 모듈의 모든 기능을 가져온다.

after

Section 05 실행(메인) 파일 지정하기

1 자동으로 실행되는 모듈 함수

프로그램을 작성하다 보면 모듈을 전혀 사용하지 않을 수도 있지만 대부분 여러 개의 모듈을 사용하게 됩니다.

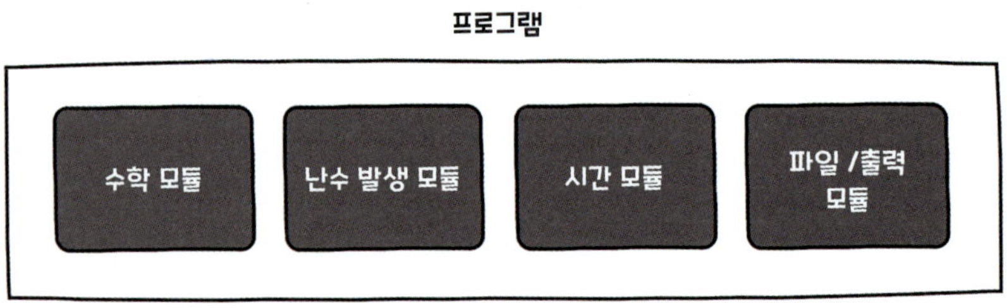

그림 12-8 **여러 모듈을 사용한 프로그램**

여러 개의 모듈을 사용할 때 주의할 점이 있는데, 만약 모듈에 함수를 호출하는 코드가 있다면 자동으로 함수가 실행된다는 것입니다. 다음의 과정을 따라가 봅시다.

1단계: 모듈 파일 생성하기

[ex03] 폴더를 생성하고, 폴더 내부에 'module01.py', 'module02.py', 'module03.py' 파일을 만들고 다음과 같이 코딩합니다.

코드 12-9 모듈 파일 ex03\module01.py

```
def fun():
    print('module01의 함수가 실행됩니다.')

fun()
```

코드 12-10 모듈 파일 ex03\module02.py

```
def fun():
    print('module02의 함수가 실행됩니다.')

fun()
```

코드 12-11 모듈 파일 ex03\module03.py

```
def fun():
    print('module03의 함수가 실행됩니다.')

fun()
```

2단계: 실행 파일 생성하기

[ex03] 폴더에 'ch12_07.py' 파일을 만들고 다음과 같이 코딩합니다.

코드 12-12 실행 파일 ex03\ch12_07.py

```
import module01
import module02
import module03

print('실행 파일입니다.')
```

3단계: 출력 결과 확인하기

'ch12_07.py' 파일을 실행하고 출력 결과를 확인합니다.

```
module01의 함수가 실행됩니다.
module02의 함수가 실행됩니다.
module03의 함수가 실행됩니다.
실행 파일입니다.
```

어떤가요. 뭔가 이상한 점을 발견했나요? 우리가 실행한 파일은 'ch12_07.py'로 모듈을 import하고 '**실행 파일입니다.**' 문자열을 출력하는 코드가 전부입니다. 다시 말해 모듈을 import만 했지 모듈의 함수를 호출하지는 않았습니다. 그런데 모듈의 함수인 fun()이 모두 실행되는 결과가 나왔습니다. 정상적인 프로그램이라면 모듈의 함수는 모듈을 import해서 함수를 호출할 때 실행되는 것이 맞습니다. 하지만 이렇게 import만 했을 뿐인데 모듈 내부의 함수가 실행된다면 실행 결과에 오류가 없더라도 원래 의도와는 전혀 다르게 프로그램이 실행될 수 있습니다.

그렇다면 어떻게 해야 모듈의 함수가 자동으로 실행되지 않을까요? 방법은 간단합니다. 프로그램을 실행하는 '실행 파일'과 '모듈 파일'을 구분하여 모듈의 함수가 자동으로 실행되지 않도록 합니다.

표 12-1 **실행 파일과 모듈 파일의 구분**

구분	파일 이름	내용
프로그램 실행 파일	ch12_07.py	모듈을 import 한다.
모듈 파일	module01.py module02.py module03.py	실행 파일에서 함수를 호출하기 전에는 실행되지 않는다.

이때 어떻게 실행 파일과 모듈 파일을 구분할 수 있을까요? 다음의 __name__ 변수를 이용합니다.

2 __name__ 전역변수

파이썬에는 기본적으로 __name__이라는 전역변수에 파일 이름이 저장되어 있습니다. 'module01.py', 'module02.py', 'module03.py' 파일의 마지막에 다음 코드를 한 줄 추가합니다.

```
print('__name__ : ', __name__)   # __name__ 전역변수 출력
```

코드 추가가 끝났다면 'ch12_07.py'을 다시 실행하고 결과를 확인합니다.

```
module01의 함수가 실행됩니다.
__name__ :  module01   ← __name__에 파일 이름(module01)이 저장되어 있다.
module02의 함수가 실행됩니다.
__name__ :  module02   ← __name__에 파일 이름(module02)이 저장되어 있다.
module03의 함수가 실행됩니다.
__name__ :  module03   ← __name__에 파일 이름(module03)이 저장되어 있다.
실행 파일입니다.
```

실행 결과를 보면 알 수 있듯이 __name__에는 자동으로 파일 이름이 저장되어 있습니다. 그렇다면 이번에는 'ch12_07.py'에도 __name__을 출력하는 코드를 추가하고 다시 실행해봅시다.

```
module01의 함수가 실행됩니다.
__name__ :  module01
module02의 함수가 실행됩니다.
__name__ :  module02
module03의 함수가 실행됩니다.
__name__ :  module03
실행 파일입니다.
__name__ :  __main__
```

__name__에 '__main__'이 저장되어 있다.

실행 결과를 보면 'ch12_07.py'의 __name__에 저장된 문자열은 다른 파일의 __name__에 저장된 것과 달리 __main__이 저장되어 있습니다. 다음 표는 각 파일의 __name__에 저장된 문자열을 정리한 것입니다.

표 12-2 __name__에 저장된 문자열

구분	파일 이름	__name__에 저장된 문자열
프로그램 실행 파일	ch12_07.py	__main__
모듈 파일	module01.py	module01
	module02.py	module02
	module03.py	module03

이처럼 파이썬에서는 프로그램이 실행될 때 최초 실행되는 메인 파일의 __name__에 '__main__'을 저장하기 때문에 이것을 이용하면 메인 파일을 구분할 수 있습니다.

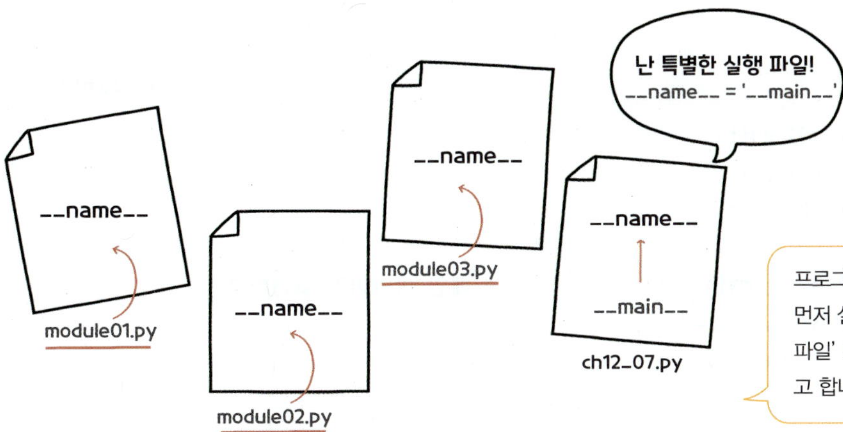

프로그램이 실행될 때 가장 먼저 실행되는 파일을 '실행 파일' 또는 '메인 파일'이라고 합니다.

그림 12-9 __name__을 이용한 메인 파일과 모듈 파일 구분

[코드 12-9]~[코드 12-12]를 메인 파일이 아니면 자동으로 실행되지 않도록 수정해봅시다.

코드 12-13 모듈 파일 ex03\module01_edit.py

```
def fun():
    print('module01 함수가 실행됩니다.')

if __name__ == '__main__':              # 메인 파일이면 실행한다.
    fun()
    print('__name__ : ', __name__)
```

코드 12-14 모듈 파일 ex03\module02_edit.py

```
def fun():
    print('module02 함수가 실행됩니다.')

if __name__ == '__main__':              # 메인 파일이면 실행한다.
    fun()
    print('__name__ : ', __name__)
```

코드 12-15 모듈 파일 ex03\module03_edit.py

```
def fun():
    print('module03 함수가 실행됩니다.')

if __name__ == '__main__':              # 메인 파일이면 실행한다.
    fun()
    print('__name__ : ', __name__)
```

코드 12-16 실행 파일 ex03\ch12_08.py

```
import module01_edit
import module02_edit
import module03_edit

if __name__ == '__main__':              # 메인 파일이면 실행한다.
    print('실행 파일입니다.')
    print('__name__ : ', __name__)
```

```
실행 파일입니다.
__name__ :  __main__
```

이처럼 'if __name__ == '__main__':' 구문을 이용하면 실행(메인) 파일 구분이 쉬워집니다.

문제 해결 12-3 할인율 적용 프로그램

한빛 마트에서 가을맞이 할인 행사를 진행하기로 했습니다. 상품을 많이 구입할수록 많이 할인 받도록 구입 개수에 따라 할인율이 달라지는 모듈을 만들어봅시다.

상품 구입 개수	1개	2개	3개	4개 이상
할인율	5%	10%	20%	30%

모듈 파일 dcGoods\dcGoods.py

```
def calcTotalPrice(gps):
    dcRate = 0;
    totalPrice = 0

    if len(gps) == 1:
        dcRate = 5;
    elif len(gps) == 2:
        dcRate = 10;
    elif len(gps) == 3:
        dcRate = 20;
    elif len(gps) >= 4:
        dcRate = 30;

    for item in gps:
        totalPrice += item * (1 -  dcRate / 100)

    return [dcRate, totalPrice]
```

실행 파일 dcGoods\ch12_sol_03.py

```
import dcGoods as dg

if __name__ == '__main__':
    flag = True
    goodPrices = []

    while flag:
```

```

        purchase = int(input('상품을 구매 하시겠습니까? 1.구매, 2.종료 '))

        if purchase == 1:
            price = int(input('구매한 상품의 금액을 입력하세요. '))
            goodPrices.append(price)
        elif purchase == 2:
            result = dg.calcTotalPrice(goodPrices)
            flag = False

    print('할인율 : ', result[0], '%')
    print('총합계 : ', result[1], '원')
```

```
상품을 구매 하시겠습니까? 1.구매, 2.종료 1
구매한 상품의 금액을 입력하세요. 1500
상품을 구매 하시겠습니까? 1.구매, 2.종료 1
구매한 상품의 금액을 입력하세요. 2000
상품을 구매 하시겠습니까? 1.구매, 2.종료 1
구매한 상품의 금액을 입력하세요. 500
상품을 구매 하시겠습니까? 1.구매, 2.종료 2
할인율 :  20 %
총합계 :  3200.0 원
```

```
상품을 구매 하시겠습니까? 1.구매, 2.종료 1
구매한 상품의 금액을 입력하세요. 2000
상품을 구매 하시겠습니까? 1.구매, 2.종료 1
구매한 상품의 금액을 입력하세요. 3000
상품을 구매 하시겠습니까? 1.구매, 2.종료 2
할인율 :  10 %
총합계 :  4500.0 원
```

Section 06

자주 사용하는 외부 모듈

지금까지 모듈을 만들고 사용하는 방법에 대해서 살펴봤다면 이번 절에서는 파이썬에서 기본으로 제공하는 유용한 모듈 몇 가지를 살펴봅시다.

모듈은 절대로 외우는 것이 아닙니다. 가볍게 훑어보고 필요할 때 찾아서 사용하면 됩니다.

1 math 모듈

math는 수학 함수와 관련된 모듈입니다. 사칙연산보다 어려운 수식이 필요할 때 사용합니다.

표 12-3 자주 쓰이는 math 모듈의 함수

함수	내용
fabs()	절댓값을 반환
ceil()	소수점 이하 올림한 값을 반환
floor()	소수점 이하 내림한 값을 반환
trunc()	소수점 이하 버림한 값을 반환
gcd()	최대공약수를 반환
factorial()	팩토리얼한 값을 반환
sqrt()	제곱근을 반환

코드 12-17 ch12_09.py

```
import math

print('fabs :', math.fabs(-3.1415))         # 절댓값
print('ceil :', math.ceil(-3.1415))         # 올림
```

```
print('floor :', math.floor(-3.1415))      # 내림
print('trunc :', math.trunc(-3.1415))      # 버림
print('gcd :', math.gcd(9, 21))            # 최대공약수
print('factorial :', math.factorial(7))    # 팩토리얼
print('sqrt :', math.sqrt(9))              # 제곱근
```

```
fabs : 3.1415
ceil : -3
floor : -4
trunc : -3
gcd : 3
factorial : 5040
sqrt : 3.0
```

하나 더 알기 **파이썬 내장 함수 중 수학과 관련된 함수**

math 모듈은 아니지만 파이썬 내장 함수 중에서 유용한 수학 관련 함수도 있습니다.

표 12-4 **수학 관련 내장 함수**

함수	내용
sum()	전체 합을 반환
max()	최댓값을 반환
min()	최솟값을 반환
abs()	절댓값을 반환
pow()	거듭제곱을 반환
round()	반올림한 값을 반환

2 random 모듈

random은 난수(random number)를 발생시키는 모듈입니다. 복권 추첨, 주사위 던지기와 같이 임의의 숫자가 필요한 경우에 사용합니다.

표 12-5 자주 쓰이는 random 모듈의 함수

함수	내용
random()	0 이상 1 미만의 난수 발생
randint(n1, n2)	n1 이상 n2 이하의 난수 발생
randrange(n1, n2)	n1 이상 n2 미만의 난수 발생
sample(range(n1, n2), n3)	n1 이상 n2 미만의 난수 n3개 발생
choice()	무작위로 1개 아이템 선택함
shuffle()	아이템 순서 섞음

코드 12-18 ch12_10.py

```
import random

print('random : ', random.random())                   # 0 이상 1 미만 난수
print('randint : ', random.randint(0, 9))             # 0 이상 9 이하 난수
print('randrange : ', random.randrange(0, 9))         # 0 이상 9 미만 난수
print('sample : ', random.sample(range(0, 10), 3))    # 0 이상 10 미만 난수 3개

listVar = [1, 2, 3, 4, 5, 6]

# 무작위로 1개 아이템 선택
print('choice : ', random.choice(listVar))
print('choice : ', random.choice(listVar))

# 아이템 순서 섞음
random.shuffle(listVar)
print('shuffle : ', listVar)
random.shuffle(listVar)
print('shuffle : ', listVar)
```

```
random :  0.395933555107917177
randint :  3
randrange :  3
sample :  [1, 2, 6]
choice :  2
choice :  3
shuffle :  [1, 6, 5, 4, 3, 2]
shuffle :  [3, 2, 6, 1, 5, 4]
```

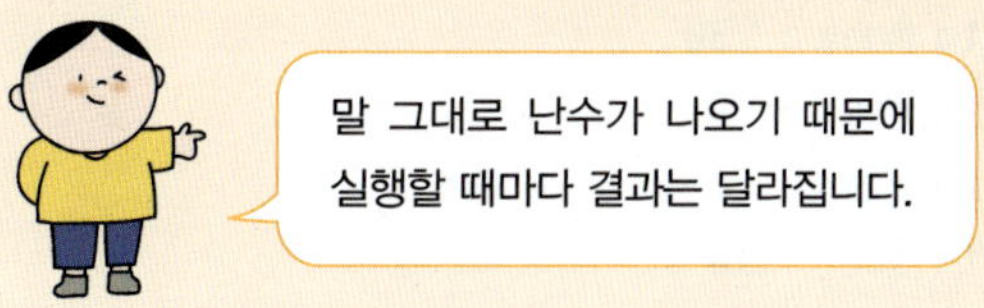

3 time 모듈

time은 시간 관련 모듈입니다. 이 모듈은 UTC(Coordinated Universal Time)에서 정한 세계 표준시인 1970년 1월 1일 0시 0분 0초부터 초단위로 측정하는 것을 기준으로 합니다. 예전에는 그리니치 표준시(GMT)로 알려졌기 때문에 UTC와 GMT는 같은 시간을 뜻합니다.

표 12-6 자주 쓰이는 time 모듈의 함수

함수	내용
localtime()	시스템의 현재 시간을 반환
gmtime()	GMT 시간을 반환
strftime()	시간 포맷 코드에 따른 출력

다음 [코드 12-19]는 localtime() 함수를 이용하여 현재 컴퓨터에서 받아온 시간을 보여줍니다.

코드 12-19 ch12_11.py

```
import time

lt = time.localtime()                  # 시스템 시간
print('localTime : ', lt)

# 상수를 이용한 시스템 시간 출력
print('tm_year : ', lt.tm_year)
print('tm_mon : ', lt.tm_mon)          # 월
print('tm_mday : ', lt.tm_mday)        # 일
print('tm_hour : ', lt.tm_hour)        # 시
print('tm_min : ', lt.tm_min)          # 분
print('tm_sec : ', lt.tm_sec)          # 초
print('tm_wday : ', lt.tm_wday)        # 요일
```

받아온 시스템 시간에서 년도만 뽑아낸다.

```
localTime :  time.struct_time(tm_year=2020, tm_mon=8, tm_mday=30, tm_hour=9, tm_min=21,
tm_sec=10, tm_wday=6, tm_yday=243, tm_isdst=0)
tm_year :  2020
tm_mon :  8
tm_mday :  30
tm_hour :  9
tm_min :  21
tm_sec :  10
tm_wday :  6
```

다음 [코드 12-20]은 세계 표준시인 GMT 시간을 반환하는 gmtime() 함수를 이용한 코드입니다.

코드 12-20 ch12_12.py

```
import time

gt = time.gmtime()
print('time.gmtime() : ', gt)        # GMT 시간

# 상수를 이용한 GMT 시간 출력
print('tm_year : ', gt.tm_year)
print('tm_mon : ', gt.tm_mon)        # 월
print('tm_mday : ', gt.tm_mday)      # 일
print('tm_hour : ', gt.tm_hour)      # 시
print('tm_min : ', gt.tm_min)        # 분
print('tm_sec : ', gt.tm_sec)        # 초
print('tm_wday : ', gt.tm_wday)      # 요일
```

받아온 GMT 시간에서 년도만 뽑아낸다.

```
time.gmtime() : time.struct_time(tm_year=2020, tm_mon=8, tm_mday=30, tm_hour=0, tm_min=21, tm_sec=10, tm_wday=6, tm_yday=243, tm_isdst=0)
tm_year :  2020
tm_mon :  8
tm_mday :  30
tm_hour :  0
tm_min :  21
tm_sec :  10
tm_wday :  6
```

다음 [코드 12-21]은 strftime() 함수를 이용하여 시간을 표현한 코드입니다. strftime()은 gmtime()이나 localtime()에 의해 나온 튜플이나 struct_time을 지정된 포맷을 통해 문자열로 변환합니다. 포맷은 소문자와 대문자의 뜻이 다르므로 구분하여 사용해야 합니다.

코드 12-21 ch12_13.py

```
import time

print(time.strftime('%H:%M:%S', time.localtime()))
print(time.strftime('%Y:%m:%d:%H:%M:%S', time.localtime()))
print(time.strftime('%H:%M:%S', time.gmtime()))
print(time.strftime('%Y:%m:%d:%H:%M:%S', time.gmtime()))
```

```
09:21:10
2020:08:30:09:21:10
00:21:10
2020:08:30:00:21:10
```

확인문제

1. math 모듈을 이용해서 15과 21의 최대공약수를 출력하는 프로그램이다. 빈칸에 들어갈 함수는 무엇인가?

```
import math

result = math.[    ](15, 21)
print('최대공약수 : ', result)
```

① fabs() ② ceil() ③ gcd() ④ sqrt()

2. random 모듈을 이용해서 1부터 100까지의 정수 중 난수 5개를 발생시키는 프로그램이다. 빈칸에 들어갈 함수의 기본형은 무엇인가?

```
import random

print('난수 : ', random.[    ](range(0, 101), 5))
```

① random() ② sample(range(n1, n2), n3)
③ shuffle() ④ randint(n1, n2)

3. 다음은 time 모듈을 이용해 GMT시간을 출력하는 프로그램이다. 실행 결과를 보고 빈칸을 채우시오.

```
import time

print(time.strftime('%[ ]년 %[ ]월 %[ ]일 %[ ]시 %[ ]분 %[ ]초', time.gmtime()))
```

```
2020년 08월 30일 21시 11분 46초
```

정답

1. ③ 2. ② 3. Y, m, d, H, M, S

실전 예제

로또 당첨 게임

문제

사용자가 1부터 45까지의 정수 6개를 입력하고, 컴퓨터에서는 1부터 45까지의 난수 6개를 발생합니다. 사용자 정수와 컴퓨터 정수를 비교해서 일치하는 숫자를 출력하는 프로그램을 만들어봅시다.

```
1부터 45까지의 정수 6개를 입력하세요.
Number 1 : 44
Number 2 : 45
Number 3 : 32
Number 4 : 1
Number 5 : 19
Number 6 : 22
이번주 로또 번호 [27, 1, 22, 2, 24, 19]
내가 선택한 번호 [44, 45, 32, 1, 19, 22]
일치하는 숫자 : [1, 19, 22]
```

해결

모듈 파일

lottoMahcine.py

```
import random

userNums = []
randNums = []
collect = []

def setUNumbers(ns):
    global userNums
    userNums = ns

def getUNumbers():
    return userNums

def setRNumbers():
    global randNums

    randNums = random.sample(range(1, 46), 6)
```

```python

def getRNumbers():
    return randNums

def compareNumbers():
    global userNums
    global randNums
    global collect

    collect = []
    for item in userNums:
        if randNums.count(item) != 0:
            collect.append(item)

    return collect
```

실행 파일 ch12_appEx_01.py

```python
import lottoMachine as lm

nums = []

print('1부터 45까지의 정수 6개를 입력하세요. ')
nums.append(int(input('Number 1 : ')))
nums.append(int(input('Number 2 : ')))
nums.append(int(input('Number 3 : ')))
nums.append(int(input('Number 4 : ')))
nums.append(int(input('Number 5 : ')))
nums.append(int(input('Number 6 : ')))

lm.setUNumbers(nums)        # 사용자 번호 설정
lm.setRNumbers()            # 랜덤 번호 설정

print('이번주 로또 번호', lm.getRNumbers())
print('내가 선택한 번호', lm.getUNumbers())
print('일치하는 숫자 :', lm.compareNumbers())
```

요약

01 모듈이란 특정 기능(함수)을 포함하고 있는 파일(xxx.py)로 다른 프로그램에 쉽게 이식해서 사용 가능한 것을 뜻합니다.

02 모듈은 `import` 구문을 사용하여 불러올 수 있습니다.

03 `as` 키워드를 활용하면 긴 모듈의 이름을 짧은 이름으로 치환하여 간편하게 부를 수 있고, `from` 키워드를 활용하면 모듈에서 필요한 기능만 뽑아 사용할 수 있습니다.

04 `if __name__ == '__main__'` 구문을 활용하면 메인 실행 파일과 모듈 파일을 구분할 수 있습니다.

05 파이썬에서는 `math`, `random`, `time` 등 다양한 외부 모듈을 제공합니다.

연습문제

01 다음 실행 결과를 참고하여 컴퓨터와 함께하는 가위, 바위, 보게임을 만드시오. 난수를 이용해서 게임을 진행하고 결과를 출력한다.

```
가위 바위 보를 선택하세요.
0.가위, 1.바위, 2.보 0
Com : 바위
User : 가위
컴퓨터 승리!
```

Hint 6장에서 배운 if~elif문을 떠올려봅시다.

02 다음 실행 결과를 참고하여 단어장에서 무작위로 출력되는 영어 단어를 맞히는 게임을 만드시오.

영어	한글	영어	한글
Football	축구	Car	차
Pencil	연필	Doll	인형
Eraser	지우개	Clock	시계

```
영어 :  Clock
한글을 입력하세요. 자동차
틀렸습니다!!
한글 :  시계
```

03 다음과 같은 기능을 가진 mp3 플레이어 모듈을 만드시오.

- 곡 추가
- 곡 제거
- 곡 리스트 출력
- 일반 재생 모드
- 셔플 재생 모드

```
----- 곡 추가 : 아리랑~.mp3 -----
----- 일반 재생 모드 -----
----- 곡 리스트 출력 -----
Dynamite.mp3
다시 여기 바닷가.mp3
마리아 (Maria).mp3
When We Disco.mp3
How You Like That.mp3
눈누난나.mp3
그 여름을 틀어줘.mp3
아리랑~.mp3
```

```
----- 곡 제거 : 아리랑~.mp3 -----
----- 일반 재생 모드 -----
----- 곡 리스트 출력 -----
Dynamite.mp3
다시 여기 바닷가.mp3
마리아 (Maria).mp3
When We Disco.mp3
How You Like That.mp3
눈누난나.mp3
그 여름을 틀어줘.mp3
```

04 가로가 32m, 세로가 48m인 직사각형의 밭을 똑같은 크기의 정사각형으로 분할하여 나누어 주려고 한다. 정사각형의 크기를 가장 크게 했을 때 정사각형의 넓이를 구하는 모듈을 만드시오.

```
정사각형 한 변의 길이 : 16 m
정사각형 한 개의 면적 : 256 m²
정사각형 개수 : 6.0 개
```

CHAPTER 13

객체와 텍스트 파일 다루기

학습목표

- '객체 지향 프로그래밍'이 무엇인지 이해합니다.
- 클래스를 이해하고 선언하는 방법을 알아봅니다.
- 객체를 생성하는 방법을 알아봅니다.
- 객체의 속성을 참조하는 방법과 메서드를 호출하는 방법을 알아봅니다.
- 텍스트 파일에 접근하는 방법을 알아봅니다.
- 텍스트 파일에 텍스트를 쓰고 읽는 방법을 알아봅니다.

Preview

이번 장에서는 우리 주변의 사물을 객체로 인식하고 프로그램에 구현할 수 있도록 하는 객체 지향 프로그래밍에 관하여 배웁니다. 또한 프로그램이 동작하는 중에만 저장되던 데이터를 보다 오래 보관하기 위해 텍스트 파일을 다루는 방법도 살펴봅니다.

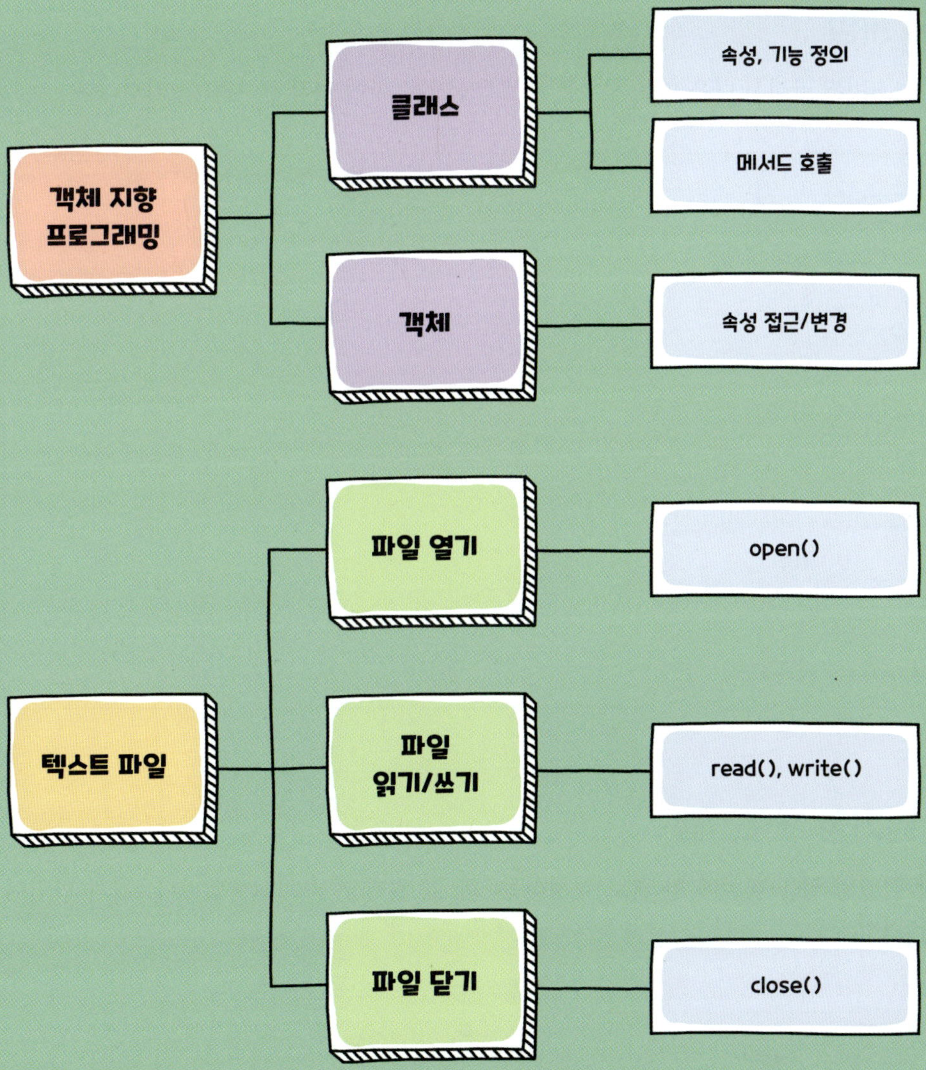

Section 01

이 장에서 만들 프로그램

1 주사위 게임

3명이 주사위를 5번씩 굴려서 나온 합을 구하는 프로그램으로 합이 가장 큰 사람이 이깁니다.

```
Gamer1 : [1, 3, 2, 3, 3]
Sum of Gamer1 : 12
-------------------------
Gamer2 : [1, 4, 2, 4, 4]
Sum of Gamer2 : 15
-------------------------
Gamer3 : [4, 3, 2, 1, 3]
Sum of Gamer3 : 13
-------------------------
=========================
1st : 15          WIN!!
2st : 13
3st : 12
=========================
```

2 한 줄 일기장 프로그램

하루 중 인상 깊었던 일을 파일에 한 줄로 작성하는 '한 줄 일기장' 프로그램입니다. 결과 화면이 메모장에 뜹니다.

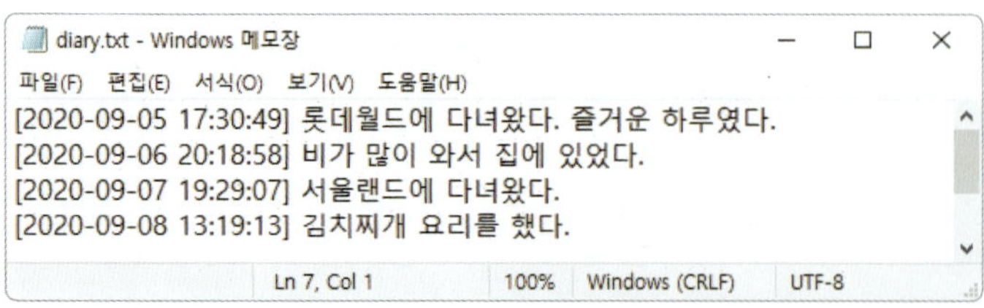

Section 02 객체 지향 프로그래밍이란?

객체 지향 프로그래밍(Object Oriented Programming, OOP)이란 객체를 이용하여 프로그램을 만드는 것을 말합니다. 객체로 프로그램을 만든다니, 과연 객체란 무엇일까요?

객체는 쉽게 말해서 우리 주변의 마우스, 피아노, 자동차 등과 같은 '사물'을 말합니다. 객체는 속성(attribute)과 기능(function)으로 구성되는데, 속성은 객체를 구성하는 요소를 말하고 기능은 객체가 하는 행위를 뜻합니다.

기능	커서 이동하다, 클릭하다	연주하다, 녹음하다	더하다, 빼다, 곱하다, 나누다
속성	색상, 모양 등	건반, 페달 등	숫자 버튼, 화면 등
객체	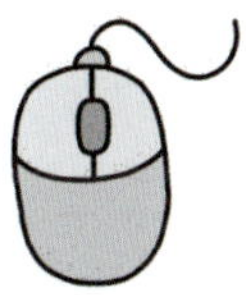 마우스	 피아노	 계산기

그림 13-1 객체의 속성과 기능

일상 속 객체의 의미를 이해했다면 프로그램에 어떻게 적용되는지 알아봅시다. 두 수를 입력 받아 사칙연산을 하는 계산기 프로그램을 만들어봅시다. 이 프로그램은 다음과 같이 2단계로 나누어 작성합니다.

- **[1단계] 변수 만들기:** 사용자가 입력한 숫자를 임시로 저장하는 변수를 선언합니다.
- **[2단계] 함수 만들기:** 사용자가 원하는 연산(+, −, *, /)을 실행하기 위한 각각의 함수를 선언합니다.

계산기 프로그램에서 '계산기' 객체의 속성은 1단계에서 선언한 변수이고, 기능은 2단계에서 선언한 함수입니다. 입력된 숫자는 변수에 저장되고 덧셈, 뺄셈, 곱셈, 나눗셈 등의 연산 기능은 함수가 담당하기 때문입니다. 결국 몇 개의 속성(변수)과 기능(함수)이 모여 계산기라는 객체가 만들어집니다.

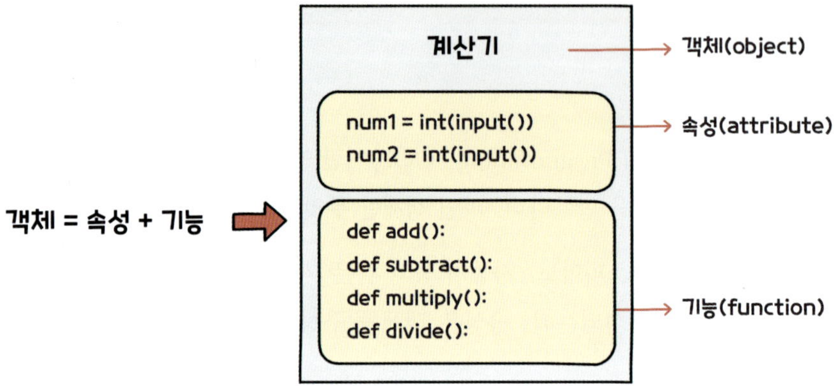

그림 13-2 **프로그램 속 객체의 속성과 기능**

이렇게 만들어진 객체는 단독으로 사용되기도 하지만 서로 유기적으로 관계를 맺고 사용되기도 합니다. 예를 들어 곱셈 게임 프로그램에 포함된 '계산기' 객체와 '프린트' 객체의 경우, '계산기' 객체에서 사용자의 점수를 계산하면 '프린트' 객체에서 그 결과를 받아 모니터에 출력하는 작업을 수행합니다.

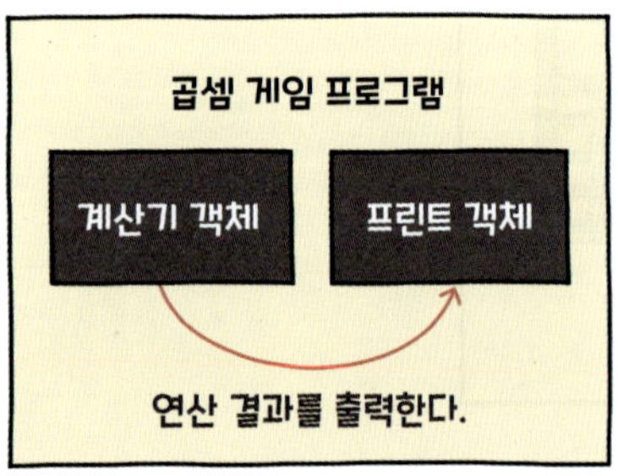

그림 13-3 **서로 다른 객체의 유기적인 동작**

결론적으로 객체 지향 프로그래밍이란 우리가 만드는 프로그램을 객체 단위로 구분하고, 각각의 객체를 서로 연관 지어 프로그램을 완성하는 것을 뜻합니다.

객체 지향 프로그래밍의 학습 범위는 아주 광범위하기 때문에 본 도서에서는 객체 지향의 기초적인 내용만 다룹니다.

확인문제

1. 객체를 구성하는 요소를 모두 고르시오.

   ① 속성　　② 코드 블록

   ③ 기능　　④ 연산식

2. 객체 지향 프로그래밍에 대한 설명으로 옳은 것은 무엇인가?

   ① 사용할 수 있는 객체의 수는 한계가 있다.

   ② 객체를 이용하는 프로그래밍 방법이다.

   ③ 객체를 이용하게 되면 프로그램 실행 속도가 현저히 떨어진다.

   ④ 객체와 함수는 같은 의미이다.

정답

1. ①, ③　　2. ②

Section

03 클래스와 객체

1 클래스와 객체의 개념

객체를 생성하기 위해서는 클래스가 필요합니다. 클래스란 객체를 생성하기 위한 틀(mold)로 마치 붕어빵 틀과 같습니다.

붕어빵을 만들기 위해서는 붕어빵을 찍어내는 틀이 필요합니다. 붕어빵 틀에 밀가루 반죽과 팥을 넣고 구우면 붕어빵이 만들어집니다. 마찬가지로 클래스(붕어빵 틀)에 속성과 기능을 설정하면 객체(붕어빵)가 생성됩니다. 즉 붕어빵이라는 '객체'를 만들기 위해서는 붕어빵 틀에 해당하는 '클래스'가 필요합니다.

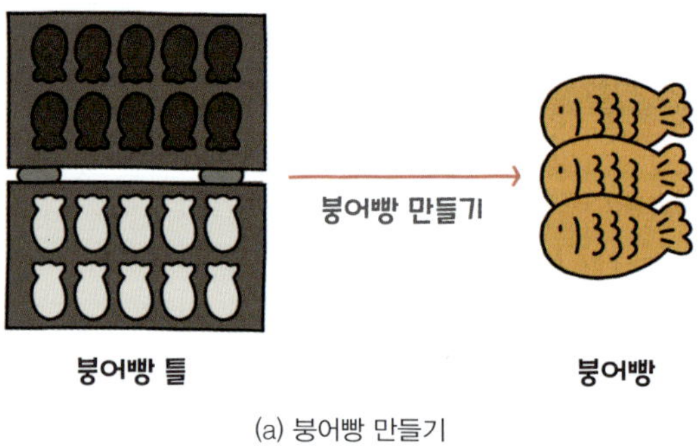

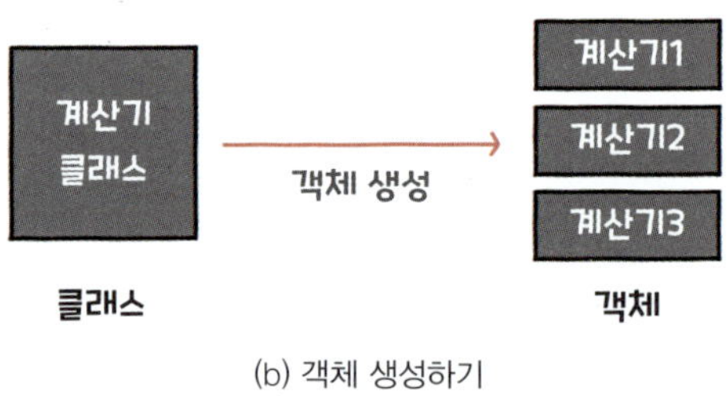

그림 13-4 **클래스를 통한 객체 생성**

붕어빵 틀이 있으면 원하는 만큼 붕어빵을 만들 수 있듯이 클래스가 있으면 원하는 만큼 객체를 생성할 수 있습니다.

2 클래스의 구조

파이썬에서 클래스의 구조는 다음과 같습니다. `class` 키워드, 클래스 이름, 콜론(:)을 순서대로 적고 그 아래에 클래스 속성과 기능을 정의합니다.

그림 13-5 클래스의 기본 구조

■ **클래스 선언**

클래스를 선언할 때는 `class` 키워드를 사용합니다. `class` 키워드 다음에는 클래스의 이름과 콜론(:)이 옵니다. 클래스 이름은 원하는 대로 지을 수 있지만 함수와 구분하기 위해서 첫 글자는 대문자로 합니다.

■ **속성과 기능 정의**

클래스의 속성은 '`def __init__():`' 형태로, 기능은 '`def` 함수명():' 형태로 정의합니다. 클래스 속성을 정의할 때 `__init__()`에 저장하는 것은 일종의 약속입니다. 또한 `self`는 클래스 자신을 가리킨다는 의미로 `__init__()`의 첫 번째 매개변수를 `self`로 지정합니다. [그림 13-5]의 `self.flour`, `self.bean`은 `FishBread` 객체 자신의 속성이라는 뜻입니다. `makeFishBread()` 함수도 매개변수로 `self`를 이용하는데, 이것도 `makeFishBread()`가 `FishBread` 객체 자신의 기능이라는 의미입니다. 결론적으로 클래스의 속성과 기능은 `self`를 이용해야 합니다.

3 계산기 클래스 만들기

계산기 클래스를 만들면서 클래스의 기본 구조를 익혀봅시다. 우선 클래스를 만들기 위해서는 먼저 클래스가 가지고 있는 속성과 기능을 정의해야 합니다. 이번에 만들 계산기 클래스는 숫자를 저장하는 속성과, 덧셈/뺄셈 기능을 하는 메서드로 구성됩니다. 다음은 `Calculator` 클래스의 속성과 메서드를 정의한 표입니다.

파이썬에서는 기능(함수)을 메서드라고도 부릅니다. 이후부터는 기능을 메서드로 통일해서 쓰겠습니다.

표 13-1 Calculator 클래스의 속성과 메서드

구분	이름	내용
클래스	Calculator	–
속성	num1	숫자1 저장
	num2	숫자2 저장
메서드	add()	덧셈 연산
	subtract()	뺄셈 연산

계산기 클래스를 구성하는 속성과 메서드가 정해졌으므로 이제 코드를 작성하고 F5를 눌러 실행 봅시다.

코드 13-1 ch13_01.py

```
class Calculator:                        # 클래스 선언

    def __init__(self, n1, n2):
        print('\n=== __init__() START ===')
        self.num1 = n1
        self.num2 = n2

    def add(self):
        print('\n=== add() START ===')
        print('num1 + num2 =', self.num1 + self.num2)

    def subtract(self):
        print('\n=== subtract() START ===')
        print('num1 - num2 =', self.num1 - self.num2)
```

속성 정의

메서드 정의

실행 결과에 아무 것도 없어서 당황했나요? 하지만 당연한 결과입니다. 클래스는 붕어빵 틀과 같이 객체를 만들기 위한 틀일 뿐 아직 객체를 만든 것은 아니기 때문입니다. 이어서 클래스를 이용해 객체를 생성하는 방법을 알아보겠습니다.

확인문제

1. 클래스와 객체에 대한 설명으로 옳은 것은 무엇인가?

① 클래스는 객체를 생성하기 위한 틀이다. ② 객체는 클래스를 생성하기 위한 틀이다.
③ 객체는 클래스 없이 생성할 수 있다. ④ 클래스를 만들면 객체는 자동으로 만들어 진다.

2. 클래스 이름으로 가장 적절한 것은 무엇인가?

① mycalculator ② clock

③ Bicycle ④ student

정답

1. ① 2. ③

4 계산기 객체 만들기

계산기 객체는 '객체 이름=계산기클래스(속성1, 속성2 ... 속성n)' 형태로 작성하여 만듭니다. 마치 '붕어빵1=붕어빵틀(밀가루, 팥)'이라고 선언하는 것과 같습니다.

다음은 계산기 객체를 만드는 선언문으로, 'Calculator 클래스에 속성 값으로 10과 20을 넣어서 calc1이라는 객체를 생성하라.'는 의미입니다.

```
calc1 = Calculator(10, 20)
```

위 명령이 실행되면 객체 선언문의 10과 20이 Calculator 클래스의 __init__() 내부의 num1과 num2 속성에 각각 할당됩니다.

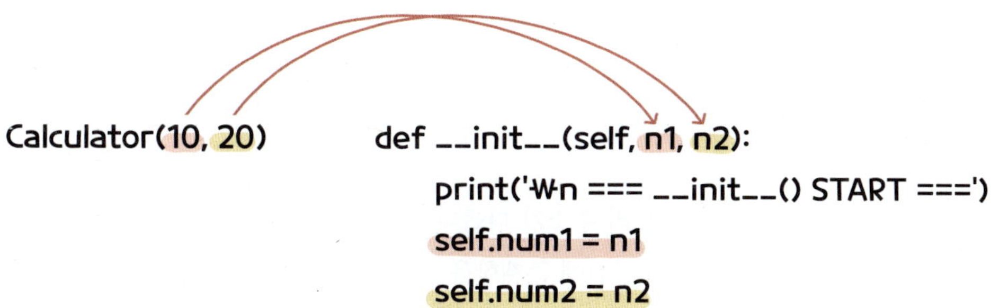

그림 13-6 num1과 num1 속성에 할당되는 매개변수 10, 20

__init__() 메서드의 역할

__init__() 메서드는 객체를 메모리에 할당하여 생성하는 기능을 담당합니다. 즉 객체를 생성할 때 클래스 이름을 사용하면 자동으로 __init__() 메서드가 호출되고 이것을 '생성자 호출'이라고 합니다. 다음 그림은 객체 생성을 위한 생성자 호출과 메모리에 생성된 객체를 나타내고 있습니다.

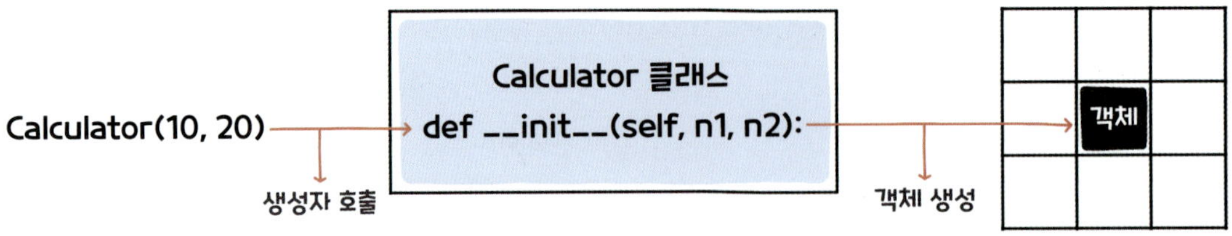

그림 13-7 클래스의 생성자 호출을 통해서 메모리에 생성되는 객체

[코드 13-1]에서 만든 Calculator 클래스를 이용하여 계산기 객체 3개를 생성해봅시다.

코드 13-2 ch13_02.py

```
...생략([코드 13-1]의 내용)...           # 클래스 선언

calc1 = Calculator(10, 20)
calc2 = Calculator(100, 200)       ← 객체 생성
calc3 = Calculator(1000, 2000)
```

Calculator 클래스를 이용해서 생성된 객체들을 메모리에 나타내면 다음과 같습니다.

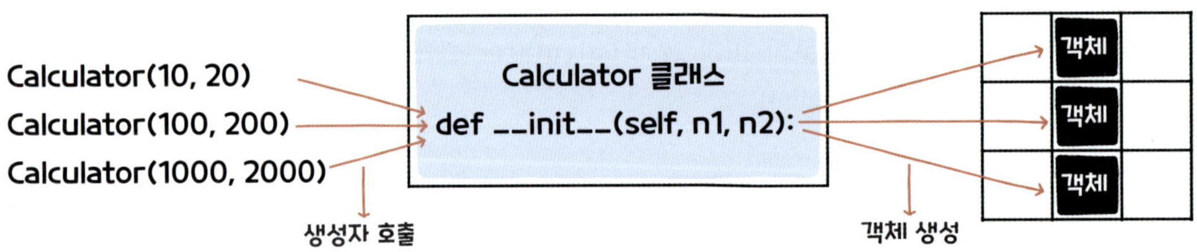

그림 13-8 메모리에 생성된 세 개의 객체

메모리에 생성된 세 개의 객체를 보면 메모리 주소가 다릅니다. 이것은 객체들이 동일한 클래스에서 생성됐지만 각각의 객체가 다른 메모리 공간에 존재함을 보여줍니다. 즉 같은 붕어빵 틀에서 만들어진 붕어빵이라도 슈크림 붕어빵과 팥 붕어빵이 전혀 다르듯이 같은 클래스에서 생성된 객체여도 각각은 전혀 다른 객체인 것입니다. 이렇게 생성된 객체는 변수에 할당해서 사용해야 하며 calc1~3 변수가 그 역할을 합니다.

5 계산기 객체의 메서드 호출하기

12장에서 모듈의 함수에 접근할 때 도트 연산자(.)를 사용했듯이 객체의 메서드를 호출하기 위해서도 도트 연산자(.)를 이용합니다. 다음은 객체 calc1이 도트 연산자를 이용해서 add()와

subtract() 메서드를 호출하는 코드입니다.

코드 13-3 ch13_03.py

```
...생략([코드 13-1]의 내용)...

calc1 = Calculator(10, 20)
calc1.add()                          # calc1의 add() 호출
calc1.subtract()                     # calc1의 subtract() 호출
```

```
=== add() START ===
num1 + num2 = 30                     calc1의 add()호출

=== subtract() START ===
num1 - num2 = -10                    calc1의 subtract()호출
```

6 계산기 객체의 속성에 접근/변경하기

도트 연산자(.)를 이용하면 객체의 속성에도 접근할 수 있습니다. 다음은 calc1, calc2, calc3 객체의 속성을 도트 연산자(.)로 접근한 후 출력하는 코드입니다.

코드 13-4 ch13_04.py

```
...생략([코드 13-2]의 내용)...

print('calc1.num1 :', calc1.num1)       # calc1의 num1에 접근
print('calc1.num2 :', calc1.num2)       # calc1의 num2에 접근

print('calc2.num1 :', calc2.num1)       # calc2의 num1에 접근
print('calc2.num2 :', calc2.num2)       # calc2의 num2에 접근

print('calc3.num1 :', calc3.num1)       # calc3의 num1에 접근
print('calc3.num2 :', calc3.num2)       # calc3의 num2에 접근
```

```
calc1.num1 : 10
calc1.num2 : 20
calc2.num1 : 100
calc2.num2 : 200
calc3.num1 : 1000
calc3.num2 : 2000
```

도트 연산자(.)를 이용해서 속성에 접근할 수 있으니 변경도 가능합니다. 다음은 calc1 객체의 속성 값을 변경하고 출력하는 코드입니다.

코드 13-5 ch13_05.py

```
...생략([코드 13-2]의 내용)...

print('calc1.num1 :', calc1.num1)       # num1 출력
calc1.num1 = 123                        # calc1의 num1을 123으로 변경
print('calc1.num1 :', calc1.num1)       # 변경 후 num1 출력
```

```
calc1.num1 : 10      ← 변경 전 데이터
calc1.num1 : 123     ← 변경 후 데이터
```

문제 해결 13-1 자동차 객체 만들고 활용하기

ch13_sol_01.py

다음 조건을 참고하여 자동차 객체를 정의하고 색상을 변경하는 프로그램을 만들어봅시다.

① 자동차 객체를 정의한다. 속성은 색상(color)과 길이(length), 기능은 전진(moveForward)과 후진(moveBackward)으로 정의한다.

② car1, car2 객체를 만들고 car1 객체의 색상과 길이는 'blue', 500, car2 객체의 색상과 길이는 'black', 450으로 할당한다.

③ car1과 car2 객체의 color 속성을 자신이 원하는 색상으로 변경한다.

```
class Car:
    def __init__(self, c, l):
        self.color = c
        self.length = l
    def moveForward(self):
        print('=== moveForward() 호출 ===')

    def moveBackward(self):
        print('=== moveBackward() 호출 ===')

car1 = Car('blue', 500)
car2 = Car('black', 450)

print('car1의 색상 :', car1.color)
print('car2의 색상 :', car2.color)
```

```python

car1.color = input('원하는 색상을 입력하세요. ')
car2.color = input('원하는 색상을 입력하세요. ')

print('car1의 색상 :', car1.color)
print('car2의 색상 :', car2.color)
```

```
car1의 색상 : blue
car2의 색상 : black
원하는 색상을 입력하세요. Yellow
원하는 색상을 입력하세요. Orange
car1의 색상 : Yellow
car2의 색상 : Orange
```

Section 04

객체를 이용한 회원가입 프로그램

회원과 회원 관리 시스템을 클래스로 만들고 회원 등록 및 삭제 등을 하는 프로그램을 만들어봅시다. 각 클래스에 필요한 속성과 메서드는 다음 표와 같습니다.

표 13-2 각 클래스에 필요한 속성과 메서드

클래스	구분	이름	내용
회원 (Member)	속성	mId	회원 아이디
		mPw	회원 비밀번호
회원 관리 시스템 (MemberManage)	속성	members	전체 회원 리스트(dictionary 형)
	메서드	addMember()	회원 등록
		loginMember()	로그인
		removeMember()	회원 삭제
		printMembers()	전체 회원 정보 출력

회원(Member) 클래스는 회원 개인의 아이디와 비밀번호를 담고 있는 객체를 생성합니다. 이렇게 생성된 객체는 회원 관리 시스템(MemberManage) 클래스의 addMember(), removeMember() 메서드로 등록 및 삭제하며, loginMember() 메서드로 로그인합니다.

코드 13-6 ch13_06.py

```
class Member:
    def __init__(self, i, p):
        self.mId = i
        self.mPw = p

class MemberManage:
    def __init__(self):
        self.members = {}
```

```python

    def addMember(self, m):
        self.members[m.mId] = m.mPw

    def loginMember(self, i, p):
        isMember = i in self.members

        print('===== 로그인 결과 =====')
        if isMember and self.members[i] == p:
            print(i, '님 로그인 성공')
        else:
            print(i, '님 ID와 PW를 다시 확인하세요!')

    def removeMember(self, i, p):
        del self.members[i]

    def printMembers(self):
        print('===== 전체 회원 =====')
        for member in self.members.keys():
            print('ID :', member)
            print('PW :', self.members[member])
            print('-----------------------')

mm = MemberManage()

mm.addMember(Member('chanho@gmail.com', '1234a!'))
mm.addMember(Member('seri@gmail.com', '5678b^'))
mm.addMember(Member('heungmin@gmail.com', '9852c#'))

mm.printMembers()              # 전체 회원 출력

mm.loginMember('chanho@gmail.com', '1234a!')
mm.loginMember('seri@gmail.com', '99999')

mm.removeMember('chanho@gmail.com', '1234a!')
mm.removeMember('heungmin@gmail.com', '9852c#')

mm.printMembers()              # 회원 삭제 후 전체 회원 출력
```

```
====== 전체 회원 =======
ID : chanho@gmail.com
PW : 1234a!
-----------------------
ID : seri@gmail.com
PW : 5678b^
-----------------------
ID : heungmin@gmail.com
PW : 9852c#
-----------------------
===== 로그인 결과 ======
chanho@gmail.com 님 로그인 성공
===== 로그인 결과 ======
seri@gmail.com 님 ID와 PW를 다시 확인하세요!
====== 전체 회원 =======
ID : seri@gmail.com
PW : 5678b^
-----------------------
```

Section 05

텍스트 파일 다루기

지금까지는 파이썬 셸 창에서 데이터를 출력하거나 입력했습니다. 이 방법은 데이터를 일시적으로 메모리에 보관할 뿐 영구적이지 않습니다. 이번 절에서는 문자열을 영구적인 보관 방법으로 텍스트 파일을 다루는 방법에 대해서 살펴보겠습니다.

1 파일 다루기 3단계

파이썬에서 파일을 다루는 과정은 다음 3단계로 구분할 수 있습니다.

■ [1단계] 파일 열기

첫 번째, 파일을 여는 단계입니다. 파일을 열기 위해서는 open() 함수를 이용합니다. 파일 열기에 성공하면 파일은 객체로 만들어져 메모리에 생성됩니다.

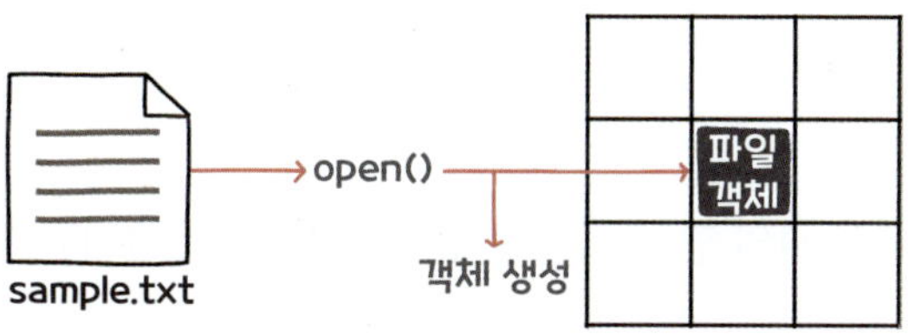

그림 13-9 open()에 의해서 객체로 생성됨

■ [2단계] 파일 쓰기/읽기

두 번째, 문자열을 쓰거나 읽는 단계입니다. 문자열을 쓸 때는 write() 함수를, 읽을 때는 read() 함수를 이용합니다.

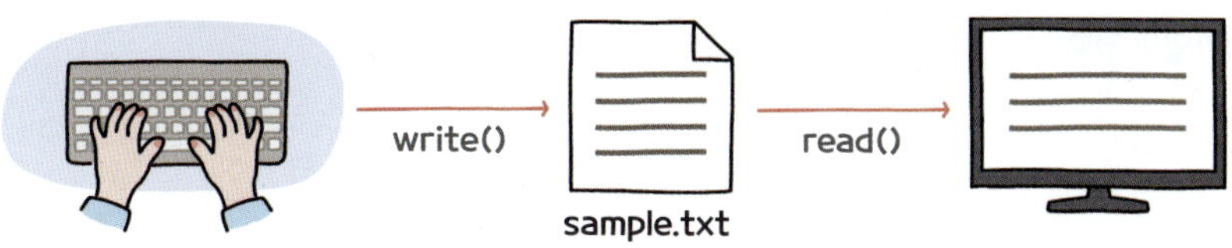

그림 13-10 write()와 read()를 이용한 쓰기, 읽기

■ **[3단계] 파일 닫기**

세 번째, 파일을 닫는 단계입니다. 쓰기 또는 읽기가 끝난 파일은 `close()` 함수를 이용해서 연결을 해제합니다.

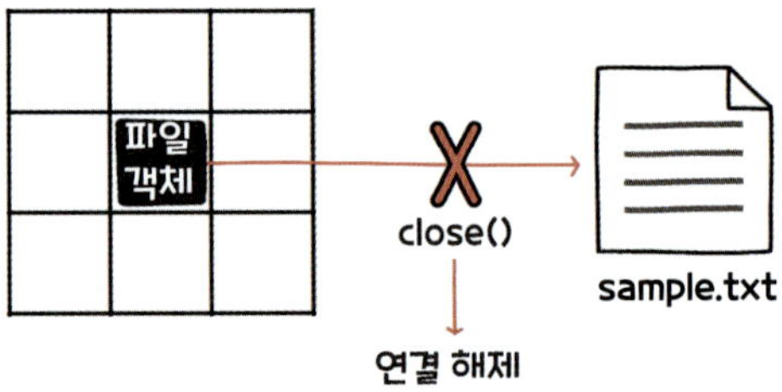

그림 13-11 close()에 의해서 연결 해제됨

즉 텍스트 파일을 다루기 위해서는 위의 3단계만 기억하면 됩니다. 다음 그림은 텍스트 파일을 다루기 위한 전체 과정을 다시 한 번 정리한 것입니다. 이제 각 단계를 좀 더 자세히 살펴봅시다.

그림 13-12 파일을 다루는 3단계

2 파일 열기/닫기

파일을 다루는 3단계 중 1단계인 파일 열기, 3단계인 파일 닫기를 하는 방법을 알아보겠습니다.

파일 열기

파일을 열 때 사용하는 함수 open()은 두 개의 인수가 필요합니다. 첫 번째 인수는 파일의 경로이고, 두 번째 인수는 파일 모드입니다.

그림 13-13 open() 함수의 형식

파일 모드는 사용 목적에 따라서 파일을 여는 모드를 설정합니다. 파일을 여는 모드에는 쓰기 모드와 읽기 모드가 있습니다.

표 13-3 **파일 모드**

모드	사용 목적	특징
w	쓰기	기존 파일이 존재하면 새로운 파일로 덮어쓴다.
a	쓰기	기존 파일이 존재하면 기존 파일에 덧붙인다.
x	쓰기	기존 파일이 존재하면 에러가 발생한다.
r	읽기	파일을 읽는다. 파일이 없으면 에러가 발생한다.

`open('C:\python\test.txt', 'w')`와 같이 쓰기(w) 모드로 파일을 열 때, 만약 해당 경로에 'test.txt' 파일이 없다면 새로운 파일(test.txt)을 생성합니다.

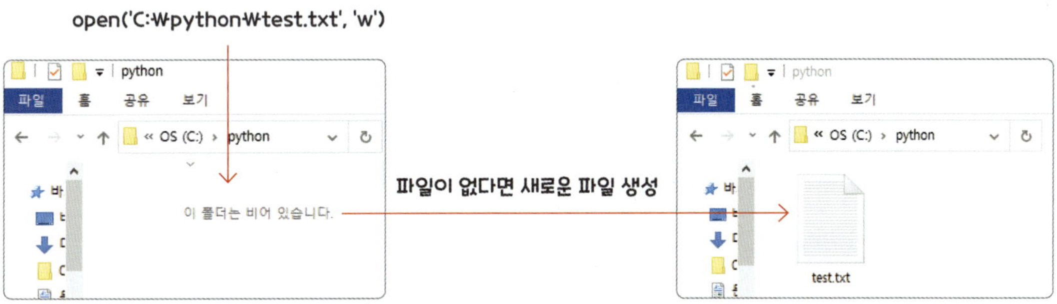

그림 13-14 **오픈할 파일이 없다면 새로운 파일 생성**

텍스트 파일은 파이썬 내부 자원이 아닌 외부 자원이므로 파일에 접근하는 단계가 필요하고 이것을 '파일 열기' 또는 '파일 오픈(open)'이라고 합니다.

파일 닫기

파일 읽기나 쓰기 등의 작업을 마치고 파일을 닫을 때는 `close()` 함수를 사용합니다. 사용 형식은 다음과 같습니다.

file.close()

그림 13-15 **`close()` 함수의 형식**

하나 더 알기 파일 작업이 끝난 후에 close()를 호출하지 않으면 어떻게 되나요?

파일을 제대로 닫지 않으면 파일을 필요로 하는 다른 곳에서 사용하지 못 할 수 있습니다. 또한 사용이 끝난 외부 파일이 메모리에 계속 남아 있기 때문에 시스템에 부하가 걸려 최악의 경우 시스템이 멈추는 현상까지 발생할 수 있습니다. 따라서 파일을 열어 쓰거나 읽기한 후에는 반드시 파일을 닫아야 합니다.

확인문제

1. 텍스트 파일을 읽기 또는 쓰기 위한 과정으로 옳은 것은 무엇인가?

   ① save → read → open → close

   ② read → open → close

   ③ open → write / read → close

   ④ close → write / read → open

2. 다음 중 파일을 다루는 함수에 대한 설명으로 옳은 것은 무엇인가?

   ① open() : 파일을 저장하기 위한 함수이다.

   ② open() : 파일을 열기 위한 함수이다.

   ③ close() : 파일을 삭제하기 위한 함수이다.

   ④ close() : 파일을 암호화 처리하기 위한 함수이다.

정답

1. ③　　2. ②

3 파일 쓰기/읽기

파일을 다루는 3단계 중 2단계인 파일 쓰기/읽기를 하는 방법을 알아보겠습니다.

파일 쓰기

파일에 문자열을 쓸 때는 write() 함수를 사용합니다. 사용 형식은 다음과 같습니다.

```
file.write('Hello world~')
```

그림 13-16 write() 함수의 형식

write()는 파일에 '쓰기'를 실행한 후 데이터를 반환하는데, 반환값은 파일에 '쓰기'한 문자의 개수로 공백 문자까지 포함합니다. 다음은 반환 값을 print()를 통해 출력하는 코드입니다. '쓰기'한 문자열은 코드를 실행하여 생성된 'test.txt' 파일을 열어 확인할 수 있습니다.

코드 13-7 ch13_07.py

```
file = open('C:/python/test.txt', 'w')      # 파일 열기(쓰기 모드)
result = file.write('Hello python~')        # 쓰기
print('type of result :', type(result))     # 반환값의 데이터 타입 출력
print('result :', result)                   # 반환값 출력
file.close()                                # 파일 닫기
```

```
type of result : <class 'int'>
result : 13
```

write()의 반환값은 꼭 사용해야 하는 것은 아닙니다. 주로 문자열이 파일에 정상적으로 쓰였는지 확인하는 용도로 사용합니다.

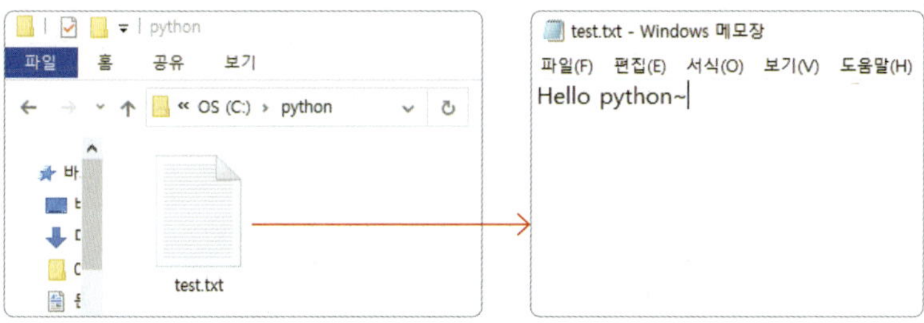

그림 13-17 test.txt에 기록된 문자열 확인

파일 읽기

파일의 문자열을 읽을 때는 read() 함수를 사용합니다. 사용 형식은 다음과 같습니다.

file.read()

그림 13-18 read() 함수의 형식

다음은 read()를 이용해서 파일에 문자열을 읽기 위한 코드입니다.

코드 13-8 ch13_08.py

```
file = open('C:/python/test.txt', 'r')      # 파일 열기(읽기 모드)
result = file.read()                        # 읽기
print('type of result :', type(result))     # 반환값의 데이터 타입 출력
print('result :', result)
file.close()
```

```
type of result : <class 'str'>
result : Hello python~
```

이처럼 read()로 읽어 들인 데이터 타입은 항상 str(문자열)입니다. [C]-[python] 폴더에 정수 123이 적힌 number.txt 파일을 만들어봅시다. 그 후 다음 코드를 실행하면 에러가 발생합니다.

코드 13-9 ch13_09.py

```
file = open('C:/python/number.txt', 'r')
result = file.read()
print('result :', result)
sum = result + 1
print('sum :', sum)
file.close()
```

```
result : 123
Traceback (most recent call last):
    sum = result + 1
TypeError: can only concatenate str (not "int") to str
```

123을 read()로 읽어 들이면 숫자 123이 아닌 문자열 '123'으로 읽기 때문에 문자열에 정수 1을 더할 수 없어 에러가 발생합니다. 다음은 [코드 13-9]의 문자열을 정수로 변환하고 1을 더해 에러를 없앤 코드입니다.

코드 13-10 ch13_10.py

```
file = open('C:/python/number.txt', 'r')
result = file.read()
print('result :', result)
sum = int(result) + 1   ← 문자열을 정수로 변환
print('sum :', sum)
file.close()
```

```
result : 123
sum : 124
```

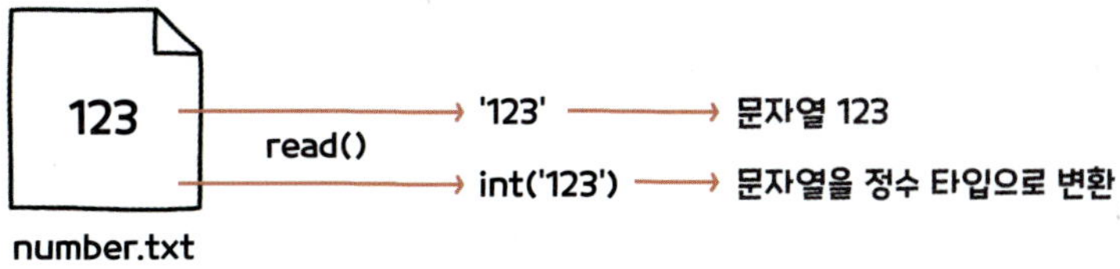

그림 13-19 텍스트의 기본 반환 값인 문자열

문제 해결 13-2 **일정 관리 메모를 입력하여 텍스트 파일에 저장하기** ch13_sol_02.py

길동이는 미팅 약속을 잊어버리지 않기 위해 메모장에 기록으로 남겨두려고 합니다. 길동이가 입력한 내용을 텍스트 파일로 저장하는 프로그램을 만들어봅시다.

```
memo = input('메모를 입력하세요. ')

file = open('C:/python/myMemo.txt', 'a')
file.write(memo)
file.close()
```

```
메모를 입력하세요. 오후 6시에 미팅이 있습니다.
```

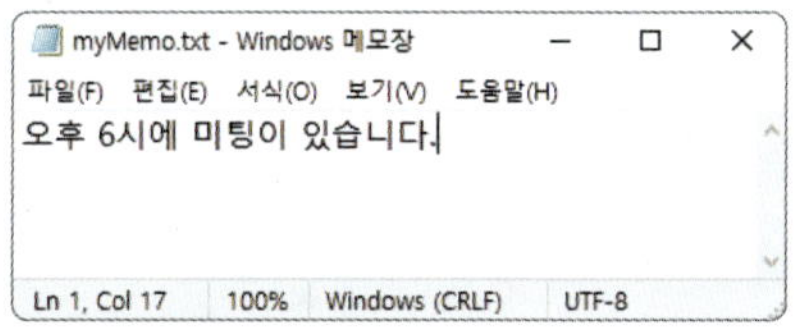

실전 예제

주사위 게임

문제

3명이 주사위를 5번씩 굴려서 나온 합을 구하는 프로그램을 만들어봅시다. 합이 가장 큰 사람이 이기는 게임입니다.

```
Gamer1 : [1, 3, 2, 3, 3]
Sum of Gamer1 : 12
-------------------------
Gamer2 : [1, 4, 2, 4, 4]
Sum of Gamer2 : 15
-------------------------
Gamer3 : [4, 3, 2, 1, 3]
Sum of Gamer3 : 13
-------------------------
=========================
1등 : 15점      WIN!!
2등 : 13점
3등 : 12점
=========================
```

해결

ch13_appEx_01.py

```
import random

class Dice:
    def __init__(self):
        self.numbers = []

    def playDice(self):
        self.numbers.append(random.randint(1, 6))

    def getNumbers(self):
```

```
        return self.numbers

    def getSum(self):
        return sum(self.numbers)

def sortNumbers(*numbers):
    list = sorted(numbers)
    list.sort(reverse = True)
    return list


gamer1Dice = Dice()
gamer2Dice = Dice()
gamer3Dice = Dice()

for i in range(5):
    gamer1Dice.playDice()
    gamer2Dice.playDice()
    gamer3Dice.playDice()

print('Gamer1 :', gamer1Dice.getNumbers())
print('Sum of Gamer1 :', gamer1Dice.getSum())
print('-'*25)

print('Gamer2 :', gamer2Dice.getNumbers())
print('Sum of Gamer2 :', gamer2Dice.getSum())
print('-'*25)

print('Gamer3 :', gamer3Dice.getNumbers())
print('Sum of Gamer3 :', gamer3Dice.getSum())
print('-'*25)

sortedNumbers = sortNumbers(gamer1Dice.getSum(), gamer2Dice.getSum(), gamer3Dice.getSum())
print('='*25)
print('1등 :', sortedNumbers[0], '점\tWIN!!')
print('2등 :', sortedNumbers[1], '점')
print('3등 :', sortedNumbers[2], '점')
print('='*25)
```

실전 예제

한 줄 일기장 프로그램

문제

하루 중 인상 깊었던 일을 파일에 한 줄로 작성하는 '한 줄 일기장' 프로그램을 만들어봅시다.

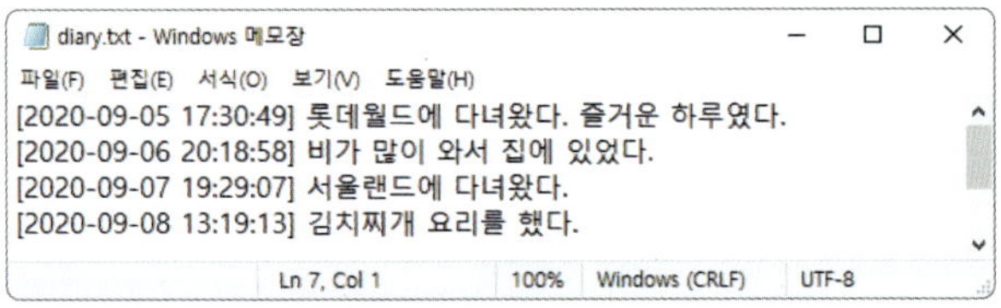

diary.txt - Windows 메모장

파일(F) 편집(E) 서식(O) 보기(V) 도움말(H)

[2020-09-05 17:30:49] 롯데월드에 다녀왔다. 즐거운 하루였다.
[2020-09-06 20:18:58] 비가 많이 와서 집에 있었다.
[2020-09-07 19:29:07] 서울랜드에 다녀왔다.
[2020-09-08 13:19:13] 김치찌개 요리를 했다.

Ln 7, Col 1 | 100% | Windows (CRLF) | UTF-8

해결

ch13_appEx_02.py

```
from time import strftime, localtime

def getDay():
    return strftime('%Y-%m-%d', localtime())

def getTime():
    return strftime('%H:%M:%S', localtime())

print('************** 한 줄 일기 **************')

dFlag =True
while dFlag:
    print('\n다음 항목을 선택하세요.')
    selectItem = int(input('1.일기 작성\t2.일기 보기\t3.종료 '))

    if selectItem == 1:
        print('\n[' + getDay() +'] 한 줄 일기를 작성하세요.')
        todayDiary = input()

        with open('C:/python/diary.txt', 'a')as f:
            f.write('[' + getDay() + ' ' + getTime() + '] ')
            f.write(todayDiary + '\n')

```

```
    elif selectItem == 2:

        with open('C:/python/diary.txt', 'r')as f:
            str = f.read()
            print(str)

    elif selectItem == 3:
        print('\nBye~~')
        dFlag = False
```

파일을 open했을 때의 파일 객체

Hint with open()~as f:는 open()을 대신하는 구문으로, 파일을 닫을 때 close()를 생략할 수 있습니다.

요약

01 객체 지향 프로그래밍(Object Oriented Programming, OOP)이란 객체를 이용해서 프로그램을 만드는 것을 말합니다. 우리가 만드는 프로그램을 객체 단위로 구분하고, 각각의 객체를 서로 연관 지어 프로그램을 완성하는 것을 의미합니다.

02 클래스란 객체를 생성하기 위한 틀(mold)입니다. 객체를 만들기 위해서는 클래스가 필요합니다.

03 객체를 선언하면 클래스의 생성자 호출을 통해 메모리에 객체가 생성됩니다.

04 파이썬에서 파일을 쓰고 읽는 과정은 총 3단계로 구분할 수 있습니다.

① 파일 오픈
② 파일 쓰기 또는 읽기
③ 파일 닫기

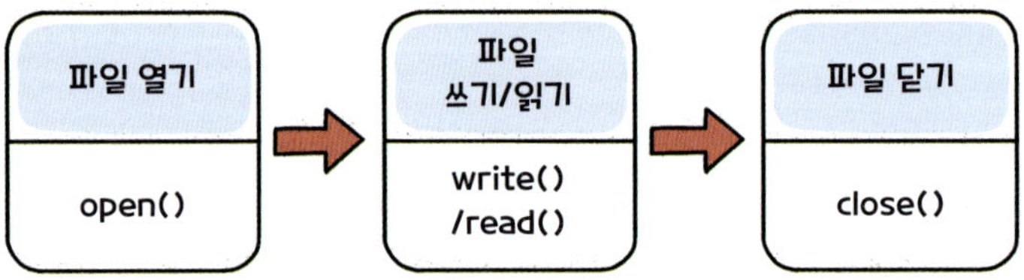

연습문제

01 다음 설명 중 옳지 않은 것은 무엇인가?

① 객체 지향 프로그래밍이란 객체를 이용하여 프로그램을 만드는 것을 말한다.
② 속성은 객체를 구성하는 요소를 의미하고 기능은 객체가 하는 행위를 뜻한다.
③ 객체는 단독으로 사용되기도 하지만 서로 유기적인 관계를 맺고 사용되기도 한다.
④ 객체란 클래스를 생성하기 위한 틀과 같다.

02 은행 계좌를 객체로 만들고 사용자의 입출금을 관리하는 프로그램을 만드시오. 클래스에 필요한 속성과 메서드는 다음과 같다.

구분	이름	내용
클래스	Bank	–
속성	name	계좌 이름
	money	잔금
	history	입/출금 내역
메서드	deposit()	입금 처리
	withdraw()	출금 처리
	printBalance()	잔금 출력
	printHistory()	입/출금 내역 출력

03 학생과 학생 관리 시스템을 객체로 만들고 학생 등록, 삭제 등을 관리하는 프로그램을 만드시오. 클래스에 필요한 속성과 메서드는 다음과 같다.

구분	이름	내용
클래스	Student	
속성	name	이름
	major	전공
	age	나이
	gender	성별

구분	이름	내용
클래스	StudenManageSystem	
속성	students	전체 학생 리스트(dictionary 형)
메서드	addStudent()	학생 등록
	removeStudent()	학생 삭제
	printStudentInfo()	학생 정보 출력
	printStudentsInfo()	전체 학생 정보 출력

CHAPTER 14

컴퓨팅 사고 프로젝트

Preview

13장에 걸쳐 컴퓨팅 사고력과 파이썬 프로그래밍 실력을 쌓았습니다. 이번 장에서는 차곡차곡 쌓은 컴퓨팅 사고력으로 4가지의 미니 프로젝트를 수행해봅시다.

Section 01

문자 메시지 요금 계산하기

이동 통신사에서 다음 요금표에 따라 문제 메시지 요금을 계산하려고 합니다. 요금표를 보고 요금 청구 프로그램을 만들어봅시다.

표 14-1 문자 메시지 요금표

구분	회원 등급		
	VVIP	VIP	GOLD
SMS	무제한	100건까지 무제한 101건부터 1건당 10원	10건까지 무제한 11건부터 1건당 10원
MMS	50건까지 무제한 51건부터 1건당 20원	10건까지 무제한 11건부터 1건당 20원	5건까지 무제한 6건부터 1건당 20원

1 알고리즘 작성

회원 등급에 따라 요금을 청구하기 위해 알고리즘을 작성해봅시다.

알고리즘

① 이용자의 회원 등급을 입력한다.

② SMS 발송 건수를 입력한다.

③ MMS 발송 건수를 입력한다.

④ 회원 등급에 따라 요금표를 기준으로 요금을 계산한다.

⑤ 청구 요금을 출력한다.

순서도로 변환

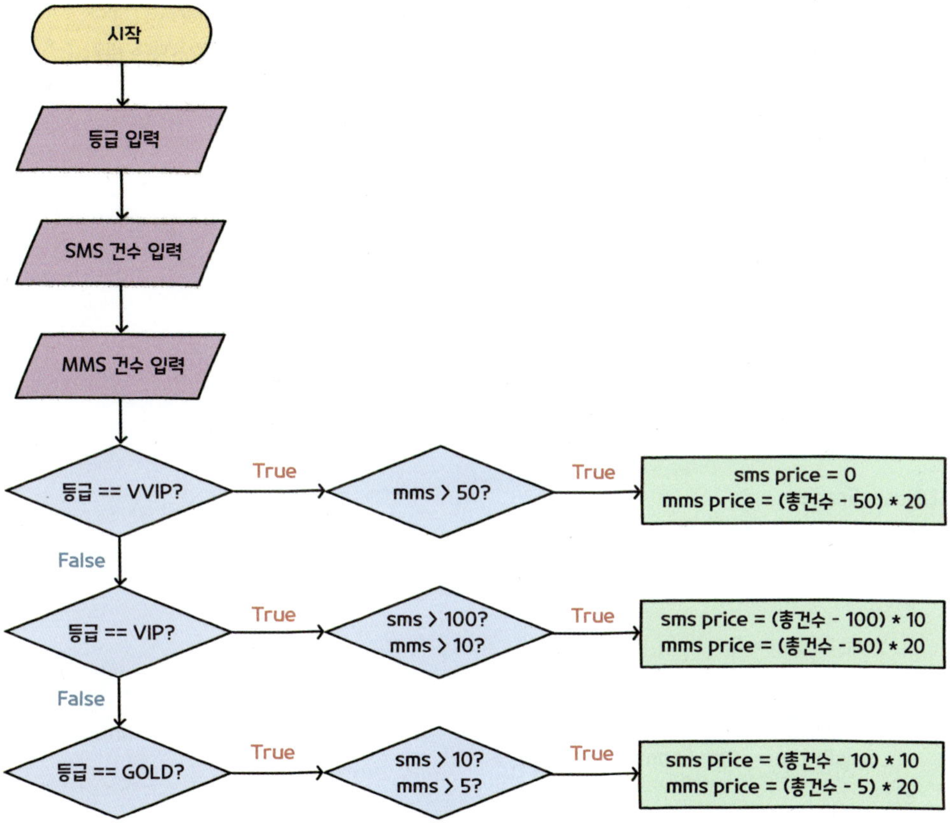

그림 14-1 문자 메시지 요금 계산 순서도

2 파이썬 프로그래밍

코드 14-1 ch14_01py

```
userGrade = int(input('회원 등급을 선택하세요.\n1. VVIP \t2. VIP \t3. GOLD '))
smsCount = int(input('SMS 발송 건수를 입력하세요. '))
mmsCount = int(input('MMS 발송 건수를 입력하세요. '))
smsPrice = 0
mmsPrice = 0

if userGrade == 1:
    smsPrice = 0

    if mmsCount > 50:
        mmsPrice = (mmsCount - 50) * 20
```

```
        else:
            mmsPrice = 0

    elif userGrade == 2:
        if smsCount > 100:
            smsPrice = (smsCount - 100) * 10
        else:
            smsPrice = 0

        if mmsCount > 10:
            mmsPrice = (mmsCount - 10) * 20
        else:
            mmsPrice = 0

    elif userGrade == 3:
        if smsCount > 10:
            smsPrice = (smsCount - 10) * 10
        else:
            smsPrice = 0

        if mmsCount > 5:
            mmsPrice = (mmsCount - 5) * 20
        else:
            mmsPrice = 0

    print('smsPrice :', smsPrice, '원')
    print('mmsPrice :', mmsPrice, '원')
```

```
회원 등급을 선택하세요.
1.VVIP 2.VIP 3.GOLD 1
SMS 발송 건수를 입력하세요. 150
MMS 발송 건수를 입력하세요. 50
smsPrice : 0 원
mmsPrice : 0 원
```

```
회원 등급을 선택하세요.
1.VVIP 2.VIP 3.GOLD 3
SMS 발송 건수를 입력하세요. 80
MMS 발송 건수를 입력하세요. 10
smsPrice : 700 원
mmsPrice : 100 원
```

Section 02

주말농장의 텃밭 구역 나누기

구청에서 주말농장 분양 계획을 세우고 있습니다. 텃밭의 전체 길이는 가로 120m, 세로 50m입니다. 남는 텃밭이 없도록 1인당 최대한 넓은 면적을 분양하려고 할 때 아래 문제를 해결해봅시다.

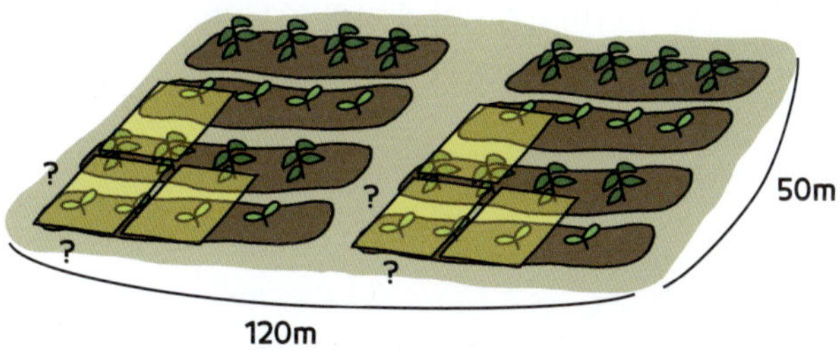

그림 14-2 **주말농장의 텃밭 구역 나누기 문제**

- **문제A** : 텃밭을 정사각형으로 나눈다고 할 때 최대한 넓은 면적을 나누기 위한 가로, 세로의 길이를 구하시오.
- **문제B** : 정사각형으로 나뉜 텃밭의 개수를 구하시오.

1 [문제A]의 알고리즘 작성

정사각형으로 최대한 넓은 면적을 똑같이 나누기 위해서는 약수를 이용한 최대공약수를 구하면 됩니다.

알고리즘 - 1

기본적인 알고리즘(해결방법)을 생각해 봅니다.

① 120과 50의 약수를 구한다.

120의 약수 : 1, 2, 3, 4, 5, 6, 8, 10, 12, 15, 20, 24, 30, 40, 60, 120

50의 약수 : 1, 2, 5, 10, 25, 50

② 공통된 약수를 구한다.

공통 약수 : 1, 2, 10

③ 최대공약수 : 10

④ 텃밭 하나의 크기는 가로와 세로가 각각 10m인 정사각형으로 한다.

알고리즘 - 2

알고리즘-1을 컴퓨터 프로그램으로 만들기 위해서 알고리즘-1을 프로그래밍 언어와 비슷하게 수정해봅시다.

① 전체 가로 길이 120을 1부터 120까지의 정수로 나눠서 나머지가 0인 숫자를 찾는다.

② 전체 세로 길이 50을 1부터 50까지의 정수로 나눠서 나머지가 0인 숫자를 찾는다.

③ ①과 ②의 숫자 중에서 공통된 숫자를 찾는다.

④ ③의 공통된 숫자 중에서 가장 큰 수를 찾는다.

2 [문제A]의 파이썬 프로그래밍

코드 14-2 ch14_02.py

```
wGnd = 120
hGnd = 50

wDivisor = []
hDivisor = []

maxDivisor = 0

for i in range(1, 120):
    if wGnd % i == 0:
        wDivisor.append(i)

for i in range(1, 51):
    if hGnd % i == 0:
        hDivisor.append(i)

for h in hDivisor:
    for w in wDivisor:
```

```
        if h == w:
            maxDivisor = h

print('최대 가로, 세로 길이 : ', maxDivisor)
```

```
최대 가로, 세로 길이 :  10
```

3 [문제B]의 알고리즘 작성

전체 가로와 세로 길이를 10m로 나누면 가로와 세로의 개수를 알 수 있으므로, 이를 곱하면 전체 텃밭의 개수를 구할 수 있습니다.

① 전체 가로 길이를 10으로 나눠서 텃밭의 가로 개수를 구한다.

  120m ÷ 10m = 12개

② 전체 세로 길이를 10으로 나눠서 텃밭의 세로 개수를 구한다.

  50m ÷ 10m = 5개

③ 가로 개수와 세로 개수를 곱해 전체 텃밭의 개수를 구한다.

  12개 × 5개 = 60개

4 [문제B]의 파이썬 프로그래밍

코드 14-3 ch14_03.py

```
...생략([코드 14-2]의 내용)...

wCnt = wGnd / maxDivisor
hCnt = hGnd / maxDivisor

print('전체 텃밭의 개수 : ', int(wCnt * hCnt))
```

```
최대 가로, 세로 길이 :  10
전체 텃밭의 개수 :  60
```

Section

03 전쟁 암호 프로그램

2차 세계대전 당시 많은 나라들이 아군과 안전하게 통신하기 위해서 문자열을 암호화 했습니다. 또한 적군의 통신을 도청해서 암호를 해독하기도 했습니다.

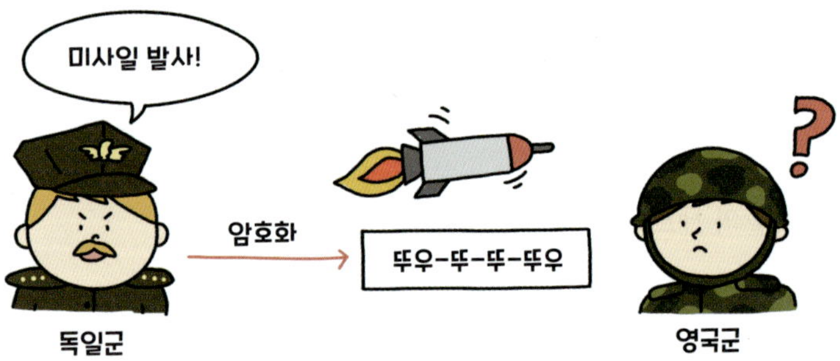

그림 14-3 독일군의 암호 에니그마

다음의 암호 규칙에 따라 프로그램을 만들어봅니다.

암호 규칙

① 첫 번째와 두 번째 문자 사이에 'a'를 삽입한다.
② 세 번째 와 네 번째 문자 사이에 'pp'를 삽입한다.
③ 여섯 번째와 일곱 번째 문자 사이에 'le.'를 삽입한다.
④ 일곱 번째 문자부터는 과정 ①~③을 반복한다.

- **문제A** : 문자열을 입력하면 암호 규칙에 따라 암호화하는 프로그램을 만드시오.
- **문제B** : 암호화된 문자열을 암호 규칙에 따라 해독하는 프로그램을 만드시오.

1 [문제A]의 알고리즘 작성

암호 규칙을 보고 'apple.'문자열이 삽입되는 규칙을 찾아서 알고리즘(해결방법)으로 작성해봅시다.

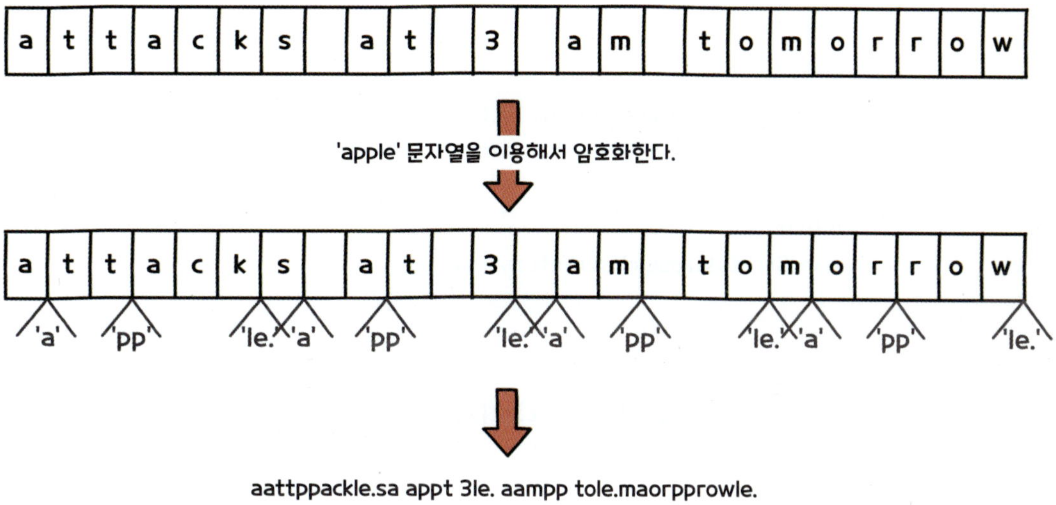

그림 14-4 'apple' 문자열을 이용한 암호화 방법

① 암호 규칙을 통해서 삽입되는 문자 수만큼 건너뛰면서 문자열이 삽입되는 것을 알 수 있다.

② 입력한 문자열을 순회하면서 자리수가 1이면 'a'를 삽입한다.

③ 입력한 문자열을 순회하면서 자리수가 3이면 'pp'를 삽입한다.

④ 입력한 문자열을 순회하면서 자리수가 6이면 'le.'를 삽입한다.

⑤ 입력한 문자열을 순회하면서 자리수가 6보다 크면 자리수를 1로 재설정한다.

2 [문제A]의 파이썬 프로그래밍

코드 14-4 ch14_04.py

```
commandStr = input('문자열을 입력하세요.\n')
commandStrList = []
secretList = ['a', 'pp', 'le.']

cnt = 0
strIndex = 0

for c in commandStr:
    commandStrList.append(c)

    strIndex += 1
    if strIndex > 6: strIndex = 1
```

```python

    if strIndex == 1:
        commandStrList.append(secretList[cnt])
        cnt += 1

    elif strIndex == 3:
        commandStrList.append(secretList[cnt])
        cnt += 1

    elif strIndex == 6:
        commandStrList.append(secretList[2])
        cnt += 1
        if cnt >= 3: cnt = 0

secretCommandStr = ''
for c in commandStrList:
    secretCommandStr += c

print(secretCommandStr)
```

```
문자열을 입력하세요.
attacks at 3 am tomorrow
암호문 : aattppackle.sa appt 3le. aampp tole.maorpprowle.
```

3 [문제B]의 알고리즘 작성

① 암호화된 문자열을 리스트에 저장한다.

② 리스트의 인덱스가 0인 경우에 해당 문자를 commandStr에 추가한다.

③ 리스트의 인덱스가 2 또는 3인 경우에 해당 문자를 commandStr에 추가한다.

④ 리스트의 인덱스가 6 또는 7 또는 8인 경우에 해당 문자를 commandStr에 추가한다.

⑤ 암호 문자가 제거된 commandStr를 출력한다.

4 [문제B]의 파이썬 프로그래밍

코드 14-5 ch14_05.py

```
secretCommandStr = 'aattppackle.sa appt 3le. aampp tole.maorpprowle.'
commandStrList = []
commandStr = ''

for c in secretCommandStr:
    commandStrList.append(c)

commandIndex = 0

for i in range(0, len(commandStrList)):

    if commandIndex == 0:
        commandStr += commandStrList[i]
    elif commandIndex == 2 or commandIndex == 3:
        commandStr += commandStrList[i]
    elif commandIndex == 6 or commandIndex == 7 or commandIndex == 8:
        commandStr += commandStrList[i]

    commandIndex += 1
    if(commandIndex >= 12): commandIndex = 0

    print(commandStr)
```

```
a
a
at
att
...생략...
attacks at 3 am tomorrow
```

Section 04

축구 국가대표 선수 연령 파악하기

축구 국가대표 선수 11명의 선수 명단을 보고 다음 문제를 풀어봅시다.

그림 14-5 **축구 국가대표 나이**

선수 명단

홍축구(18세)	남태희(20세)	엄길동(17세)	이강인(18세)	이동준(22세)	황의조(27세)
황의찬(23세)	권창훈(25세)	손준호(27세)	손흥민(27세)	이재성(27세)	

- **문제A** : 18세 이하 선수가 몇 명인지 출력하시오.
- **문제B** : 나이를 내림차순으로 정렬하고 나이가 가장 많은 선수와 가장 적은 선수가 몇 살인지 출력하시오.
- **문제C** : [문제B]를 이용하여 나이가 가장 많은 선수와 가장 적은 선수의 인원수를 각각 출력하시오.

1 [문제A]의 알고리즘 작성

알고리즘 - 1

기본적인 알고리즘(해결방법)을 생각해 봅니다.

① 모든 선수들의 나이를 리스트에 저장한다.

② `playerUnder18` 변수를 선언하고 `0`으로 초기화한다.

③ 반복 실행을 통해서 리스트에 저장된 나이가 18세 이하인지 비교한다.

④ 만약 나이가 18이하라면 `playerUnder18`에 1을 더한다.

⑤ 변수 `playerUnder18`에 저장 값을 출력한다.

알고리즘 – 2

알고리즘–1을 프로그램으로 만들기 위해서 알고리즘–1을 프로그래밍 언어와 비슷하게 수정해 봅니다.

① 리스트 타입의 `playerAgeList`에 선수들의 나이를 저장한다.

② `playerUnder18` 변수를 선언하고 `0`으로 초기화한다.

③ 반복문을 이용해서 리스트의 모든 나이를 조회한다.

④ 만약 나이가 18보다 작거나 같다면 `playerUnder18`을 1 증가한다.

⑤ `playerUnder18`의 값을 출력한다.

순서도로 변환

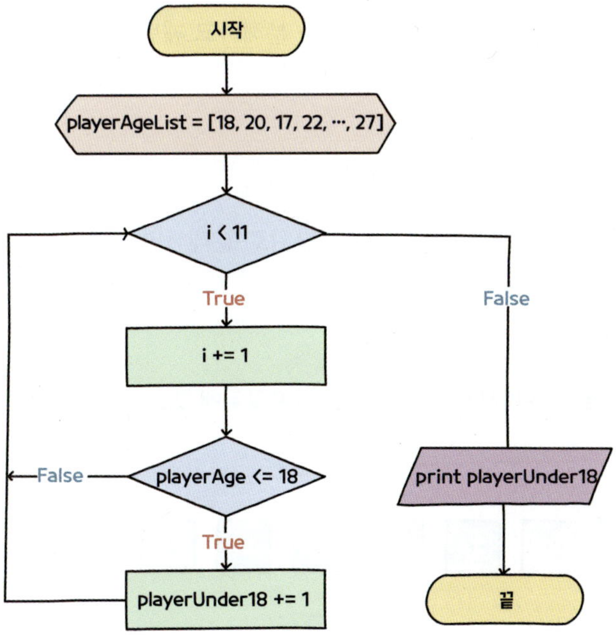

그림 14-6 18세 이하인 선수가 몇 명인지 구하는 순서도

2 [문제A]의 파이썬 프로그래밍

파이썬을 이용해서 실제 컴퓨터에서 실행되는 프로그램을 만들어봅니다.

코드 14-6 ch14_06.py

```
playerAgeList = [18, 20, 17, 18, 22, 27, 23, 25, 27, 27, 27]
playerUnder18 = 0

for playerAge in playerAgeList:
    if playerAge <= 18:
        playerUnder18 += 1

print('18세 이하 선수는', playerUnder18, '명입니다.')
```

```
18세 이하 선수는 3 명입니다.
```

3 [문제B]의 알고리즘 작성

[문제B]는 다소 어렵게 느껴질 수 있습니다. 숫자를 내림차순으로 정렬하려면 모든 숫자를 비교한 후 가장 큰 수부터 다시 나열해야하기 때문입니다. 만약 숫자의 개수가 적다면 암산이 가능하여 괜찮겠지만, 숫자의 개수가 많아지면 아무리 머리가 좋다고 해도 문제를 해결하는 데 한계가 있을 것입니다. 그렇다면 어떻게 해결해야할까요? 앞에서 학습한 대로 문제를 분해하고 패턴을 찾아 프로그래밍해봅시다.

1단계 : 문제 분해

컴퓨팅 사고의 첫 번째 단계는 문제 분해였습니다. [문제B]를 작은 단위로 분해하면 다음과 같이 나타낼 수 있습니다.

작은 단위 문제1) 리스트에서 가장 큰 나이를 가장 앞으로 이동시킨다. (나이가 같다면 제일 뒤에 있는 것을 이동시킨다.)

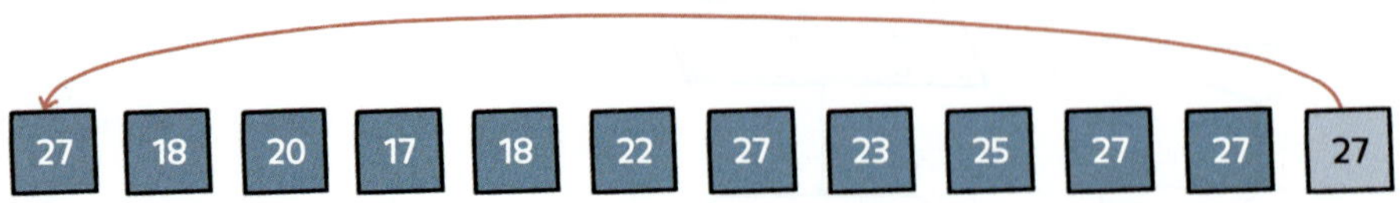

작은 단위 문제2) 리스트에서 두 번째로 큰 나이를 앞에서 두 번째로 이동시킨다.

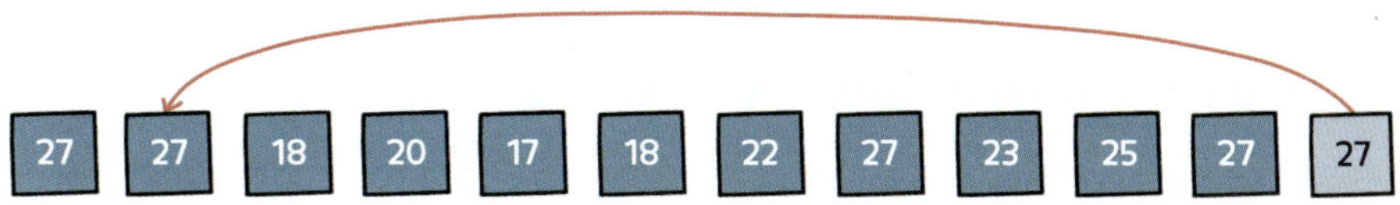

....생략...

작은 단위 문제10) 리스트에서 열 번째로 작은 나이를 앞에서 열 번째로 이동시킨다.

그림 14-7 내림차순을 위한 문제 분해

2단계 : 패턴인식

문제를 작은 단위로 분해했더니 일정한 패턴이 보입니다. 정렬되지 않은 상태에서 각각의 나이는 자신보다 뒤에 있는 숫자들과 비교해서 가장 큰 나이와 자리를 바꿉니다. 즉 나이 중 가장 많은 나이의 위치를 가장 앞에 있는 나이의 위치와 바꿉니다.

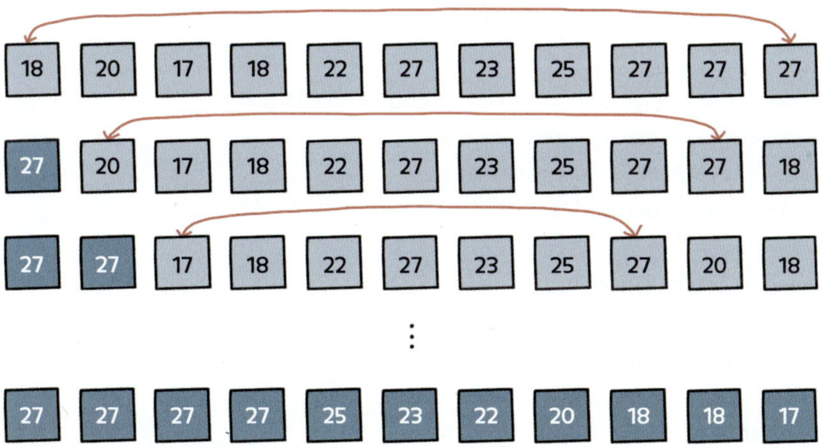

그림 14-8 내림차순 정렬 과정

3단계 : 알고리즘

2단계에서 일정한 규칙을 발견했으므로 이제 문제 해결을 위한 알고리즘을 생각해 봅니다.

① 리스트에 모든 나이를 저장한다.

② 첫 번째 나이부터 마지막 나이까지 반복 실행한다.

③ ②의 반복 실행 과정에서 자신보다 뒤에 있는 나이들과 크고 작음을 비교하기 위해서 다시 반복 실행한다.

④ ②, ③의 반복 실행 과정에서 자신보다 큰 나이가 있을 경우 자리바꿈을 한다.

⑤ 재정렬된 리스트를 출력한다.

⑥ 가장 많은 나이를 출력하기 위해서 리스트의 첫 번째 나이를 출력한다.

⑦ 가장 적은 나이를 출력하기 위해서 리스트의 마지막 나이를 출력한다.

4 [문제B]의 파이썬 프로그래밍

알고리즘을 근거로 파이썬을 이용해서 프로그램을 만들어봅니다. 다음은 소스코드와 실행 결과를 나타내고 있습니다.

코드 14-7 ch14_appEx_04_02.py

```
playerAgeList = [18, 20, 17, 18, 22, 27, 23, 25, 27, 27, 27]

for currentIndex in range(0, len(playerAgeList)):
    max = playerAgeList[currentIndex]
    maxIndex = currentIndex

    for compareIndex in range(currentIndex, len(playerAgeList)):
        if playerAgeList[compareIndex] >= max:
            max = playerAgeList[compareIndex]
            maxIndex = compareIndex

    max = playerAgeList[maxIndex]
    playerAgeList[maxIndex] = playerAgeList[currentIndex]
    playerAgeList[currentIndex] = max

print(playerAgeList)
print('가장 많은 나이 : ', playerAgeList[0])
print('가장 적은 나이 : ', playerAgeList[len(playerAgeList) - 1])
```

자신보다 뒤에 있는 숫자들 중 가장 큰 숫자와 자리 교환

```
[27, 27, 27, 27, 25, 23, 22, 20, 18, 18, 17]
가장 많은 나이 :  27
가장 적은 나이 :  17
```

5 [문제C]의 알고리즘 작성

[문제B]에서 선수들의 나이를 내림차순으로 정렬했기 때문에 가장 첫 번째 나이가 가장 큰 나이이고,

가장 마지막 나이가 가장 적은 나이입니다. 따라서 나이 리스트를 반복 실행하면서 가장 큰 나이와 가장 작은 나이의 개수를 구하면 됩니다.

① 첫 번째 나이를 maxAge에 저장한다.

② 마지막 나이를 minAge에 저장한다.

③ maxCount, minCount를 선언하고 0으로 초기화한다.

④ 리스트를 반복하면서 maxAge와 minAge가 몇 개인지 카운트하기 위해 age가 maxAge와 같다면 maxCount를 1 증가시키고, age가 minAge와 같다면 minCount를 1 증가시킨다.

⑤ maxCount와 minCount를 출력한다.

6 [문제C] 파이썬 프로그래밍

코드 14-8 ch14_08.py

```
...생략([코드 14-7]의 내용)...

maxAge = playerAgeList[0]
minAge = playerAgeList[len(playerAgeList) - 1]
maxCount = 0
minCount = 0

for age in playerAgeList:
    if age == maxAge:
        maxCount += 1
    if age == minAge:
        minCount += 1

print('가장 많은 나이의 개수 : ', maxCount)
print('가장 적은 나이의 개수 : ', minCount)
```

```
[27, 27, 27, 27, 25, 23, 22, 20, 18, 18, 17]
가장 많은 나이 :  27
가장 적은 나이 :  17
가장 많은 나이의 개수 :  4
가장 적은 나이의 개수 :  1
```

찾아보기

찾아보기